2016ANTIQUES

AUCTION RECORDS

# 拍卖年鉴 全彩版

2015.1.1～2015.12.31

欣弘 主编

# 珠宝翡翠

CNS | 湖南美术出版社

图书在版编目(CIP)数据

2016古董拍卖年鉴·珠宝翡翠／欣弘主编．—长沙：湖南美术出版社，2015.12
ISBN 978-7-5356-7524-8

Ⅰ.①2… Ⅱ.①欣… Ⅲ.①历史文物－拍卖－价格－中国－2016－年鉴②宝石－拍卖－价格－中国－2016－年鉴③翡翠－拍卖－价格－中国－2016－年鉴 Ⅳ.①F724.787-54

中国版本图书馆CIP数据核字(2016)第308444号

# 2016古董拍卖年鉴·珠宝翡翠

主　　编：欣　弘
策　　划：易兴宏　李志文
责任编辑：李　坚

湖南美术出版社出版发行(长沙市东二环一段622号)
湖南省新华书店经销
雅昌文化(集团)有限公司制版、印刷
(本书采用CTP工艺制版、印刷)
开本：787×1092　1/16　印张：17
版次：2015年12月第1版　印次：2016年1月第1次印刷
ISBN 978-7-5356-7524-8
定价：138.00元


邮购联系：0731-84787105　邮编：410016　网址：http://www.arts-press.com/
电子邮箱：market@arts-press.com

# 目　　录

# 凡 例

1.《2016古董拍卖年鉴》分瓷器卷、玉器卷、杂项卷、珠宝翡翠卷、书画卷共五册。收录了纽约、伦敦、香港、澳门、台北、北京、上海、广州、昆明、天津、重庆、成都、安徽、云南、南京、西安、沈阳、济南等城市或地区的几十家拍卖公司几百个专场的2015年度拍卖成交记录与拍品图片。

2.本书内文条目原则上保留了原拍卖记录，按拍品号、朝代、品名、估价、成交价、尺寸、拍卖公司名称、拍卖日期等排序，部分原内容缺或不详的，即不注明，书画卷内文条目还有作者姓名、作品形式、创作年代等内容。

3.因境外拍卖公司宿地不同，本书拍品中有多种币种：RMB人民币，USD美元，EUR欧元，GBP英磅，HKD港币，TWD台币。但本书所有拍品成交价均采用按汇率转换成RMB(人民币)币种。

4.需查看更多图片资料，请登陆“www.artron.net”进入“中国艺搜”栏目，输入要查看拍品的完整名称或名称的关键词语点击搜索即可。

# 佩玩件

## 佩

1844 清中期 翡翠花鸟纹佩
估 价：RMB 50,000~80,000
成交价：RMB 57,500
长5.5cm 华艺国际 2015.5.24

1846 清中期 翡翠福寿佩
估 价：RMB 50,000~80,000
成交价：RMB 57,500
长4cm 华艺国际 2015.5.24

3088 清中期 粉碧玺龙纹佩
估 价：RMB 80,000~120,000
成交价：RMB 138,000
北京翰海 2015.11.28

2902 清19世纪 翠玉雕连年有余洗形佩
估 价：HKD 50,000~80,000
成交价：RMB 110,138
直径5.5cm 佳士得 2015.6.3

660 清 翠雕英雄纹佩
估 价：RMB 120,000
成交价：RMB 201,600
长6cm 天津文物 2015.5.22

860 清 翡翠雕福寿佩
估 价：RMB 25,000~30,000
成交价：RMB 80,500
高6.8cm 西泠拍卖 2015.4.23

114 清 碧玺雕福禄封侯佩
估 价：RMB 38,000～48,000
成交价：RMB 43,700
长5.2cm 苏州东方 2015.7.2

37 春带彩翡翠布袋佛佩
估 价：RMB 62,000～82,000
成交价：RMB 69,440
北京荣宝 2015.6.21

3171 清晚期 翠玉雕螭龙纹璧形佩
估 价：HKD 120,000～180,000
成交价：RMB 750,938
直径5.6cm 佳士得 2015.6.3

927 唐建波 翠青雕龙凤佩
估 价：RMB 80,000
成交价：RMB 324,800
直径8.7cm 上海联合 2015.5.24

## 牌

2044 天然翡翠岁寒三友牌
估 价：RMB 600,000～800,000
成交价：RMB 747,500
长4.8cm 华艺国际 2015.5.24

915 翡翠弥勒挂牌
估　价：RMB 80,000
成交价：RMB 100,800
长5cm 上海联合 2015.5.24

191 庞然 荷花翠鸟图 墨玉牌
成交价：RMB 86,250
长10.4cm 西泠拍卖 2015.4.18

1252 清晚期 权充钦使大臣维新恩赠金质腰牌
估　价：RMB 150,000～300,000
成交价：RMB 172,500
长8.98cm 中国嘉德 2015.5.19

254 翡翠貔貅大圆牌
估　价：RMB 55,000～65,000
成交价：RMB 61,600
北京荣宝 2015.3.29

63 翡翠雕龙凤纹对牌
估　价：RMB 134,400～162,900
成交价：RMB 172,800
景熏楼 2015.6.21

127 清 翡翠牌饰（两件）
估　价：RMB 60,000～80,000
成交价：RMB 69,000
长12cm；长10cm 远方拍卖 2015.7.1

## 挂 件

2040 天然翡翠年年有余挂件
估　价：RMB 350,000～500,000
成交价：RMB 437,000
高5.1cm 华艺国际 2015.5.24

2059 天然翡翠辣椒挂件
估　价：RMB 300,000～400,000
成交价：RMB 402,500
高7.1cm 华艺国际 2015.5.24

2017 天然翡翠弥勒佛挂件
估　价：RMB 100,000～150,000
成交价：RMB 115,000
宽3.5cm 华艺国际 2015.5.24

757 翡翠豆荚挂件
估　价：RMB 25,000
成交价：RMB 56,000
高4.9cm 上海联合 2015.5.24

1764 白金镶钻金丝玻璃种金猴献寿挂件
估 价：RMB 58,000～80,000
成交价：RMB 66,700
高4.2cm 中鸿信 2015.7.29

88 翡翠钻石和玛瑙挂件 JANESICH 1925年
成交价：RMB 1,558,592
纽约佳士得 2015.10.20

1761 翡翠阳绿松鼠如意挂件
估 价：RMB 45,000～55,000
成交价：RMB 57,500
高3.5cm 中鸿信 2015.7.29

1756 白金镶钻玻璃种满绿翡翠观音挂件
估 价：RMB 430,000～450,000
成交价：RMB 494,500
高4.7cm 中鸿信 2015.7.29

322 18K金绿宝石老坑冰种紫罗兰挂件
估 价：RMB 90,000～110,000
成交价：RMB 103,500
深圳市拍 2015.7.19

1573 翡翠观音挂件
估 价：RMB 120,000～150,000
成交价：RMB 138,000
高6.14cm 上海敬华 2015.4.26

4041 高冰种满色翡翠一鸣惊人挂件
估 价：RMB 23,500,000
成交价：RMB 29,900,000
高6.13cm 中古陶 2015.5.31

2109 天然翡翠观音挂件
估 价：RMB 1,200,000～1,600,000
成交价：RMB 1,380,000
高7.5cm 华艺国际 2015.5.24

719 天然高冰翡翠观音挂件
估 价：RMB 200,000～250,000
成交价：RMB 253,000
高6.2cm 福建东南 2015.5.24

2076 清 碧玺事事如意挂饰
估 价：RMB 220,000～280,000
成交价：RMB 253,000
高4.8cm 古天一 2015.6.6

2047 天然翡翠弥勒佛挂件
估 价：RMB 500,000～600,000
成交价：RMB 575,000
宽4.27cm 华艺国际 2015.5.24

1253 清 琥珀雕葡萄挂件
成交价：RMB 16,950
高6.4cm 中鸿信 2015.7.29

# 吊 坠

46 28.02克拉天然巴西无经处理亚历山大变色石配钻石吊坠项链
估　价：HKD 1,200,000～1,800,000
成交价：RMB 1,162,536
天成国际 2015.12.6

56 1.01克拉椭圆形天然缅甸无经加热处理红宝石配钻石吊坠项链及1.47克拉梨形天然缅甸无经加热处理鸽血红红宝石配钻石戒指
估　价：HKD 50,000～90,000
成交价：RMB 65,877
天成国际 2015.12.6

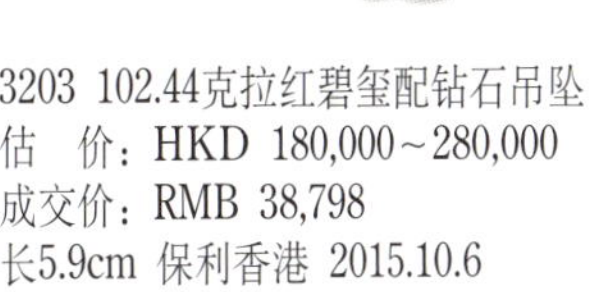

3203 102.44克拉红碧玺配钻石吊坠
估　价：HKD 180,000～280,000
成交价：RMB 38,798
长5.9cm 保利香港 2015.10.6

13987 天然满绿翡翠观音方牌挂件
估　价：RMB 2,400,000～3,200,000
成交价：RMB 2,817,500
高6.46cm 北京保利 2015.6.6

13959 16.17克拉天然艳彩黄色VVS2净度钻石及钻石吊坠
估　价：RMB 4,500,000～5,800,000
成交价：RMB 5,520,000
长1.44cm 北京保利 2015.6.6

171 10.27克拉心形天然彩棕绿黄色SI1净度钻石吊坠项链
估　价：HKD 625,000～725,000
成交价：RMB 610,331
天成国际 2015.12.6

13683 106克拉天然艳红色碧玺及钻石吊坠
估　价：RMB 180,000～240,000
成交价：RMB 207,000
长3.17cm 北京保利 2015.6.6

1799 13.70克拉哥伦比亚祖母绿配钻石吊坠
估　价：HKD 400,000～500,000
成交价：RMB 431,550
香港苏富比 2015.10.7

38 2.75克拉古垫形天然斯里兰卡无经加热处理蓝宝石配钻石吊坠项链及2.82克拉椭圆形天然无经加热处理蓝宝石配钻石戒指套装
估　价：HKD 25,000～50,000
成交价：RMB 58,127
天成国际 2015.12.6

1181 18K白金翡翠方玉件镶钻挂坠
估　价：RMB 4,500,000～6,500,000
成交价：RMB 5,520,000
长3.60cm 中贸圣佳 2015.5.20

1159 18K白金翡翠叶件镶钻挂坠
来源：翡翠重38.91克拉
估　价：RMB 3,800,000～4,800,000
成交价：RMB 4,370,000
长4.03cm 中贸圣佳 2015.5.20

1179 18K白金翡翠如意镶钻挂坠
来源：翡翠重18.58克拉
估　价：RMB 2,150,000～3,150,000
成交价：RMB 3,565,000
长2.99cm 中贸圣佳 2015.5.20

1162 18K白金翡翠杏玉镶钻，红宝挂坠
来源：翡翠重44.94克拉
估　价：RMB 2,700,000～3,700,000
成交价：RMB 2,990,000
中贸圣佳 2015.5.20

1165 18K白金翡翠平扣镶钻挂坠
估　价：RMB 1,800,000～2,800,000
成交价：RMB 2,070,000
长2.98cm 中贸圣佳 2015.5.20

247 13.78克拉哥伦比亚祖母绿吊坠
估　价：RMB 420,000～480,000
成交价：RMB 431,200
北京荣宝 2015.3.29

1164 18K白金翡翠豆件镶钻挂坠
估　价：RMB 1,650,000～2,500,000
成交价：RMB 1,840,000
长3.67cm 中贸圣佳 2015.5.20

1170 18K白金翡翠观音镶钻吊坠
估　价：RMB 1,750,000～2,350,000
成交价：RMB 2,012,500
长4.83cm 中贸圣佳 2015.5.20

1163 18K白金翡翠叶件镶钻挂坠
估　价：RMB 1,500,000～2,500,000
成交价：RMB 1,725,000
长3.21cm 中贸圣佳 2015.5.20

1171 18K白金翡翠花件镶钻挂坠长寿果
估　价：RMB 2,250,000～3,250,000
成交价：RMB 2,587,500
长4.0cm 中贸圣佳 2015.5.20

1157 18K白金翡翠白兰花镶钻挂坠（玉2件）
估　价：RMB 1,000,000～1,500,000
成交价：RMB 1,150,000
尺寸不一 中贸圣佳 2015.5.20

1167 18K白金翡翠蛋玉、杏玉镶钻挂坠
估　价：RMB 700,000～1,200,000
成交价：RMB 828,000
尺寸不一 中贸圣佳 2015.5.20

1161 18K白金翡翠杏玉镶钻挂坠
估　价：RMB 2,900,000～3,900,000
成交价：RMB 3,335,000
长2.29cm 中贸圣佳 2015.5.20

43 113.12克拉椭圆形天然哥伦比亚祖母绿配钻石吊坠项链
估　价：HKD 1,500,000～2,000,000
成交价：RMB 1,417,770
天成国际 2015.6.14

1160 18K白金翡翠如意镶钻挂坠
来源：翡翠重32.17克拉；18K白金重14.18克；3颗梨形钻重0.43克拉；1颗梨形钻重0.48克拉；4颗马眼钻重：0.79克拉；120颗圆钻重0.88克拉。
估　价：RMB 3,200,000～4,200,000
成交价：RMB 3,680,000
中贸圣佳 2015.5.20

251 18K金粉红碧玺彩石钻石吊坠胸针 斯伦贝谢
估　价：USD 15,000~20,000
成交价：RMB 116,068
纽约苏富比 2015.4.21

190 铂金花式粉红钻石吊坠
估　价：USD 425,000~475,000
成交价：RMB 3,252,080
纽约苏富比 2015.2.5

298 考古修复黄金“爱神”吊坠，耳环(一对) 卡斯特拉尼
估　价：USD 12,000~15,000
成交价：RMB 371,418
纽约苏富比 2015.4.21

190 18K金翡翠钻石吊坠 亨利
估　价：USD 10,000~15,000
成交价：RMB 77,379
高2.34cm 纽约苏富比 2015.4.21

459 18K金吊坠项链 大卫・韦伯
估　价：USD 25,000~35,000
成交价：RMB 239,820
长81.28cm 纽约苏富比 2015.9.24

198 18K白金金红宝石蓝宝石和钻石吊坠耳环（一对）
估 价：USD 10,000～15,000
成交价：RMB 85,117
尺寸不一 纽约苏富比 2015.4.21

227 16.24克拉D色内部无瑕净度钻石吊坠项链
成交价：RMB 13,812,800
纽约佳士得 2015.6.16

362 18K金养殖珍珠和钻石吊坠 梵克雅宝
估 价：USD 25,000～35,000
成交价：RMB 293,156
纽约苏富比 2015.2.5

65 3.05克拉蓝宝石吊坠项链
估 价：RMB 45,000～55,000
成交价：RMB 50,400
北京荣宝 2015.6.21

99 43.88克拉心形天然坦桑石配石榴石，磷灰石及钻石吊坠项链
估 价：HKD 250,000～350,000
成交价：RMB 302,458
天成国际 2015.6.14

275 18K双色金珊瑚南洋珠钻石镶‘死亡象征’吊坠（一对）托尼杜奎特
估　价：USD 15,000～20,000
成交价：RMB 116,068
纽约苏富比 2015.4.21

315 36.55克拉F色内部无瑕净度钻石吊坠
成交价：RMB 19,197,090
日内瓦佳士得 2015.5.13

151 3.64克拉及1.98克拉椭圆形坦桑尼亚红宝石钻石吊坠镶18K玫瑰金及白金（无处理）
估　价：HKD 48,000～60,000
成交价：RMB 44,215
香港拍得高 2015.1.24

30 18K白金金蓝宝石和钻石吊坠Earclips，玛格丽特波哥（一对）
估　价：USD 28,000～32,000
成交价：RMB 232,136
尺寸不一 纽约苏富比 2015.4.21

20 19世纪紫水晶和钻石吊坠（三件套装）
估　价：GBT 5,000～7,000
成交价：RMB 51,971
伦敦苏富比 2015.3.18

505 15.20克拉彩橙粉红色钻石吊坠
成交价：RMB 25,712,207
日内瓦苏富比 2015.11.11

52 铂金翡翠钻石和玛瑙吊坠项链
估　价：USD 10,000～15,000
成交价：RMB 170,233
纽约苏富比 2015.4.21

2097 7.02克拉梯形彩黄色彩钻吊坠
估　价：RMB 1,200,000～1,500,000
成交价：RMB 1,380,000
华艺国际 2015.5.24

625 AKA红珊瑚镶嵌吊坠
估　价：RMB 23,000～25,000
成交价：RMB 40,250
链长42cm 福建东南 2015.5.24

379 18K双色金粉红钻石玛瑙吊坠胸针 格拉夫
估　价：USD 100,000～150,000
成交价：RMB 799,400
纽约苏富比 2015.9.24

292 9.38克拉红碧玺吊坠
估 价：RMB 30,000～40,000
成交价：RMB 33,600
北京荣宝 2015.3.29

329 铂金翡翠钻石吊坠项链
估 价：USD 35,000～45,000
成交价：RMB 324,991
纽约苏富比 2015.4.21

199 红珊瑚吊坠（兼胸针）—“青春之舞”
估 价：RMB 25,000～35,000
成交价：RMB 28,000
北京荣宝 2015.8.30

175 18K黄金绿松石和钻石吊坠耳环和戒指（一对）梵克雅宝
估 价：USD 8,000～12,000
成交价：RMB 324,991
尺寸不一 纽约苏富比 2015.4.21

2025 5.97克拉椭圆形D.IF钻石吊坠项链
估　价：HKD 800,000～1,200,000
成交价：RMB 1,018,040
佳士得 2015.12.1

103 94.78克拉椭圆形天然缅甸无经加热处理蓝宝石配蓝宝石及钻石吊坠项链
估　价：HKD 350,000～550,000
成交价：RMB 339,073
天成国际 2015.12.6

17241 50.08克拉天然哥伦比亚祖母绿配钻石吊坠
估　价：RMB 1,200,000～1,800,000
成交价：RMB 1,380,000
主石3.30cm×2.84cm×1.81cm 北京保利 2015.12.7

136 7.08克拉椭圆形天然斯里兰卡无经处理红色尖晶石配彩色钻石及钻石成就之神吊坠，Nisan出品
估　价：HKD 100,000～200,000
成交价：RMB 203,444
天成国际 2015.12.6

13685 73.27克拉天然紫红色碧玺及钻石吊坠
估　价：RMB 350,000～500,000
成交价：RMB 402,500
北京保利 2015.6.6

2905 爱马仕 2010 罕有18K白金镶嵌钻石吊饰手链
估 价：HKD 150,000～550,000
成交价：RMB 145,494
长19cm 保利香港 2015.10.6

293 5.05克拉蓝宝石吊坠项链
估 价：RMB 65,000～85,000
成交价：RMB 72,800
北京荣宝 2015.11.29

184 3.75克拉天然哥伦比亚祖母绿及钻石吊坠
估 价：RMB 290,000～380,000
成交价：RMB 333,500
长3.74cm 保利厦门 2015.8.2

370 白金蓝宝石钻石吊坠 哈利·温斯顿1980年
估 价：USD 150,000～200,000
成交价：RMB 2,364,695
纽约苏富比 2015.4.21

248 冰种翡翠18K白金吊坠
估　价：HKD 625,000～1,250,000
成交价：RMB 565,186
重约23.2g 荣盛国际 2015.1.10

42 玻璃种翡翠福瓜吊坠
估　价：RMB 220,000～320,000
成交价：RMB 246,400
北京荣宝 2015.6.21

132 冰种满绿翡翠福瓜吊坠
估　价：RMB 390,000～490,000
成交价：RMB 436,800
北京荣宝 2015.6.21

85 冰种满绿翡翠观音吊坠
估　价：RMB 450,000～650,000
成交价：RMB 504,000
北京荣宝 2015.6.21

1755 冰种翡翠啤酒绿观音吊坠
估　价：RMB 120,000～150,000
成交价：RMB 345,000
高7cm 中鸿信 2015.7.29

1753 玻璃种翡翠观音吊坠
估　价：RMB 120,000～150,000
成交价：RMB 322,000
高7cm 中鸿信 2015.7.29

165 铂金翡翠和钻石吊坠
估　价：USD 1,000,000～1,500,000
成交价：RMB 17,147,131
纽约苏富比 2015.4.21

119 铂金蛋白石钻石吊坠胸针 1905年
估　价：USD 8,000～12,000
成交价：RMB 63,952
纽约苏富比 2015.9.24

76 铂金钻石和养殖珍珠吊坠（一对）
估　价：USD 7,000～9,000
成交价：RMB 77,379
纽约苏富比 2015.4.21

364 铂金翡翠蓝宝石青金石钻石吊坠项链 查尔斯Jacqueau的卡地亚巴黎设计1924年
估　价：USD 1,800,000～220,000
成交价：RMB 16,032,877
长73.66cm 纽约苏富比 2015.4.21

287 彩钻钻石吊坠项链
成交价：RMB 672,874
日内瓦佳士得 2015.5.13

103 铂金双色金黄钻吊坠项链
估　价：USD 125,000～175,000
成交价：RMB 1,438,920
纽约苏富比 2015.9.24

512 铂金钻石和彩石吊坠胸针 法国1925年
估　价：USD 15,000～20,000
成交价：RMB 271,796
纽约苏富比 2015.9.24

158 白金钻石吊坠项链
估　价：USD 275,000～325,000
成交价：RMB 2,141,844
纽约苏富比 2015.4.21

3086 彩色碧玺总重约23.28克拉挂坠
估　价：HKD 68,000～88,000
成交价：RMB 85,703
保利香港 2015.4.7

2534 翡翠玻璃种挂坠避邪
估　价：RMB 110,000～120,000
成交价：RMB 126,500
长5.5cm 北京匡时 2015.12.4

2018 翡翠吊坠项链
估　价：HKD 2,000,000～3,000,000
成交价：RMB 2,003,240
观音4.89cm×2.17cm×0.82cm
佳士得 2015.12.1

803 翡翠吊坠
来源：A货
估　价：HKD 2,300,000
成交价：RMB 2,354,625
澳门中信 2015.11.8

96 蛋白石配蓝宝石及钻石吊坠及吊耳环套装
来源：吊坠蛋白石重约20.65克拉
估　价：HKD 65,000～95,000
成交价：RMB 67,815
天成国际 2015.12.6

2013 翡翠及钻石吊坠项链
估　价：HKD 1,500,000～2,500,000
成交价：RMB 3,185,480
翡翠2.87cm×2.53cm×0.79cm
佳士得 2015.12.1

2019 翡翠及钻石吊坠项链
估　价：HKD 4,000,000～6,000,000
成交价：RMB 3,973,640
弥勒3.45cm×4.15cm×0.60cm
佳士得 2015.12.1

1965 翡翠及钻石吊坠
估　价：HKD 800,000～1,200,000
成交价：RMB 821,000
吊坠长4.0cm 佳士得 2015.12.1

2022 缅甸天然冰种翡翠“花朵”吊坠
估　价：RMB 2,600,000～3,000,000
成交价：RMB 2,990,000
尺寸不一 北京东正 2015.5.19

2021 翡翠及钻石吊坠项链（一对）
估　价：HKD 2,500,000～3,500,000
成交价：RMB 2,397,320
翡翠直径2.13cm 佳士得 2015.12.1

2023 5.33克拉梨形D.IF钻石吊坠项链
估　价：HKD 800,000～1,200,000
成交价：RMB 769,688
佳士得 2015.12.1

204 瑰丽42.88克拉阶梯式切割天然哥伦比亚（穆索）祖母绿配钻石吊坠项链，Harry Winston出品
估　价：HKD 23,000,000～28,000,000
成交价：RMB 18,903,600
链长40.5cm 天成国际 2015.6.14

3210 缅甸天然紫罗兰翡翠配钻石熊猫挂坠
估　价：HKD 98,000～150,000
成交价：RMB 93,321
长2.8cm 保利香港 2015.4.7

1733 圆形彩黄色钻石重45.88克拉，VS1净度配钻石吊坠
估　价：HKD 2,800,000～3,500,000
成交价：RMB 8,351,520
香港苏富比 2015.10.7

1915 翡翠及电气石吊坠项链
估　价：HKD 100,000～150,000
成交价：RMB 112,888
翡翠长4.7cm 佳士得 2015.12.1

1914 翡翠及钻石吊坠项链
估　价：HKD 120,000～180,000
成交价：RMB 123,150
翡翠5.10cm×5.10cm×1.18cm
佳士得 2015.12.1

1681 翡翠矩形吊坠
估　价：RMB 60,000～100,000
成交价：RMB 115,000
长4.5cm 北京保利 2015.11.1

3293 丰吉 翡翠祖母绿钻石“翠魂”吊坠
估　价：HKD 250,000～350,000
成交价：RMB 242,490
保利香港 2015.10.6

1866 翡翠及玛瑙吊坠项链
估　价：HKD 680,000～880,000
成交价：RMB 769,688
翡翠4.57cm×3.45cm×0.83cm
佳士得 2015.12.1

1921 翡翠吊坠项链
估　价：HKD 280,000～380,000
成交价：RMB 431,025
翡翠5.18cm×3.14cm×1.50cm
佳士得 2015.12.1

1752 翡翠阳绿弥勒佛吊坠
估　价：RMB 80,000～120,000
成交价：RMB 92,000
长4cm 中鸿信 2015.7.29

416 满绿翡翠吊坠
估　价：HKD 312,500～625,000
成交价：RMB 296,050
重约28g 荣盛国际 2015.1.10

1418 老坑翡翠绿叶配钻石吊坠
估　价：RMB 135,000～180,000
成交价：RMB 155,250
长1.93cm 上海敬华 2015.4.26

1859 翡翠及钻石吊坠项链
估　价：HKD 280,000～380,000
成交价：RMB 287,350
翡翠4.06cm × 2.31cm × 0.83cm
佳士得 2015.12.1

1963 翡翠吊坠项链
估　价：HKD 600,000～800,000
成交价：RMB 636,275
翡翠3.97cm × 1.33cm × 0.75cm
佳士得 2015.12.1

1922 翡翠吊坠
估　价：HKD 180,000～280,000
成交价：RMB 431,025
翡翠2.79cm × 1.60cm × 0.90cm
佳士得 2015.12.1

1864 翡翠吊坠
估　价：HKD 450,000～650,000
成交价：RMB 461,813
翡翠3.47cm × 2.23cm × 0.73cm
佳士得 2015.12.1

2546 翡翠马眼吊坠
估　价：RMB 200,000～220,000
成交价：RMB 230,000
长2.8cm 北京匡时 2015.12.4

1968 翡翠及钻石吊坠项链
估　价：HKD 500,000~800,000
成交价：RMB 615,750
弥勒3.02cm×3.51cm×0.70cm
佳士得 2015.12.1

134 天然翡翠配钻石吊坠项链及吊耳环套装
估　价：HKD 5,000,000~8,000,000
成交价：RMB 4,650,144
翡翠4.63cm×2.06cm×0.50cm
天成国际 2015.12.6

1727 天然翡翠配钻石吊坠
估　价：HKD 350,000~450,000
成交价：RMB 504,375
长2cm 香港苏富比 2015.4.6

2807 蓝碧玺灵猴献寿坠
估　价：RMB 48,000~58,000
成交价：RMB 63,250
高4cm 中国嘉德 2015.11.15

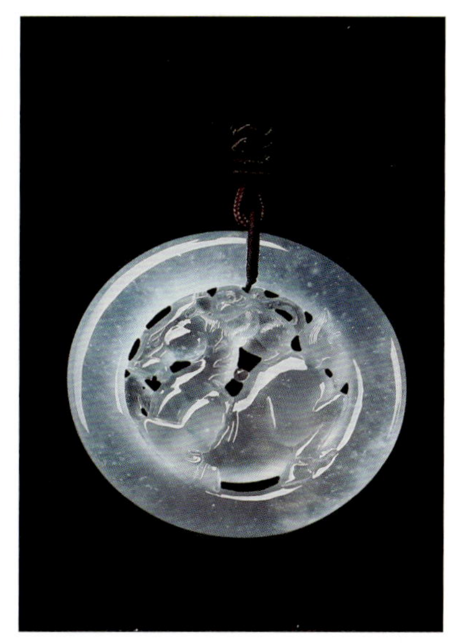

2047 高冰种马上封侯挂坠
估　价：HKD 900,000
成交价：RMB 812,790
直径5.5cm 卓艺拍卖 2015.11.21

2085 约9.88克拉长方形哥伦比亚祖母绿及钻石吊坠
估　价：HKD 2,500,000～3,500,000
成交价：RMB 4,069,080
长5.5cm 佳士得 2015.6.2

1964 约53.88克拉长方形浓彩黄色VS1钻石吊坠项链
估　价：HKD 9,500,000～15,000,000
成交价：RMB 10,605,240
链长39cm 佳士得 2015.6.2

22 蓝宝石钻石吊坠
成交价：RMB 136,521
巴黎佳士得 2015.6.1

2087 约12.12克拉梨形哥伦比亚天然祖母绿及钻石吊坠
估 价：HKD 3,000,000～5,000,000
成交价：RMB 4,069,080
长4.5cm 佳士得 2015.6.2

1780 钻石配缟玛瑙及祖母绿豹吊坠项链及耳环套装
估 价：HKD 180,000～250,000
成交价：RMB 242,100
链长45cm 香港苏富比 2015.4.6

335 钻石吊坠耳夹（一对） 格拉夫
估 价：GBT 30,000～60,000
成交价：RMB 348,627
伦敦苏富比 2015.6.11

2581 无色玻璃种翡翠项坠
估 价：RMB 1,200,000～1,300,000
成交价：RMB 1,437,500
重26.01g 北京匡时 2015.12.4

2026 钻石吊坠.胸针Carnet设计
估 价：HKD 180,000～280,000
成交价：RMB 205,250
坠长10.8cm 佳士得 2015.12.1

121 金珍珠钻石吊坠镶18K玫瑰金配18K玫瑰金颈链 金珍珠钻石戒指镶18K玫瑰金及金珍珠钻石耳环镶18K玫瑰金（5）
估 价：HKD 86,000～100,000
成交价：RMB 79,219
尺寸不一 香港拍得高 2015.1.24

13951 约1960年制 约110克拉天然海蓝宝石及钻石吊坠项链
估 价：RMB 100,000～160,000
成交价：RMB 115,000
长4cm 北京保利 2015.6.6

150 紫水晶配沙弗莱石榴石，红宝石及棕色钻石树蛙吊坠，ICE出品
估 价：HKD 160,000～220,000
成交价：RMB 245,747
尺寸不一 天成国际 2015.6.14

301 玫瑰金欧泊吊坠
估 价：HKD 125,000～250,000
成交价：RMB 121,111
重6.4g 荣盛国际 2015.1.10

1828 黑蛋白石及钻石吊坠项链.胸针
估 价：HKD 150,000～250,000
成交价：RMB 170,213
长3.4cm 佳士得 2015.6.2

48 18K金紫水晶紫锂辉石吊坠项链 托尼杜奎特
估 价：USD 12,000～15,000
成交价：RMB 127,904
长40cm 纽约苏富比 2015.9.24

222 黄金钻石彩石吊坠项链
估 价：USD 6,000～8,000
成交价：RMB 131,544
项链长91.44cm 纽约苏富比 2015.4.21

3044 火欧泊配钻石及石榴石吊坠.胸针
估 价：HKD 35,000～55,000
成交价：RMB 19,399
长4.7cm 保利香港 2015.10.6

1829 缅甸鸽血红宝石2.49克拉及钻石吊坠项链
估　价：HKD 160,000～200,000
成交价：RMB 242,100
链长41cm 香港苏富比 2015.4.6

290 蓝宝石吊坠项链
估　价：RMB 180,000～220,000
成交价：RMB 184,800
总重11.82g 北京荣宝 2015.11.29

120 哥伦比亚绿宝石吊坠
成交价：RMB 415,546
长4.7cm 伦敦佳士得 2015.6.3

3007 卡地亚设计 18K金“猎豹”吊坠
估　价：HKD 35,000～55,000
成交价：RMB 33,949
长4.0cm 保利香港 2015.10.6

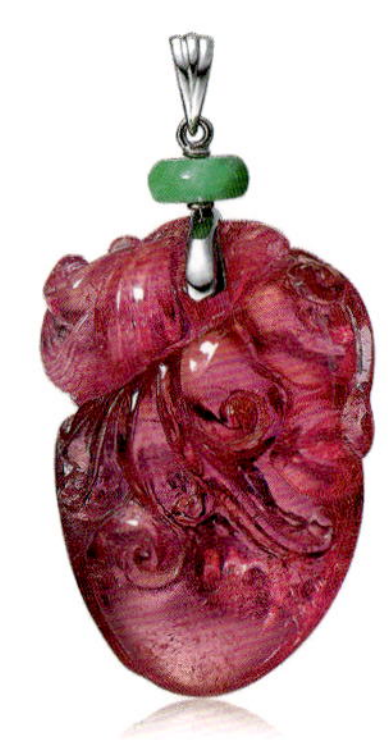

3184 红碧玺配翡翠寿桃雕件
估　价：HKD 68,000～88,000
成交价：RMB 36,186
保利香港 2015.4.7

1835 斯里兰卡天然星光蓝宝石及钻石吊坠.胸针
估　价：HKD 600,000～800,000
成交价：RMB 680,850
长5.6cm 佳士得 2015.6.2

1746 蓝宝石22.70克拉配钻石吊坠项链
估　价：HKD 180,000～250,000
成交价：RMB 246,600
香港苏富比 2015.10.7

1865 天然粉红色海螺珠4.70克拉配天然蚌珠14.10克拉及钻石吊坠项链
估　价：HKD 100,000～120,000
成交价：RMB 100,875
链长45cm 香港苏富比 2015.4.6

3196 缅甸红宝石配钻石吊坠，未经加热
估　价：HKD 98,000～150,000
成交价：RMB 95,056
长4.7cm 保利香港 2015.10.6

154 清 翠玉及碧玺吊坠（两件）
估　价：USD 6,000~8,000
成交价：RMB 238,988
尺寸不一 纽约苏富比 2015.9.15

2014 缅甸天然冰种翡翠钻石“蛋面”吊坠
估　价：RMB 600,000~800,000
成交价：RMB 690,000
长2.2cm 北京东正 2015.5.19

2037 缅甸天然冰种翡翠钻石吊坠
估　价：RMB 1,500,000~1,800,000
成交价：RMB 2,300,000
长4.12cm 北京东正 2015.5.19

2008 缅甸天然冰种翡翠钻石吊坠
估　价：RMB 700,000~1,000,000
成交价：RMB 805,000
长5.26cm 北京东正 2015.5.19

2001 缅甸天然冰种翡翠钻石吊坠
估　价：RMB 200,000~300,000
成交价：RMB 322,000
北京东正 2015.5.19

2002 缅甸天然冰种翡翠钻石吊坠
估　价：RMB 180,000~220,000
成交价：RMB 322,000
长3cm 北京东正 2015.5.19

2020 缅甸天然帝王绿玻璃种翡翠“节节高”吊坠
估　价：RMB 2,600,000~3,000,000
成交价：RMB 2,990,000
长4cm 北京东正 2015.5.19

2074 缅甸天然翡翠吊坠及钻石项链
估　价：HKD 500,000～800,000
成交价：RMB 550,688
长2.8cm 佳士得 2015.6.2

1972 缅甸天然翡翠观音、红宝石及黑玛瑙吊坠
估　价：HKD 150,000～250,000
成交价：RMB 150,188
尺寸不一 佳士得 2015.6.2

1858 缅甸天然翡翠葫芦、红宝石及钻石吊坠
估　价：HKD 40,000～60,000
成交价：RMB 1,377,720
长6.3cm 佳士得 2015.6.2

1652 天然翡翠荷花与蜻蜓吊坠
估　价：HKD 150,000～220,000
成交价：RMB 411,000
长4.8cm 香港苏富比 2015.10.7

1970 缅甸天然翡翠观音及钻石吊坠
估　价：HKD 80,000～120,000
成交价：RMB 380,475
长7.4cm 佳士得 2015.6.2

137 18K白金钻石满绿翡翠凤形项坠
成交价：RMB 20,160
上海国拍 2015.11.29

2097 缅甸天然翡翠蛋面、红宝石及钻石吊坠项链
估　价：HKD 28,000,000～38,000,000
成交价：RMB 35,083,800
蛋面2.61cm×2.13cm×1.45cm；项链长63.5cm 佳士得 2015.6.2

1974 缅甸天然翡翠及钻石灵猴献寿吊坠
估　价：HKD 120,000～180,000
成交价：RMB 140,175
长3.9cm 佳士得 2015.6.2

2091 缅甸天然翡翠辣椒及钻石吊坠项链
估　价：HKD 2,500,000～3,500,000
成交价：RMB 2,531,160
长5.47cm 佳士得 2015.6.2

1971 缅甸天然翡翠弥勒佛及钻石吊坠
估　价：HKD 80,000～120,000
成交价：RMB 200,250
长3.68cm 佳士得 2015.6.2

2076 缅甸天然翡翠如意及钻石吊坠
估　价：HKD 1,500,000～2,500,000
成交价：RMB 4,069,080
长6.2cm 佳士得 2015.6.2

1967 缅甸天然翡翠及钻石吊坠
估　价：HKD 80,000～120,000
成交价：RMB 110,138
长4.3cm 佳士得 2015.6.2

2542 清乾隆 黄翡翠吊坠
估　价：RMB 700,000～800,000
成交价：RMB 805,000
长2.4cm 北京匡时 2015.12.4

3183 缅甸天然翡翠配钻石挂坠耳环
估　价：HKD 1,800,000～2,800,000
成交价：RMB 1,406,442
长3.9cm 保利香港 2015.10.6

4039 缅甸天然翡翠配钻石挂坠
估　价：RMB 8,300,000～12,000,000
成交价：RMB 9,545,000
长6.97cm 中古陶 2015.5.31

3077 缅甸天然翡翠配钻石挂坠
估　价：HKD 9,500,000～15,000,000
成交价：RMB 8,570,340
长5.5cm 保利香港 2015.4.7

2012 缅甸天然老坑玻璃种翡翠钻石“金枝玉叶”吊坠
估　价：RMB 800,000~1,200,000
成交价：RMB 920,000
长3.1cm 北京东正 2015.5.19

4121 缅甸天然翡翠平安扣挂坠
估　价：RMB 730,000~980,000
成交价：RMB 839,500
长6.5cm 中古陶 2015.5.31

3179 缅甸天然翡翠配钻石观音挂坠
估　价：HKD 5,000,000~8,000,000
成交价：RMB 3,999,492
长5.7cm 保利香港 2015.4.7

2003 缅甸天然翡翠钻石“竹报平安”吊坠
估　价：RMB 400,000~500,000
成交价：RMB 460,000
长3.86cm 北京东正 2015.5.19

3122 缅甸天然墨翠观音挂坠
估　价：HKD 80,000~150,000
成交价：RMB 95,226
长7.26cm 保利香港 2015.4.7

3203 缅甸天然墨翡翠配钻石佛公挂坠
估 价：HKD 58,000~88,000
成交价：RMB 30,472
长1.44cm 保利香港 2015.4.7

3130 缅甸天然翡翠配钻石挂坠
估 价：HKD 300,000~400,000
成交价：RMB 285,678
长2.64cm 保利香港 2015.4.7

2064 缅甸天然梨形翡翠蛋面及钻石吊坠项链
估 价：HKD 600,000~800,000
成交价：RMB 945,180
长3cm 佳士得 2015.6.2

2069 缅甸天然翡翠圈及珠及钻石吊坠（一对）
估 价：HKD 880,000~1,200,000
成交价：RMB 3,684,600
长3.67cm 佳士得 2015.6.2

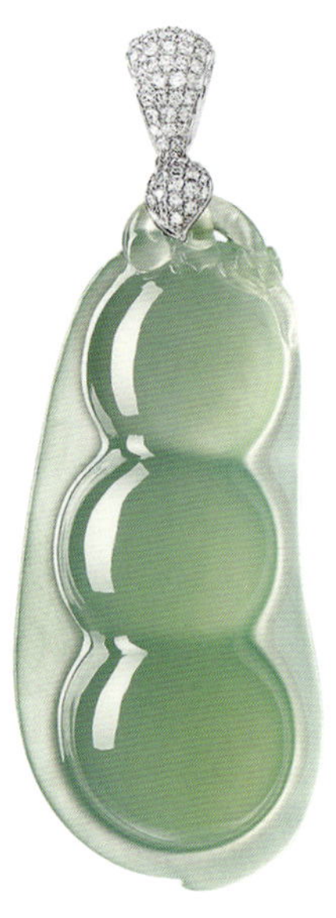

124 天然冰种翡翠福禄寿豆荚配钻石吊坠
估　价：HKD 150,000～250,000
成交价：RMB 145,317
豆荚6.01cm×2.62cm×1.63cm
天成国际 2015.12.6

3176 缅甸天然翡翠配钻石佛手挂坠（一对）
估　价：HKD 120,000～180,000
成交价：RMB 96,996
长7.1cm 长5.9cm 保利香港 2015.10.6

3177 缅甸天然翡翠配红宝石及钻石挂坠项链
估　价：HKD 1,300,000～2,000,000
成交价：RMB 1,237,938
长2.27cm 保利香港 2015.4.7

2809 清 双色碧玺松鼠葡萄坠
估　价：RMB 50,000～80,000
成交价：RMB 57,500
高5.5cm 中国嘉德 2015.11.15

4042 缅甸天然紫罗兰翡翠貔貅挂坠
估　价：RMB 6,800,000～9,500,000
成交价：RMB 8,970,000
长6.5cm 中古陶 2015.5.31

139 天然冰种翡翠富贵花龙进宝吊坠项链，王俊懿设计
估　价：HKD 350,000～450,000
成交价：RMB 330,813
长4.86cm 天成国际 2015.6.14

200 天然冰种翡翠观音吊坠
估　价：HKD 900,000～1,300,000
成交价：RMB 850,662
长6.92cm 天成国际 2015.6.14

112 天然冰种翡翠配钻石吊坠
估　价：HKD 2,000,000～3,600,000
成交价：RMB 1,937,560
蛋面3.30cm×2.84cm×1.81cm
天成国际 2015.12.6

495 清 翡翠螭龙坠
估　价：HKD 300,000～500,000
成交价：RMB 290,988
长5.5cm 中国嘉德 2015.10.6

875 清 老坑翡翠葫芦吊坠
估　价：RMB 80,000～100,000
成交价：RMB 103,500
长4.5cm 上海敬华 2015.6.30

2804 清 粉碧玺竹节坠
估　价：RMB 65,000～85,000
成交价：RMB 94,300
高4.5cm 中国嘉德 2015.11.15

221 天然冰种翡翠观音配翡翠，蓝宝石及钻石吊坠，Alessio Boschi设计
估　价：HKD 4,500,000～5,500,000
成交价：RMB 3,591,684
长6.4cm 天成国际 2015.6.14

51 天然冰种翡翠配彩色刚玉，棕色钻石及钻石花好月圆吊坠
估　价：HKD 45,000～75,000
成交价：RMB 80,340
尺寸不一 天成国际 2015.6.14

125 天然冰种翡翠配橙翡翠，翡翠及钻石大业有成吊坠
估　价：HKD 65,000～85,000
成交价：RMB 62,971
树叶长4.88cm 天成国际 2015.12.6

1804 天然冰种翡翠弥勒佛配钻石吊坠；及天然黑色翡翠弥勒佛配红宝石及钻石吊坠
估　价：HKD 120,000～160,000
成交价：RMB 221,925
尺寸不一 香港苏富比 2015.4.6

219 天然冰种翡翠龙凤呈祥配钻石吊坠，张炳光设计
估　价：HKD 700,000～900,000
成交价：RMB 661,626
长6.68cm 天成国际 2015.6.14

32 天然冰种翡翠观音吊坠，王朝阳出品
估　价：HKD 700,000～1,000,000
成交价：RMB 678,146
观音5.63cm×3.66cm×1.13cm
天成国际 2015.12.6

1621 天然冰种翡翠弥勒佛配天然翡翠及钻石吊坠
估　价：HKD 60,000～75,000
成交价：RMB 226,050
尺寸不一 香港苏富比 2015.10.7

10 天然冰种翡翠观音配钻石吊坠
估　价：HKD 60,000～90,000
成交价：RMB 96,878
观音长4.15cm 天成国际 2015.12.6

50 天然冰种翡翠弥勒佛配翡翠及钻石吊坠
估　价：HKD 78,000～120,000
成交价：RMB 79,440
弥勒长4.06cm；蛋面长0.81cm
天成国际 2015.12.6

47 天然冰种翡翠葫芦配钻石吊坠
估　价：HKD 150,000～250,000
成交价：RMB 207,940
长3.4cm 天成国际 2015.6.14

140 天然彩色翡翠三彩宝宝佛吊坠项链，王俊懿设计（三件）
估　价：HKD 3,700,000～4,700,000
成交价：RMB 3,497,166
尺寸不一 天成国际 2015.6.14

2082 天然玻璃种翡翠蛋面配钻石吊坠
估　价：RMB 350,000～500,000
成交价：RMB 402,500
长2.7cm 华艺国际 2015.5.24

96 天然冰种翡翠怀古配钻石吊坠（一对）
估　价：HKD 1,100,000～1,800,000
成交价：RMB 1,039,698
尺寸不一 天成国际 2015.6.14

240 天然冰种翡翠释迦牟尼佛吊坠
估 价：HKD 180,000～250,000
成交价：RMB 155,005
佛5.19cm×3.83cm×1.06cm
天成国际 2015.12.6

13985 天然玻璃种满绿翡翠及钻石观音吊坠
估 价：RMB 3,000,000～4,200,000
成交价：RMB 3,105,000
长5.2cm 北京保利 2015.6.6

11 天然冰种翡翠配钻石吊坠项链
估 价：HKD 160,000～260,000
成交价：RMB 151,229
长2.7cm 天成国际 2015.6.14

1699 天然翡翠璧配红宝石及钻石别针 吊坠
估 价：HKD 800,000～900,000
成交价：RMB 756,563
尺寸不一 香港苏富比 2015.4.6

53 天然翡翠豆荚配钻石吊坠
估 价：HKD 2,800,000～3,800,000
成交价：RMB 2,646,504
长7.1cm 天成国际 2015.6.14

2023 天然翡翠福在眼前配钻石吊坠
估 价：RMB 850,000～1,000,000
成交价：RMB 977,500
长5.1cm 华艺国际 2015.5.24

1729 天然翡翠平安扣配钻石吊坠项链（一对）
估 价：HKD 1,500,000～1,800,000
成交价：RMB 1,412,250
尺寸不一 香港苏富比 2015.4.6

1653 天然翡翠配红色碧玺及钻石吊坠项链
估 价：HKD 1,200,000～1,600,000
成交价：RMB 1,233,000
尺寸不一 香港苏富比 2015.10.7

73 天然翡翠配紫翡翠及钻石吊坠
估 价：HKD 250,000～350,000
成交价：RMB 242,195
蛋面长2.23cm，长1.21cm
天成国际 2015.12.6

17050 天然冰种紫罗兰翡翠佛公吊坠
估 价：RMB 68,000～88,000
成交价：RMB 78,200
坠4.23cm×4.36cm 北京保利 2015.12.7

1840 天然翡翠怀古配钻石吊坠
估 价：HKD 2,500,000～3,300,000
成交价：RMB 3,024,960
长3.5cm 香港苏富比 2015.10.7

1762 天然翡翠观音吊坠
估 价：HKD 250,000～330,000
成交价：RMB 719,250
长7.4cm 香港苏富比 2015.10.7

202 天然翡翠配2.64克拉椭圆形天然缅甸无经加热处理星光红宝石及钻石吊坠
估 价：HKD 2,500,000～3,500,000
成交价：RMB 2,362,950
长5.5cm 天成国际 2015.6.14

650 天然翡翠紫罗兰弥勒吊坠
估 价：RMB 80,000～100,000
成交价：RMB 92,000
长3.6cm 福建东南 2015.5.24

93 天然翡翠弥勒佛配彩色宝石及钻石吊坠项链，Alessio Boschi设计
估 价：HKD 120,000～180,000
成交价：RMB 116,254
弥勒2.07cm × 2.20cm × 0.38cm
天成国际 2015.12.6

17045 天然冰种满绿翡翠配钻石叶子吊坠
估 价：RMB 220,000～320,000
成交价：RMB 253,000
4.12cm × 2.14cm 北京保利 2015.12.7

126 天然翡翠观音钻石吊坠镶18K白金
估　价：HKD 980,000～1,000,000
成交价：RMB 902,727
长4.9cm 香港拍得高 2015.1.24

13916 天然满绿翡翠及钻石双寿桃吊坠
估　价：RMB 850,000～1,000,000
成交价：RMB 977,500
长3.1cm 北京保利 2015.6.6

48 天然翡翠配钻石祥龙吊坠
估　价：HKD 350,000～550,000
成交价：RMB 339,073
翡翠4.84cm×2.81cm×1.47cm
天成国际 2015.12.6

2034 缅甸天然翡翠“观音”吊坠
估　价：RMB 6,000,000～7,000,000
成交价：RMB 6,900,000
长5.84cm 北京东正 2015.5.19

2017 缅甸天然老坑玻璃种翡翠“观音”吊坠
估　价：RMB 3,800,000～5,000,000
成交价：RMB 4,370,000
长5.39cm 北京东正 2015.5.19

4035 天然冰种满绿翡翠吊坠
估　价：RMB 450,000～650,000
成交价：RMB 517,500
长4.8cm 中古陶 2015.5.31

2019 缅甸天然翡翠“蛋面”吊坠
估　价：RMB 8,000,000～12,000,000
成交价：RMB 9,200,000
长3.22cm 北京东正 2015.5.19

4036 天然玻璃种满绿翡翠吊坠
估　价：RMB 900,000～1,500,000
成交价：RMB 1,035,000
长6.85cm 中古陶 2015.5.31

1482 天然翡翠兰豆镶钻吊坠
估　价：RMB 80,000～100,000
成交价：RMB 109,250
长4cm 江苏爱涛 2015.1.11

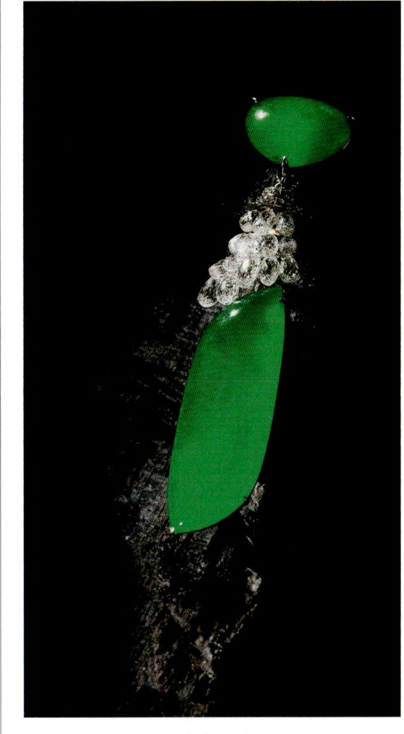

753 天然老坑翡翠镶嵌吊坠
估　价：RMB 800,000～1,000,000
成交价：RMB 920,000
长3.3cm 福建东南 2015.5.24

1638 天然翡翠配钻石葫芦吊坠
估 价：HKD 120,000～160,000
成交价：RMB 121,050
尺寸不一 香港苏富比 2015.4.6

1639 天然翡翠叶子配钻石吊坠
估 价：HKD 650,000～800,000
成交价：RMB 706,125
长4.26cm 香港苏富比 2015.4.6

760 天然翡翠豌豆挂坠
估 价：RMB 2,800,000～3,800,000
成交价：RMB 3,220,000
长4.6cm 福建东南 2015.5.24

196 天然翡翠观音配钻石吊坠
估 价：HKD 50,000～100,000
成交价：RMB 87,190
观音长6.12cm 天成国际 2015.12.6

1725 天然翡翠万事如意配钻石吊坠
估 价：HKD 450,000～600,000
成交价：RMB 453,938
尺寸不一 香港苏富比 2015.4.6

1663 天然翡翠心配钻石吊坠
估 价：HKD 480,000～680,000
成交价：RMB 493,200
长2.3cm 香港苏富比 2015.10.7

71 天然紫翡翠怀古配紫水晶及钻石吊坠及天然翡翠配橙翡翠及钻石蝴蝶胸针
估　价：HKD 68,000～98,000
成交价：RMB 67,815
怀古长3.30cm 天成国际 2015.12.6

25 珍罕天然无经染色处理橙色海螺珠配祖母绿及钻石吊坠项链
来源：橙色海螺珠直径约27.08至26.85毫米，古垫形钻石重0.59克拉，F色SI1净度，祖母绿及钻石分别共重约17.70及4.75克拉
估　价：HKD 800,000～1,200,000
成交价：RMB 775,024
天成国际 2015.12.6

126 天然紫翡翠班指配红宝石及钻石吊坠项链
估　价：HKD 2,200,000～3,200,000
成交价：RMB 2,079,396
尺寸不一 天成国际 2015.6.14

17359 天然满绿翡翠蛋面配钻石吊坠
估　价：RMB 250,000～350,000
成交价：RMB 299,000
3.66cm×2.43cm 北京保利 2015.12.7

13969 天然满绿翡翠及钻石叶形吊坠
成交价：RMB 109,250
长4cm 北京保利 2015.6.6

13914 天然满绿翡翠荷叶吊坠
估　价：RMB 2,400,000～3,200,000
成交价：RMB 2,760,000
长6cm 北京保利 2015.6.6

2085 天然满绿翡翠佛公配钻石吊坠
估　价：RMB 2,000,000～2,500,000
成交价：RMB 2,300,000
长4cm 华艺国际 2015.5.24

212 珍罕天然翡翠弥勒佛吊坠
估　价：HKD 16,000,000～20,000,000
成交价：RMB 15,016,090
长5.0cm 天成国际 2015.12.6

268 珍罕天然翡翠弥勒佛配钻石吊坠
估　价：HKD 15,000,000～20,000,000
成交价：RMB 14,177,700
长4.8cm 天成国际 2015.6.14

285 珍罕天然冰种紫翡翠弥勒佛配钻石吊坠
估　价：HKD 8,000,000～15,000,000
成交价：RMB 7,750,240
弥勒5.7cm × 5.73cm × 1.85cm
天成国际 2015.12.6

13664 天然墨翠观音及佛公吊坠（一对）
估　价：RMB 45,000～58,000
成交价：RMB 51,750
尺寸不一 北京保利 2015.6.6

192 天然双色翡翠四君子吊坠项链（一对）
估　价：HKD 200,000～300,000
成交价：RMB 207,940
尺寸不一 天成国际 2015.6.14

268 天然墨翠弥勒佛配翡翠吊坠项链
估　价：HKD 80,000～120,000
成交价：RMB 77,502
弥勒长6.28cm 天成国际 2015.12.6

13890 天然满绿翡翠及钻石福豆吊坠
成交价：RMB 48,300
长4cm 北京保利 2015.6.6

13657 天然俏色翡翠观音吊坠
估　价：RMB 120,000～180,000
成交价：RMB 138,000
长7.5cm 北京保利 2015.6.6

1740 天然珍珠配钻石吊坠
估　价：HKD 500,000～600,000
成交价：RMB 474,113
链长44cm 香港苏富比 2015.4.6

1945 天然珍珠及钻石吊坠项链
估　价：HKD 250,000～400,000
成交价：RMB 246,300
珍珠1.40cm×1.05cm 佳士得 2015.12.1

13901 天然满绿翡翠灵猴献寿吊坠
估　价：RMB 600,000～900,000
成交价：RMB 690,000
长3.5cm 北京保利 2015.6.6

2095 缅甸天然翡翠弥勒佛及钻石吊坠
估　价：HKD 4,200,000～6,000,000
成交价：RMB 4,357,440
长4.7cm 佳士得 2015.6.2

123 珊瑚随形吊坠
估　价：RMB 45,000～55,000
成交价：RMB 50,400
北京荣宝 2015.6.21

249 79.53克拉梨形红色碧玺配钻石吊坠项链
估　价：HKD 180,000～380,000
成交价：RMB 174,380
天成国际 2015.12.6

13721 天然AKA红珊瑚及钻石吊坠
估　价：RMB 78,000～98,000
成交价：RMB 109,250
长7.17cm 北京保利 2015.6.6

1619 天然紫色翡翠平安扣吊坠
估　价：HKD 200,000～250,000
成交价：RMB 205,500
长3cm 香港苏富比 2015.10.7

1813 养殖珍珠、钻石及有色钻石吊坠项链Cartier设计
估　价：HKD 80,000～120,000
成交价：RMB 194,988
吊坠长4.3cm 佳士得 2015.12.1

70 珍罕天然翡翠胸有成竹配钻石吊坠
估　价：HKD 15,000,000～20,000,000
成交价：RMB 13,078,530
高5.3cm 天成国际 2015.12.6

1693 天然红色翡翠叶子配钻石吊坠
估　价：HKD 70,000～90,000
成交价：RMB 110,963
长3.83cm 香港苏富比 2015.4.6

## 戒 指

14005 1.02克拉天然彩紫粉色SI1净度钻石及钻石戒指
估 价：RMB 480,000～680,000
成交价：RMB 552,000
北京保利 2015.6.6

51 白金嵌祖母绿镶钻戒指
估 价：RMB 3,000,000～5,000,000
成交价：RMB 4,250,000
北京至诚 2015.12.20

3041 1.23克拉变色龙钻石戒指
估 价：HKD 180,000～260,000
成交价：RMB 171,407
保利香港 2015.4.7

183 1.08克拉天然莫桑比克红宝石及彩色蓝宝石繁花似锦戒指
估 价：RMB 35,000～60,000
成交价：RMB 40,250
保利厦门 2015.8.2

3226 1.05克拉彩棕橘色钻石戒指
估 价：HKD 120,000～180,000
成交价：RMB 116,395
保利香港 2015.10.6

2704 1.26克拉彩蓝钻石戒指
估 价：RMB 1,550,000～1,750,000
成交价：RMB 1,782,500
北京匡时 2015.12.4

1918 10.00克拉，E色内部无瑕（IF）净度钻石戒指
估　价：HKD 3,200,000～4,000,000
成交价：RMB 3,550,800
香港苏富比 2015.4.6

1712 10.00克拉，G色，VVS1净度钻石戒指
估　价：HKD 2,800,000～4,000,000
成交价：RMB 4,405,920
香港苏富比 2015.10.7

2055 10.06克拉梨形D.IF钻石戒指
估　价：HKD 5,500,000～8,000,000
成交价：RMB 5,607,000
佳士得 2015.6.2

13960 10.03克拉天然祖母绿形足色全美（FL）TYPE IIA钻石戒指
成交价：RMB 9,775,000
北京保利 2015.6.6

1902 10.08克拉D色内部无瑕（IF）净度钻石戒指
估　价：HKD 10,500,000～13,000,000
成交价：RMB 11,201,160
香港苏富比 2015.4.6

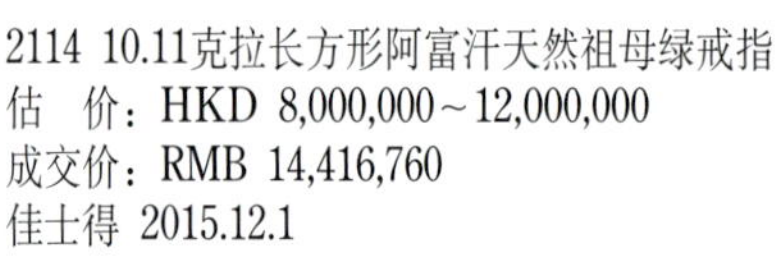

2114 10.11克拉长方形阿富汗天然祖母绿戒指
估　价：HKD 8,000,000～12,000,000
成交价：RMB 14,416,760
佳士得 2015.12.1

357 100.20克拉祖母绿钻石戒指
估 价：USD 19,000,000～25,000,000
成交价：RMB 136,743,727
尺寸6.5 纽约苏富比 2015.4.21

3124 10.25克拉斯里兰卡“皇家蓝”蓝宝石配钻石戒指，未经加热
估 价：HKD 320,000～480,000
成交价：RMB 310,387
保利香港 2015.10.6

1934 11.37克拉梨形D.VS1钻石戒指
估 价：HKD 5,000,000～8,000,000
成交价：RMB 4,838,040
尺寸5¼ 佳士得 2015.6.2

13709 10.15克拉天然缅甸鸽血红红宝石及钻石戒指 未经加热
估 价：RMB 700,000～950,000
成交价：RMB 805,000
北京保利 2015.6.6

484 10.58克拉彩棕橙粉红色钻石戒指
成交价：RMB 13,749,505
日内瓦苏富比 2015.11.11

1869 11.38克拉长方形黄色钻石戒指
估　价：HKD 400,000~600,000
成交价：RMB 1,473,840
佳士得 2015.6.2

2018 12.07克拉椭圆形缅甸天然粉红色蓝宝石及钻石戒指
估　价：HKD 500,000~800,000
成交价：RMB 1,666,080
尺寸5¾ 佳士得 2015.6.2

326 11.40克拉D色VVS1净度钻石戒指
成交价：RMB 7,704,405
日内瓦佳士得 2015.5.13

13953 13.63克拉天然斯里兰卡矢车菊蓝宝石及钻石戒指 未经加热
估　价：RMB 380,000~480,000
成交价：RMB 437,000
大小13 北京保利 2015.6.6

17227 12.65克拉天然斯里兰卡亚历山大变石配钻石戒指 未经加热
估　价：RMB 1,500,000~2,000,000
成交价：RMB 1,725,000
指环13 北京保利 2015.12.7

513 12.03克拉蓝月鲜彩蓝色钻石戒指
成交价：RMB 308,153,645
日内瓦苏富比 2015.11.11

1959 12.73克拉长方形浓彩黄色VVS2钻石戒指
估　价：HKD 1,200,000~1,800,000
成交价：RMB 1,954,440
尺寸6 佳士得 2015.6.2

492 13.75克拉钻石戒指 宝诗龙（Boucheron）
成交价：RMB 7,476,689
日内瓦苏富比 2015.11.11

2061 13.79克拉正方形鲜彩黄色VVS1钻石戒指
估 价：HKD 7,200,000～9,500,000
成交价：RMB 6,732,200
指环6 佳士得 2015.12.1

255 14K白金钻石戒指
估 价：USD 30,000～40,000
成交价：RMB 324,991
纽约苏富比 2015.4.21

282 15.21克拉棕色钻石及钻石戒指
成交价：RMB 1,558,592
纽约佳士得 2015.10.20

13687 14.27克拉天然火欧泊及钻石戒指
估 价：RMB 90,000～120,000
成交价：RMB 126,500
大小13 北京保利 2015.6.6

473 14.39克拉红宝石配钻石戒指
成交价：RMB 5,157,648
日内瓦苏富比 2015.11.11

2121 15.04克拉枕形缅甸天然鸽血红红宝石戒指
估 价：HKD 78,000,000～120,000,000
成交价：RMB 116,417,800
指环5½ 佳士得 2015.12.1

2040 15.82克拉梨形彩棕粉红色VS2钻石戒指
估 价：HKD 12,500,000～18,000,000
成交价：RMB 10,870,040
指环6 佳士得 2015.12.1

13711 16.20克拉天然金绿宝石猫眼及钻石戒指
估 价：RMB 300,000～450,000
成交价：RMB 345,000
大小14 北京保利 2015.6.6

17185 16.18克拉天然哥伦比亚祖母绿配钻石戒指 未经注油
估 价：RMB 4,500,000～5,800,000
成交价：RMB 5,175,000
北京保利 2015.12.7

13938 16.42克拉天然沙弗莱石及钻石戒指
估 价：RMB 520,000～680,000
成交价：RMB 598,000
大小11 北京保利 2015.6.6

510 16.40克拉蓝宝石配钻石戒指
成交价：RMB 17,551,211
日内瓦苏富比 2015.11.11

17186 17.27克拉天然斯里兰卡蓝宝石配钻石戒指 未经加热 梵克雅宝 Van Cleef & Arpels
估 价：RMB 2,400,000～3,400,000
成交价：RMB 3,105,000
指环10 北京保利 2015.12.7

13635 17.47克拉天然橄榄石及钻石戒指
估 价：RMB 28,000～38,000
成交价：RMB 32,200
北京保利 2015.6.6

345 18.26克拉E色VVS2净度钻石戒指 宝格丽
成交价：RMB 12,952,821
日内瓦佳士得 2015.5.13

237 18.35克拉K色微棕调VVS1净度Triple Excellent（极优切割，打磨及比例）TYPE IIa类钻石戒指
估 价：HKD 4,350,000～5,500,000
成交价：RMB 4,158,792
天成国际 2015.6.14

75 18.27克拉椭圆形蛋面天然无经处理蛋白石配沙弗莱石榴石及钻石戒指
估 价：HKD 250,000～350,000
成交价：RMB 236,295
天成国际 2015.6.14

1153 18K白金翡翠旦玉镶钻戒指
估 价：RMB 2,800,000～3,500,000
成交价：RMB 3,220,000
中贸圣佳 2015.5.20

1154 18K白金翡翠旦玉镶钻戒指
估 价：RMB 600,000～800,000
成交价：RMB 920,000
中贸圣佳 2015.5.20

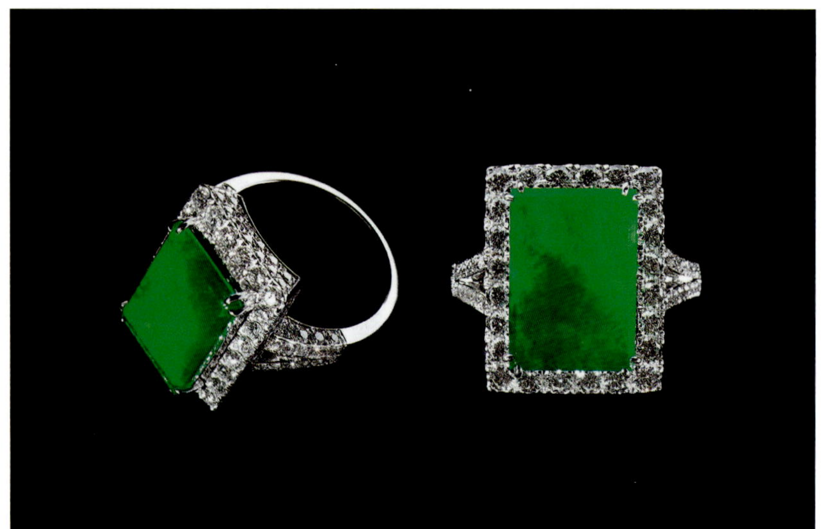

1155 18K白金翡翠方玉镶钻戒指
估　价：RMB 370,000～500,000
成交价：RMB 402,500
中贸圣佳 2015.5.20

1168 18K白金翡翠旦玉镶钻戒指 18K白金翡翠旦玉镶钻耳环
估　价：RMB 900,000～1,500,000
成交价：RMB 1,035,000
中贸圣佳 2015.5.20

236 18K白金橙色蓝宝石钻石戒指
估　价：USD 40,000～60,000
成交价：RMB 309,515
纽约苏富比 2015.4.21

123 18K白金钻石戒指带
估　价：USD 30,000～40,000
成交价：RMB 193,447
纽约苏富比 2015.4.21

78 18K白金蓝宝石钻石戒指 米歇尔·德拉瓦莱
估　价：USD 3,000～5,000
成交价：RMB 43,967
纽约苏富比 2015.9.24

232 18K白金钻石翡翠玛瑙戒指 卡地亚
估　价：USD 20,000～30,000
成交价：RMB 294,039
纽约苏富比 2015.4.21

164 18K黄金蓝宝石钻石戒指
估　价：USD 40,000～70,000
成交价：RMB 1,083,303
纽约苏富比 2015.4.21

371 18K黑金镶钻石彩色宝石坦桑石戒指
估　价：HKD 110,000～130,000
成交价：RMB 99,462
大小14 香港雅盛 2015.10.8

513 18K金铂金红宝石珠和钻石“众议院”戒指 巴黎卡地亚
估　价：USD 15,000～20,000
成交价：RMB 599,550
纽约苏富比 2015.9.24

427 18K黄金尖晶石戒指
估　价：USD 10,000～15,000
成交价：RMB 143,892
纽约苏富比 2015.9.24

250 18K黄金蓝宝石钻石戒指
估　价：USD 50,000～70,000
成交价：RMB 386,894
纽约苏富比 2015.4.21

74 18K黄金绿松石钻石Earclips和戒指(一对) 宝格丽
估　价：USD 8,000～10,000
成交价：RMB 170,233
纽约苏富比 2015.4.21

105 18K金铂金黄色钻石戒指
估　价：USD 100,000~150,000
成交价：RMB 1,279,040
纽约苏富比 2015.9.24

247 18K金翡翠和钻石戒指 大卫·韦伯
估　价：USD 10,000~15,000
成交价：RMB 139,282
纽约苏富比 2015.4.21

358 18K金蓝宝石钻石戒指
估　价：USD 700,000~1,000,000
成交价：RMB 5,410,322
纽约苏富比 2015.4.21

134 18K金浓彩黄钻和钻石戒指 蒂芙尼
估　价：USD 60,000~80,000
成交价：RMB 657,719
纽约苏富比 2015.4.21

157 18K金浓彩黄钻戒指C蒂芙尼
估　价：USD 50,000~70,000
成交价：RMB 502,962
纽约苏富比 2015.4.21

78 18K金艳彩黄钻和钻石戒指 宝格丽
估　价：USD 30,000~40,000
成交价：RMB 371,418
纽约苏富比 2015.4.21

293 18K金祖母绿钻石戒指 蒂芙尼
估 价：USD 60,000~80,000
成交价：RMB 1,621,859
纽约苏富比 2015.4.21

116 18K三色金，彩色钻石及钻石戒指
估 价：USD 45,000~65,000
成交价：RMB 348,204
纽约苏富比 2015.4.21

321 18K双色金浓彩黄钻戒指
估 价：USD 200,000~300,000
成交价：RMB 2,596,451
纽约苏富比 2015.9.24

121 18K玫瑰金淡彩粉红钻石戒指
估 价：USD 1,900,000~2,200,000
成交价：RMB 11,947,279
纽约苏富比 2015.4.21

13845 19.5克拉天然缅甸抹谷红宝石及钻石戒指 未经加热
估 价：RMB 6,500,000~8,500,000
成交价：RMB 6,900,000
大小14 北京保利 2015.6.6

14010 2.02克拉天然枕形艳彩黄色VS1净度钻石戒指
估 价：RMB 240,000~350,000
成交价：RMB 368,000
大小13 北京保利 2015.6.6

2702 2.13克拉浅粉红色钻配钻石戒指
估 价：RMB 850,000～900,000
成交价：RMB 977,500
北京匡时 2015.12.4

3228 2.23克拉淡粉棕色钻石戒指
估 价：HKD 350,000～450,000
成交价：RMB 285,678
尺寸6 保利香港 2015.4.7

3209 2.40克拉缅甸“鸽血红”红宝石配钻石戒指，未经加热
估 价：HKD 220,000～320,000
成交价：RMB 252,190
尺寸5 3.4 保利香港 2015.10.6

2073 2.16克拉长方形浓彩绿色SI1钻石戒指
估 价：HKD 2,300,000～3,500,000
成交价：RMB 4,170,680
指环5¾ 佳士得 2015.12.1

17365 20.26克拉天然缅甸皇家蓝蓝宝石配钻石戒指 未经加热 Alessio Boschi设计
估 价：RMB 3,800,000～5,200,000
成交价：RMB 4,140,000
指环15 北京保利 2015.12.7

63 20.39克拉椭圆形天然缅甸无经加热处理皇家蓝星光蓝宝石配钻石戒指
估 价：HKD 850,000～1,200,000
成交价：RMB 823,463
天成国际 2015.12.6

296 20世纪50年代珊瑚玛瑙及钻石黑豹戒指
卡地亚
成交价：RMB 504,654
日内瓦佳士得 2015.5.13

297 20世纪50年代珊瑚及钻石戒指 卡地亚
成交价：RMB 269,151
日内瓦佳士得 2015.5.13

232 21.71克拉克什米尔蓝宝石钻石戒指 卡地亚
成交价：RMB 26,054,976
纽约佳士得 2015.6.16

3221 24.12克拉金绿宝石猫眼配钻石戒指
估　价：HKD 980,000~1,280,000
成交价：RMB 904,647
尺寸6 1.2 保利香港 2015.4.7

495 22.43克拉鲜彩黄色钻石戒指
成交价：RMB 16,410,699
日内瓦苏富比 2015.11.11

1865 25.50克拉，I色VS1净度钻石戒指
估　价：HKD 6,500,000~7,500,000
成交价：RMB 6,477,360
尺寸5½ 香港苏富比 2015.10.7

13644 25.70克拉天然哥伦比亚祖母绿及钻石戒指
估 价：RMB 580,000~800,000
成交价：RMB 667,000
大小13 北京保利 2015.6.6

183 25.72克拉心形D色VS2净度(极优打磨及比例)钻石戒指
估 价：HKD 22,000,000~25,000,000
成交价：RMB 19,848,780
尺寸6 天成国际 2015.6.14

13950 26.77克拉天然哥伦比亚木佐矿祖母绿及钻石戒指 未经注油 海瑞·温斯顿 HARRY WINSTON
估 价：RMB 7,000,000~9,000,000
成交价：RMB 8,050,000
大小13 北京保利 2015.6.6

225 27.22克拉椭圆形天然缅甸无经加热处理橄榄石配钻石戒指
估 价：HKD 100,000~180,000
成交价：RMB 184,068
指环6 天成国际 2015.12.6

2099 26.08克拉枕形缅甸天然蓝宝石戒指
估 价：HKD 7,200,000~9,500,000
成交价：RMB 6,929,240
指环6 佳士得 2015.12.1

328 27.49克拉D色净度SI1钻石戒指
成交价：RMB 14,567,715
日内瓦佳士得 2015.5.13

181 28.02克拉浓彩黄钻戒指
成交价：RMB 5,320,256
纽约佳士得 2015.6.16

3093 29.20克拉斯里兰卡蓝宝石配钻石戒指
估　价：HKD 650,000~950,000
成交价：RMB 952,260
尺寸8 保利香港 2015.4.7

13998 3.31克拉天然圆形E色VVS2净度钻石戒指 卡地亚 CARTIER
估　价：RMB 700,000~1,000,000
成交价：RMB 897,000
大小12 北京保利 2015.6.6

14006 3.56克拉天然椭圆形淡粉色无瑕（IF）钻石及钻石戒指
估　价：RMB 1,260,000~1,800,000
成交价：RMB 1,449,000
大小14 北京保利 2015.6.6

507 3.17克拉浓彩蓝色钻石戒指
成交价：RMB 16,030,528
日内瓦苏富比 2015.11.11

3232 30.03克拉浓彩黄色内部无瑕钻石戒指
估　价：HKD 7,800,000~10,000,000
成交价：RMB 7,046,724
尺寸6 保利香港 2015.4.7

36 32.54克拉椭圆形天然缅甸无经加热处理星光蓝宝石配钻石戒指
估　价：HKD 1,300,000~1,800,000
成交价：RMB 1,228,734
尺寸8¼ 天成国际 2015.6.14

2006 33.49克拉天然坦桑石配钻石戒指
估 价：RMB 130,000～180,000
成交价：RMB 149,500
华艺国际 2015.5.24

3285 34.03克拉缅甸蓝宝石配钻石戒指，未经加热
估 价：HKD 1,000,000～1,500,000
成交价：RMB 921,462
尺寸7 1.4 保利香港 2015.10.6

3282 4.08克拉缅甸红宝石配钻石戒指，未经加热
估 价：HKD 580,000～880,000
成交价：RMB 533,478
尺寸7 保利香港 2015.10.6

317 30.20克拉红宝石钻石戒指
成交价：RMB 19,830,478
日内瓦佳士得 2015.5.13

17244 31.69克拉天然M色VVS2净度钻石配钻石戒指
估 价：RMB 6,400,000～7,600,000
成交价：RMB 7,015,000
指环13 北京保利 2015.12.7

351 35.09克拉蓝宝石及钻石戒指
成交价：RMB 46,327,360
尺寸4.5 日内瓦佳士得 2015.5.13

3237 4.50克拉彩紫粉钻石配蓝钻戒指，净度无瑕
估　价：HKD 21,000,000～26,000,000
成交价：RMB 18,429,240
尺寸6 保利香港 2015.10.6

82 5.17克拉椭圆形天然莫桑比克无经加热处理鸽血红红宝石配红宝石及钻石戒指
估　价：HKD 1,850,000～2,850,000
成交价：RMB 1,748,583
尺寸6¼ 天成国际 2015.6.14

13748 5.03克拉天然彩黄色VS1净度钻石戒指
估　价：RMB 350,000～450,000
成交价：RMB 460,000
大小13 北京保利 2015.6.6

13645 43.83克拉天然哥伦比亚祖母绿及钻石戒指
估　价：RMB 1,200,000～1,800,000
成交价：RMB 1,380,000
大小15 北京保利 2015.6.6

350 5.18克拉粉红色VS2净度钻石戒指
成交价：RMB 67,428,679
日内瓦佳士得 2015.5.13

145 5.21克拉圆形天然深彩黄色塞拉利昂金虎眼钻石配钻石戒指
估　价：HKD 2,600,000～3,600,000
成交价：RMB 3,875,120
天成国际 2015.12.6

13727 5.87克拉天然海螺珠及钻石戒指
估　价：RMB 80,000～120,000
成交价：RMB 109,250
大小12 北京保利 2015.6.6

260 5.93克拉椭圆形天然缅甸无经加热处理嫣红星光红宝石配蓝宝石及钻石戒指，ICE出品
估　价：HKD 350,000～450,000
成交价：RMB 321,361
尺寸6¾ 天成国际 2015.6.14

2075 5.22克拉枕形浓彩粉红色IF Type IIa钻石戒指
估　价：HKD 25,000,000～35,000,000
成交价：RMB 28,143,880
佳士得 2015.12.1

13849 5.97克拉天然粉色尖晶石及钻石戒指 未经加热
估　价：RMB 38,000～48,000
成交价：RMB 43,700
大小13 北京保利 2015.6.6

17130 6.11克拉天然缅甸鸽血红红宝石配钻石戒指 未经加热
估　价：RMB 1,900,000～2,400,000
成交价：RMB 2,185,000
指环15 北京保利 2015.12.7

398 6.50克拉钻石戒指
估　价：GBT 120,000～180,000
成交价：RMB 1,432,978
伦敦苏富比 2015.6.11

2067 7.16克拉枕形鲜彩黄色VS2钻石戒指
Cartier设计
估　价：HKD 5,000,000~8,000,000
成交价：RMB 5,549,960
指环5¼ 佳士得 2015.12.1

106 6.35克拉古垫形天然粉红色尖晶石配钻石戒指
估　价：HKD 120,000~180,000
成交价：RMB 113,422
尺寸6½ 天成国际 2015.6.14

3233 7.24克拉淡彩蓝色配浓彩紫粉色钻石戒指
估　价：HKD 14,500,000~18,000,000
成交价：RMB 13,141,188
尺寸5 1.2 保利香港 2015.4.7

3116 7.47克拉斯里兰卡紫色星光蓝宝石配钻石戒指
估　价：HKD 38,000~58,000
成交价：RMB 19,399
尺寸6 1.2 保利香港 2015.10.6

344 7.47克拉紫粉红色内部无瑕钻石戒指
成交价：RMB 16,182,615
日内瓦佳士得 2015.5.13

302 75.56克拉黄钻戒指
成交价：RMB 22,959,014
纽约佳士得 2015.10.20

2035 7.58克拉圆形D.FL（极优切割、打磨及比例）钻石戒指
估　价：HKD 6,000,000~8,000,000
成交价：RMB 6,279,840
尺寸5¼ 佳士得 2015.6.2

2078 7.53克拉梨形浓彩粉红色VS2 Type IIa钻石戒指
估　价：HKD 45,000,000~65,000,000
成交价：RMB 39,637,880
指环5¾ 佳士得 2015.12.1

2112 7.63克拉枕形哥伦比亚天然祖母绿戒指
估　价：HKD 5,600,000~8,000,000
成交价：RMB 5,648,480
指环5¾ 佳士得 2015.12.1

13622 7.555克拉天然坦桑石及钻石戒指
成交价：RMB 36,800
大小17 北京保利 2015.6.6

509 8.24克拉鲜彩紫粉红色钻石戒指
成交价：RMB 88,161,570
日内瓦苏富比 2015.11.11

1989 8.36克拉八角形缅甸天然蓝宝石戒指
估 价：HKD 800,000~1,200,000
成交价：RMB 821,000
佳士得 2015.12.1

3097 7.73克拉哥伦比亚祖母绿配钻石戒指
估 价：HKD 1,300,000~1,800,000
成交价：RMB 999,873
尺寸6 保利香港 2015.4.7

1939 8.38克拉巴西天然猫眼亚历山大石戒指及钻石戒指
估 价：HKD 1,000,000~1,500,000
成交价：RMB 1,018,040
指环6 佳士得 2015.12.1

1225 8.17克拉椭圆形改良明亮式.梯式切磨天然艳橙红色尖晶石戒指
估 价：HKD 850,000~1,200,000
成交价：RMB 797,796
尺寸6 香港利得丰 2015.5.25

13871 8.79克拉天然哥伦比亚祖母绿戒指 OSCAR HEYMAN
估 价：RMB 1,800,000~2,700,000
成交价：RMB 2,070,000
大小14 北京保利 2015.6.6

320 8.87克拉E色VVS2净度钻石戒指 宝格丽
成交价：RMB 2,617,480
日内瓦佳士得 2015.5.13

14009 8.88克拉天然浓彩黄色VS2净度钻石戒指
估　价：RMB 1,200,000～1,800,000
成交价：RMB 1,380,000
大小13 北京保利 2015.6.6

13700 9.08克拉天然缅甸皇家蓝蓝宝石、总重4.46克拉天然缅甸鸽血红红宝石及钻石戒指 未经加热 FAIDEE
估　价：RMB 1,000,000～1,500,000
成交价：RMB 977,500
大小14 北京保利 2015.6.6

3152 9.12克拉缅甸蓝宝石配钻石戒指
估　价：HKD 1,200,000～1,800,000
成交价：RMB 1,142,712
尺寸6 保利香港 2015.4.7

2100 9.21克拉长方形缅甸天然蓝宝石及约8.04克拉长方形D.IF Type IIa钻石戒指
估　价：HKD 8,500,000～12,000,000
成交价：RMB 6,732,200
指环5¾ 佳士得 2015.12.1

1867 9.65克拉，D色内部无瑕（IF）净度钻石戒指
估　价：HKD 8,600,000～10,000,000
成交价：RMB 8,055,600
尺寸5½ 香港苏富比 2015.10.7

13945 9.88克拉天然心形缅甸鸽血红红宝石戒指及总重10.68克拉天然心形缅甸鸽血红红宝石耳环套装 未经加热 FAIDEE
估　价：RMB 2,300,000～2,800,000
成交价：RMB 2,645,000
大小12 北京保利 2015.6.6

2062 9.88克拉长方形D.IF Type IIa钻石戒指
估　价：HKD 7,500,000～9,500,000
成交价：RMB 7,914,440
佳士得 2015.12.1

118 9.97克拉细蓝宝石钻石戒指
成交价：RMB 7,108,160
纽约佳士得 2015.6.16

1860 方形天然克什米尔矢车菊蓝蓝宝石重27.68克拉配钻石戒指
估　价：HKD 48,000,000～55,000,000
成交价：RMB 42,974,160
尺寸5½ 香港苏富比 2015.10.7

3219 GRAFF设计 1.32克拉缅甸鸽血红红宝石配钻石戒指
估　价：HKD 58,000～88,000
成交价：RMB 85,703
保利香港 2015.4.7

244 L色VS2净度20.85克拉钻戒
成交价：RMB 2,294,503
日内瓦佳士得 2015.5.13

279 H色VVS2净度6.46克拉钻戒 Massoni
成交价：RMB 756,984
日内瓦佳士得 2015.5.13

85 D色VVS1净度重约18.83克拉钻石戒指
成交价：RMB 8,018,645
日内瓦佳士得 2015.5.13

17184 THE PINK DREAM极致精美和罕有的38.45克拉天然坦桑尼亚桔红色尖晶石配27.41克拉钻石戒指 未经加热
估 价：RMB 2,000,000~2,800,000
成交价：RMB 2,300,000
指环14 北京保利 2015.12.7

153 白金padparadscha粉色红莲花蓝宝石钻石戒指，卡地亚
估 价：USD 125,000~150,000
成交价：RMB 889,856
纽约苏富比 2015.4.21

90 白金红宝石和钻石戒指
估 价：USD 200,000~300,000
成交价：RMB 2,736,113
纽约苏富比 2015.4.21

471 白金蓝宝石和钻石戒指 1960年
估 价：USD 200,000~300,000
成交价：RMB 5,128,950
纽约苏富比 2015.9.24

235 白金蓝宝石和钻石戒指
估 价：USD 30,000~50,000
成交价：RMB 324,991
纽约苏富比 2015.4.21

166 白金蓝宝石和钻石戒指 卡文
估 价：USD 275,000~325,000
成交价：RMB 2,661,829
纽约苏富比 2015.4.21

290 白金红宝石钻石戒指
估 价：USD 15,000~250,000
成交价：RMB 3,181,814
纽约苏富比 2015.4.21

37 白金蓝宝石和钻石戒指
估　价：USD 25,000～35,000
成交价：RMB 193,447
纽约苏富比 2015.4.21

1646 变色蓝宝石配钻石戒指
估　价：HKD 350,000～420,000
成交价：RMB 390,450
尺寸6 香港苏富比 2015.10.7

87 白金蓝宝石和钻石戒指
估　价：USD 25,000～35,000
成交价：RMB 170,233
纽约苏富比 2015.4.21

1782 天然变色石榴石重12.42克拉配红宝石及钻石戒指
估　价：HKD 100,000～130,000
成交价：RMB 131,138
尺寸5 香港苏富比 2015.4.6

132 白金蓝宝石和钻石戒指
估　价：USD 50,000～70,000
成交价：RMB 425,583
纽约苏富比 2015.4.21

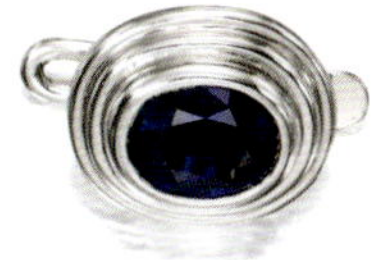

6 白金蓝宝石和钻石戒指衣扣套装
估　价：USD 25,000～35,000
成交价：RMB 208,923
纽约苏富比 2015.4.21

367 白金蓝宝石钻石戒指 哈利·温斯顿1979年
估　价：USD 150,000~220,000
成交价：RMB 2,067,560
纽约苏富比 2015.4.21

365 白金蓝宝石钻石戒指 卡地亚纽约1915年
估　价：USD 1,400,000~1,800,000
成交价：RMB 11,947,279
纽约苏富比 2015.4.21

188 白金浓彩黄色钻石戒指
估　价：USD 200,000~300,000
成交价：RMB 1,485,325
纽约苏富比 2015.2.5

211 白金坦桑石钻石戒指 米歇尔·德拉瓦莱
估　价：USD 20,000~30,000
成交价：RMB 270,826
纽约苏富比 2015.4.21

81 白金星彩蓝宝石钻石戒指
估　价：USD 15,000~20,000
成交价：RMB 133,091
纽约苏富比 2015.4.21

286 白金星光蓝宝石钻石戒指
估 价：USD 15,000～20,000
成交价：RMB 170,233
纽约苏富比 2015.4.21

362 白金紫粉红钻石蓝宝石戒指
估 价：USD 2,500,000～3,500,000
成交价：RMB 14,918,623
纽约苏富比 2015.4.21

82 白金钻石戒指
估 价：USD 30,000～50,000
成交价：RMB 247,612
纽约苏富比 2015.4.21

13927 白色南洋珍珠戒指、耳环
估 价：RMB 120,000～180,00
成交价：RMB 138,000
大小13 北京保利 2015.6.6

13616 白色南洋珍珠戒指
估 价：RMB 32,000～48,000
成交价：RMB 36,800
大小14 北京保利 2015.6.6

160 白金绚丽黄色钻石戒指
估 价：USD 225,000～275,000
成交价：RMB 1,770,426
纽约苏富比 2015.4.21

3125 宝格丽设计 8.16克拉哥伦比亚祖母绿配钻石戒指
估 价：HKD 450,000～650,000
成交价：RMB 484,980
尺寸6 3.4 保利香港 2015.10.6

4088 玻璃种满色翡翠戒面
估　价：RMB 6,540,000
成交价：RMB 7,521,000
中古陶 2015.5.31

300 铂金橙色蓝宝石钻石戒指
估　价：USD 20,000～30,000
成交价：RMB 469,050
纽约苏富比 2015.2.5

102 铂金翡翠和钻石戒指 蒂芙尼
估　价：USD 40,000～60,000
成交价：RMB 541,651
纽约苏富比 2015.4.21

47 铂金碧玺和钻石戒指
估　价：USD 8,000～12,000
成交价：RMB 108,330
纽约苏富比 2015.4.21

230 铂金橙色蓝宝石钻石戒指 卡文法国
估　价：USD 30,000～40,000
成交价：RMB 247,612
纽约苏富比 2015.4.21

1688 变色星光蓝宝石24.50克拉配钻石戒指
估　价：HKD 180,000～240,000
成交价：RMB 353,063
香港苏富比 2015.4.6

312 铂金彩色钻石戒指
估　价：USD 100,000～150,000
成交价：RMB 1,160,681
纽约苏富比 2015.4.21

196 铂金淡粉红钻石戒指 卡地亚
估　价：USD 120,000～140,000
成交价：RMB 1,250,800
纽约苏富比 2015.2.5

152 铂金翡翠和钻石戒指
估 价：USD 600,000～800,000
成交价：RMB 4,147,501
纽约苏富比 2015.4.21

75 铂金翡翠和钻石戒指 宝格丽
估 价：USD 60,000～80,000
成交价：RMB 696,409
纽约苏富比 2015.4.21

108 铂金翡翠和钻石戒指
估 价：USD 30,000～40,000
成交价：RMB 294,039
纽约苏富比 2015.4.21

348 铂金翡翠和钻石戒指 蒂芙尼公司1925年
估 价：USD 70,000～90,000
成交价：RMB 541,651
纽约苏富比 2015.4.21

281 铂金翡翠钻石戒指
估 价：USD 50,000～70,000
成交价：RMB 1,392,818
纽约苏富比 2015.4.21

156 铂金翡翠钻石戒指 Dreicer
估 价：USD 100,000～150,000
成交价：RMB 1,621,859
纽约苏富比 2015.4.21

349 铂金花式灰蓝色钻石戒指
估 价：USD 70,000～90,000
成交价：RMB 619,030
纽约苏富比 2015.4.21

142 铂金花式灰色钻石戒指
估 价：USD 80,000～120,000
成交价：RMB 2,810,396
纽约苏富比 2015.4.21

343 铂金尖晶石钻石戒指 蒂芙尼公司
估　价：USD 5,000~7,000
成交价：RMB 67,949
纽约苏富比 2015.9.24

139 铂金绿宝石钻石戒指
估　价：USD 80,000~120,000
成交价：RMB 1,083,303
纽约苏富比 2015.4.21

128 铂金艳彩黄钻戒指
估　价：USD 220,000~250,000
成交价：RMB 1,621,859
纽约苏富比 2015.4.21

193 铂金蓝宝石及钻石戒指
估　价：USD 10,000~15,000
成交价：RMB 131,544
纽约苏富比 2015.4.21

119 铂金绚丽橙黄色钻石戒指
估　价：USD 100,000~150,000
成交价：RMB 1,238,060
纽约苏富比 2015.4.21

279 铂金紫翠玉钻石戒指
估　价：USD 125,000~175,000
成交价：RMB 4,667,486
纽约苏富比 2015.4.21

192 铂金蓝宝石钻石戒指 1930年
估　价：USD 15,000~20,000
成交价：RMB 279,790
纽约苏富比 2015.9.24

101 铂金绚丽黄色钻石戒指 雷蒙德堆场
估　价：USD 50,000~70,000
成交价：RMB 371,418
纽约苏富比 2015.4.21

242 铂金紫翠玉钻石戒指
估　价：USD 55,000~75,000
成交价：RMB 519,610
纽约苏富比 2015.9.24

363 铂金钻石22.30克拉戒指
USD 2,800,000～3,200,000
成交价：RMB 20,118,475
纽约苏富比 2015.4.21

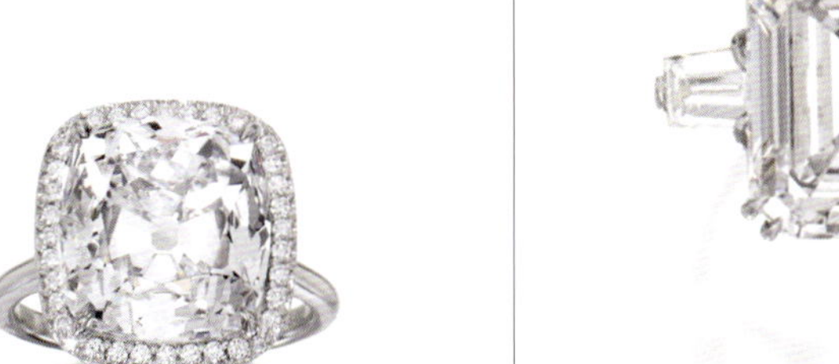

127 铂金钻石10.29克拉戒指
估 价：USD 620,000～680,000
成交价：RMB 4,518,919
纽约苏富比 2015.4.21

103 铂金钻石3.70克拉戒指
估 价：USD 25,000～35,000
成交价：RMB 216,661
纽约苏富比 2015.4.21

151 铂金钻石14.33克拉戒指
估 价：USD 95,000～1,100,000
成交价：RMB 7,118,845
纽约苏富比 2015.4.21

333 铂金钻石12.14克拉戒指
估 价：USD 325,000～425,000
成交价：RMB 3,404,665
纽约苏富比 2015.4.21

313 铂金钻石5.42克拉戒指 蒂芙尼
估 价：USD 150,000～200,000
成交价：RMB 1,238,060
纽约苏富比 2015.4.21

475 铂金钻石30.15克拉戒指
估 价：USD 2,400,000～2,800,000
成交价：RMB 16,563,568
纽约苏富比 2015.9.24

42 铂金钻石8.05克拉戒指 梵克雅宝
估 价：USD 15,000～20,000
成交价：RMB 201,185
纽约苏富比 2015.4.21

107 铂金钻石5.00克拉戒指
估 价：USD 70,000～90,000
成交价：RMB 657,719
纽约苏富比 2015.4.21

355 铂金钻石9.10克拉戒指
估　价：USD 325,000～375,000
成交价：RMB 2,476,120
纽约苏富比 2015.4.21

217 铂金钻石翡翠玛瑙“Panthere”戒指 卡地亚法国
估　价：USD 35,000～55,000
成交价：RMB 449,506
纽约苏富比 2015.2.5

59 铂金钻石和翡翠戒指
估　价：USD 15,000～20,000
成交价：RMB 278,564
纽约苏富比 2015.4.21

130 铂金钻石重5.00克拉戒指
估　价：USD 175,000～225,000
成交价：RMB 1,392,818
纽约苏富比 2015.4.21

1827 彩粉红色1.87克拉，VS2净度钻石配粉红色钻石及钻石戒指
估　价：HKD 500,000～650,000
成交价：RMB 1,008,750
尺寸7 香港苏富比 2015.4.6

1824 心形彩粉红色钻石重3.04克拉，内部无瑕（IF）净度配粉红色钻石戒指
估　价：HKD 2,000,000～2,500,000
成交价：RMB 5,589,600
尺寸6½ 香港苏富比 2015.10.7

1826 彩黄绿色钻石3.10克拉，VS2净度配粉红色钻石及钻石戒指
估　价：HKD 450,000～550,000
成交价：RMB 807,000
尺寸6 香港苏富比 2015.4.6

286 彩钻17.05克拉VS1净度钻石戒指
成交价：RMB 9,521,166
日内瓦佳士得 2015.5.13

198 彩钻钻石戒指 夏蒂拉
成交价：RMB 353,261
日内瓦佳士得 2015.5.13

3114 陈世英设计 缅甸天然翡翠配钻石戒指
估　价：HKD 1,100,000～1,800,000
成交价：RMB 761,808
尺寸6 1.2 保利香港 2015.4.7

1831 橙粉红色刚玉4.74克拉配钻石戒指
估　价：HKD 120,000～160,000
成交价：RMB 181,575
尺寸6 香港苏富比 2015.4.6

1806 彩黄色10.29克拉钻石配钻石戒指
估　价：HKD 1,500,000～1,800,000
成交价：RMB 1,939,920
尺寸5¾ 香港苏富比 2015.10.7

1862 淡彩橙粉红色3.66克拉钻石配钻石戒指
估　价：HKD 1,800,000～2,200,000
成交价：RMB 1,710,840
尺寸6 香港苏富比 2015.4.6

1739 淡彩粉红色5.06克拉 VS2净度钻石配钻石戒指
估　价：HKD 2,400,000～3,000,000
成交价：RMB 3,024,960
尺寸7¼ 香港苏富比 2015.10.7

1819 电气石及钻石戒指
估　价：HKD 30,000～50,000
成交价：RMB 70,088
尺寸6 佳士得 2015.6.2

1987 电器石及钻石戒指
估　价：HKD 150,000～250,000
成交价：RMB 431,025
指环6 佳士得 2015.12.1

3083 梵克雅宝设计 1.99克拉艳彩黄钻石配浓彩紫粉钻石戒指，黄钻净度VS1
估　价：HKD 750,000～1,000,000
成交价：RMB 717,770
尺寸6 保利香港 2015.10.6

1970 翡翠及钻石戒指
估　价：HKD 800,000～1,200,000
成交价：RMB 4,367,720
蛋面长2.23cm 佳士得 2015.12.1

2532 翡翠阳绿冰种戒指
估 价：RMB 150,000～170,000
成交价：RMB 172,500
重20.63克 北京匡时 2015.12.4

1703 粉红色刚玉配钻石戒指
估 价：HKD 700,000～900,000
成交价：RMB 667,875
尺寸6 香港苏富比 2015.10.7

1654 43.03克拉橄榄石配宝石戒指
估 价：HKD 150,000～180,000
成交价：RMB 171,488
尺寸5 香港苏富比 2015.4.6

1778 缟玛瑙配钻石及祖母绿豹戒指 卡地亚（Cartier）
估 价：HKD 120,000～160,000
成交价：RMB 353,063
尺寸5 香港苏富比 2015.4.6

1857 哥伦比亚7.99克拉祖母绿配钻石戒指
估 价：HKD 5,300,000～6,300,000
成交价：RMB 5,293,680
尺寸6¼ 香港苏富比 2015.10.7

1883 哥伦比亚祖母绿及钻石戒指 Cartier设计
估 价：HKD 400,000～600,000
成交价：RMB 4,261,320
尺寸6 佳士得 2015.6.2

265 瑰丽59.93克拉椭圆形天然深彩橙棕色VVS1净度Type IIa 类钻石金耀朝阳戒指
估　价：HKD 15,000,000～19,000,000
成交价：RMB 14,177,700
尺寸6 天成国际 2015.6.14

266 瑰丽12.53克拉古垫形天然莫桑比克无经加热处理鸽血红红宝石配1.51及1.50克拉D色VVS2净度钻石戒指
估　价：HKD 9,000,000～12,000,000
成交价：RMB 8,506,620
尺寸6 天成国际 2015.6.14

235 瑰丽10.22克拉古垫形天然缅甸抹谷无经加热处理鸽血红红宝石配钻石戒指
估　价：HKD 18,000,000～25,000,000
成交价：RMB 17,438,040
天成国际 2015.12.6

3218 海瑞温斯顿设计 22.12克拉斯里兰卡蓝宝石配钻石戒指，未经加热
估　价：HKD 1,800,000～2,600,000
成交价：RMB 1,648,932
尺寸6 1.2 保利香港 2015.10.6

17167 罕有的5.02克拉天然彩绿色VS1净度钻石配钻石戒指
估　价：RMB 5,800,000～6,800,000
成交价：RMB 6,440,000
指环13 北京保利 2015.12.7

3191 海螺珠配钻石戒指
估　价：HKD 240,000～320,000
成交价：RMB 247,588
尺寸6 1.2 保利香港 2015.4.7

1742 红宝石10.62克拉配钻石及缟玛瑙豹戒指，Monture Cartier(卡地亚镶嵌)
估 价：HKD 18,000,000～25,000,000
成交价：RMB 16,834,560
尺寸6 香港苏富比 2015.10.7

1705 红宝石4.16克拉配钻石戒指 海瑞温斯顿（Harr Winston）
估 价：HKD 2,200,000～2,800,000
成交价：RMB 2,098,200
尺寸6 香港苏富比 2015.4.6

223 红宝石5.16克拉钻石戒指 梅斯特
成交价：RMB 3,707,534
日内瓦佳士得 2015.5.13

1684 椭圆形天然缅甸鸽血红红宝石重5.95克拉配粉红色钻石及钻石戒指
估 价：HKD 1,400,000～1,700,000
成交价：RMB 2,334,480
尺寸5½ 香港苏富比 2015.10.7

85 红宝石4.53克拉镶钻石戒指 Alexandre Reza
成交价：RMB 300,968
日内瓦苏富比 2015.11.11

3046 红宝石配黑玛瑙及钻石戒指
估 价：HKD 48,000～68,000
成交价：RMB 38,798
尺寸6 1.2 保利香港 2015.10.6

1801 红宝石配钻石蝴蝶结戒指 梵克雅宝（Va Clee Arpels）
来源：红宝石共重约4.50卡拉
估 价：HKD 90,000～110,000
成交价：RMB 302,625
尺寸4 香港苏富比 2015.4.6

190 红宝石钻石戒指 莫罗尼
成交价：RMB 252,330
日内瓦佳士得 2015.5.13

188 黄金钻石和玛瑙戒指
估 价：USD 6,500～7,500
成交价：RMB 92,855
纽约苏富比 2015.4.21

103 红色碧玺配钻石戒指
估 价：HKD 35,000～65,000
成交价：RMB 49,149
尺寸6¼ 天成国际 2015.6.14

128 红色碧玺配翡翠及钻石珠炼及戒指套装
估 价：HKD 220,000～320,000
成交价：RMB 174,380
戒指碧玺重15.00克拉 天成国际 2015.12.6

2 黄金镶蓝宝石Pont手链戒指 Mauboussin
成交价：RMB 142,564
日内瓦苏富比 2015.11.11

267 红宝石钻石戒指耳坠（一对） 梵克雅宝
成交价：RMB 1,890,773
耳坠长7.6cm 日内瓦佳士得 2015.5.13

2040 黄钻、祖母绿及黑玛瑙Tiger戒指
估　价：HKD 400,000～600,000
成交价：RMB 993,240
尺寸7 佳士得 2015.6.2

148 黄钻石钻石戒指
估　价：GBT 25,000～35,000
成交价：RMB 346,474
伦敦苏富比 2015.3.18

2002 尖晶石戒指
估　价：HKD 120,000～150,000
成交价：RMB 500,625
尺寸3½ 佳士得 2015.6.2

1413 黄水晶配钻石戒指
估　价：RMB 12,000～15,000
成交价：RMB 13,800
尺寸14 上海敬华 2015.4.26

251 黄色椭圆形钻石约37.31克拉戒指
成交价：RMB 6,089,505
日内瓦佳士得 2015.5.13

1686 金绿27.38克拉猫眼石配钻石戒指
估　价：HKD 1,300,000～1,600,000
成交价：RMB 1,311,375
尺寸5 香港苏富比 2015.4.6

1614 金绿猫眼石配钻石戒指
估　价：HKD 450,000～550,000
成交价：RMB 411,000
尺寸9¼ 香港苏富比 2015.10.7

13952 精美的总重约10.05克拉天然缅甸星光红宝石戒指 未经加热
估　价：RMB 650,000～850,000
成交价：RMB 805,000
北京保利 2015.6.6

13696 精美的13.20克拉天然哥伦比亚糖果形艳绿色祖母绿及钻石戒指，9.96及9.20克拉天然哥伦比亚糖果形艳绿色祖母绿及钻石耳环套装
估　价：RMB 1,200,000～1,800,000
成交价：RMB 1,380,000
大小14 北京保利 2015.6.6

1706 祖母绿配钻石戒指及吊耳环套装
估　价：HKD 1,000,000～1,500,000
成交价：RMB 1,109,625
尺寸不一 香港苏富比 2015.4.6

1712 天然哥伦比亚祖母绿重8.02克拉配钻石戒指
估　价：HKD 3,300,000～3,800,000
成交价：RMB 3,744,480
尺寸5 香港苏富比 2015.4.6

3194 卡地亚设计 18K金镶嵌翡翠猎豹戒指
估　价：HKD 38,000~58,000
成交价：RMB 85,703
尺寸5 1.2 保利香港 2015.4.7

259 蓝宝石彩钻戒指 格拉夫
成交价：RMB 1,325,564
日内瓦佳士得 2015.5.13

185 蓝宝石及钻石戒指
成交价：RMB 2,375,242
日内瓦佳士得 2015.5.13

294 蓝宝石及钻石戒指 梵克雅宝
成交价：RMB 3,909,396
日内瓦佳士得 2015.5.13

459 蓝宝石配钻石戒指
成交价：RMB 20,212,405
日内瓦苏富比 2015.11.11

1894 浓彩黄色钻石8.88克拉内部无瑕（IF）净度 极优打磨及对称钻石戒指
估　价：HKD 1,800,000~2,000,000
成交价：RMB 2,098,200
尺寸5 香港苏富比 2015.4.6

197 蓝宝石戒指
成交价：RMB 6,906,433
日内瓦苏富比 2015.11.11

1915 蓝宝石配钻石戒指
估 价：HKD 12,000,000～15,000,000
成交价：RMB 13,137,960
香港苏富比 2015.4.6

271 蓝宝石紫水晶及钻石戒指 JAR1988年
成交价：RMB 4,878,335
日内瓦佳士得 2015.5.13

756 老坑木那矿天然翡翠蛋面戒指／吊坠（双用）
估 价：RMB 800,000～1,000,000
成交价：RMB 920,000
福建东南 2015.5.24

25 蓝宝石镶钻石戒指
成交价：RMB 633,618
日内瓦苏富比 2015.11.11

223 蓝宝石镶钻石Bracka戒指，梵克雅宝（Van Cleef & Arpels）
成交价：RMB 316,809
日内瓦苏富比 2015.11.11

1895 榄尖形钻石重4.71克拉，D色VVS1净度钻石戒指
估 价：HKD 1,000,000～1,200,000
成交价：RMB 1,008,750
尺寸7 香港苏富比 2015.4.6

200 绿宝石及钻石戒指 BY BOUCHERON
成交价：RMB 1,890,773
日内瓦佳士得 2015.5.13

1740 梨形淡彩粉红色钻石重5.06克拉，VS2净度钻石戒指
估 价：HKD 9,500,000~12,000,000
成交价：RMB 9,929,760
尺寸7¼ 香港苏富比 2015.10.7

1911 猫眼石及钻石戒指
估 价：HKD 160,000~250,000
成交价：RMB 110,138
尺寸6 佳士得 2015.6.2

2541 绿色玻璃种翡翠戒指
估 价：RMB 2,800,000~3,500,000
成交价：RMB 3,450,000
重13.96g 北京匡时 2015.12.4

293 玫瑰金欧泊戒指
估 价：HKD 62,500~125,000
成交价：RMB 58,313
重3.5g 荣盛国际 2015.1.10

144 绿松石镶钻石项链 宝诗龙（Boucheron）耳环（一对）梵克雅宝（Van Cleef & Arpels）戒指
成交价：RMB 332,649
日内瓦苏富比 2015.11.11

2096 缅甸天然翡翠蛋面及钻石戒指
估 价：HKD 4,000,000～6,000,000
成交价：RMB 7,721,640
尺寸6 佳士得 2015.6.2

1887 缅甸天然翡翠马鞍戒指（一对）
估 价：HKD 250,000～350,000
成交价：RMB 3,107,880
尺寸8及8 佳士得 2015.6.2

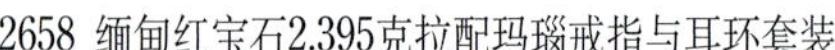

2658 缅甸红宝石2.395克拉配玛瑙戒指与耳环套装
估 价：RMB 220,000～270,000
成交价：RMB 253,000
北京匡时 2015.12.4

2071 缅甸天然翡翠蛋面、钻石及黑玛瑙戒指
估 价：HKD 40,000～60,000
成交价：RMB 350,438
尺寸5¾ 佳士得 2015.6.2

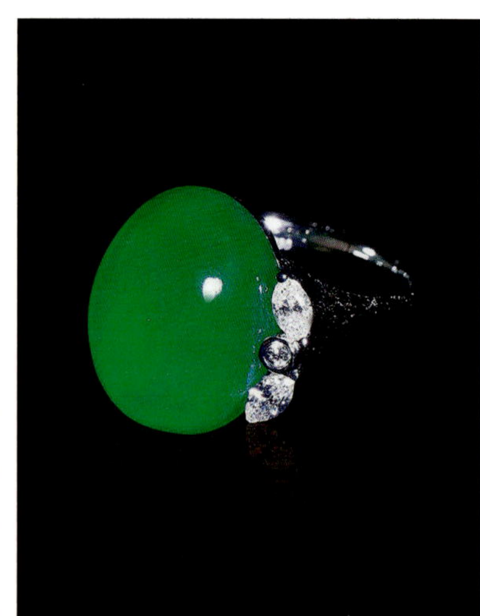

2036 缅甸天然冰种翡翠钻石戒指
估 价：RMB 1,800,000～2,200,000
成交价：RMB 2,645,000
尺寸16 北京东正 2015.5.19

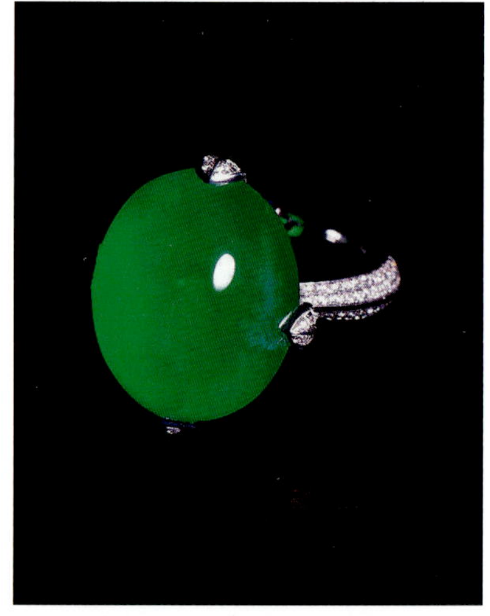

2015 缅甸天然冰种翡翠钻石戒指
估 价：RMB 1,500,000～1,800,000
成交价：RMB 1,725,000
北京东正 2015.5.19

1854 缅甸天然翡翠牌及钻戒指
估　价：HKD 120,000～180,000
成交价：RMB 1,858,320
尺寸5 佳士得 2015.6.2

1890 缅甸天然翡翠牌戒指
估　价：HKD 650,000～950,000
成交价：RMB 14,450,040
尺寸6¼ 佳士得 2015.6.2

1889 缅甸天然翡翠牌戒指
估　价：HKD 480,000～650,000
成交价：RMB 10,605,240
尺寸6 佳士得 2015.6.2

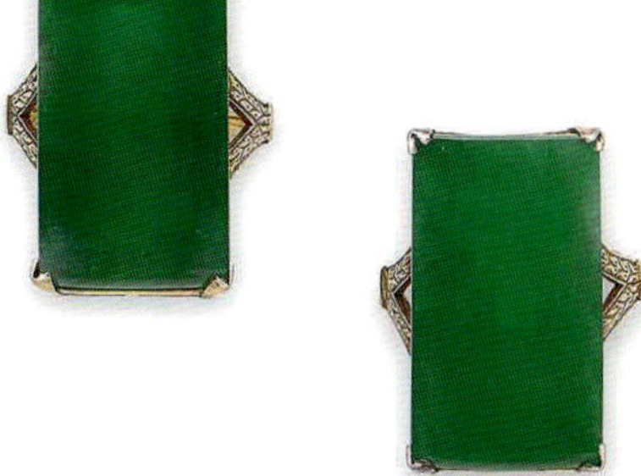

1888 缅甸天然翡翠牌戒指（一对）
估　价：HKD 320,000～500,000
成交价：RMB 8,202,240
尺寸6½及6½ 佳士得 2015.6.2

13614 南洋珍珠戒指、耳环套装
成交价：RMB 36,800
大小13 北京保利 2015.6.6

3134 缅甸艳彩鲜红6.03克拉缅甸“鸽血红”红宝石配钻石戒指
估　价：HKD 15,000,000～18,000,000
成交价：RMB 13,579,440
尺寸5 1.2 保利香港 2015.10.6

403 浓彩黄色钻石戒指
成交价：RMB 1,544,443
日内瓦苏富比 2015.11.11

331 浓彩黄钻戒 卡地亚
估　价：GBT 20,000～30,000
成交价：RMB 841,514
伦敦苏富比 2015.6.11

1861 浓彩蓝色钻石配粉红色钻石2.13克拉，VS1净度及钻石戒指
估　价：HKD 8,800,000～10,000,000
成交价：RMB 9,070,680
尺寸6 香港苏富比 2015.4.6

1638 沙弗来石配红宝石戒指，IVY
估　价：HKD 700,000～850,000
成交价：RMB 904,200
尺寸6½ 香港苏富比 2015.10.7

1852 方形浓彩蓝色钻石重2.11克拉，VVS1净度配钻石戒指
估　价：HKD 6,800,000～8,000,000
成交价：RMB 12,099,840
尺寸5½ 香港苏富比 2015.10.7

272 深彩棕黄色钻石戒指
成交价：RMB 1,660,078
日内瓦苏富比 2015.11.11

2108 约15.15克拉长方形D.IF Type IIa钻石戒指
估 价：HKD 14,000,000～18,000,000
成交价：RMB 22,075,560
尺寸8½ 佳士得 2015.6.2

179 石榴石配变色石榴石及钻石戒指
估 价：HKD 80,000～150,000
成交价：RMB 103,970
尺寸6½ 天成国际 2015.6.14

1610 天然斯里兰卡橙粉红色刚玉重4.37克拉配钻石戒指
估 价：HKD 240,000～280,000
成交价：RMB 246,600
尺寸5½ 香港苏富比 2015.10.7

13729 天然AKA红珊瑚戒指
估 价：RMB 60,000～90,000
成交价：RMB 115,000
大小11 北京保利 2015.6.6

13850 天然澳大利亚黑欧泊戒指（一对）
成交价：RMB 32,200
尺寸不一 北京保利 2015.6.6

13928 天然AKA红珊瑚蛋面戒指（一对）
成交价：RMB 36,800
尺寸不一 北京保利 2015.6.6

2091 天然翡翠蛋面戒指
估　价：HKD 28,000,000～38,000,000
成交价：RMB 24,006,040
蛋面2.60cm×2.43cm 佳士得 2015.12.1

17279 天然冰种满绿翡翠马鞍戒指
估　价：RMB 800,000～1,200,000
成交价：RMB 920,000
北京保利 2015.12.7

1813 天然粉红色海螺珠配粉红色钻石及钻石戒指
估　价：HKD 480,000～600,000
成交价：RMB 493,200
尺寸5¾ 香港苏富比 2015.10.7

69 天然翡翠配钻石戒指
估　价：HKD 4,800,000～5,800,000
成交价：RMB 4,253,310
尺寸6¼ 天成国际 2015.6.14

13672 天然满绿翡翠及钻石戒指、耳环套装
香奈儿 CHANEL
估　价：RMB 800,000～1,200,000
成交价：RMB 1,495,000
大小12 北京保利 2015.6.6

1654 天然翡翠配钻石戒指
估　价：HKD 2,200,000～2,800,000
成交价：RMB 2,235,840
尺寸6½ 香港苏富比 2015.10.7

412 天然珍珠及钻石戒指
成交价：RMB 712,820
日内瓦苏富比 2015.11.11

283 细绿宝石及钻石戒指
成交价：RMB 7,946,636
日内瓦佳士得 2015.5.13

13915 天然满绿翡翠及钻石马鞍戒指
估 价：RMB 2,400,000～3,200,000
成交价：RMB 2,760,000
大小13 北京保利 2015.6.6

1731 方形鲜彩黄色钻石重41.65克拉，内部无瑕（IF）净度戒指
估 价：HKD 15,000,000～18,000,000
成交价：RMB 23,180,400
尺寸5¼ 香港苏富比 2015.10.7

471 微粉红色11.05克拉钻石戒指
成交价：RMB 8,427,116
日内瓦苏富比 2015.11.11

175 天然珍珠和钻石戒指
成交价：RMB 504,654
日内瓦佳士得 2015.5.13

1616 星光红宝石配钻石戒指
估 价：HKD 160,000～200,000
成交价：RMB 181,575
香港苏富比 2015.4.6

26 亚历山大变色猫眼石镶钻石戒指
成交价：RMB 871,224
日内瓦苏富比 2015.11.11

1753 亚历山大变色石5.77克拉配钻石戒指
估 价：HKD 320,000～450,000
成交价：RMB 328,800
尺寸5½ 香港苏富比 2015.10.7

2036 约10.33克拉圆形克什米尔天然蓝宝石及钻石戒指
估 价：HKD 12,800,000～18,000,000
成交价：RMB 15,347,160
尺寸6½ 佳士得 2015.6.2

2029 约11.46克拉椭圆形斯里兰卡天然粉红色蓝宝石及钻石戒指
估 价：HKD 1,400,000～1,800,000
成交价：RMB 1,377,720
尺寸5½ 佳士得 2015.6.2

2100 约4.23克拉椭圆形彩粉红紫色SI1钻石戒指
估 价：HKD 7,500,000～9,500,000
成交价：RMB 6,183,720
尺寸6 佳士得 2015.6.2

1836 约12.88克拉锥形缅甸天然蓝宝石及钻石戒指
估 价：HKD 1,000,000～1,500,000
成交价：RMB 993,240
尺寸6½ 佳士得 2015.6.2

1920 约23.93克拉枕形斯里兰卡天然蓝宝石及钻石戒指
估　价：HKD 2,000,000～3,000,000
成交价：RMB 2,146,680
戒指6¼ 佳士得 2015.6.2

2105 约3.00克拉梨形浓彩蓝色IF钻石戒指
估　价：HKD 17,500,000～28,000,000
成交价：RMB 15,795,720
尺寸5½ 佳士得 2015.6.2

2017 约4.62克拉椭圆形巴西帕拉依巴及钻石戒指
估　价：HKD 280,000～380,000
成交价：RMB 993,240
尺寸6½ 佳士得 2015.6.2

2089 约5.02克拉椭圆形缅甸天然红宝石及钻石戒指
估　价：HKD 6,000,000～8,000,000
成交价：RMB 5,991,480
尺寸5½ 佳士得 2015.6.2

2105A 约5.02克拉长方形浓彩绿色SI1钻石戒指
估　价：HKD 20,000,000～30,000,000
成交价：RMB 16,692,840
尺寸5¾ 佳士得 2015.6.2

2110 约5.11克拉椭圆形缅甸天然鸽血红红宝石戒指
估　价：HKD 12,000,000～18,000,000
成交价：RMB 23,869,800
尺寸5 佳士得 2015.6.2

2032 约9.13克拉枕形克什米尔天然蓝宝石及钻石戒指
估　价：HKD 6,500,000～9,500,000
成交价：RMB 6,568,200
尺寸6 佳士得 2015.6.2

1963 约9.50克拉长方形鲜彩橙黄色IF（极优打磨）钻石戒指
估　价：HKD 12,000,000～18,000,000
成交价：RMB 11,566,440
尺寸5¾ 佳士得 2015.6.2

3081 紫水晶配彩色宝石戒指
估　价：HKD 68,000～100,000
成交价：RMB 64,754
尺寸6 保利香港 2015.4.7

2107 约9.58克拉圆形D.IF（极优切割、打磨及比例）钻石戒指
估　价：HKD 8,000,000～12,000,000
成交价：RMB 10,413,000
尺寸6 佳士得 2015.6.2

190 珍罕24.13克拉古垫形天然哥伦比亚穆索无经处理祖母绿配钻石戒指
估　价：HKD 10,000,000～15,000,000
成交价：RMB 9,203,410
指环5¾ 天成国际 2015.12.6

214 祖母绿蓝宝石钻石戒指 蒂芙尼公司20世纪初
估　价：GBT 20,000～30,000
成交价：RMB 1,154,913
伦敦苏富比 2015.3.18

2104 约9.07克拉长方形浓彩粉红色IF Type IIa钻石戒指
估　价：HKD 95,000,000～120,000,000
成交价：RMB 78,145,560
尺寸5¼ 佳士得 2015.6.2

1940 锥形缅甸天然星光红宝石戒指Wallace Chan设计
估　价：HKD 1,200,000～1,800,000
成交价：RMB 821,000
佳士得 2015.12.1

## 耳饰

13958 10.07及10.03克拉天然浓彩黄色VS1及VVS2净度钻石及钻石耳环
估　价：RMB 2,500,000～3,200,000
成交价：RMB 2,875,000
尺寸不一 北京保利 2015.6.6

13872 10.59及10.19克拉天然赞比亚祖母绿及钻石耳环 未经注油
估　价：RMB 2,400,000~3,600,000
成交价：RMB 2,760,000
尺寸不一 北京保利 2015.6.6

2113 11.43克拉、10.49克拉、2.65克拉及2.43克拉枕形哥伦比亚天然祖母绿及钻石耳坠
估　价：HKD 12,000,000~18,000,000
成交价：RMB 10,278,920
耳坠长4.6cm 佳士得 2015.12.1

1762 12.87克拉、12.77克拉D色无瑕净度钻石吊耳环（一对）
估　价：HKD 18,000,000~22,000,000
成交价：RMB 16,043,160
香港苏富比 2015.4.6

1176 18K白翡翠方玉镶钻耳环
估　价：RMB 950,000~1,500,000
成交价：RMB 1,092,500
尺寸不一 中贸圣佳 2015.5.20

1175 18K白翡翠怀古镶钻耳环
来源：翡翠：重4.18克拉，规格11.23×3.32mm；重4.73克拉，规格：11.45×3.63mm。18K白金重8.12克；100颗圆钻：重量：1.69克拉。
估　价：RMB 950,000~1,500,000
成交价：RMB 1,092,500
尺寸不一 中贸圣佳 2015.5.20

266 18K白金蓝宝石钻石耳环(一对) 米歇尔·德拉瓦莱
估　价：USD 20,000~30,000
成交价：RMB 154,758
纽约苏富比 2015.4.21

171 18K白金玉髓蓝宝石耳饰 斯伦贝谢
估　价：USD 5,000~7,000
成交价：RMB 82,021
纽约苏富比 2015.4.21

323 18K黄金白金钻石耳坠（一对）大卫·韦伯
估　价：USD 70,000～90,000
成交价：RMB 599,550
纽约苏富比 2015.9.24

51 18K黄金铂金橄榄石钻石耳饰 蒂芙尼
估　价：USD 4,000～6,000
成交价：RMB 111,916
纽约苏富比 2015.9.24

189 18K黄金橄榄石辉石和钻石耳坠（一对）
估　价：USD 18,000～20,000
成交价：RMB 139,282
纽约苏富比 2015.4.21

172 18K白金灰色养珠钻石耳坠（一对）
估　价：USD 10,000～15,000
成交价：RMB 73,510
纽约苏富比 2015.4.21

104 18k黄金铂金花式彩色钻石耳饰
估　价：USD 50,000～70,000
成交价：RMB 519,610
纽约苏富比 2015.9.24

24 18K黄金和钻石耳夹（一对） 梵克雅宝
估　价：USD 20,000～30,000
成交价：RMB 185,709
纽约苏富比 2015.4.21

129 18K白金翡翠钻石耳坠
估　价：USD 550,000～750,000
成交价：RMB 3,776,083
纽约苏富比 2015.4.21

179 18K黄金铂金绿松石养珠钻石耳饰（一对）斯伦贝谢
估　价：USD 18,000～22,000
成交价：RMB 170,233
纽约苏富比 2015.4.21

248 18K黄金绿宝石钻石耳坠(一对) 大卫·韦伯
估　价：USD 30,000～50,000
成交价：RMB 324,991
纽约苏富比 2015.4.21

120 18K玫瑰金彩色钻石耳饰 Earclips
估　价：USD 150,000～200,000
成交价：RMB 1,238,060
纽约苏富比 2015.4.21

308 18K双色金黄色蓝宝石钻石耳饰（一对）
估　价：USD 25,000～35,000
成交价：RMB 193,447
纽约苏富比 2015.4.21

241 18K黄金紫水晶绿宝石红宝石耳饰
估　价：USD 25,000～35,000
成交价：RMB 425,583
纽约苏富比 2015.4.21

2623 3.81克拉和3.41克拉梨形切割坦桑石配钻石耳环（一对）
估　价：RMB 32,000～37,000
成交价：RMB 36,800
北京匡时 2015.12.4

2077 2.05及2.01克拉椭圆形彩紫粉红色SI2钻石耳环
估　价：HKD 4,500,000～6,500,000
成交价：RMB 3,973,640
耳环长2.1cm 佳士得 2015.12.1

237 18K黄金钻石彩色钻石珐琅'猴子'耳环(一对)
估　价：USD 5,000～7,000
成交价：RMB 139,282
纽约苏富比 2015.4.21

382 18K金银海蓝宝石和钻石耳饰 JAR巴黎
估　价：USD 25,000～35,000
成交价：RMB 1,172,625
纽约苏富比 2015.2.5

210 18K黄金玛瑙耳饰（一对）
估　价：USD 6,000～8,000
成交价：RMB 69,641
纽约苏富比 2015.4.21

200 18K黄金珊瑚钻石耳饰 梵克雅宝 法国
估　价：USD 10,000～15,000
成交价：RMB 234,525
纽约苏富比 2015.2.5

2038 4.78及4.65克拉椭圆形彩黄色钻石耳坠
估 价：HKD 450,000～650,000
成交价：RMB 461,813
耳坠长3.0cm 佳士得 2015.12.1

2119 5.08克拉、5.03克拉、2.51克拉及2.49克拉枕形缅甸天然红宝石及钻石耳坠 Faidee设计
估 价：HKD 22,800,000～32,000,000
成交价：RMB 19,868,200
耳坠长2.4cm 佳士得 2015.12.1

13682 5.64及5.02克拉天然缅甸艳红色尖晶石耳环 未经加热
估 价：RMB 80,000～120,000
成交价：RMB 92,000
尺寸不一 北京保利 2015.6.6

140 46.62克拉及44.27克拉梨形橄榄石配9.66及8.17克拉椭圆形天然缅甸无经处理红色尖晶石及0.42克拉及0.41克拉E色内部无瑕及VVS1净度极优打磨钻石吊耳环（一对）
估 价：HKD 580,000～780,000
成交价：RMB 600,644
天成国际 2015.12.6

2066 5.65及5.06克拉椭圆形E-F.VS1钻石耳环 Harry Winston设计
估 价：HKD 1,800,000～2,800,000
成交价：RMB 2,889,920
佳士得 2015.12.1

17297 5.95及5.66克拉天然艳绿色哥伦比亚祖母绿配钻石耳环
估 价：RMB 500,000～700,000
成交价：RMB 575,000
北京保利 2015.12.7

13843 5.04及5.02克拉天然缅甸抹谷鸽血红红宝石及钻石耳环 未经加热
估 价：RMB 4,500,000～6,500,000
成交价：RMB 5,175,000
尺寸不一 北京保利 2015.6.6

2106 6.09及5.89克拉圆形D.IF（极优切割、打磨及比例）Type IIa钻石耳坠
估 价：HKD 9,500,000～15,000,000
成交价：RMB 10,605,240
耳坠长3.1cm 佳士得 2015.6.2

62 7.94克拉和8.17克拉钻石耳夹
成交价：RMB 911,266
巴黎佳士得 2015.6.1

265 白金钻石瀑布耳坠（一对） 梵克雅宝
估 价：USD 10,000～15,000
成交价：RMB 185,709
纽约苏富比 2015.4.21

30 宝石镶钻石耳环一对, Khan Mutlu
成交价：RMB 47,521
日内瓦苏富比 2015.11.11

44 宝石镶钻石手链吊耳环(一对) Michael Youssoufian
成交价：RMB 269,288
日内瓦苏富比 2015.11.11

13621 白色南洋珍珠耳环
估 价：RMB 35,000～45,000
成交价：RMB 63,250
珍珠直径1.5cm 北京保利 2015.6.6

1869 宝石配钻石荷花吊耳 Michel dell Valle
估 价：HKD 120,000～150,000
成交价：RMB 151,313
香港苏富比 2015.4.6

383 白金玫瑰金银翠榴石石榴石和钻石耳饰（一对）JAR巴黎
估 价：USD 30,000～50,000
成交价：RMB 1,407,150
纽约苏富比 2015.2.5

1741 8.05及8.03克拉，均拥有D色内部无瑕（IF）净度，极优切割、打磨及对称钻石耳环（一对）
估 价：HKD 15,000,000～17,000,000
成交价：RMB 13,382,160
香港苏富比 2015.10.7

353 铂金18K黄金浓彩黄钻耳环（一对）
估 价：USD 300,000～400,000
成交价：RMB 2,141,844
纽约苏富比 2015.4.21

77 铂金翡翠和钻石耳坠（一对）
估　价：USD 50,000～70,000
成交价：RMB 309,515
纽约苏富比 2015.4.21

1815 梨形淡蓝色钻石重2.01克拉，SI1净度配钻石吊耳环（一对）
估　价：HKD 1,600,000～2,000,000
成交价：RMB 1,939,920
香港苏富比 2015.10.7

180 铂金蓝宝石钻石耳饰（一对）
估　价：USD 5,000～7,000
成交价：RMB 103,922
纽约苏富比 2015.9.24

1676 淡彩黄色钻石配钻石吊耳环（一对）
估　价：HKD 1,000,000～1,300,000
成交价：RMB 1,233,000
香港苏富比 2015.10.7

3161 18K金镶嵌5.16克拉及5.18克拉方形彩黄色VVS2净度钻石耳环
估　价：HKD 1,100,000～1,800,000
成交价：RMB 952,260
保利香港 2015.4.7

284 珐琅彩配红宝石及钻石耳环（一对） 宝格丽（Bulgari）
成交价：RMB 332,649
日内瓦苏富比 2015.11.11

145 粉红及浅黄色蓝宝石钻石耳饰
估 价：USD 90,000～120,000
成交价：RMB 657,719
纽约苏富比 2015.4.21

2047 哥伦比亚祖母绿及钻石耳坠
估 价：HKD 400,000～650,000
成交价：RMB 1,185,480
耳坠长6.0cm 佳士得 2015.6.2

1719 粉红色刚玉4.15克拉及4.07克拉配粉红色钻石及钻石吊耳环（一对）
估 价：HKD 350,000～420,000
成交价：RMB 359,625
香港苏富比 2015.10.7

1197 哥伦比亚祖母绿共重17.55克拉耳坠
估 价：HKD 850,000～1,200,000
成交价：RMB 732,434
耳坠长6.50cm 香港利得丰 2015.5.25

3189 18K金镶嵌17.02克拉及19.24克拉圆形切割哥伦比亚祖母绿钻石耳坠
估 价：HKD 3,800,000～5,500,000
成交价：RMB 3,332,910
保利香港 2015.4.7

3098 18K金镶嵌两颗重约7.33克拉、6.29克拉的圆形切割哥伦比亚祖母绿配钻石耳坠
估 价：HKD 1,250,000～2,000,000
成交价：RMB 1,237,938
耳坠长5.5cm 保利香港 2015.4.7

1875 古垫形马达加斯加蓝宝石分别重13.83克拉及12.79克拉配钻石吊耳环（一对）
估　价：HKD 800,000～950,000
成交价：RMB 807,000
香港苏富比 2015.4.6

310 红宝石及钻石耳饰（一对）
成交价：RMB 4,555,357
日内瓦佳士得 2015.5.13

1745 古垫形天然哥伦比亚祖母绿分别重5.46克拉及4.71克拉配钻石吊耳环（一对）
估　价：HKD 2,400,000～3,000,000
成交价：RMB 2,388,720
香港苏富比 2015.4.6

234 瑰丽11.10及10.41克拉古垫形天然缅甸抹谷无经加热处理鸽血红红宝石配红宝石及钻石吊耳环（一对）
估　价：HKD 7,800,000～12,000,000
成交价：RMB 7,265,850
天成国际 2015.12.6

284 瑰丽17.55克拉及17.06克拉古垫形天然浓彩黄色钻石配1.61及1.55克拉圆形D色内部无瑕Triple Excellent（极优切割，打磨及比例）TYPE IIa类钻石，粉红色钻石及钻石吊耳环一对，Nirav Modi出品
估　价：HKD 9,000,000～12,000,000
成交价：RMB 8,719,020
天成国际 2015.12.6

1701 红宝石配钻石耳坠 海瑞温斯顿（Harr Winston）（一对）
估　价：HKD 650,000～750,000
成交价：RMB 756,563
香港苏富比 2015.4.6

113 红宝石镶钻石吊耳环（一对）
成交价：RMB 380,171
日内瓦苏富比 2015.11.11

435 黄水晶配钻石耳环一对 梵克雅宝（Van Cleef & Arpels）
成交价：RMB 300,968
日内瓦苏富比 2015.11.11

1912 祖母绿分别重8.20及8.07克拉配钻石吊耳环（一对）
估　价：HKD 6,000,000～7,000,000
成交价：RMB 5,100,240
香港苏富比 2015.4.6

263 红宝石祖母绿配钻石耳坠（一对） Michele della Valle
成交价：RMB 142,564
日内瓦苏富比 2015.11.11

3053 尖晶石配无色蓝宝石耳环
估　价：HKD 68,000～100,000
成交价：RMB 67,897
耳环长约3.4cm 保利香港 2015.10.6

1732 梨形钻石重7.27克拉，D色内部无瑕（IF）净度及钻石吊耳环（一对）
估　价：HKD 7,000,000～8,500,000
成交价：RMB 6,477,360
香港苏富比 2015.10.7

439 黄水晶配钻石耳环（一对） 卡地亚（Cartier）
成交价：RMB 396,011
日内瓦苏富比 2015.11.11

442 尖晶石配钻石耳环 JAR
成交价：RMB 1,850,164
日内瓦苏富比 2015.11.11

508 蓝宝石配钻石耳环（一对） JAR
成交价：RMB 3,713,000
日内瓦苏富比 2015.11.11

1789 蓝宝石共重约12.00克拉配钻石花耳环，梵克雅宝（Van Cleef & Arpels）（一对）
估 价：HKD 1,200,000～1,400,000
成交价：RMB 1,027,500
香港苏富比 2015.10.7

38 蓝宝石镶钻石项链
成交价：RMB 356,410
链长43cm 日内瓦苏富比 2015.11.11

34 蓝宝石镶钻石耳环一对，Michele della Valle
成交价：RMB 118,803
日内瓦苏富比 2015.11.11

269 蓝宝石钻石“盾”耳夹（一对） 法国 1991年
成交价：RMB 1,406,304
长4.1cm 日内瓦佳士得 2015.5.13

285 梨形钻石7.60和7.57克拉耳坠（一对）梵克雅宝
成交价：RMB 7,462,173
日内瓦佳士得 2015.5.13

156 绿宝石红宝石及钻石耳夹（一对）宝格丽
成交价：RMB 462,599
日内瓦佳士得 2015.5.13

491 绿柱石、碧玺配钻石耳环一对，JAR
成交价：RMB 1,736,113
日内瓦苏富比 2015.11.11

1855 缅甸天然翡翠蛋面及钻耳环
估　价：HKD 150,000～250,000
成交价：RMB 1,666,080
耳环长2.9cm 佳士得 2015.6.2

1853 缅甸天然翡翠蛋面及钻耳环
估　价：HKD 250,000～350,000
成交价：RMB 1,473,840
耳环长2.8cm 佳士得 2015.6.2

1852 缅甸天然翡翠蛋面及钻耳环
估　价：HKD 120,000～180,000
成交价：RMB 1,233,540
耳环长2.5cm 佳士得 2015.6.2

1850 缅甸天然翡翠豆荚及钻石耳坠
估　价：HKD 120,000～180,000
成交价：RMB 650,813
耳坠长6.9cm 佳士得 2015.6.2

3246 缅甸天然翡翠配钻石耳环及戒指套装
估　价：HKD 3,600,000～4,800,000
成交价：RMB 3,237,684
指环尺寸6 1.2 保利香港 2015.4.7

493 浓彩黄色钻石耳环（一对） 海瑞温斯顿（Harry Winston）
成交价：RMB 8,427,116
日内瓦苏富比 2015.11.11

1859 缅甸天然翡翠双环及钻石耳坠
估　价：HKD 200,000～300,000
成交价：RMB 2,146,680
耳坠长4.7cm 佳士得 2015.6.2

3137 缅甸天然翡翠配钻石枼茂枝繁耳环及挂坠套装
估　价：HKD 3,200,000～4,800,000
成交价：RMB 2,666,328
指环尺寸7 保利香港 2015.4.7

1918 斯里兰卡天然蓝宝石蛋面及钻石耳环
估　价：HKD 480,000~680,000
成交价：RMB 480,600
耳环长2.3cm 佳士得 2015.6.2

266 天然冰种翡翠配翡翠，彩色宝石及钻石吊耳环一对，Alessio Boschi设计
估　价：HKD 550,000~800,000
成交价：RMB 532,829
冰种翡翠3.18cm×1.89cm×1.18cm 天成国际 2015.12.6

3182 欧泊配祖母绿耳坠
估　价：HKD 28,000~38,000
成交价：RMB 45,708
保利香港 2015.4.7

2046 斯里兰卡天然蓝宝石及钻石耳坠
估　价：HKD 480,000~650,000
成交价：RMB 1,569,960
耳坠长7.3cm 佳士得 2015.6.2

1683 天然哥伦比亚祖母绿分别重4.50克拉及3.60克拉配钻石耳环（一对）
估　价：HKD 1,200,000~1,500,000
成交价：RMB 1,233,000
香港苏富比 2015.10.7

1690 浓彩蓝色及彩蓝色钻石配粉红色钻石吊耳环（一对）
来源：三角形浓彩蓝色钻石重0.69卡拉，VS2净度；三角形彩蓝色钻石重0.47卡拉，SI1净度；两颗榄尖形彩蓝色钻石分别重0.18及0.15卡拉；18K白色黄金及18K粉红色黄金镶嵌。
估　价：HKD 1,100,000~1,400,000
成交价：RMB 1,130,250
香港苏富比 2015.10.7

4096 天然玻璃种满绿翡翠葫芦耳坠
估　价：RMB 650,000～980,000
成交价：RMB 805,000
长13.2cm 中古陶 2015.5.31

2089 天然翡翠蛋面耳坠
估　价：HKD 1,800,000～2,800,000
成交价：RMB 1,806,200
耳坠长3.5cm 佳士得 2015.12.1

1819 天然翡翠耳环（一对）
估　价：HKD 2,800,000～3,500,000
成交价：RMB 3,222,240
尺寸不一 香港苏富比 2015.10.7

1728 天然翡翠耳环（一对）
估　价：HKD 8,000,000～12,000,000
成交价：RMB 7,759,680
尺寸不一 香港苏富比 2015.10.7

247 天然翡翠配冰种紫翡翠，彩色钻石及钻石吊耳环一对.戒指.吊坠项链，Alessio Boschi设计
估　价：HKD 22,000,000～32,000,000
成交价：RMB 21,313,160
紫色蛋面2.76cm×2.47cm×1.09cm；绿色蛋面2.66cm×2.42cm×0.93cm 天成国际 2015.12.6

1698 天然翡翠配粉红色25.00克拉碧玺及钻石耳环（一对）
估　价：HKD 450,000～550,000
成交价：RMB 453,938
尺寸不一 香港苏富比 2015.4.6

156 天然翡翠配粉红色碧玺，粉红色刚玉及钻石吊耳环（一对）
估　价：HKD 80,000～120,000
成交价：RMB 103,970
尺寸不一 天成国际 2015.6.14

1846 天然翡翠配钻石耳环（一对）
估　价：HKD 550,000～700,000
成交价：RMB 756,563
尺寸不一 香港苏富比 2015.4.6

1699 天然翡翠双环吊耳环（一对）
估　价：HKD 2,800,000～3,500,000
成交价：RMB 3,123,600
尺寸不一 香港苏富比 2015.10.7

671 天然翡翠耳环、戒指套件
估　价：RMB 700,000～800,000
成交价：RMB 805,000
指环大小13 福建东南 2015.5.24

2020 天然翡翠双环耳坠配以钻石镶金
估　价：HKD 1,600,000～2,500,000
成交价：RMB 1,510,640
耳坠长4.0cm 佳士得 2015.12.1

1845 天然翡翠豌豆配钻石吊耳环（一对）
估　价：HKD 8,000,000～11,000,000
成交价：RMB 7,167,840
尺寸不一 香港苏富比 2015.10.7

1655 天然翡翠豌豆配钻石吊耳环（一对）
估　价：HKD 1,100,000～1,400,000
成交价：RMB 1,130,250
尺寸不一 香港苏富比 2015.10.7

1716 天然粉红色海螺珠配钻石吊耳环（一对）
估　价：HKD 250,000～300,000
成交价：RMB 308,250
尺寸不一 香港苏富比 2015.10.7

1824 天然粉红色海螺珠配钻石及粉红色刚玉耳环（一对）
估　价：HKD 80,000～100,000
成交价：RMB 100,875
尺寸不一 香港苏富比 2015.4.6

133 天然红翡翠怀古配钻石吊耳环（一对）
估　价：HKD 150,000～200,000
成交价：RMB 141,777
尺寸不一 天成国际 2015.6.14

3192 天然海螺珠，珍珠配钻石耳坠
估　价：HKD 98,000～150,000
成交价：RMB 114,271
珠直径0.7cm 保利香港 2015.4.7

17334 天然老坑翡翠配钻石及红宝石灯笼珠链、耳环套装
估　价：RMB 5,000,000～6,500,000
成交价：RMB 5,750,000
耳环长4.1cm 北京保利 2015.12.7

1637 天然斯里兰卡蓝宝石5.56克拉及5.49克拉吊耳环（一对）
估 价：HKD 350,000～450,000
成交价：RMB 359,625
香港苏富比 2015.10.7

2008 天然珍珠及钻石耳坠
估 价：HKD 400,000～550,000
成交价：RMB 897,120
耳坠长2.7cm 佳士得 2015.6.2

1949 天然珍珠及钻石耳坠
估 价：HKD 3,800,000～5,800,000
成交价：RMB 3,776,600
耳坠长6.2cm 佳士得 2015.12.1

2058 天然珍珠及钻石耳坠
估 价：HKD 2,400,000～3,500,000
成交价：RMB 2,338,920
耳坠长4.3cm 佳士得 2015.6.2

1992 天然珍珠耳环
估 价：HKD 550,000～800,000
成交价：RMB 550,688
珠1.26cm；1.29cm 佳士得 2015.6.2

306 天然珍珠及钻石耳坠（一对）
成交价：RMB 11,337,922
日内瓦佳士得 2015.5.13

1809 天然珍珠配钻石吊耳环（一对）
来源：两颗水滴形天然海水珍珠分别约11.49 x 11.77 x 17.95及12.13 x 12.26 x 17.62毫米；古垫形钻石重1.83卡拉，D色VVS1净度； 古垫形钻石重1.77卡拉，F色VVS1净度；K金镀银镶嵌。
估　价：HKD 2,000,000~2,500,000
成交价：RMB 1,890,600
尺寸不一 香港苏富比 2015.10.7

329 天然珍珠钻石耳坠
成交价：RMB 3,671,042
伦敦佳士得 2015.6.3

62 天然珍珠配钻石耳环一对
成交价：RMB 411,852
日内瓦苏富比 2015.11.11

428 天然珍珠配钻石耳环一对
成交价：RMB 2,040,249
日内瓦苏富比 2015.11.11

142 天然珍珠配钻石耳环（一对）
成交价：RMB 253,447
日内瓦苏富比 2015.11.11

338 天然珍珠钻石耳坠（一对）
成交价：RMB 3,667,165
日内瓦佳士得 2015.5.13

92 天然珍珠配钻石耳环（一对）
成交价：RMB 396,011
日内瓦苏富比 2015.11.11

260 天然珍珠钻石耳坠（一对） Massoni
成交价：RMB 6,170,251
长5.4cm 日内瓦佳士得 2015.5.13

1858 两颗梨形鲜彩黄色钻石分别重2.32克拉及2.02克拉配钻石吊耳环（一对）
来源：两颗梨形鲜彩黄色钻石分别重2.32及2.02卡拉，均拥有SI2净度；六颗圆形鲜彩黄色钻石共重1.50卡拉，分别重0.35至0.17卡拉，VVS2至SI1净度；古垫形及梨形钻石共重约19.00卡拉；18K白色黄金及18K黄金镶嵌
估　价：HKD 1,700,000～2,200,000
成交价：RMB 2,235,840
香港苏富比 2015.10.7

1736 梨形彩黄色钻石重8.50克拉，SI1净度耳环（一对）
来源：梨形彩黄色钻石重8.50卡拉，SI1净度；梨形彩黄色钻石重8.09卡拉，VS1净度；梨形钻石重2.01卡拉，D色VS1净度；梨形钻石重1.89卡拉，E色VS2净度；铂金及18K黄金镶嵌
估　价：HKD 2,600,000～3,000,000
成交价：RMB 2,291,880
香港苏富比 2015.4.6

461 银顶黄金天然珍珠钻石耳坠（一对）
估　价：USD 5,000～7,000
成交价：RMB 255,808
纽约苏富比 2015.9.24

1962 约18.09克拉枕形及15.08克拉旧式切割彩棕黄色VVS1-VS2 Type IIa钻石耳坠
估　价：HKD 4,800,000～6,800,000
成交价：RMB 4,838,040
耳坠长6.1cm 佳士得 2015.6.2

2034 约4.57及3.93克拉哥伦比亚祖母绿及钻石耳坠
估　价：HKD 480,000～650,000
成交价：RMB 897,120
耳坠长3.2cm 佳士得 2015.6.2

2020 紫水晶耳环
估　价：HKD 20,000～30,000
成交价：RMB 110,138
耳环长2.7cm 佳士得 2015.6.2

274 祖母绿蓝宝石及钻石耳坠（一对） JAH-AN
成交价：RMB 1,002,580
长7.5cm 日内瓦佳士得 2015.5.13

243 祖母绿镶钻石项链耳环（一对）
成交价：RMB 142,564
日内瓦苏富比 2015.11.11

461 祖母绿配钻石吊耳环 海瑞温斯顿（Harry Winston）
成交价：RMB 1,544,443
日内瓦苏富比 2015.11.11

249 祖母绿镶蓝宝石配钻石吊耳环（一对）
成交价：RMB 673,219
日内瓦苏富比 2015.11.11

158 祖母绿钻石耳坠（一对） 宝格丽
成交价：RMB 420,544
日内瓦佳士得 2015.5.13

4 钻石美洲豹项链耳环（一对） 卡地亚（Cartier）
成交价：RMB 332,649
项链长41cm 日内瓦苏富比 2015.11.11

1825 梨形钻石重3.37克拉，G色VS2净度，3.16克拉，G色SI1净度钻石耳环（一对） 卡地亚（Cartier）
来源：梨形钻石重3.37卡拉，G色VS2净度；梨形钻石重3.16卡拉，G色SI1净度。配钻共重约4.00卡拉，铂金及18K白色黄金镶嵌
估 价：HKD 700,000～850,000
成交价：RMB 924,750
香港苏富比 2015.10.7

## 簪

661 清 翠雕福寿纹髪簪
估 价：RMB 50,000
成交价：RMB 72,800
长15cm 天津文物 2015.5.22

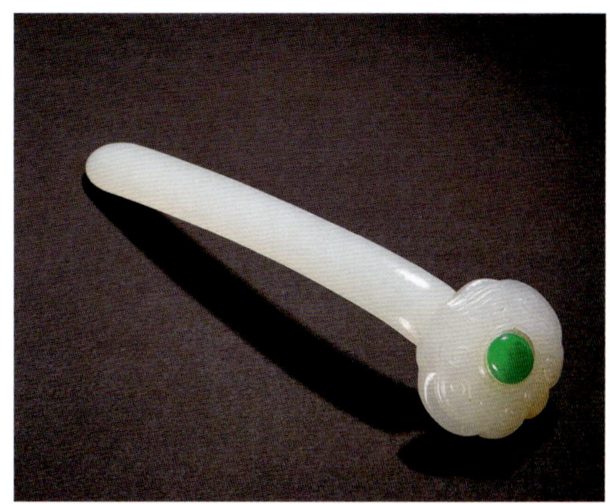

487 清乾隆 白玉嵌翡翠如意纹簪
估 价：RMB 50,000～60,000
成交价：RMB 74,750
长10cm 泰和嘉成 2015.5.30

## 胸 针

300 1860年黄金“千花”胸针 卡斯特拉尼
估　价：USD 85,000～95,000
成交价：RMB 889,856
纽约苏富比 2015.4.21

325 18K白金珊瑚钻石胸针
估　价：USD 12,000～15,000
成交价：RMB 127,904
纽约苏富比 2015.9.24

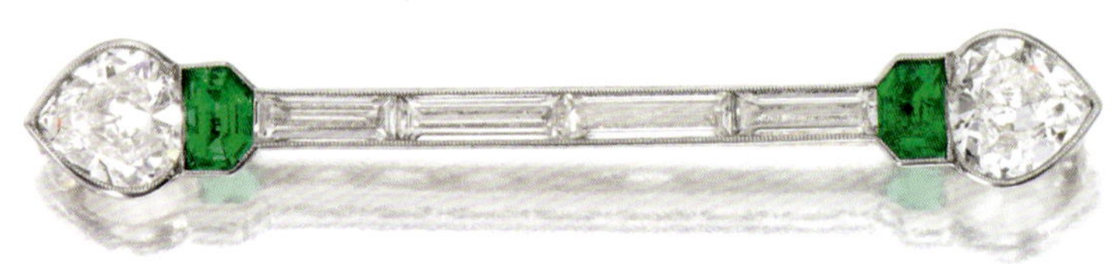

57 18K白金翡翠和钻石胸针
估　价：USD 10,000～15,000
成交价：RMB 185,709
纽约苏富比 2015.4.21

299 1880年黄金玛瑙浮雕胸针 卡斯特拉尼
估　价：USD 75,000～85,000
成交价：RMB 580,341
纽约苏富比 2015.4.21

291 18K黄金白金钻石胸针 大卫·韦伯
估　价：USD 7,000～9,000
成交价：RMB 111,916
纽约苏富比 2015.9.24

1152 18K白翡翠杏玉镶钻太阳花别针
估　价：RMB 400,000～600,000
成交价：RMB 460,000
中贸圣佳 2015.5.20

261 18K黄金珐琅彩石鹦鹉胸针 斯伦贝谢 1965年
估　价：USD 20,000～30,000
成交价：RMB 303,772
纽约苏富比 2015.9.24

340 18K黄金珊瑚胸针 卡地亚1937年
估　价：USD 25,000～35,000
成交价：RMB 116,068
纽约苏富比 2015.4.21

3 18K金铂金碧玺珍珠钻石胸针
Sterlé巴黎1965年
估　价：USD 12,000～15,000
成交价：RMB 223,832
纽约苏富比 2015.9.24

180 18K黄金钻石“阿波罗”胸针 斯伦贝谢
估　价：USD 15,000～20,000
成交价：RMB 116,068
纽约苏富比 2015.4.21

28 18K金铂金红宝石钻石胸针 法国
估　价：USD 5,000～7,000
成交价：RMB 87,934
纽约苏富比 2015.9.24

260 18K金铂金黄色蓝宝石紫水晶钻石独角兽胸针 斯伦贝谢1955年
估　价：USD 40,000～60,000
成交价：RMB 399,700
纽约苏富比 2015.9.24

7 18K金彩色钻石珐琅胸针 大卫·韦伯
估　价：USD 15,000～20,000
成交价：RMB 151,886
纽约苏富比 2015.9.24

25 18K金彩石钻石胸针 梵克雅宝 （法国）1965年
估 价：USD 7,000～10,000
成交价：RMB 279,790
纽约苏富比 2015.9.24

252 18K金彩石钻石胸针 斯伦贝谢
估 价：USD 12,000～15,000
成交价：RMB 278,564
纽约苏富比 2015.4.21

245 18K金珐琅红宝石钻石胸针 大卫·韦伯
估 价：USD 10,000～15,000
成交价：RMB 85,117
纽约苏富比 2015.4.21

220 18K金红宝石蓝宝石钻石‘爱神’胸针 梵克雅宝
估 价：USD 18,000～22,000
成交价：RMB 179,803
纽约苏富比 2015.2.5

170 18K金蓝宝石钻石胸针 斯伦贝谢
估 价：USD 750,000～1,000,000
成交价：RMB 6,376,009
纽约苏富比 2015.4.21

397 18K金绿松石钻石“玫瑰德诺埃尔”胸针 法国梵克雅宝
估 价：USD 18,000～22,000
成交价：RMB 143,892
纽约苏富比 2015.9.24

310 18K金南洋珠钻石翡翠胸针
估 价：USD 8,000～12,000
成交价：RMB 61,903
纽约苏富比 2015.4.21

3025 18K金镶嵌彩宝狮子胸针
估 价：HKD 42,000～62,000
成交价：RMB 33,329
保利香港 2015.4.7

218 18K金养殖珍珠巴洛克彩石钻石胸针 梵克雅宝
估 价：USD 35,000～45,000
成交价：RMB 425,583
纽约苏富比 2015.4.21

228 18K金钻石彩石“瞪羚”胸针 斯伦贝谢
估 价：USD 8,000～10,000
成交价：RMB 123,806
纽约苏富比 2015.4.21

17 18K双色金火欧泊钻石红宝石“格里芬”胸针 Buccellati
估 价：USD 30,000～50,000
成交价：RMB 279,790
纽约苏富比 2015.9.24

95 19世纪末期海蓝宝石钻石胸针吊坠
估 价：GBT 12,000～15,000
成交价：RMB 242,532
伦敦苏富比 2015.3.18

258 18K金钻石红宝石养殖珍珠珐琅胸针
估 价：USD 12,000～15,000
成交价：RMB 232,136
纽约苏富比 2015.4.21

395 1930年钻石双夹子胸针
估 价：GBT 20,000～30,000
成交价：RMB 240,433
伦敦苏富比 2015.6.11

391 19世纪早期蓝宝石和钻石胸针
成交价：RMB 356,184
伦敦佳士得 2015.6.3

301 1945年14K金黄水晶钻石胸针 保罗
估 价：USD 12,000～15,000
成交价：RMB 139,282
纽约苏富比 2015.4.21

210 19世纪末期绿宝石红宝石和钻石胸针
估 价：GBT 20,000～30,000
成交价：RMB 336,606
伦敦苏富比 2015.6.11

10 19世纪末期蓝宝石钻石胸针
估 价：GBT 45,000～55,000
成交价：RMB 831,537
伦敦苏富比 2015.3.18

13611 2.36克拉天然海螺珠及钻石胸针
成交价：RMB 25,300
长3.37cm 北京保利 2015.6.6

235 20世纪30年代蓝宝石钻石胸针 BY MISSIAGLIA
成交价：RMB 1,406,304
长7.5cm 日内瓦佳士得 2015.5.13

265 20世纪30年代海蓝宝石钻石胸针
成交价：RMB 75,697
长4cm 日内瓦佳士得 2015.5.13

9772 20世纪 珊瑚雕牡丹花卉胸针
估　价：RMB 30,000～50,000
成交价：RMB 34,500
长5cm 北京保利 2015.6.8

212 20世纪60年代绿宝石红宝石钻石胸针 Marchak
估　价：GBT 10,000～15,000
成交价：RMB 207,884
伦敦苏富比 2015.3.18

496 20.84克拉黄色钻石别针
成交价：RMB 2,952,695
日内瓦苏富比 2015.11.11

2 20世纪初铂金钻石及蓝宝石胸针 法国1930年
估　价：GBT 4,000～4,500
成交价：RMB 34,171
长5.5cm 伦敦佳士得 2015.4.14

121 20世纪50年代复古紫水晶珊瑚绿松石及钻石胸针 卡地亚
成交价：RMB 353,261
高51cm 日内瓦佳士得 2015.5.13

194 20世纪初祖母绿和钻石胸针吊坠
成交价：RMB 134,572
日内瓦佳士得 2015.5.13

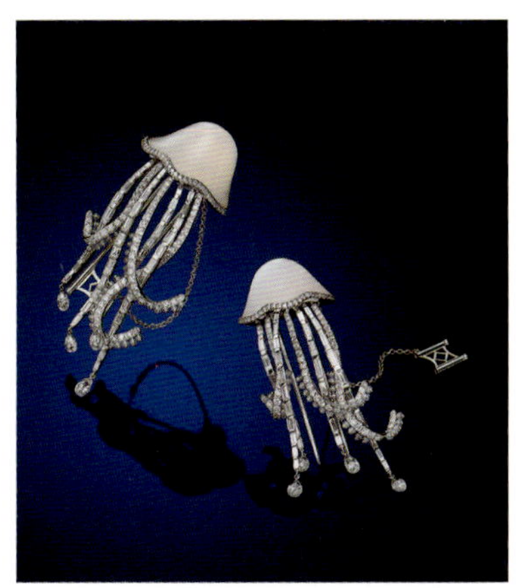

3295 Michele Della Valle设计 玉髓配钻石”水母“胸针
估 价：HKD 120,000~200,000
成交价：RMB 116,395
长6.2cm；7.8cm 保利香港 2015.10.6

55 白金，红宝石和钻石胸针
估 价：USD 15,000~20,000
成交价：RMB 116,068
纽约苏富比 2015.4.21

1851 Art Deco天然翡翠配法琅彩、宝石及钻石别针，卡地亚（Cartier），年份约1927
估 价：HKD 7,000,000~8,000,000
成交价：RMB 5,984,160
长3.2cm 香港苏富比 2015.10.7

284 白金蓝宝石钻石“丝带”胸针 保罗
估 价：USD 25,000~35,000
成交价：RMB 247,612
纽约苏富比 2015.4.21

79 20世纪海蓝宝石钻石胸针耳夹 卡地亚
估 价：GBT 7,000~9,000
成交价：RMB 109,717
伦敦苏富比 2015.3.18

54 白金18K金红宝石钻石和彩色钻石胸针兰花
估 价：USD 45,000~65,000
成交价：RMB 464,273
纽约苏富比 2015.4.21

470 白金蓝宝石和钻石胸针 法国梵克雅宝1937年
估 价：USD 60,000~80,000
成交价：RMB 1,039,220
纽约苏富比 2015.9.24

264 白金钻石瀑布胸针 梵克雅宝
估　价：USD 15,000～20,000
成交价：RMB 185,709
纽约苏富比 2015.4.21

98 白金钻石胸针耳饰 梵克雅宝
估　价：USD 25,000～35,000
成交价：RMB 383,712
纽约苏富比 2015.9.24

100 白金钻石胸针
估　价：USD 12,000～15,000
成交价：RMB 100,592
纽约苏富比 2015.4.21

268 碧玺石榴石祖母绿及钻石胸针 法国1993年
成交价：RMB 1,244,818
长12.4cm 日内瓦佳士得 2015.5.13

330 白金钻石胸针 卡地亚
估　价：USD 12,000～15,000
成交价：RMB 278,564
纽约苏富比 2015.4.21

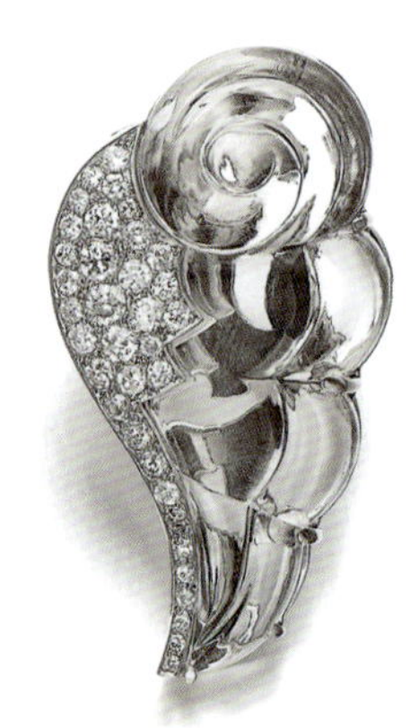

418 白水晶配钻石别针
成交价：RMB 221,766
日内瓦苏富比 2015.11.11

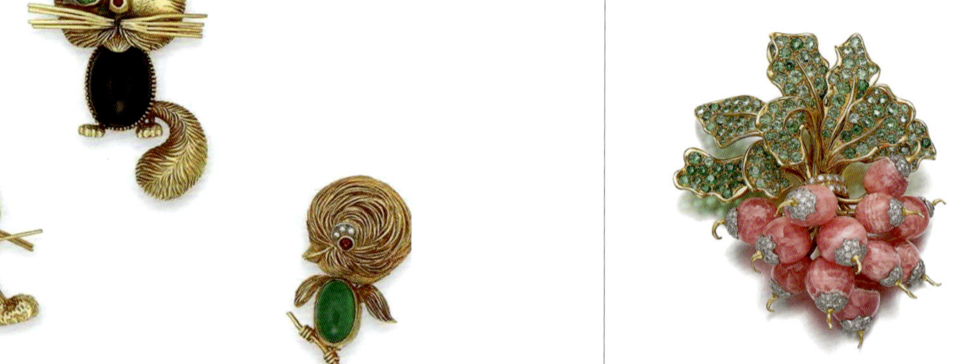

1801 宝石及钻石胸针首饰
估　价：HKD 60,000～80,000
成交价：RMB 110,138
尺寸不一 佳士得 2015.6.2

52 宝石镶钻石Botte de Radis别针 勒内·博伊文（René Boivin）
成交价：RMB 396,011
日内瓦苏富比 2015.11.11

62 铂金翡翠钻石红宝石和玛瑙夹式胸针 卡地亚
估　价：USD 15,000～20,000
成交价：RMB 247,612
纽约苏富比 2015.4.21

150 铂金黄金彩石钻石胸针 伦敦卡地亚1930年
估　价：USD 6,000～8,000
成交价：RMB 109,445
纽约苏富比 2015.2.5

346 铂金钻石珠宝镶嵌珐琅“兔子服务员”胸针 Raymond Yard 1935年
估　价：USD 50,000～60,000
成交价：RMB 386,894
纽约苏富比 2015.4.21

291 铂金粉红蓝宝石钻石胸针 蒂芙尼
估　价：USD 15,000～20,000
成交价：RMB 232,136
纽约苏富比 2015.4.21

262 铂金蓝宝石钻石胸针 Verdura
估　价：USD 5,000～7,000
成交价：RMB 348,204
纽约苏富比 2015.4.21

1715 彩红色钻石配粉红色钻石及钻石别针
估　价：HKD 3,500,000～4,000,000
成交价：RMB 3,518,160
香港苏富比 2015.10.7

292 铂金橄榄石钻石胸针 伦敦卡地亚1930年前
估　价：USD 15,000～20,000
成交价：RMB 226,708
纽约苏富比 2015.2.5

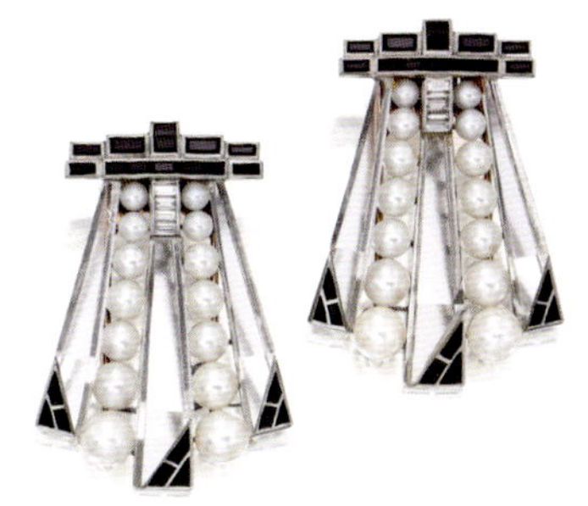

51 铂金养殖珍珠白水晶钻石和Onyx夹胸针(一对)
估　价：USD 6,000～8,000
成交价：RMB 92,855
纽约苏富比 2015.4.21

71 彩色宝石钻石胸针
估　价：GBT 4,000～6,000
成交价：RMB 98,168
伦敦苏富比 2015.3.18

279 彩色宝石钻石胸针，大约1920年
估　价：GBT 3,000~5,000
成交价：RMB 230,983
伦敦苏富比 2015.3.18

1822 丹泉石及钻石胸针
估　价：HKD 30,000~50,000
成交价：RMB 95,119
长3.4cm 佳士得 2015.6.2

1853 翡翠及钻石胸针
估　价：HKD 240,000~400,000
成交价：RMB 246,300
长6.5cm 佳士得 2015.12.1

180 彩钻钻石及珊瑚鸟胸针
成交价：RMB 403,723
日内瓦佳士得 2015.5.13

270 电气石玛瑙及钻石山茶花胸针（一对）
法国1985年
成交价：RMB 3,263,435
长6.5cm 日内瓦佳士得 2015.5.13

443 茶水晶配黄色刚玉及黄水晶别针 Suzanne Belperron
成交价：RMB 594,017
日内瓦苏富比 2015.11.11

85 多宝石与钻石胸针 唐纳德·克拉夫林
成交价：RMB 1,482,253
纽约佳士得 2015.10.20

201 粉红色刚玉配沙弗莱石榴石及钻石蝴蝶胸针（一对）
估　价：HKD 30,000~50,000
成交价：RMB 30,246
天成国际 2015.6.14

224 翡翠胸针耳夹（一对） 宝格丽
成交价：RMB 420,544
日内瓦佳士得 2015.5.13

1611 橄榄石配绿色石榴石、黑色钻石及钻石熊猫别针
估 价：HKD 150,000~180,000
成交价：RMB 308,250
香港苏富比 2015.10.7

1882 缟玛瑙配黄色钻石及祖母绿老虎别针
卡地亚（Cartier）
估 价：HKD 320,000~380,000
成交价：RMB 383,325
香港苏富比 2015.4.6

501 红宝石及蓝宝石配钻石别针 monture Van Cleef & Arpels
成交价：RMB 16,030,528
红宝石重6.02克拉；蓝宝石重10.44克拉，13.44克拉 日内瓦苏富比 2015.11.11

1867 红宝石及钻石胸针
估 价：HKD 65,000~95,000
成交价：RMB 520,650
胸针长4.9cm 佳士得 2015.6.2

1866 红宝石及钻石胸针
估 价：HKD 32,000~50,000
成交价：RMB 400,500
胸针长6.5cm 佳士得 2015.6.2

2109 红宝石及钻石胸针Graff设计
估 价：HKD 500,000~800,000
成交价：RMB 513,125
长6.7cm 佳士得 2015.12.1

1802 红宝石配钻石花别针 梵克雅宝（Va Clee Arpels）
估 价：HKD 90,000～110,000
成交价：RMB 353,063
香港苏富比 2015.4.6

215 红宝石镶钻石别针，卡地亚（Cartier）
成交价：RMB 380,171
日内瓦苏富比 2015.11.11

444 黄金铂金碧玺蛋白石和钻石胸针 蒂芙尼 1910年
估 价：USD 7,000～9,000
成交价：RMB 143,892
纽约苏富比 2015.9.24

1800 12颗梨形红宝石共重约7.00克拉配钻石别针，海瑞温斯顿（Harry Winston）
估 价：HKD 160,000～200,000
成交价：RMB 359,625
香港苏富比 2015.10.7

43 红宝石祖母绿和钻石胸针
成交价：RMB 51,193
巴黎佳士得 2015.6.1

147 红宝石钻石胸针 宝格丽
成交价：RMB 126,165
日内瓦佳士得 2015.5.13

1639 红宝石配钻石及缟玛瑙鸟别针，卡地亚（Cartier）
估 价：HKD 100,000～140,000
成交价：RMB 513,750
香港苏富比 2015.10.7

189 黄金镶钻石双扣别针, monture Cartier
成交价：RMB 182,165
日内瓦苏富比 2015.11.11

103 黄水晶钻石胸针戒指 卡地亚1930年
估 价：GBT 14,000～18,000
成交价：RMB 228,411
伦敦苏富比 2015.6.11

1917 九颗榄尖形及八颗梨形钻石共重31.34克拉钻石别针
估 价：HKD 3,000,000～4,000,000
成交价：RMB 2,969,760
香港苏富比 2015.4.6

444 黄水晶别针，勒内·博伊文（René Boivin）
成交价：RMB 253,447
日内瓦苏富比 2015.11.11

437 黄水晶配钻石别针, 卡地亚（Cartier）
成交价：RMB 475,213
日内瓦苏富比 2015.11.11

1432 火欧珀胸针 吊坠两用
估 价：RMB 27,000～40,000
成交价：RMB 31,050
石长2.5cm 上海敬华 2015.4.26

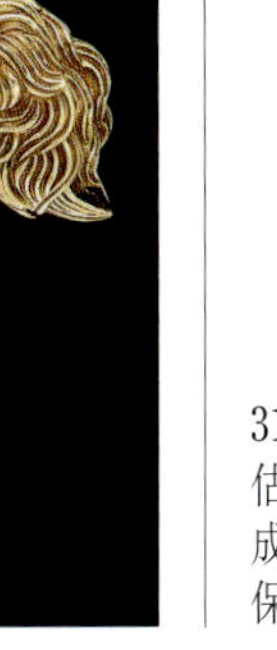

362 金银蓝色绿色珐琅蜻蜓钻石胸针 法国1900年
估 价：USD 30,000～40,000
成交价：RMB 239,820
纽约苏富比 2015.9.24

3106 卡地亚设计 18K金双狮胸针
估 价：HKD 98,000～150,000
成交价：RMB 90,465
保利香港 2015.4.7

43 蓝宝石、红宝石及海水蓝宝镶钻石别针, Sterlé
成交价：RMB 71,282
日内瓦苏富比 2015.11.11

205 蓝宝石和钻石胸针
估　价：GBT 6,000~8,000
成交价：RMB 144,260
伦敦苏富比 2015.6.11

191 蓝宝石和钻石胸针
估　价：GBT 8,000~12,000
成交价：RMB 120,216
伦敦苏富比 2015.6.11

171 蓝宝石钻石胸针
成交价：RMB 2,294,391
日内瓦佳士得 2015.5.13

143 蓝宝石镶钻石双扣别针
成交价：RMB 142,564
日内瓦苏富比 2015.11.11

153 蓝宝石钻石胸针
估　价：GBT 3,000~4,000
成交价：RMB 103,942
伦敦苏富比 2015.3.18

1841 蓝宝石及钻石胸针
估　价：HKD 300,000~500,000
成交价：RMB 540,675
胸针长5.6cm 佳士得 2015.6.2

13767 猎豹胸针 卡地亚 CARTIER
成交价：RMB 23,000
长4.51cm 北京保利 2015.6.6

154 绿宝石钻石和黄金花蕾胸针
成交价：RMB 356,960
纽约佳士得 2015.6.16

220 绿宝石钻石胸针 梅斯特
成交价：RMB 921,834
日内瓦佳士得 2015.5.13

136 绿松石蓝宝石和钻石胸针
成交价：RMB 75,697
日内瓦佳士得 2015.5.13

313 绿松石钻石胸针 卡地亚1960年前
估　价：GBT 6,000～8,000
成交价：RMB 264,476
伦敦苏富比 2015.6.11

1620 绿松石配钻石鸟别针 Ruser
估　价：HKD 48,000～60,000
成交价：RMB 55,481
香港苏富比 2015.4.6

3294 马瑞 18K金镶新疆和田羊脂籽玉、钻石、红碧玺及红宝石“希望”胸针
估　价：HKD 150,000～220,000
成交价：RMB 150,344
保利香港 2015.10.6

105 玛瑙和钻石祖母绿“豹”胸针 梵克雅宝
成交价：RMB 337,886
巴黎佳士得 2015.6.1

125 玛瑙和钻石胸针 纳迪
估　价：GBT 3,900～5,500
成交价：RMB 92,393
伦敦苏富比 2015.3.18

1862 缅甸天然翡翠及钻石富甲天下胸针
估　价：HKD 400,000～600,000
成交价：RMB 1,858,320
胸针长6.0cm 佳士得 2015.6.2

1863 缅甸天然翡翠及钻石胸针
估　价：HKD 120,000～180,000
成交价：RMB 720,900
胸针长7.4cm 佳士得 2015.6.2

1864 缅甸天然翡翠及钻石胸针
估　价：HKD 80,000～120,000
成交价：RMB 420,525
胸针长8.0cm 佳士得 2015.6.2

1857 缅甸天然翡翠及钻石胸针
估　价：HKD 80,000～120,000
成交价：RMB 380,475
胸针长5.8cm 佳士得 2015.6.2

1856 缅甸天然翡翠牌、红宝石及钻石胸针
估　价：HKD 40,000～60,000
成交价：RMB 450,563
胸针长6.3cm 佳士得 2015.6.2

1861 缅甸天然翡翠牌及钻石吊坠.胸针
估　价：HKD 95,000～150,000
成交价：RMB 1,666,080
吊坠长5.6cm 佳士得 2015.6.2

4030 缅甸天然翡翠配钻石及红宝石天鹅胸针
估　价：RMB 980,000～1,200,000
成交价：RMB 1,322,500
长5.45cm 中古陶 2015.5.31

1865 缅甸天然翡翠胸针
估　价：HKD 480,000～650,000
成交价：RMB 3,300,120
胸针长7.2cm 佳士得 2015.6.2

2075 缅甸天然翡翠胸针.吊坠
估　价：HKD 100,000～150,000
成交价：RMB 300,375
胸针长8.5cm 佳士得 2015.6.2

292 珊瑚和钻石胸针 宝格丽
成交价：RMB 71,239
伦敦佳士得 2015.6.3

163 双色金蓝宝石钻石胸针 保罗
估　价：USD 75,000～100,000
成交价：RMB 502,962
纽约苏富比 2015.4.21

206 珊瑚玛瑙及钻石“Panthere”胸针 卡地亚1978年
成交价：RMB 1,961,373
长7cm 伦敦佳士得 2015.6.3

204 三色金珊瑚绿玉髓珍珠钻石胸针 卡地亚
估　价：USD 5,000～10,000
成交价：RMB 77,379
纽约苏富比 2015.4.21

440 水晶配钻石别针
成交价：RMB 332,649
日内瓦苏富比 2015.11.11

213 珊瑚珐琅钻石胸针 卡地亚1930年
估　价：GBT 6,000～8,000
成交价：RMB 121,266
伦敦苏富比 2015.3.18

55 天然翡翠配红宝石，黄色钻石及钻石蝴蝶胸针
估　价：HKD 450,000～550,000
成交价：RMB 425,331
天成国际 2015.6.14

485 浓彩黄色钻石别针
成交价：RMB 12,228,822
日内瓦苏富比 2015.11.11

1814 天然翡翠配天然冰种翡翠、彩色宝石及钻石蝴蝶别针 蔡孟翰
估　价：HKD 250,000～300,000
成交价：RMB 252,188
香港苏富比 2015.4.6

1844 天然翡翠配钻石海龟别针 吊坠
估　价：HKD 120,000～180,000
成交价：RMB 131,138
香港苏富比 2015.4.6

127 天然翡翠配钻石胸针
估　价：HKD 150,000～250,000
成交价：RMB 213,132
翡翠3.34cm×1.52cm 天成国际 2015.12.6

1695 天然翡翠一帆风顺配钻石别针
估　价：HKD 200,000～280,000
成交价：RMB 201,750
香港苏富比 2015.4.6

17026 天然海螺珠贝配彩色宝石花朵胸针
估　价：RMB 60,000～80,000
成交价：RMB 97,750
9.0cm×8.5cm 北京保利 2015.12.7

1711 天然珍珠配黄色钻石及钻石别针，卡地亚（Cartier）
估　价：HKD 200,000～250,000
成交价：RMB 226,050
珍珠直径0.98cm 香港苏富比 2015.10.7

479 天然珍珠配祖母绿及钻石别针 卡地亚（Cartier）
成交价：RMB 2,724,556
日内瓦苏富比 2015.11.11

13648 天然祖母绿、沙弗莱石、粉色蓝宝石及钻石花朵胸针
估　价：RMB 80,000～120,000
成交价：RMB 92,000
胸针长10.2cm 北京保利 2015.6.6

1741 天然珍珠配钻石胸针 梵克雅宝（Va Clee Arpels）
估　价：HKD 800,000～950,000
成交价：RMB 857,438
香港苏富比 2015.4.6

173 维多利亚时代祖母绿钻石胸针
成交价：RMB 218,682
日内瓦佳士得 2015.5.13

68 小提琴胸针（两支）
估　价：USD 8,000～10,000
成交价：RMB 92,855
纽约苏富比 2015.4.21

1821 亚历山大变色石共重约15.35克拉配钻石蝴蝶别针
估　价：HKD 90,000～120,000
成交价：RMB 90,788
香港苏富比 2015.4.6

1615 养殖珍珠配钻石花别针，梵克雅宝（Van Cleef & Arpels）
估　价：HKD 320,000～400,000
成交价：RMB 328,800
香港苏富比 2015.10.7

215 有色宝石钻石胸针 卡地亚1940年
估　价：GBT 6,000～8,000
成交价：RMB 415,769
伦敦苏富比 2015.3.18

2033 有色钻石首饰Harry Winston设计
估 价：HKD 80,000～120,000
成交价：RMB 194,988
胸针长度3.7cm 佳士得 2015.12.1

13806 约1950年制 天然海蓝宝石及钻石胸针
梵克雅宝 VAN CLEEF&ARPELS
估 价：RMB 220,000～320,000
成交价：RMB 241,500
胸针长7.3cm 北京保利 2015.6.6

13824 约1965年制 天然祖母绿及钻石蜥蜴胸针 卡地亚 CARTIER
估 价：RMB 480,000～600,000
成交价：RMB 549,700
胸针长7.0cm 北京保利 2015.6.6

2103 约2.09至0.27克拉浓彩、鲜彩及深彩紫粉红色、粉红色、橙黄色、黄色及绿色VVS1-I2钻石胸针
估 价：HKD 9,500,000～15,000,000
成交价：RMB 8,682,840
胸针长11.1cm 佳士得 2015.6.2

1831 约8.48克拉缅甸天然星光红宝石及钻石胸针
估 价：HKD 380,000～580,000
成交价：RMB 380,475
胸针长6.7cm 佳士得 2015.6.2

2033 枕形缅甸天然蓝宝石及钻石胸针
估 价：HKD 2,500,000～3,500,000
成交价：RMB 4,069,080
胸针长9.2cm 佳士得 2015.6.2

1976 紫水晶、钻石及有色蓝宝石胸针 Jean Schlumberger，Tiffany & Co.设计
估 价：HKD 180,000～280,000
成交价：RMB 461,813
长6.1cm 佳士得 2015.12.1

196 祖母绿和钻石胸针（一对） 1900年
成交价：RMB 1,890,773
长3.5cm，长3.7cm 日内瓦佳士得 2015.5.13

2111 祖母绿、钻石及黑玛瑙胸针 Graff设计
估　价：HKD 1,800,000～2,800,000
成交价：RMB 4,860,320
长10.6cm 佳士得 2015.12.1

1916 祖母绿及钻石胸针
估　价：HKD 400,000～600,000
成交价：RMB 650,813
胸针长7.4cm 佳士得 2015.6.2

390 祖母绿配钻石别针，尚美（Chaumet）
成交价：RMB 174,245
日内瓦苏富比 2015.11.11

449 钻石别针
成交价：RMB 277,208
日内瓦苏富比 2015.11.11

488 祖母绿配红宝石、珠母贝及钻石New Khandy别针 卡地亚（Cartier）
成交价：RMB 3,865,068
日内瓦苏富比 2015.11.11

1931 钻石、黑玛瑙、水晶及珊瑚镶铂金胸针 Cartier设计
估　价：HKD 160,000～250,000
成交价：RMB 287,350
长8.4cm 佳士得 2015.12.1

441 钻石别针 Suzanne Belperron
成交价：RMB 491,054
日内瓦苏富比 2015.11.11

320 钻石别针.吊坠
成交价：RMB 475,213
日内瓦苏富比 2015.11.11

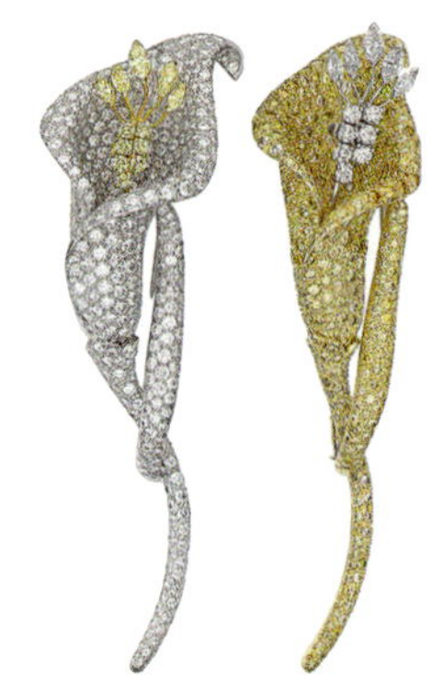

301 钻石和彩色钻石胸针（两颗）大卫韦伯
成交价：RMB 572,544
纽约佳士得 2015.10.20

1932 钻石及宝石胸针Cartier设计
估 价：HKD 1,000,000～1,500,000
成交价：RMB 1,018,040
佳士得 2015.12.1

114 钻石及彩钻花蕾胸针
估 价：GBT 6,500～7,000
成交价：RMB 125,293
伦敦佳士得 2015.4.14

280 钻石配缟玛瑙及祖母绿别针，梵克雅宝（Van Cleef & Arpels）
成交价：RMB 752,421
日内瓦苏富比 2015.11.11

1937 钻石及红宝石胸针及耳环套装
估 价：HKD 240,000～400,000
成交价：RMB 260,325
胸针长7.3cm，耳环长4.0cm
佳士得 2015.6.2

3 钻石双扣别针，宝诗龙（Boucheron）1930年代
成交价：RMB 285,128
日内瓦苏富比 2015.11.11

1928 钻石胸针Cartier设计
估 价：HKD 240,000～350,000
成交价：RMB 246,300
长5.0cm 佳士得 2015.12.1

277 钻石羽毛胸针，御木本出品
估 价：HKD 100,000～200,000
成交价：RMB 222,819
天成国际 2015.12.6

293 钻石紫锂辉石蜘蛛胸针 大卫韦伯
成交价：RMB 493,024
纽约佳士得 2015.10.20

## 手串 手链

263 清 碧玺手串
估 价：RMB 12,000～15,000
成交价：RMB 13,440
直径1.0cm 北京荣宝 2015.6.21

5427 翡翠念珠
估 价：RMB 20,000～40,000
成交价：RMB 23,000
直径0.8cm 北京保利 2015.6.6

3379 清 翡翠雕灵芝纹手串
估 价：RMB 10,000～20,000
成交价：RMB 20,700
西泠拍卖 2015.7.5

1123 清 翡翠手钏
估　价：RMB 80,000～120,000
成交价：RMB 149,500
尺寸不一 东正南京 2015.7.2

1254 清 伽楠镶金粟十八子手串
估　价：RMB 250,000～500,000
成交价：RMB 667,000
直径1.7cm 中国嘉德 2015.5.19

1251 清 蜜蜡108颗佛珠
估　价：RMB 150,000～200,000
成交价：RMB 172,500
直径2.3cm 中鸿信 2015.7.29

3160 清晚期 碧玺手串
估　价：HKD 80,000～100,000
成交价：RMB 220,275
长26cm 佳士得 2015.6.3

1052 清 珊瑚梅竹双青十八子手串（翡翠结珠背云）
估　价：RMB 280,000～350,000
成交价：RMB 931,500
古天一 2015.6.6

234 18K白金白水晶玛瑙钻石手链
估　价：USD 25,000～35,000
成交价：RMB 193,447
纽约苏富比 2015.4.21

324 18K白金翠榴石钻石手链 法国
估 价：USD 15,000～20,000
成交价：RMB 139,282
纽约苏富比 2015.4.21

85 18K白金蓝宝石钻石手链
估 价：USD 10,000～15,000
成交价：RMB 123,806
纽约苏富比 2015.4.21

260 18K黄金彩石手链(一对) 宝诗龙
估 价：USD 35,000～45,000
成交价：RMB 270,826
纽约苏富比 2015.4.21

306 18K白金绿宝石红宝石玛瑙及钻石手链
估 价：USD 45,000～55,000
成交价：RMB 383,712
纽约苏富比 2015.9.24

79 18K铂金钻石手链 梵克雅宝
估 价：USD 40,000～60,000
成交价：RMB 464,273
长19.7cm 纽约苏富比 2015.4.21

137 18K白金钻石手链
估 价：USD 50,000～70,000
成交价：RMB 657,719
长17.78cm 纽约苏富比 2015.4.21

11 18K黄金绿松石珊瑚和钻石手链
估　价：USD 20,000～30,000
成交价：RMB 147,020
长19.05cm 纽约苏富比 2015.4.21

482 18K黄金玛瑙和青金石手链 卡地亚
估　价：USD 10,000～15,000
成交价：RMB 191,856
纽约苏富比 2015.9.24

339 18K黄金青金石手链 卡地亚1940年
估　价：USD 7,000～9,000
成交价：RMB 154,758
长16.51cm 纽约苏富比 2015.4.21

208 18K金翡翠手链 法国
估　价：USD 8,000～10,000
成交价：RMB 61,903
纽约苏富比 2015.4.21

146 18K金红宝石钻石及珐琅“摩羯座”链 大卫·韦伯
估　价：USD 40,000～60,000
成交价：RMB 309,515
纽约苏富比 2015.4.21

162 18K金蓝宝石钻石手链 宝诗龙
估　价：USD 25,000～35,000
成交价：RMB 425,583
纽约苏富比 2015.4.21

91 18K双色金红宝石钻石手链 Buccellati
估 价：USD 80,000～100,000
成交价：RMB 773,788
长17.78cm 纽约苏富比 2015.4.21

209 71.74克拉圆形H至J色内部无瑕至VS2净度Triple Excellent（极优切割，打磨及比例）钻石手链，Golkonda出品
估 价：HKD 6,200,000～8,200,000
成交价：RMB 6,006,436
天成国际 2015.12.6

348 20世纪70年代红宝石钻石手链
估 价：GBT 14,000～16,000
成交价：RMB 276,497
伦敦苏富比 2015.6.11

38 白金和钻石手链
估 价：USD 15,000～25,000
成交价：RMB 139,282
纽约苏富比 2015.4.21

83 20世纪30年代祖母绿钻石手链
成交价：RMB 2,294,503
长19.5cm 日内瓦佳士得 2015.5.13

84 20世纪30年代钻石手链
估 价：GBT 8,000～12,000
成交价：RMB 196,335
长约18.5cm 伦敦苏富比 2015.3.18

200 白金和钻石手链 梵克雅宝
估 价：USD 25,000~35,000
成交价：RMB 263,088
纽约苏富比 2015.4.21

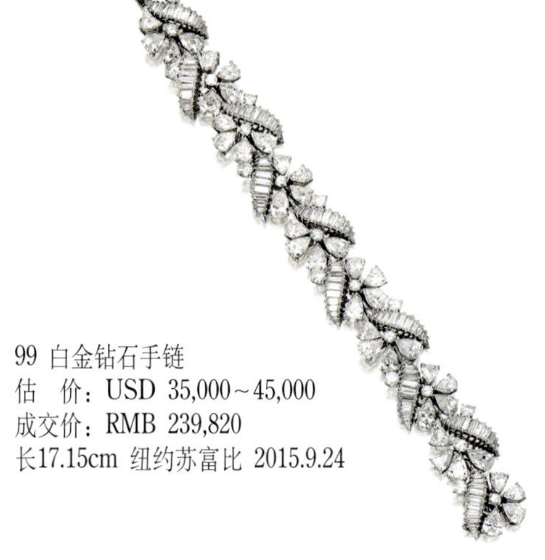

99 白金钻石手链
估 价：USD 35,000~45,000
成交价：RMB 239,820
长17.15cm 纽约苏富比 2015.9.24

951 玻璃种翡翠手链
估 价：RMB 20,000
成交价：RMB 28,750
长19.3cm 河南泽华 2015.1.11

285 白金蓝宝石钻石“丝带”手链 保罗
估 价：USD 50,000~70,000
成交价：RMB 502,962
纽约苏富比 2015.4.21

395 铂金彩石珍珠彩色钻石手链 1955年
估 价：USD 70,000~90,000
成交价：RMB 938,100
长17.15cm 纽约苏富比 2015.2.5

94 铂金白水晶钻石手链 大卫·韦伯
估 价：USD 30,000~50,000
成交价：RMB 340,467
纽约苏富比 2015.4.21

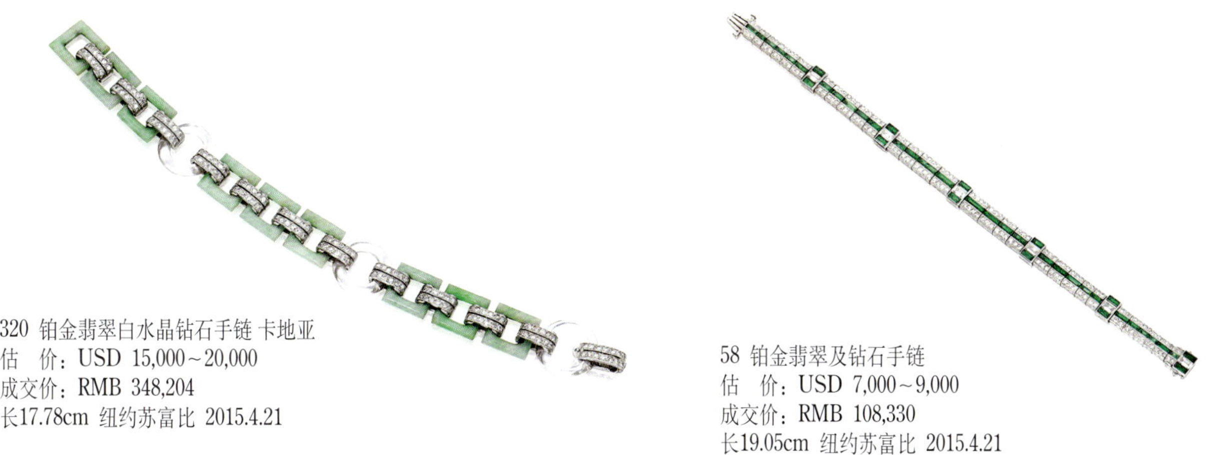

320 铂金翡翠白水晶钻石手链 卡地亚
估 价：USD 15,000~20,000
成交价：RMB 348,204
长17.78cm 纽约苏富比 2015.4.21

58 铂金翡翠及钻石手链
估 价：USD 7,000~9,000
成交价：RMB 108,330
长19.05cm 纽约苏富比 2015.4.21

368 铂金蓝宝石及钻石手链 哈利·温斯顿1982年
估 价：USD 150,000~200,000
成交价：RMB 1,160,681
纽约苏富比 2015.4.21

356 铂金翡翠红宝石钻石及珐琅“合奏Frutti酒店”手链 卡地亚纽约1928年
估 价：USD 1,300,000~1,800,000
成交价：RMB 10,090,189
长18.42cm 纽约苏富比 2015.4.21

80 铂金蓝宝石钻石手链
估 价：USD 35,000~45,000
成交价：RMB 348,204
长17.5cm 纽约苏富比 2015.4.21

135 铂金蓝宝石钻石手链 1960年
估 价：USD 25,000~35,000
成交价：RMB 211,073
长19.05cm 纽约苏富比 2015.2.5

331 铂金蓝宝石钻石手链 卡地亚
估　价：USD 100,000～150,000
成交价：RMB 1,392,818
长17.78cm 纽约苏富比 2015.4.21

3231 彩色钻石手链
估　价：HKD 1,980,000～2,680,000
成交价：RMB 1,904,520
长18cm 保利香港 2015.4.7

347 铂金钻石翡翠手链 1925年
估　价：USD 15,000～20,000
成交价：RMB 270,826
长17.78cm 纽约苏富比 2015.4.21

65 铂金钻石和蓝宝石手链
估　价：USD 20,000～30,000
成交价：RMB 147,020
长18.1cm 纽约苏富比 2015.4.21

106 铂金钻石蓝宝石和翡翠手链
估　价：USD 30,000～50,000
成交价：RMB 216,661
长17.78cm 纽约苏富比 2015.4.21

30 珐琅红宝石及钻石’TWIN青蛙手链 由大卫韦伯
成交价：RMB 185,041
日内瓦佳士得 2015.5.13

233 瑰丽26.77克拉椭圆及古垫形天然缅甸蒙苏无经加热处理红宝石配钻石手链
估　价：HKD 3,500,000～4,500,000
成交价：RMB 3,390,730
手链长17.0cm 天成国际 2015.12.6

2011 红宝石、祖母绿、天然珍珠、养殖珍珠及钻石手链
估　价：HKD 120,000～180,000
成交价：RMB 450,563
长16.7cm 佳士得 2015.6.2

1999 红宝石及钻石手链Van Cleef & Arpels设计
估　价：HKD 5,000,000～8,000,000
成交价：RMB 5,549,960
手链长16.6cm 佳士得 2015.12.1

1862 古垫形天然缅甸抹谷红宝石重27.91克拉配钻石及天然珍珠手链
估　价：HKD 32,000,000～45,000,000
成交价：RMB 24,561,360
长17cm 香港苏富比 2015.10.7

1711 红宝石配钻石手链
估　价：HKD 2,200,000～2,600,000
成交价：RMB 2,291,880
长16.5cm 香港苏富比 2015.4.6

246 红宝石钻石手链 哈里温斯顿
成交价：RMB 799,040
长18cm 日内瓦佳士得 2015.5.13

176 黄金贝壳珊瑚绿松石手链 西曼
估　价：USD 8,000～10,000
成交价：RMB 123,806
纽约苏富比 2015.4.21

253 黄金钻石红宝石手链
估　价：USD 8,000～12,000
成交价：RMB 65,772
纽约苏富比 2015.4.21

26 黄金翡翠和钻石手链 斯伦贝谢为蒂芙尼公司
估　价：USD 12,000～15,000
成交价：RMB 123,806
纽约苏富比 2015.4.21

277 绿宝石蓝宝石及钻石手链 JAHAN
成交价：RMB 962,210
长21.9cm 日内瓦佳士得 2015.5.13

1642 蓝宝石配钻石手链
来源：11颗天然「缅甸皇家蓝」蛋面蓝宝石共重50.40卡拉，椭圆形、古垫形及圆形蓝宝石共重约32.00卡拉，钻石共重约7.60卡拉，18K白色黄金镶嵌。
估　价：HKD 350,000～450,000
成交价：RMB 667,875
长18cm 香港苏富比 2015.10.7

222 蓝宝石和钻石手链 梅斯特
成交价：RMB 185,041
长18.3cm 日内瓦佳士得 2015.5.13

138 绿碧玺手链
估　价：RMB 40,000～50,000
成交价：RMB 39,200
长16cm 北京荣宝 2015.6.21

135 绿松石镶红宝石配钻石手链耳夹套装 梵克雅宝（Van Cleef & Arpels）
成交价：RMB 332,649
日内瓦苏富比 2015.11.11

2079 缅甸天然翡翠蛋面及钻石手链
估　价：HKD 1,800,000～2,800,000
成交价：RMB 2,531,160
长16.5cm 佳士得 2015.6.2

2024 缅甸天然鸽血红红宝石及钻石手链
来源：39颗红宝石约共重15.80克拉
估　价：HKD 800,000～1,200,000
成交价：RMB 801,000
长16.8cm 佳士得 2015.6.2

1830 缅甸天然红宝石及钻石手链
估　价：HKD 400,000～600,000
成交价：RMB 400,500
长18.3cm 佳士得 2015.6.2

93 珊瑚手链 卡地亚
成交价：RMB 213,311
巴黎佳士得 2015.6.1

2005 天然珍珠、红宝石及人造红宝石手链（一对）
估　价：HKD 150,000～250,000
成交价：RMB 380,475
长18.2cm 佳士得 2015.6.2

2008 斯里兰卡天然蓝宝石及钻石手链 Harry Winston设计
估　价：HKD 800,000～1,200,000
成交价：RMB 3,185,480
手链长18.6cm 佳士得 2015.12.1

1919 星光蓝宝石及钻石手链
估　价：HKD 480,000～650,000
成交价：RMB 460,575
长18.2cm 佳士得 2015.6.2

278 钻石配祖母绿Panthère手链 卡地亚（Cartier）
成交价：RMB 776,182
日内瓦苏富比 2015.11.11

83 珍罕7.04克拉椭圆形天然克什米尔无经加热处理蓝宝石配钻石手链，Cartier出品
估　价：HKD 8,000,000～12,000,000
成交价：RMB 7,561,440
长16cm 天成国际 2015.6.14

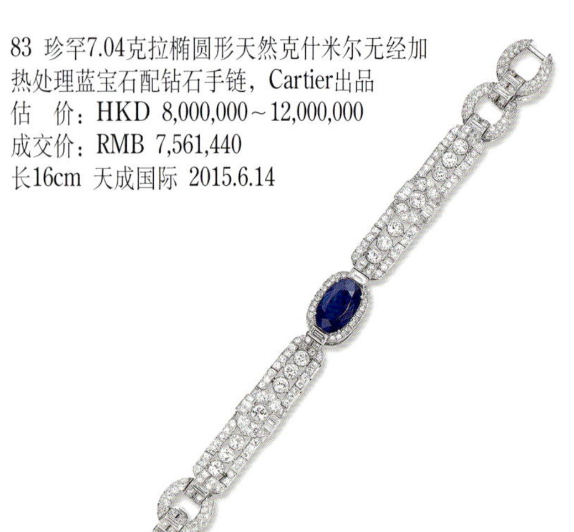

1938 星光红宝石、红宝石及钻石手链
估　价：HKD 400,000～600,000
成交价：RMB 410,500
手链长17.8cm 佳士得 2015.12.1

1681 钻石手链
来源：八颗梨形、八颗圆形及一颗心形钻石共重23.77卡拉，各重3.24至0.71卡拉，D至F色，内部无瑕（IF）至SI1净度。
估 价：HKD 1,600,000～2,000,000
成交价：RMB 1,644,000
长16.5cm 香港苏富比 2015.10.7

34 钻石玉髓石榴石“FERIALE”手链 梵克雅宝
成交价：RMB 271,600
纽约佳士得 2015.6.16

## 手 镯

202 14K金彩石钻石手镯
估 价：USD 20,000～30,000
成交价：RMB 269,278
纽约苏富比 2015.4.21

174 18K白金粉红碧玺堇青石钻石手镯
估 价：USD 30,000～40,000
成交价：RMB 232,136
纽约苏富比 2015.4.21

72 18K白金绿石榴石钻石手镯（一对）
估 价：USD 18,000～22,000
成交价：RMB 143,892
纽约苏富比 2015.9.24

46 18K白金钻石手镯（一对）
估 价：USD 35,000～45,000
成交价：RMB 294,039
纽约苏富比 2015.4.21

199 18K黄金珐琅手镯 斯伦贝谢
估 价：USD 15,000～20,000
成交价：RMB 117,263
纽约苏富比 2015.2.5

271 18K黄金钻石手镯
估 价：USD 20,000～30,000
成交价：RMB 324,991
纽约苏富比 2015.4.21

207 18K金珐琅钻石“滚动鞋带”袖口手镯 大卫·韦伯
估 价：USD 10,000～15,000
成交价：RMB 348,204
纽约苏富比 2015.4.21

244 18K金翡翠及钻石手镯 卡地亚
估 价：USD 30,000～50,000
成交价：RMB 321,896
纽约苏富比 2015.4.21

11 18K金翡翠钻石手镯 大卫·韦伯
估 价：USD 25,000～35,000
成交价：RMB 199,850
纽约苏富比 2015.9.24

272 18K金红宝石钻石珐琅手镯 大卫·韦伯
估 价：USD 35,000～45,000
成交价：RMB 348,204
纽约苏富比 2015.4.21

16 18K金手镯 Buccellati
估　价：USD 35,000～45,000
成交价：RMB 279,790
纽约苏富比 2015.9.24

243 18K金紫水晶钻石珊瑚珐琅手镯 大卫·韦伯
估　价：USD 30,000～40,000
成交价：RMB 309,515
纽约苏富比 2015.4.21

360 18K金钻石翡翠和珐琅手镯 大卫·韦伯
估　价：USD 35,000～45,000
成交价：RMB 390,875
纽约苏富比 2015.2.5

273 18K金钻石手镯
估　价：USD 30,000～50,000
成交价：RMB 502,962
纽约苏富比 2015.4.21

283 20世纪30年代Hardstone珐琅和钻石手镯
估　价：GBT 15,000～20,000
成交价：RMB 721,298
伦敦苏富比 2015.6.11

3027 David Webb设计 18K金配彩宝羊首手镯
估　价：HKD 48,000～88,000
成交价：RMB 47,613
内径15cm 保利香港 2015.4.7

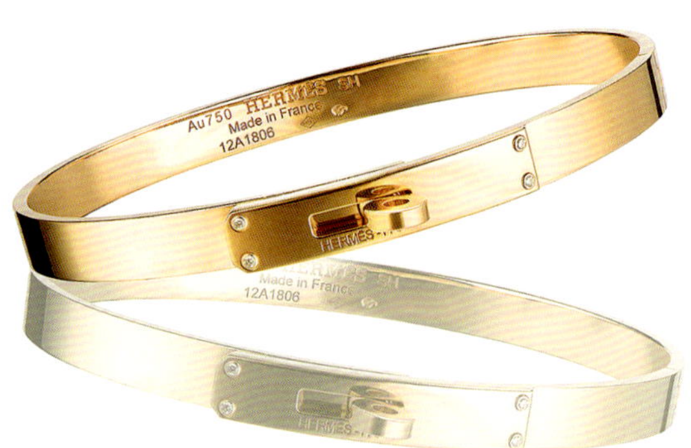


2869 爱马仕 2014 18K黄金KELLY手镯
估　价：HKD 20,000～30,000
成交价：RMB 23,279
直径53.5cm 保利香港 2015.10.6

931 冰种阳绿 翡翠手镯
估　价：RMB 350,000
成交价：RMB 1,495,000
外径7cm 河南泽华 2015.1.11

63 铂金玛瑙蓝宝石和钻石手镯
估　价：USD 10,000～15,000
成交价：RMB 123,806
纽约苏富比 2015.4.21

2034 翠手镯
估　价：HKD 900,000～1,800,000
成交价：RMB 1,585,980
内径5.5cm AA中国艺海 2015.7.12

516 铂金钻石玛瑙和翡翠手镯 法国
估　价：USD 100,000～150,000
成交价：RMB 799,400
长16.51cm 纽约苏富比 2015.9.24

460 珐琅彩配乳白色琉璃及钻石手链一对，René Lalique
成交价：RMB 1,888,181
总长34.5cm 日内瓦苏富比 2015.11.11

13956 非常稀有的天然满绿翡翠手镯及天然紫罗兰翡翠手镯（一对）
成交价：RMB 11,500,000
直径5.03cm；5.07cm 北京保利 2015.6.6

1786 红宝石1.20克拉配钻石手镯
估　价：HKD 280,000~350,000
成交价：RMB 282,450
长15.5cm 香港苏富比 2015.4.6

2567 翡翠手镯
估　价：RMB 5,000,000~6,000,000
成交价：RMB 5,750,000
重61.45g 北京匡时 2015.12.4

1182 翡翠手镯（一对）（配18K白镶钻石厄套）
估　价：RMB 3,150,000~5,000,000
成交价：RMB 3,680,000
尺寸不一 中贸圣佳 2015.5.20

2556 高冰飘花对镯
估　价：RMB 700,000~800,000
成交价：RMB 805,000
直径5.2cm 北京匡时 2015.12.4

434 红宝石配钻石手镯
成交价：RMB 126,724
日内瓦苏富比 2015.11.11

292 红宝石配钻石手镯，布契拉提
成交价：RMB 435,612
日内瓦苏富比 2015.11.11

219 黄金珐琅镶宝石手镯（一对）
估　价：USD 6,000～8,000
成交价：RMB 123,806
纽约苏富比 2015.4.21

207 红玛瑙和钻石“Panthere”手镯 卡地亚
成交价：RMB 2,417,285
伦敦佳士得 2015.6.3

220 黄金玛瑙珊瑚钻石手镯 Verdura
估　价：USD 10,000～15,000
成交价：RMB 116,068
纽约苏富比 2015.4.21

52 红玛瑙钻石及黄金狮子手镯 梵克雅宝
成交价：RMB 437,365
日内瓦佳士得 2015.5.13

198 黄金镶蓝宝石配钻石项链手链 宝诗龙（Boucheron）
成交价：RMB 285,128
日内瓦苏富比 2015.11.11

489 黄色钻石配缟玛瑙、祖母绿及钻石Sher-khan首饰套装，卡地亚（Cartier）
成交价：RMB 9,189,457
日内瓦苏富比 2015.11.11

1829 尖晶石及黄钻手镯.胸针
估　价：HKD 150,000～250,000
成交价：RMB 250,313
尺寸不一 佳士得 2015.6.2

446 黄水晶'Tranche'手镯 勒内·博伊文（René Boivin）
成交价：RMB 1,188,033
日内瓦苏富比 2015.11.11

436 黄水晶配钻石手链，卡地亚（Cartier）
成交价：RMB 910,825
长16cm 日内瓦苏富比 2015.11.11

165 铰链式手镯 1959年阿纳尔多·波莫多罗
估　价：GBT 3,000～4,000
成交价：RMB 115,491
伦敦苏富比 2015.3.18

143 蓝宝石彩钻及翡翠虎手镯
成交价：RMB 294,385
日内瓦佳士得 2015.5.13

506 满绿翡翠手镯
估 价：HKD 35,000,000～70,000,000
成交价：RMB 28,035,000
重约75g 荣盛国际 2015.7.31

253 绿松石祖母绿及钻石’SERPENTI“手镯腕表 宝格丽
成交价：RMB 3,424,927
日内瓦佳士得 2015.5.13

3190 缅甸天然翡翠满绿手镯
成交价：RMB 21,339,120
内径5.55cm 保利香港 2015.10.6

366 蓝宝石配钻石及珐琅彩黄金手镯 Jacques Lacloche
成交价：RMB 1,267,235
日内瓦苏富比 2015.11.11

132 绿松石镶钻石手链
成交价：RMB 174,245
链长40.5cm 日内瓦苏富比 2015.11.11

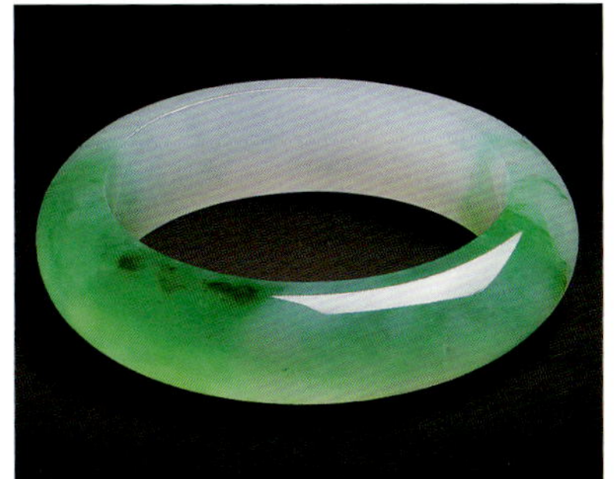

4221 缅甸天然翡翠手镯
估　价：RMB 12,000,000～16,000,000
成交价：RMB 13,800,000
直径5.7cm 中古陶 2015.5.31

653 清 翠雕绞丝纹手镯
成交价：RMB 44,800
内径5.7cm 天津文物 2015.5.22

3109 缅甸天然紫罗兰翡翠手镯
估　价：HKD 800,000～1,300,000
成交价：RMB 775,968
内径5.4cm 保利香港 2015.10.6

2070A 缅甸天然翡翠手镯
估　价：HKD 12,000,000～18,000,000
成交价：RMB 13,008,240
内径5.6cm 佳士得 2015.6.2

1892 缅甸天然翡翠手镯
估　价：HKD 1,200,000～1,800,000
成交价：RMB 3,107,880
内径5.34cm 佳士得 2015.6.2

1732 天然翡翠手镯（一对）
估　价：HKD 15,000,000～17,000,000
成交价：RMB 13,622,160
内径5.34cm 香港苏富比 2015.4.6

3212 缅甸天然翡翠手镯
估　价：HKD 980,000～1,500,000
成交价：RMB 1,333,164
内径5.7cm 保利香港 2015.4.7

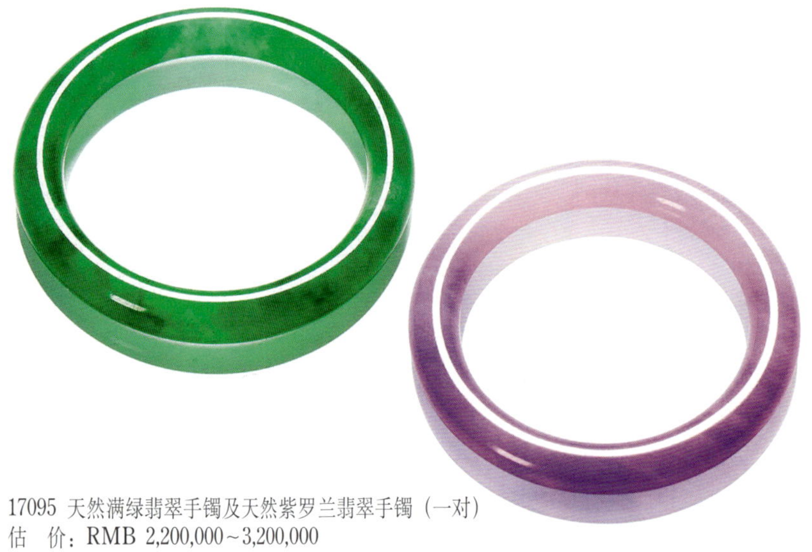

17095 天然满绿翡翠手镯及天然紫罗兰翡翠手镯（一对）
估　价：RMB 2,200,000～3,200,000
成交价：RMB 4,370,000
内径5.4cm 北京保利 2015.12.7

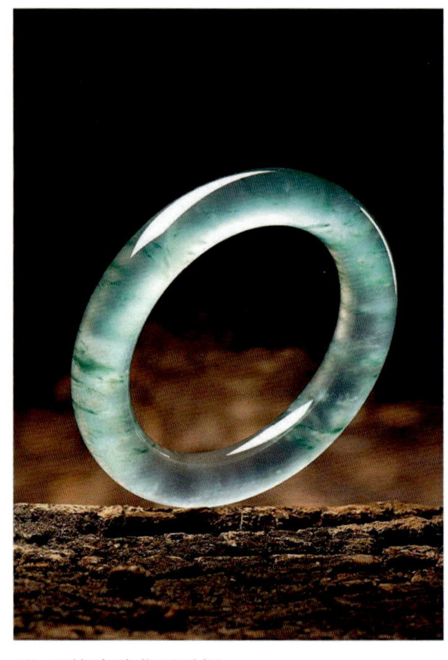

19 天然冰种翡翠手镯
估　价：HKD 2,000,000～2,500,000
成交价：RMB 1,890,360
直径8.2cm 天成国际 2015.6.14

94 天然红翡翠及翡翠手镯（一对）
估　价：HKD 68,000～128,000
成交价：RMB 145,317
内径6.77cm 天成国际 2015.12.6

17332 天然糯冰种绿色翡翠手镯一对
估　价：RMB 250,000～350,000
成交价：RMB 287,500
内径5.68cm 北京保利 2015.12.7

2031 约17.51克拉枕形缅甸天然尖晶石、钻石及珍珠手镯
估　价：HKD 1,000,000～1,500,000
成交价：RMB 1,089,360
长15.2cm 佳士得 2015.6.2

69 天然翡翠配红宝石，祖母绿，黄色钻石及钻石手镯（一对）
估　价：HKD 950,000～1,500,000
成交价：RMB 920,341
内周长16.2cm 天成国际 2015.12.6

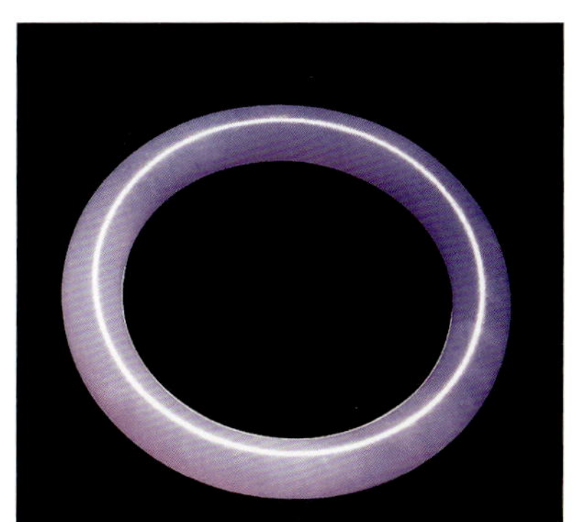

161 天然紫罗兰翡翠手镯
估　价：RMB 1,300,000～1,800,000
成交价：RMB 1,437,500
内径5.39cm 保利厦门 2015.8.2

33 天然紫翡翠手镯（一对）
估　价：HKD 3,000,000～4,800,000
成交价：RMB 2,906,340
外径7.27cm 天成国际 2015.12.6

23 托帕石手镯, Suzanne Belperron, 约1935年
成交价：RMB 1,346,438
日内瓦苏富比 2015.11.11

2111 约38.51克拉八角形哥伦比亚天然祖母绿手镯
估　价：HKD 12,000,000～18,000,000
成交价：RMB 14,450,040
长14.6cm 佳士得 2015.6.2

199 珍罕天然冰种翡翠手镯（一对）
估　价：HKD 18,000,000～25,000,000
成交价：RMB 17,438,040
直径8.44cm 天成国际 2015.12.6

222 珍罕天然满色翡翠贵妃手镯
估　价：HKD 7,000,000～10,000,000
成交价：RMB 6,616,260
外径6.88cm 天成国际 2015.6.14

1178 紫翡翠蝠手镯
估　价：RMB 1,080,000～1,580,000
成交价：RMB 1,265,000
内径5.8cm 中贸圣佳 2015.5.20

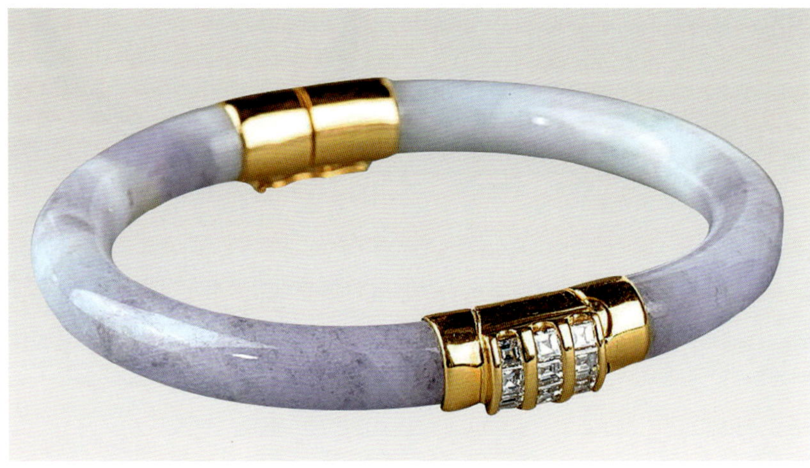

357 紫罗兰翡翠手镯
估　价：RMB 1,560,000
成交价：RMB 3,300,000
内径5.5cm 皇家国际 2015.6.29

258 镶18K白金钻石共重36.53克拉，色，足色全美至VVS2净度钻石手镯
估　价：HKD 1,900,000～2,900,000
成交价：RMB 1,795,842
内径15.5cm 天成国际 2015.6.14

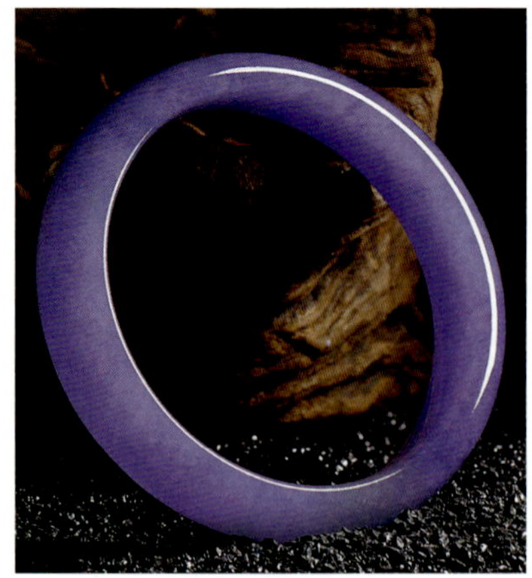

127 珍罕天然满色紫翡翠手镯
估　价：HKD 10,000,000～15,000,000
成交价：RMB 8,506,620
外径7.2cm 天成国际 2015.6.14

314 祖母绿手镯 印度1900年
成交价：RMB 10,934,198
内径16.2cm 日内瓦佳士得 2015.5.13

203 钻石红宝石及黄金“SERPENTI”手镯腕表 宝格丽
成交价：RMB 5,282,058
日内瓦佳士得 2015.5.13

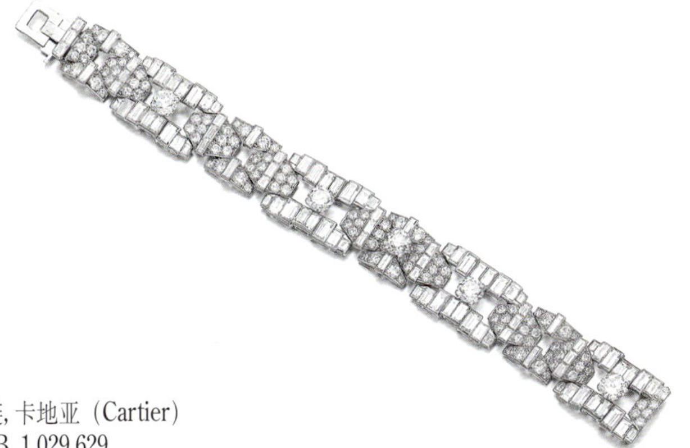

429 钻石手链, 卡地亚（Cartier）
成交价：RMB 1,029,629
长18cm 日内瓦苏富比 2015.11.11

2106 钻石、祖母绿及黑玛瑙手镯Cartier设计
估　价：HKD 500,000~800,000
成交价：RMB 667,063
内周长15.5cm 佳士得 2015.12.1

2042 钻石、祖母绿及黑玛瑙Panthère手镯
估　价：HKD 500,000~800,000
成交价：RMB 1,281,600
内周长6.4cm 佳士得 2015.6.2

2107 钻石及宝石Panthère手镯Cartier设计
估　价：HKD 800,000~1,200,000
成交价：RMB 1,559,900
内周长18.0cm 佳士得 2015.12.1

2108 钻石及黑玛瑙Love Cuff手镯Cartier设计
估　价：HKD 2,400,000～3,500,000
成交价：RMB 2,397,320
内周长16.3cm 佳士得 2015.12.1

246 钻石手链, monture Boucheron
成交价：RMB 166,325
日内瓦苏富比 2015.11.11

## 扳 指

1845 清中期 翡翠扳指
估　价：RMB 80,000～120,000
成交价：RMB 92,000
直径2.5cm 华艺国际 2015.5.24

2069 清 翡翠扳指（一对）
估　价：RMB 120,000～150,000
成交价：RMB 138,000
直径3cm 古天一 2015.6.6

## 项 链

2082 10.25及3.06克拉梨形D.FL Type IIa钻石吊坠项链
估　价：HKD 12,000,000～20,000,000
成交价：RMB 11,855,240
佳士得 2015.12.1

2088 10.02克拉梨形D.IF Type IIa（极优打磨及比例）钻石及1.03克拉六角形彩紫红色I2钻石吊坠项链
估　价：HKD 15,000,000～25,000,000
成交价：RMB 12,623,760
链长41.6cm 佳士得 2015.6.2

282 12K白金钻石项链
估　价：USD 18,000～22,00
成交价：RMB 348,204
纽约苏富比 2015.4.21

122 18K白金红宝石钻石长链
估 价：USD 30,000～50,000
成交价：RMB 232,136
长129.5cm 纽约苏富比 2015.4.21

1961 15.18克拉梨形彩棕黄色I1钻石吊坠项链
估 价：HKD 350,000～550,000
成交价：RMB 500,625
链长61.5cm 佳士得 2015.6.2

296 1870年黄金珐琅珠宝镶嵌项链
估 价：USD 15,000～20,000
成交价：RMB 131,544
长38.74cm 纽约苏富比 2015.4.21

49 18K白金养殖珍珠和钻石项链和吊坠耳环
估 价：USD 25,000～35,000
成交价：RMB 216,661
纽约苏富比 2015.4.21

109 18K白金翡翠和钻石长链
估 价：USD 45,000～65,000
成交价：RMB 386,894
纽约苏富比 2015.4.21

311 18K白金钻石长链
估 价：USD 40,000～60,000
成交价：RMB 309,515
长175.26cm 纽约苏富比 2015.4.21

246 18K黄金白金钻石项链 梵克雅宝
估 价：USD 15,000～20,000
成交价：RMB 247,612
纽约苏富比 2015.4.21

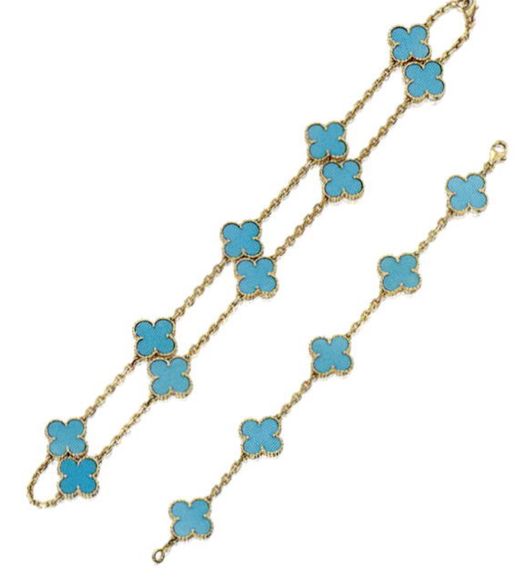

178 18K黄金绿松石“阿罕布拉”项链及手链 梵克雅宝
估 价：USD 15,000～20,000
成交价：RMB 147,020
链长40.64cm 纽约苏富比 2015.4.21

177 14K双色黄金蓝宝石项链 1945年
估 价：USD 6,000～8,000
成交价：RMB 87,934
纽约苏富比 2015.9.24

209 18K黄金珐琅项链 大卫·韦伯
估 价：USD 12,000～16,000
成交价：RMB 154,758
长76.2cm 纽约苏富比 2015.4.21

206 18K黄金钻石项链 法国
估 价：USD 10,000～15,000
成交价：RMB 100,592
纽约苏富比 2015.4.21

187 18K黄金玛瑙和钻石项链 蒂芙尼公司
估 价：USD 6,000～8,000
成交价：RMB 108,330
纽约苏富比 2015.4.21

288 18K金翡翠和巴洛克养殖珍珠项链耳坠（一对）大卫·韦伯
成交价：RMB 175,868
纽约苏富比 2015.9.24

484 18K金红玉髓和玛瑙项链 A.Cipullo卡地亚
估 价：USD 25,000～35,000
成交价：RMB 207,844
长54.61cm 纽约苏富比 2015.9.24

249 18K金白金蓝宝石钻石项链
估 价：USD 20,000～30,000
成交价：RMB 154,758
纽约苏富比 2015.4.21

472 18K黄金蓝宝石绿宝石和钻石项链手链戒指耳坠 梵克雅宝1960年
估 价：USD 60,000～80,000
成交价：RMB 1,358,980
纽约苏富比 2015.9.24

312 18K金铂金粉红蓝宝石钻石项链
估 价：USD 85,000～100,000
成交价：RMB 625,400
纽约苏富比 2015.2.5

302 18K金粉红碧玺黄色蓝宝石钻石项链 大卫·韦伯
估 价：USD 70,000～90,000
成交价：RMB 541,651
纽约苏富比 2015.4.21

214 18K金母珍珠玛瑙项链 宝格丽1975年
估 价：USD 7,000～9,000
成交价：RMB 140,715
长38.1cm 纽约苏富比 2015.2.5

216 18K金项链（二条） 梵克雅宝
估 价：USD 7,500～10,000
成交价：RMB 170,233
纽约苏富比 2015.4.21

71 18K金项链 宝格丽
估 价：USD 5,000～7,000
成交价：RMB 154,758
长96.52cm 纽约苏富比 2015.4.21

34 18K金养殖珍珠灰色钻石项链
估 价：USD 25,000～35,000
成交价：RMB 234,525
长41.28cm 纽约苏富比 2015.2.5

240 18K金紫水晶珐琅项链 大卫·韦伯
估 价：USD 30,000～50,000
成交价：RMB 232,136
长45.72cm 纽约苏富比 2015.4.21

192 18K金养殖珍珠玛瑙和钻石项链和耳坠
估 价：USD 20,000～30,000
成交价：RMB 170,233
尺寸不一 纽约苏富比 2015.4.21

92 19世纪后期天然珍珠钻石头饰项链耳环（一对）
成交价：RMB 127,040
伦敦苏富比 2015.3.18

14 18K金养殖珍珠和钻石项链和耳环
估 价：USD 20,000～30,000
成交价：RMB 324,991
长44.45cm 纽约苏富比 2015.4.21

295 20世纪50年代钻石项链 Jean斯伦贝谢
成交价：RMB 841,095
长41.2cm 日内瓦佳士得 2015.5.13

307 18K双色金多种颜色的蓝宝石和钻石项链
估　价：USD 15,000～20,000
成交价：RMB 187,620
长42.55cm 纽约苏富比 2015.2.5

322 19世纪90年代天然珍珠钻石项链
成交价：RMB 22,616,321
长44cm 日内瓦佳士得 2015.5.13

316 20世纪20年代祖母绿及钻石项链 宝格丽
成交价：RMB 4,878,335
日内瓦佳士得 2015.5.13

346 20世纪60年代钻石“冬青花环”项链 由哈里·温斯顿
成交价：RMB 11,337,922
长41.6cm 日内瓦佳士得 2015.5.13

2098 31.01克拉方形彩黄色VS1净度彩钻配钻石项链.戒指
估 价：RMB 8,000,000～10,000,000
成交价：RMB 9,315,000
华艺国际 2015.5.24

17348 40.86克拉天然缅甸皇家蓝蓝宝石配51.84克拉钻石项链 未经加热
估 价：RMB 6,200,000～8,200,000
成交价：RMB 7,130,000
北京保利 2015.12.7

74 20世纪初红宝石和钻石项链
估 价：GBT 4,500～5,500
成交价：RMB 230,983
长43cm 伦敦苏富比 2015.3.18

248 45.65克拉祖母绿钻石项链
成交价：RMB 6,089,505
长42cm 日内瓦佳士得 2015.5.13

247 20世纪初黄金珐琅项链 拉利克
估 价：GBT 15,000～20,000
成交价：RMB 420,757
伦敦苏富比 2015.6.11

2705 Harry Winston蓝宝石配钻石项链与耳环套装
来源：铂金镶嵌十八颗共重84.74克拉天然蓝宝石，8.95克拉和9.05克拉天然蓝宝石耳环
估　价：RMB 8,000,000～10,000,000
成交价：RMB 9,200,000
北京匡时 2015.12.4

2120 5.05克拉至1.04克拉枕形缅甸天然红宝石项链，配以枕形D-F.VVS1-VS1钻石项链 Faidee设计
估　价：HKD 48,000,000～66,000,000
成交价：RMB 45,614,760
佳士得 2015.12.1

267 52.22克拉天然莫桑比克无经加热处理鸽血红红宝石配钻石项链
估　价：HKD 22,000,000～25,000,000
成交价：RMB 19,848,780
天成国际 2015.6.14

3161 哥伦比亚祖母绿配Ashoka钻石项链，耳环及戒指套装 William Goldberg设计
来源：18K金镶嵌15颗张长方形切割哥伦比亚祖母绿，最大祖母绿为18.52克拉
估　价：HKD 20,000,000～28,000,000
成交价：RMB 18,914,220
链长44.8cm 保利香港 2015.10.6

17370 傲雪红梅 BLOSSOMS IN SNOW总重52.75克拉天然缅甸鸽血红红宝石配共总重76.43克拉钻石项链、耳环套装 未经加热
估　价：RMB 20,000,000～28,000,000
成交价：RMB 21,850,000
北京保利 2015.12.7

144 白金蓝宝石和钻石项链
估　价：USD 70,000～90,000
成交价：RMB 1,005,924
纽约苏富比 2015.4.21

197 白金，红宝石和钻石项链及手链组合 西曼
成交价：RMB 147,020
纽约苏富比 2015.4.21

29 白金红宝石钻石项链
估　价：USD 25,000～35,000
成交价：RMB 239,820
长40.64cm 纽约苏富比 2015.9.24

212 白金红宝石钻石项链 大卫·韦伯
估　价：USD 90,000～120,000
成交价：RMB 719,460
长41.28cm 纽约苏富比 2015.9.24

89 K白金珍珠蓝宝石钻石项链
估　价：USD 30,000～50,000
成交价：RMB 232,136
长36.83cm 纽约苏富比 2015.4.21

369 白金蓝宝石和钻石项链 哈利·温斯顿
估　价：USD 300,000～400,000
成交价：RMB 2,661,829
长28.74cm 纽约苏富比 2015.4.21

238 白金钻石'靶心'项链 格拉夫
估　价：USD 30,000～50,000
成交价：RMB 270,826
纽约苏富比 2015.4.21

182 白金钻石项链
估　价：USD 250,000～350,000
成交价：RMB 1,863,692
长39.37cm 纽约苏富比 2015.2.5

2006 23.27克拉缅甸天然红宝石蛋面、钻石、天然珍珠及珍珠项链
估　价：HKD 950,000～1,400,000
成交价：RMB 1,954,440
佳士得 2015.6.2

3262 宝格丽镶嵌 缅甸天然翡翠珠配钻石颈链
估　价：HKD 8,000,000～12,000,000
成交价：RMB 6,983,712
链长56.0cm 保利香港 2015.10.6

104 白金钻石项链
估　价：USD 55,000～65,000
成交价：RMB 386,894
长36.83cm 纽约苏富比 2015.4.21

13770 白色南洋珍珠项链 田崎珍珠 TASAKI
成交价：RMB 143,750
链长47.2cm 北京保利 2015.6.6

13873 79.58克拉天然哥伦比亚祖母绿配71.4克拉钻石项链
估　价：RMB 6,200,000～8,600,000
成交价：RMB 6,762,000
北京保利 2015.6.6

194 彩色宝石项链耳夹
估 价：GBT 4,000～6,000
成交价：RMB 92,393
链长42cm 伦敦苏富比 2015.3.18

3224 91.95克拉缅甸皇家蓝蓝宝石配钻石项链 宝诗龙设计
成交价：RMB 23,806,500
链长45cm 保利香港 2015.4.7

61 铂金天然珍珠和钻石项链
估 价：USD 8,000～10,000
成交价：RMB 216,661
长49.53cm 纽约苏富比 2015.4.21

69 铂金天然珍珠和钻石项链
估 价：USD 60,000～80,000
成交价：RMB 661,434
长43.18cm 纽约苏富比 2015.4.21

48 彩色钻石项链
成交价：RMB 2,294,503
日内瓦佳士得 2015.5.13

2022 翡翠及钻石项链
估　价：HKD 28,000,000～38,000,000
成交价：RMB 47,913,560
项链长40.5cm，胸针长3.4cm 佳士得 2015.12.1

304 珐琅彩配天然珍珠及黄金Iris吊坠项链
年份约1900 配链带 René Lalique
成交价：RMB 570,256
日内瓦苏富比 2015.11.11

316 白金钻石项链
估　价：USD 25,000～35,000
成交价：RMB 270,826
纽约苏富比 2015.4.21

195 翠钻石项链 19世纪末期
估　价：GBT 20,000～30,000
成交价：RMB 360,649
长43cm 伦敦苏富比 2015.6.11

40 多种颜色的蓝宝石项链J.E.考德威尔
估　价：USD 15,000～20,000
成交价：RMB 148,533
纽约苏富比 2015.2.5

204 红宝石彩钻钻石项链
成交价：RMB 1,164,072
日内瓦佳士得 2015.5.13

3236 21.12克拉净度VS1深彩棕黄钻石项链
梵克雅宝设计
估　价：HKD 4,500,000～6,500,000
成交价：RMB 4,073,832
链长44.9cm 保利香港 2015.10.6

337 红宝石及钻石项链 卡地亚1933年
成交价：RMB 2,294,503
日内瓦佳士得 2015.5.13

2015 哥伦比亚祖母绿、天然珍珠及钻石项链
估　价：HKD 1,200,000～2,000,000
成交价：RMB 3,588,480
尺寸不一 佳士得 2015.6.2

158 彩色宝石钻石项链 宝格丽
估　价：GBT 10,000～15,000
成交价：RMB 161,688
伦敦苏富比 2015.3.18

345 海蓝宝石钻石项链戒指耳坠
成交价：RMB 284,945
链长46.7cm 伦敦佳士得 2015.6.3

139 海蓝宝石钻石项链耳坠
估　价：GBT 10,000～15,000
成交价：RMB 184,786
链长43cm 伦敦苏富比 2015.3.18

327 红宝石和钻石项链耳坠（一对）
成交价：RMB 11,337,922
项链46.1cm，耳坠3.5cm 日内瓦佳士得 2015.5.13

13730 黑色大溪地珍珠及钻石项链
估　价：RMB 80,000～120,000
成交价：RMB 92,000
链长46cm 北京保利 2015.6.6

82 红宝石钻石项链耳坠 梵克雅宝
成交价：RMB 706,487
巴黎佳士得 2015.6.1

179 彩钻钻石项链 法国1991年
成交价：RMB 1,002,580
长41.3cm 日内瓦佳士得 2015.5.13

443 黄金碧玺海蓝宝石橄榄石锰铝榴石和钻石项链 签署C&AG; 1895年至1914年
估　价：USD 30,000～50,000
成交价：RMB 239,820
长38.1cm 纽约苏富比 2015.9.24

2096 共重93.45克拉哥伦比亚祖母绿项链及耳坠套装 Chopard设计
估　价：HKD 3,500,000～5,500,000
成交价：RMB 7,520,360
项链长40.0cm，耳坠长4.8cm 佳士得 2015.12.1

445 黄金配钻石项链，梵克雅宝（Van Cleef & Arpels）
成交价：RMB 712,820
链长40cm 日内瓦苏富比 2015.11.11

40 红宝石珍珠钻石项链
成交价：RMB 296,929
巴黎佳士得 2015.6.1

83 黄金镶宝石项链 Buccellati
成交价：RMB 253,447
链长42cm 日内瓦苏富比 2015.11.11

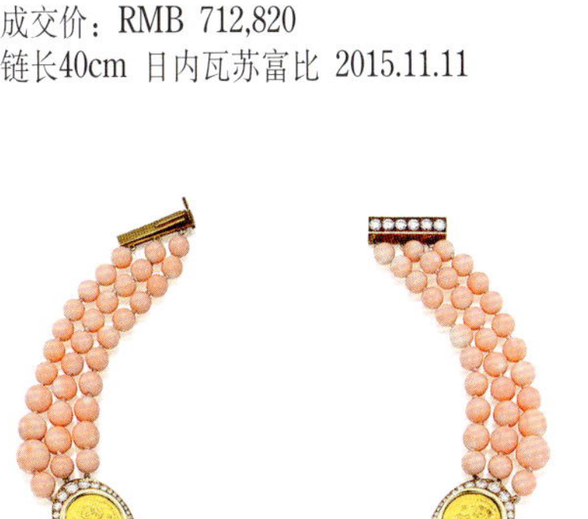

543 黄金珊瑚和钱币项链 宝格丽1980年
估 价：USD 20,000～30,000
成交价：RMB 271,796
纽约苏富比 2015.9.24

93 黄金镶钻石首饰套装 梵克雅宝（Van Cleef & Arpels）20世纪70年代
成交价：RMB 491,052
链长72cm 日内瓦苏富比 2015.11.11

21 黄金珊瑚钻石项链
估 价：USD 6,000～8,000
成交价：RMB 101,628
长40.64cm 纽约苏富比 2015.2.5

238 红宝石镶钻石项链耳夹套装
成交价：RMB 356,410
链长42cm 日内瓦苏富比 2015.11.11

247 红宝石钻石项链 由哈里·温斯顿
成交价：RMB 2,375,242
长40.5cm 日内瓦佳士得 2015.5.13

295 金青金石珍珠项链 斯特拉尼
估　价：USD 12,000～15,000
成交价：RMB 131,544
纽约苏富比 2015.4.21

1794 11颗古垫形哥伦比亚祖母绿共重约35.65克拉配黑色钻石及钻石项链
估　价：HKD 280,000～350,000
成交价：RMB 390,450
链长41cm 香港苏富比 2015.10.7

1839 20颗椭圆形天然缅甸红宝石共重约65.00克拉配钻石项链 宝格丽（Bulgari）
估　价：HKD 4,000,000～6,000,000
成交价：RMB 6,871,920
链长42cm 香港苏富比 2015.10.7

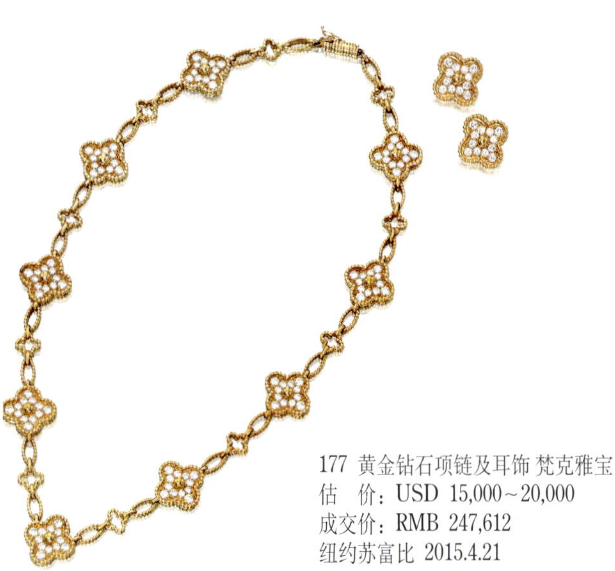

177 黄金钻石项链及耳饰 梵克雅宝
估　价：USD 15,000～20,000
成交价：RMB 247,612
纽约苏富比 2015.4.21

2037 哥伦比亚祖母绿及钻石项链、耳坠及戒指套装
估　价：HKD 2,500,000～3,500,000
成交价：RMB 3,684,600
尺寸不一 佳士得 2015.6.2

487 绿松石配钻石首饰套装 梵克雅宝（Van Cleef & Arpels）
成交价：RMB 2,496,454
日内瓦苏富比 2015.11.11

208 红宝石钻石项链 由哈里·温斯顿
成交价：RMB 3,424,927
长36cm 日内瓦佳士得 2015.5.13

2090 翡翠及钻石项链
估 价：HKD 12,000,000～18,000,000
成交价：RMB 9,884,840
长43.0cm 佳士得 2015.12.1

188 蓝宝石钻石项链 由哈里·温斯顿
成交价：RMB 1,325,564
长41cm 日内瓦佳士得 2015.5.13

13918 精美的天然老坑玻璃种帝王绿翡翠及钻石项链、戒指及耳环套装
估 价：RMB 7,500,000～9,500,000
成交价：RMB 8,050,000
尺寸不一 北京保利 2015.6.6

438 黄水晶配钻石项链，卡地亚（Cartier）
成交价：RMB 1,736,113
日内瓦苏富比 2015.11.11

293 蓝宝石红宝石和钻石项链耳夹
成交价：RMB 284,945
伦敦佳士得 2015.6.3

3163 18K金镶嵌3.52克拉梨形钻石挂坠项链，戒指，耳坠套装
估 价：HKD 4,200,000～5,500,000
成交价：RMB 3,809,040
尺寸不一 保利香港 2015.4.7

478 蓝宝石配钻石项链
成交价：RMB 2,344,386
长42cm 日内瓦苏富比 2015.11.11

370 金青金石绿宝石和珐琅项链 蒂芙尼1915年
估　价：USD 30,000～50,000
成交价：RMB 234,525
长39.37cm 纽约苏富比 2015.2.5

1724 祖母绿配钻石项链及吊耳环套装，House of Taylor Jewelry；及祖母绿配钻石戒指
估　价：HKD 2,000,000～3,500,000
成交价：RMB 3,715,440
尺寸不一 香港苏富比 2015.10.7

1861 72颗梨形哥伦比亚祖母绿共重约325.00克拉配钻石项链
估　价：HKD 5,000,000～6,500,000
成交价：RMB 4,800,480
链长39.5cm 香港苏富比 2015.10.7

365 蓝宝石配钻石Navire项链，Alexandre Reza
成交价：RMB 2,724,556
日内瓦苏富比 2015.11.11

1648 蓝宝石配钻石项链及耳环套装，梵克雅宝（Van Cleef & Arpels）
估　价：HKD 2,000,000～2,800,000
成交价：RMB 3,912,720
香港苏富比 2015.10.7

29 蓝宝石珠子项链
成交价：RMB 62,080
纽约佳士得 2015.6.16

145 蓝宝石钻石项链
估　价：GBT 15,000～20,000
成交价：RMB 230,983
链长41.5cm 伦敦苏富比 2015.3.18

8 蓝宝石镶钻石项链
成交价：RMB 380,171
项链长40cm 日内瓦苏富比 2015.11.11

169 蓝宝石钻石项链
成交价：RMB 1,971,519
链长40.5cm 日内瓦佳士得 2015.5.13

52 绿宝石及天然珍珠项链
成交价：RMB 70,689
伦敦佳士得 2015.1.21

1939 缅甸及泰国红宝石项链、手炼及耳坠套装
估　价：HKD 4,800,000~6,500,000
成交价：RMB 4,838,040
尺寸不一 佳士得 2015.6.2

237 两股STRAND天然珍珠钻石项链
成交价：RMB 2,294,503
长48.5cm 日内瓦佳士得 2015.5.13

278 绿宝石蓝宝石及钻石项链 JAHAN
成交价：RMB 9,319,305
长42.2cm 日内瓦佳士得 2015.5.13

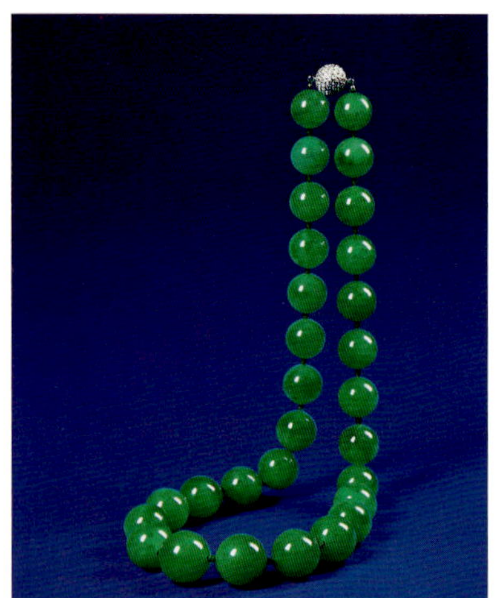

13734 硕大的天然满绿翡翠珠链
估　价：RMB 6,000,000～8,000,000
成交价：RMB 7,992,500
链长52cm 北京保利 2015.6.6

3247 缅甸天然翡翠配红宝石及钻石挂坠颈链
估　价：HKD 160,000～240,000
成交价：RMB 145,494
链长63.5cm 保利香港 2015.10.6

1982 缅甸天然紫罗兰翡翠蛋面、榄尖形翡翠蛋面、钻石及黄钻吊坠项链
估　价：HKD 60,000～80,000
成交价：RMB 110,138
链长45.5cm 佳士得 2015.6.2

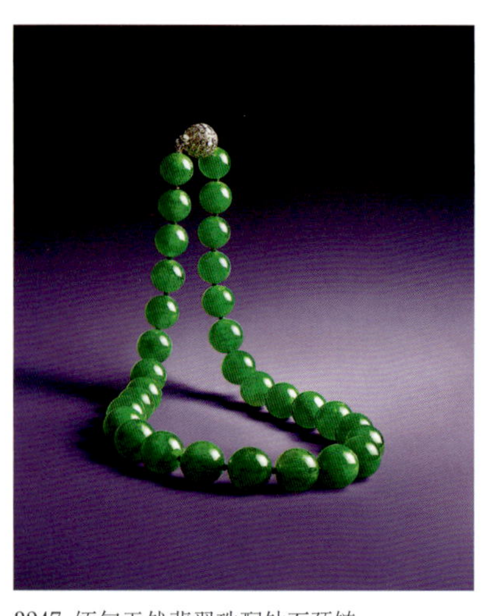

3247 缅甸天然翡翠珠配钻石颈链
成交价：RMB 33,329,100
链长52cm 保利香港 2015.4.7

2092 缅甸天然翡翠珠及钻石项链
估　价：HKD 5,500,000～8,500,000
成交价：RMB 13,488,840
链长45.5cm 佳士得 2015.6.2

293 双色黄金孔雀石青金石钻石项链手镯戒指 绰美
估　价：USD 25,000～35,000
成交价：RMB 239,820
纽约苏富比 2015.9.24

159 双流天然珍珠钻石项链
成交价：RMB 5,282,058
长43.6cm 日内瓦佳士得 2015.5.13

69 三股天然珍珠养殖珍珠及钻石项链
成交价：RMB 14,567,715
日内瓦佳士得 2015.5.13

1998 缅甸天然红宝石及泰国红宝石及钻石项链
估　价：HKD 4,000,000～6,000,000
成交价：RMB 11,566,440
链长40.3cm 佳士得 2015.6.2

38 珊瑚和紫水晶项链 卡地亚1970年
成交价：RMB 501,720
巴黎佳士得 2015.6.1

1682 红宝石配钻石项链
来源：11颗梨形红宝石共重38.22卡拉
估　价：HKD 3,000,000～4,000,000
成交价：RMB 2,827,680
香港苏富比 2015.10.7

1832 天然海螺珠配钻石长项链
估　价：HKD 650,000～750,000
成交价：RMB 655,688
链长92.5cm 香港苏富比 2015.4.6

151 塔糖形天然哥伦比亚祖母绿配钻石项链；及耳环套装
估　价：HKD 680,000～980,000
成交价：RMB 642,722
链长41.9cm 天成国际 2015.6.14

1891 缅甸天然翡翠珠项链
估 价：HKD 800,000～1,200,000
成交价：RMB 4,838,040
链长48.0cm 佳士得 2015.6.2

1700 蓝宝石配钻石项链
估 价：HKD 2,600,000～3,200,000
成交价：RMB 2,388,720
长40cm 香港苏富比 2015.4.6

230 红宝石钻石项链
成交价：RMB 5,245,760
纽约佳士得 2015.6.16

237 天然冰种翡翠配蓝宝石及钻石吊坠项链，耳环及戒指套装
估　价：HKD 200,000～300,000
成交价：RMB 203,444
天成国际 2015.12.6

256 天然冰种翡翠配蓝宝石及钻石项链，吊耳环及戒指套装，Alessio Boschi设计
估　价：HKD 2,600,000～3,600,000
成交价：RMB 2,457,468
尺寸不一 天成国际 2015.6.14

1631 天然翡翠配钻石福气平安吊坠项链
估　价：HKD 80,000～100,000
成交价：RMB 191,663
链长62cm 香港苏富比 2015.4.6

56 天然冰种翡翠配黄色刚玉，黄色钻石及钻石项链，戒指及吊耳环套装，Alessio Boschi设计
估　价：HKD 8,500,000～10,000,000
成交价：RMB 7,088,850
尺寸不一 天成国际 2015.6.14

76 坦桑石配钻石项链；及坦桑石配蓝宝石及钻石吊耳环套装（两条）
估　价：HKD 200,000～300,000
成交价：RMB 189,036
尺寸不一 天成国际 2015.6.14

1664 天然翡翠平安扣配钻石吊坠项链
估　价：HKD 250,000～320,000
成交价：RMB 242,100
链长41cm 香港苏富比 2015.4.6

13981 天然满绿翡翠珠链
估　价：RMB 1,000,000～1,600,000
成交价：RMB 1,150,000
北京保利 2015.6.6

17052 天然满绿翡翠配钻石项链
估　价：RMB 2,300,000～3,300,000
成交价：RMB 2,645,000
项链长40.5cm 北京保利 2015.12.7

3193 天然海螺珠，珍珠配钻石项链
估　价：HKD 1,200,000～1,600,000
成交价：RMB 1,237,938
链长48cm 保利香港 2015.4.7

13823 天然石榴石、碧玺及钻石项链 宝格丽BVLGARI 约1980年制
估　价：RMB 750,000~950,000
成交价：RMB 862,500
链长41cm 北京保利 2015.6.6

2010 天然珍珠、祖母绿及钻石项链
估　价：HKD 400,000~600,000
成交价：RMB 1,569,960
链长44.5cm 佳士得 2015.6.2

1881 天然珍珠及钻石项链
估　价：HKD 480,000~650,000
成交价：RMB 4,261,320
链长56cm 佳士得 2015.6.2

13988 天然冰种满绿翡翠及钻石项链、耳环套装
估　价：RMB 6,000,000~9,000,000
成交价：RMB 6,210,000
尺寸不一 北京保利 2015.6.6

1953 天然珍珠及钻石项链Etcetera为Paspaley设计
来源：天然珍珠项链，配以约1.55至1.00克拉榄尖形D.G.VS1.VS2钻石，附SSEF及GIA证书，配以钻石，镶金，珍珠尺寸4.6.4.7×3.95至13.35.13.45×9.85毫米。
估　价：HKD 3,200,000~5,000,000
成交价：RMB 5,747,000
项链长46.0cm 佳士得 2015.12.1

260 天然珍珠配缟玛瑙及钻石长项链
成交价：RMB 950,427
日内瓦苏富比 2015.11.11

1816 天然翡翠配钻石项链
估　价：HKD 2,000,000~2,400,000
成交价：RMB 2,001,360
链长43.5cm 香港苏富比 2015.4.6

409 天然珍珠配红宝石及钻石项链
成交价：RMB 3,865,068
链长40.5cm 日内瓦苏富比 2015.11.11

389 天然珍珠配祖母绿及钻石项链
成交价：RMB 2,420,420
链长45cm 日内瓦苏富比 2015.11.11

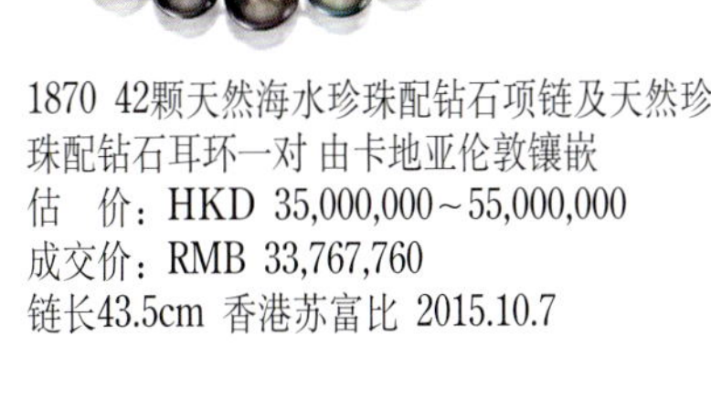

1870 42颗天然海水珍珠配钻石项链及天然珍珠配钻石耳环一对 由卡地亚伦敦镶嵌
估　价：HKD 35,000,000～55,000,000
成交价：RMB 33,767,760
链长43.5cm 香港苏富比 2015.10.7

503 天然珍珠配钻石项链 尚美（Chaumet）
成交价：RMB 10,708,140
长42.5cm 日内瓦苏富比 2015.11.11

189 天然珍珠养殖珍珠及钻石项链
成交价：RMB 630,819
长42cm 日内瓦佳士得 2015.5.13

1737 夏壸子爵夫人钻石项链（由1887年法国皇室珠宝拍卖所出售的28颗石组成，年份约1900）
来源：由法国皇室珠宝梳子上的两串钻石流苏改镶以成；28颗圆形老矿式切割钻石共重约65.00卡拉；K金镀银镶嵌，长度约410及480毫米。来源：法国皇室珠宝；朱尼厄斯·摩根（Junius S. Morgan）；夏壸子爵夫人（The Dowager Viscountess Harcourt）；纽约苏富比1995年10月25日《私人珍藏瑰丽珠宝》拍品编号98。
估　价：HKD 10,000,000～15,000,000
成交价：RMB 9,929,760
链长48cm 香港苏富比 2015.10.7

2034 天然祖母绿配钻石项链
估　价：RMB 1,500,000～1,800,000
成交价：RMB 1,725,000
华艺国际 2015.5.24

216 养殖珍珠蓝宝石红宝石钻石项链
估　价：GBT 3,000~5,000
成交价：RMB 103,942
伦敦苏富比 2015.3.18

259 有色宝石钻石项链耳坠 阿斯普雷
估　价：GBT 10,000~15,000
成交价：RMB 346,474
链长44cm 伦敦苏富比 2015.3.18

229 养殖珍珠配祖母绿及钻石吊坠项链；及吊耳环套装
估　价：HKD 90,000~130,000
成交价：RMB 85,066
尺寸不一 天成国际 2015.6.14

2064 有色钻石及钻石项链Bulgari设计
估　价：HKD 4,200,000~6,000,000
成交价：RMB 4,564,760
项链长34.0cm 佳士得 2015.12.1

218 养殖珍珠钻石项链耳坠（一对）
估　价：GBT 10,000~12,000
成交价：RMB 115,491
链长39cm 伦敦苏富比 2015.3.18

2112 约7.02至1.10克拉椭圆形及枕形缅甸天然鸽血红红宝石及5.14至1.00克拉梨形D-G.IF-SI1钻石项链
估　价：HKD 56,000,000~88,000,000
成交价：RMB 80,388,360
链长43.9cm 佳士得 2015.6.2

213 珍罕双串天然翡翠配钻石项链
估　价：HKD 16,000,000～20,000,000
成交价：RMB 14,531,700
项链长度68.4cm及63.7cm 天成国际 2015.12.6

17079 主石为9.43克拉天然浓彩黄色无瑕（IF）钻石配钻石项链 梵克雅宝 Van Cleef & Arpels
估　价：RMB 1,600,000～2,200,000
成交价：RMB 2,702,500
北京保利 2015.12.7

1871 棕色钻石配钻石项链 卡地亚（Cartier）
估　价：HKD 800,000～1,000,000
成交价：RMB 786,825
链长43cm 香港苏富比 2015.4.6

203 珍罕天然翡翠配钻石项链
估　价：HKD 10,000,000～15,000,000
成交价：RMB 7,561,440
链长63cm 天成国际 2015.6.14

128 珍罕天然翡翠配钻石项链，戒指及耳环套装
估　价：HKD 25,000,000～30,000,000
成交价：RMB 23,629,500
链长44cm 天成国际 2015.6.14

348 祖母绿及天然珍珠配钻石项链, Alexandre Reza
成交价：RMB 990,028
链长37.5cm 日内瓦苏富比 2015.11.11

276 祖母绿配钻石项链
成交价：RMB 2,306,369
链长41.5cm 日内瓦苏富比 2015.11.11

512 祖母绿配钻石项链，海瑞温斯顿（Harry Winston）
成交价：RMB 24,292,904
日内瓦苏富比 2015.11.11

448 祖母绿配钻石项链 卡地亚（Cartier）
成交价：RMB 792,022
长36cm 日内瓦苏富比 2015.11.11

378 祖母绿钻石项链耳坠（一对） 宝格丽
成交价：RMB 5,494,689
伦敦佳士得 2015.6.3

271 祖母绿配钻石项链 尚美（Chaumet）
成交价：RMB 142,564
链长58cm 日内瓦苏富比 2015.11.11

1980 钻石吊坠项链Tiffany & Co.设计
估 价：HKD 300,000～500,000
成交价：RMB 389,975
项链长37.0cm 佳士得 2015.12.1

281 钻石项链
成交价：RMB 1,083,326
长36.6cm 日内瓦佳士得 2015.5.13

1768 钻石项链 宝格丽（Bulgari）
来源：中心梨形钻石重7.04卡拉，D色内部无瑕（IF）净度，Type IIA类型，极优打磨；方形、圆形及其他梨形钻石共重约52.50卡拉
估 价：HKD 8,000,000~9,500,000
成交价：RMB 10,523,280
香港苏富比 2015.4.6

41 钻石项链
成交价：RMB 205,926
链长37cm 日内瓦苏富比 2015.11.11

10 钻石项链耳夹首饰套装 卡地亚（Cartier）
成交价：RMB 269,288
日内瓦苏富比 2015.11.11

231 钻石项链 宝格丽
成交价：RMB 1,325,564
长44cm 日内瓦佳士得 2015.5.13

161 钻石项链耳坠 梵克雅宝
成交价：RMB 962,378
日内瓦佳士得 2015.5.13

301 钻石项链耳坠（一对） 宝格丽1955年
成交价：RMB 799,040
链长36.5cm，坠长2.9cm 日内瓦佳士得 2015.5.13

34 18K白金月光石和钻石礼服衣扣套装
估　价：USD 10,000～15,000
成交价：RMB 170,233
长17.78cm 纽约苏富比 2015.4.21

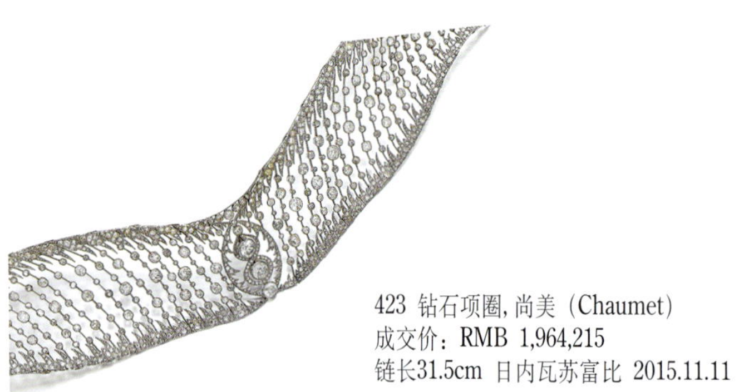

423 钻石项圈，尚美（Chaumet）
成交价：RMB 1,964,215
链长31.5cm 日内瓦苏富比 2015.11.11

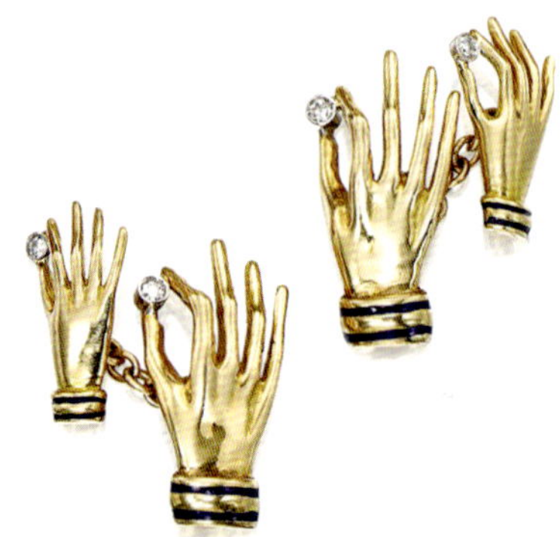

205 18K黄金钻石和珐琅袖扣（一对）保罗
估　价：USD 5,000～8,000
成交价：RMB 73,479
纽约苏富比 2015.4.21

## 袖 扣

19 18K铂金钻石和珐琅袖扣手镯 大卫·韦伯
估　价：USD 10,000～15,000
成交价：RMB 123,806
纽约苏富比 2015.4.21

22 18K黄金白金和钻石袖扣手镯，大卫·韦伯
估　价：USD 20,000～30,000
成交价：RMB 147,020
纽约苏富比 2015.4.21

50 18K金翡翠绿宝石和钻石袖扣手镯 Demner
估　价：USD 10,000～15,000
成交价：RMB 154,758
纽约苏富比 2015.4.21

64 白金蓝宝石和钻石袖扣（一对） 卡地亚
估　价：USD 6,000～8,000
成交价：RMB 123,806
纽约苏富比 2015.4.21

54 20世纪初海蓝宝石钻石扣
估　价：GBT 3,000～5,000
成交价：RMB 75,531
伦敦苏富比 2015.3.18

138 18K双色黄金钻石袖扣手链 Buccellati
估　价：USD 80,000～100,000
成交价：RMB 619,030
纽约苏富比 2015.4.21

2001 红宝石、祖母绿及钻石钮扣（七枚）
估　价：HKD 80,000～120,000
成交价：RMB 95,119
宽1.9cm 佳士得 2015.6.2

39 白金蓝宝石与钻石礼服衣扣套装
估　价：USD 10,000～15,000
成交价：RMB 131,544
纽约苏富比 2015.4.21

67 黄金铂金青金石和钻石礼服衣扣套装 卡地亚
估　价：USD 7,500～10,000
成交价：RMB 154,758
纽约苏富比 2015.4.21

254 亚历山大变色石7.30克拉配钻石1.35克拉袖扣（一对）
估　价：HKD 120,000～180,000
成交价：RMB 116,254
天成国际 2015.12.6

1617 天然翡翠怀古配钻石袖扣（一对）
估　价：HKD 280,000～350,000
成交价：RMB 287,700
香港苏富比 2015.10.7

243 天然珍珠养殖珍珠钻石袖扣
估　价：GBT 2,000～3,000
成交价：RMB 51,971
伦敦苏富比 2015.3.18

241 釉质蓝宝石礼服袖扣一套 大卫·韦伯 1980年
估　价：GBT 3,000～4,000
成交价：RMB 34,647
伦敦苏富比 2015.3.18

239 钻石袖扣（一对） Verdura
估　价：GBT 2,500～3,500
成交价：RMB 63,520
伦敦苏富比 2015.3.18

## 裸 石

319 10.37克拉黄色钻石
估　价：USD 125,000～175,000
成交价：RMB 1,470,196
纽约苏富比 2015.4.21

13752 6.06克拉天然足色全美（FL）TYPE IIa钻石
估　价：RMB 4,700,000～5,800,000
成交价：RMB 5,347,500
长1.6cm 北京保利 2015.6.6

221 47.17克拉蓝宝石裸石
成交价：RMB 2,375,242
日内瓦佳士得 2015.5.13

17169 7.50克拉天然圆形明亮式足色无瑕（D.IF）钻石 极优打磨、切割及比例钻石
估 价：RMB 5,800,000～6,800,000
成交价：RMB 6,670,000
北京保利 2015.12.7

253 裸钻
成交价：RMB 1,029,629
日内瓦苏富比 2015.11.11

307 未镶嵌蓝宝石
估 价：USD 45,000～65,000
成交价：RMB 1,160,681
纽约苏富比 2015.4.21

13955 精美的18.03克拉天然粉红色海螺珠
估 价：RMB 240,000～360,000
成交价：RMB 391,000
长1.58cm 北京保利 2015.6.6

14004 稀有的5.78克拉天然彩棕橘粉色VS2净度钻石
估 价：RMB 4,200,000～5,600,000
成交价：RMB 4,830,000
长1.15cm 北京保利 2015.6.6

112 未镶嵌红宝石一百五十颗
成交价：RMB 633,618
日内瓦苏富比 2015.11.11

323 55.52克拉D色澄澈无瑕裸钻
成交价：RMB 56,878,020
日内瓦佳士得 2015.5.13

58 未镶嵌蛋白石
成交价：RMB 752,421
日内瓦苏富比 2011.11.11

## 带 钩

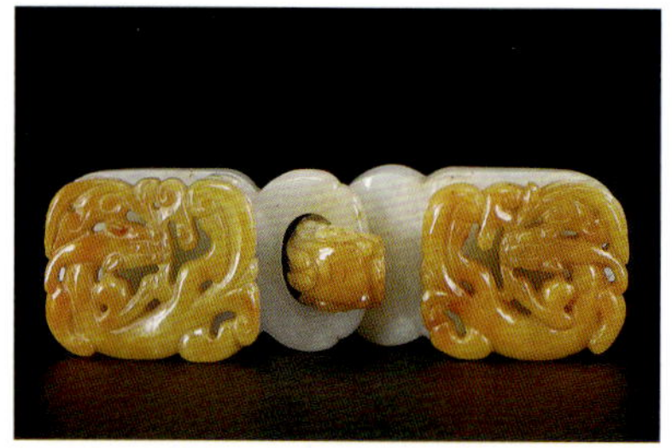

814 清 白带黄翠玉镂雕螭龙纹带钩
估　价：USD 3,000～5,000
成交价：RMB 32,870
长10.2cm 纽约苏富比 2015.3.21

5164 清 翡翠凤首带钩
估　价：RMB 20,000～30,000
成交价：RMB 74,750
中国嘉德 2015.4.2

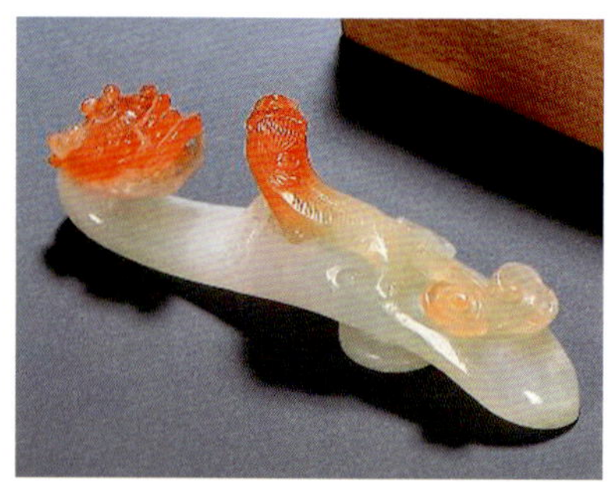

9611 清 翡翠带钩
估　价：RMB 40,000～60,000
成交价：RMB 80,500
北京保利 2015.12.9

2082 冰种龙钩手把件
估　价：HKD 600,000
成交价：RMB 541,860
卓艺拍卖 2015.11.21

## 其他佩玩件

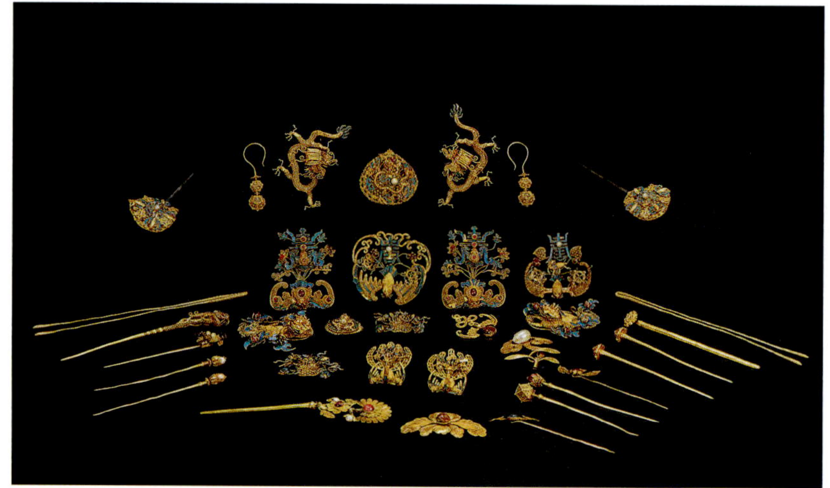

1260 明.清 百宝嵌头面首饰（三十五件）
估　价：RMB 450,000～900,000
成交价：RMB 517,500
尺寸不一 中国嘉德 2015.5.19

1250 清乾隆 翡翠翎管及一等侯三眼花翎
成交价：RMB 35,840
长36cm 中鸿信 2015.7.29

259 18K金钻石顶环
估　价：USD 10,000～15,000
成交价：RMB 170,233
纽约苏富比 2015.4.21

639 清乾隆 纯金累丝斋戒香囊
估　价：RMB 80,000
成交价：RMB 138,000
长9.5cm 太平洋 2015.11.21

2112 清 翡翠双獾
估　价：RMB 5,000
成交价：RMB 10,925
北京翰海 2015.3.15

9561 20世纪 翡翠佩饰
估　价：RMB 60,000～80,000
成交价：RMB 166,750
长3.1cm 北京保利 2015.6.8

5033 清 银质鎏金累丝点翠钿子（一套）
估　价：RMB 250,000～500,000
成交价：RMB 517,500
高20cm；总重460g 中国嘉德 2015.11.17

498 珍珠配钻石皇冠 卡地亚（Cartier）
成交价：RMB 5,081,614
日内瓦苏富比 2015.11.11

70 白金蓝宝石与钻石领带夹 蒂芙尼
估　价：USD 25,000～35,000
成交价：RMB 224,398
纽约苏富比 2015.4.21

13716 天然紫罗兰翡翠怀古手把件
成交价：RMB 112,700
长5.8cm 北京保利 2015.6.6

## 陈设件

2937 清 翡翠雕瑞兽摆件
估　价：RMB 200,000～300,000
成交价：RMB 253,000
长6.2cm 北京匡时 2015.6.7

6444 清中期 翡翠观音立像
估　价：RMB 1,300,000～2,300,000
成交价：RMB 1,495,000
高25cm 北京保利 2015.6.6

260 翠玉仕女立像
估　价：HKD 100,000～150,000
成交价：RMB 302,625
高19.4cm 佳士得 2015.4.6

1988 缅甸天然翡翠摆件年年有余、连生贵子
估　价：HKD 180,000～280,000
成交价：RMB 849,060
宽14.4cm 佳士得 2015.6.2

1989 缅甸天然翡翠摆件三羊开泰
估　价：HKD 300,000～500,000
成交价：RMB 300,375
高13.5cm 佳士得 2015.6.2

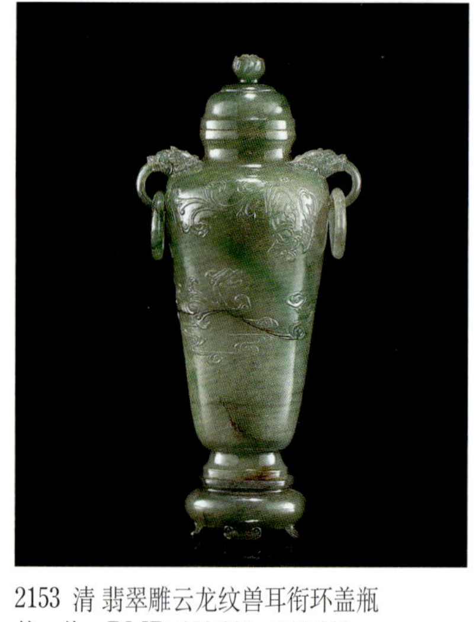

2153 清 翡翠雕云龙纹兽耳衔环盖瓶
估　价：RMB 150,000～180,000
成交价：RMB 172,500
高18.3cm 北京翰海 2015.11.28

4049 天然冰种翡翠水月观音摆件
成交价：RMB 1,092,500
高10.6cm 中古陶 2015.5.31

276 清末期 满绿翡翠白菜摆件
成交价：RMB 10,580,000
长12cm 广州皇玛 2015.7.25

1990 缅甸天然紫罗兰翡翠摆件年年有余
成交价：RMB 1,089,360
高12.8cm 佳士得 2015.6.2

1132 清 翡翠雕麻姑献寿摆件
估　价：RMB 500,000～800,000
成交价：RMB 1,725,000
翡翠20cm×5cm×14cm 东方大观 2015.11.17

3136 王小哲 红木镶翡翠如意
估　价：RMB 200,000～300,000
成交价：RMB 230,000
长41.5cm 中国嘉德 2015.11.16

1689 天然翡翠雕十八罗汉摆件
估　价：HKD 300,000～400,000
成交价：RMB 554,813
尺寸不一 香港苏富比 2015.4.6

1803 天然翡翠观音及金童玉女摆件
估　价：HKD 50,000～80,000
成交价：RMB 201,750
高11.2cm 香港苏富比 2015.4.6

47 天然双色翡翠观音摆件
估　价：HKD 180,000～280,000
成交价：RMB 174,380
翡翠25cm×14.2cm×6.22cm；16.3cm×10.2cm×2.8cm
天成国际 2015.12.6

3137 王小哲 翡翠幽兰摆件
估　价：RMB 350,000～480,000
成交价：RMB 402,500
高18.5cm 中国嘉德 2015.11.16

395 紫罗兰翡翠多子多福摆件
估 价：RMB 16,000,000
成交价：RMB 45,360,000
长18cm 皇家国际 2015.1.19

272 翡翠蓝宝石和珐琅香水瓶 卡地亚
成交价：RMB 287,550
伦敦佳士得 2015.7.8

## 生活用品

64 天然三色翡翠十二生肖摆件
估 价：HKD 350,000~550,000
成交价：RMB 359,168
尺寸不一 天成国际 2015.6.14

80 清 翠玉雕兽面纹提梁方瓶
估 价：RMB 651,700~855,400
成交价：RMB 740,700
高24cm 景熏楼 2015.6.21

225 蓝宝石祖母绿及钻石台式钟 宝格丽
成交价：RMB 588,764
日内瓦佳士得 2015.5.13

1134 清 翡翠雕香炉
估 价：RMB 650,000~850,000
成交价：RMB 920,000
口径11.4cm 东正南京 2015.7.2

2957 清 翡翠雕兽面纹鸠耳活环三足炉
估　价：RMB 300,000～500,000
成交价：RMB 345,000
高20cm 中国嘉德 2015.5.16

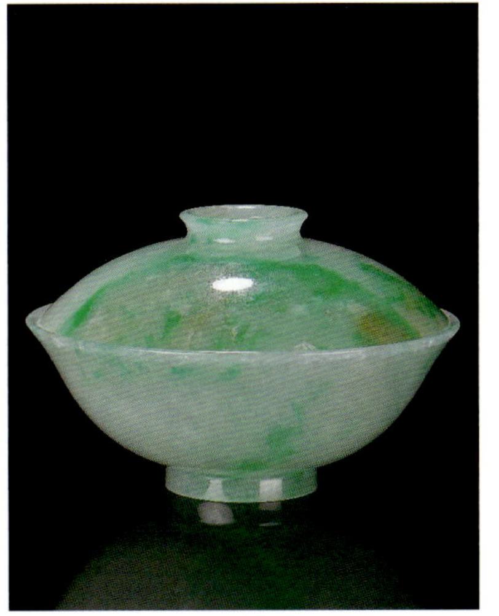

6443 清乾隆 御制翡翠盖碗
估　价：RMB 1,000,000～1,500,000
成交价：RMB 1,495,000
直径11.5cm 北京保利 2015.6.6

6455 清乾隆 翡翠瑞兽钮“御赏”印
估　价：RMB 500,000～800,000
成交价：RMB 690,000
宽4.8cm 北京保利 2015.6.6

3663 清19世纪 翠玉浮雕螭龙活环耳盖瓶
估　价：HKD 600,000～800,000
成交价：RMB 1,710,840
高23.3cm 香港苏富比 2015.4.7

## 文房用品

7474 清中期 翡翠如意洗
成交价：RMB 3,450,000
宽15.5cm 北京保利 2015.12.8

2935 清 翡翠雕草虫纹笔舔
估　价：RMB 200,000～300,000
成交价：RMB 437,000
宽9.7cm 北京匡时 2015.6.7

2958 清 翡翠雕龙纹洗
估　价：RMB 550,000～780,000
成交价：RMB 1,127,000
长25cm 中国嘉德 2015.5.16

1310 清 翡翠狮钮福寿对章
估　价：RMB 220,000～250,000
成交价：RMB 253,000
高8cm 直径5.5cm 中鸿信 2015.7.29

1916 翡翠印章
估　价：HKD 380,000～580,000
成交价：RMB 359,188
6.42cm×2.10cm×1.69cm 佳士得 2015.12.1

328 18世纪.19世纪 翠玉浮雕螭凤纹海棠式洗
估　价：HKD 400,000～600,000
成交价：RMB 500,625
高23.3cm 香港苏富比 2015.6.1

255 民国 翠玉花口双耳活环洗
估　价：HKD 100,000～150,000
成交价：RMB 282,450
宽25.5cm 佳士得 2015.4.6

# 2015珠宝翡翠拍卖成交汇总

**(成交价RMB：1万元以上)**

| 拍品名称 | 物品尺寸 | 成交价RMB | 拍卖公司 | 拍卖日期 |
|---|---|---|---|---|
| **佩玩件** | | | | |
| 佩 | | | | |
| 清中期 翡翠花鸟纹佩 | 长5.5cm | 57,500 | 华艺国际 | 2015.05.24 |
| 清中期 翡翠福寿佩 | 长4cm | 57,500 | 华艺国际 | 2015.05.24 |
| 清中期 粉碧玺龙纹佩 | | 138,000 | 北京翰海 | 2015.11.28 |
| 清 19世纪 翠玉雕连年有余洗形佩 | 直径5.5cm | 110,138 | 佳士得 | 2015.06.03 |
| 清 翡翠玉佩（三件） | | 10,838 | 万昌斯 | 2015.06.01 |
| 清 翡翠年年有余佩 | | 20,417 | 香港淳浩 | 2015.04.04 |
| 清 翡翠镂空圆佩（两件） | | 27,586 | 万昌斯 | 2015.06.01 |
| 清 翡翠和合二仙佩 | | 17,250 | 深圳市拍 | 2015.07.19 |
| 清 翡翠瓜迭绵绵佩 | | 25,985 | 香港淳浩 | 2015.04.04 |
| 清 翡翠雕福寿佩 | 高6.8cm | 80,500 | 西泠拍卖 | 2015.04.23 |
| 清 翡翠喜字珮 | | 11,500 | 北京匡时 | 2015.12.05 |
| 清 翠雕英雄纹佩 | 长6cm | 201,600 | 天津文物 | 2015.05.22 |
| 清 碧玺双獾佩 | | 14,849 | 香港淳浩 | 2015.04.04 |
| 清 碧玺雕福禄封侯佩 | 长5.2cm | 43,700 | 苏州东方 | 2015.07.02 |
| 清晚期 翠玉雕螭龙纹璧形佩 | 直径5.6cm | 750,938 | 佳士得 | 2015.06.03 |
| 民国 翡翠观音佩 | | 11,500 | 广州皇玛 | 2015.01.17 |
| 白鹅串莲翡翠佩 | | 47,265 | 香港龙玺 | 2015.09.19 |
| 翡翠佩（两件） | | 16,705 | 香港淳浩 | 2015.04.04 |
| 翡翠和合二仙、福寿万代佩(各一件) | | 46,058 | 香港淳浩 | 2015.07.30 |
| 翡翠雕连生贵子佩 | 高7cm | 881,100 | AA中国艺海 | 2015.07.11 |
| 春带彩翡翠布袋佛佩 | | 69,440 | 北京荣宝 | 2015.06.21 |
| 唐建波 翠青雕龙凤佩 | 直径8.7cm | 324,800 | 上海联合 | 2015.05.24 |
| 牌 | | | | |
| 清 翠玉锁牌 | | 11,500 | 广州皇玛 | 2015.01.17 |
| 清 翡翠牌饰（两件） | 长12cm；长10cm | 69,000 | 远方拍卖 | 2015.07.01 |
| 清晚期 权充钦使大臣维新恩赠金质腰牌 | 长8.98cm | 172,500 | 中国嘉德 | 2015.05.19 |
| 民国 翡翠松鹤延年牌 | | 63,250 | 广州皇玛 | 2015.01.17 |
| 翡翠雕龙凤纹对牌 | | 172,800 | 景熏楼 | 2015.06.21 |
| 翡翠观音牌 | | 10,350 | 中国嘉德 | 2015.09.20 |
| 翡翠观音菩萨圆牌 | | 28,000 | 上海联合 | 2015.05.24 |
| 翡翠弥勒挂牌 | 长5cm | 100,800 | 上海联合 | 2015.05.24 |
| 翡翠貔貅大圆牌 | | 61,600 | 北京荣宝 | 2015.03.29 |
| 翡翠指日高升图牌 | | 34,500 | 中国嘉德 | 2015.04.02 |
| 翡翠平安无事牌 | | 13,440 | 上海联合 | 2015.11.01 |
| 紫罗兰平安牌吊坠 | | 36,800 | 北京匡时 | 2015.12.04 |
| 庞然 荷花翠鸟图 墨玉牌 | 长10.4cm | 86,250 | 西泠拍卖 | 2015.04.18 |
| 天然翡翠龙虎牌挂件 | | 23,000 | 福建东南 | 2015.05.24 |
| 天然翡翠平安挂牌 | | 40,250 | 福建东南 | 2015.05.24 |
| 天然翡翠岁寒三友牌 | 长4.8cm | 747,500 | 华艺国际 | 2015.05.24 |
| 天然翡翠镶嵌平安挂牌 | | 55,200 | 福建东南 | 2015.05.24 |
| 天然红翡龙虎牌挂件 | | 26,450 | 福建东南 | 2015.05.24 |
| 挂件 | | | | |
| 清 翡翠三脚金蟾挂件 | | 10,386 | 诚昌国际 | 2015.12.02 |
| 清 碧玺事事如意挂饰 | 高4.8cm | 253,000 | 古天一 | 2015.06.06 |
| 清 琥珀雕葡萄挂件 | 高6.4cm | 16,950 | 中鸿信 | 2015.07.29 |
| 18K金绿宝石老坑冰种紫罗兰挂件 | | 103,500 | 深圳市拍 | 2015.07.19 |
| 18k金镶钻翡翠观音挂件 | | 17,250 | 深圳市拍 | 2015.07.19 |
| 18k金镶钻翡翠观音挂件 | | 11,500 | 深圳市拍 | 2015.07.19 |
| 白金嵌紫晶挂件 | | 23,000 | 太平洋 | 2015.07.18 |
| 白金镶钻玻璃种满绿翡翠观音挂件 | 高4.7cm | 494,500 | 中鸿信 | 2015.07.29 |
| 白金镶钻玻璃种满绿翡翠弥勒佛挂件一套 | 高2cm 高1.7cm | 103,500 | 中鸿信 | 2015.07.29 |
| 白金镶钻金丝玻璃种金猴献寿挂件 | 高4.2cm | 66,700 | 中鸿信 | 2015.07.29 |
| 冰种翡翠如意挂件 | | 22,400 | 北京荣宝 | 2015.06.21 |
| 铂金镶钻翠玉挂件 | 3.5cm×2.2cm | 220,275 | AA中国艺海 | 2015.06.20 |
| 翡翠雕独占鳌头挂件 | 284.4g | 28,000 | 山东图腾 | 2015.05.24 |
| 翡翠雕弥勒挂件 | | 33,600 | 上海联合 | 2015.11.01 |
| 翡翠雕平安挂件 | | 31,360 | 上海联合 | 2015.11.01 |
| 翡翠豆荚挂件 | 高4.9cm | 56,000 | 上海联合 | 2015.05.24 |
| 翡翠福豆挂件 | | 20,160 | 上海联合 | 2015.05.24 |
| 翡翠观音挂件 | 高6.14cm | 138,000 | 上海敬华 | 2015.04.26 |
| 翡翠观音挂件 | | 42,560 | 上海联合 | 2015.11.01 |
| 翡翠观音菩萨挂件 | | 56,000 | 上海联合 | 2015.05.24 |
| 翡翠葫芦挂件 | | 28,000 | 上海联合 | 2015.05.24 |
| 翡翠莲花如意挂件 | | 16,800 | 上海联合 | 2015.05.24 |
| 翡翠灵猴献寿挂件 | | 161,000 | 北京匡时 | 2015.12.04 |
| 翡翠弥勒挂件 | | 42,560 | 上海联合 | 2015.05.24 |
| 翡翠弥勒挂件 | | 25,760 | 上海联合 | 2015.05.24 |
| 翡翠平安扣挂件 | | 44,800 | 上海联合 | 2015.11.01 |
| 翡翠如意挂件 | | 29,120 | 上海联合 | 2015.05.24 |
| 翡翠如意挂件 | | 22,400 | 上海联合 | 2015.05.24 |
| 翡翠阳绿松鼠如意挂件 | 高3.5cm | 57,500 | 中鸿信 | 2015.07.29 |
| 翡翠竹节挂件 | | 33,600 | 上海联合 | 2015.05.24 |
| 翡翠钻石和玛瑙挂件JANESICH 1925年 | | 1,558,592 | 纽约佳士得 | 2015.10.20 |
| 高冰种满色翡翠一鸣惊人挂件 | 高6.13cm | 29,900,000 | 中古陶 | 2015.05.31 |
| 郭万龙 喜事连连 翡翠挂件 | | 34,500 | 西泠拍卖 | 2015.07.04 |
| 郭万龙 喜云 翡翠挂件 | | 28,750 | 西泠拍卖 | 2015.07.04 |
| 和田玉翠青连年有余挂件 | 重量38.2g | 79,350 | 尚品润博 | 2015.01.11 |
| 南红玛瑙翡翠挂件 | | 499,181 | 澳门中信 | 2015.11.08 |
| 南洋海珠祖母绿挂件 | | 23,000 | 江苏爱涛 | 2015.01.11 |
| 天然翡翠凤鸟挂件（胸针） | | 362,250 | 中古陶 | 2015.05.31 |
| 天然翡翠观音挂件 | 高7.5cm | 1,380,000 | 华艺国际 | 2015.05.24 |
| 天然翡翠辣椒挂件 | 高7.1cm | 402,500 | 华艺国际 | 2015.05.24 |
| 天然翡翠弥勒佛挂件 | 宽4.27cm | 575,000 | 华艺国际 | 2015.05.24 |
| 天然翡翠弥勒佛挂件 | 宽3.5cm | 115,000 | 华艺国际 | 2015.05.24 |
| 天然翡翠年年有余挂件 | 高5.1cm | 437,000 | 华艺国际 | 2015.05.24 |
| 天然翡翠事事如意挂件 | | 36,800 | 福建东南 | 2015.05.24 |
| 天然高冰翡翠观音挂件 | 高6.2cm | 253,000 | 福建东南 | 2015.05.24 |
| 天然满绿翡翠观音方牌挂件 | 高6.46cm | 2,817,500 | 北京保利 | 2015.06.06 |
| 现代 春带彩梅花数喜翡翠牌挂件 | | 18,400 | 北京隆琛 | 2015.11.22 |
| 吊坠 | | | | |
| 1.01克拉椭圆形天然缅甸无经加热处理红宝石配钻石吊坠项链及1.47克拉梨形天然缅甸无经加热处理鸽血红红宝石配钻石戒指 | | 65,877 | 天成国际 | 2015.12.06 |
| 1.28克拉心形I色SI1净度钻石吊坠项链 | | 29,063 | 天成国际 | 2015.12.06 |
| 10.18克拉天然红碧玺配钻石吊坠及4.80克拉天然红碧玺配钻石戒指套装 | | 17,250 | 北京保利 | 2015.12.07 |
| 10.27克拉心形天然彩棕绿黄色SI1净度钻石吊坠项链 | | 610,331 | 天成国际 | 2015.12.06 |
| 102.44克拉红碧玺配钻石吊坠 | 长5.9cm | 38,798 | 保利香港 | 2015.10.06 |
| 106克拉天然艳红色碧玺及钻石吊坠 | 长3.17cm | 207,000 | 北京保利 | 2015.06.06 |
| 11.29克拉天然橄榄石及珐琅吊坠 | | 20,700 | 北京保利 | 2015.06.06 |
| 113.12克拉椭圆形天然哥伦比亚祖母绿配钻石吊坠项链 | | 1,417,770 | 天成国际 | 2015.06.14 |
| 13.70克拉哥伦比亚祖母绿配钻石吊坠 | | 431,550 | 香港苏富比 | 2015.10.07 |

*查看图片请参照凡例4方法

**2015珠宝翡翠拍卖成交汇总**

**(成交价RMB：1万元以上)**

| 拍品名称 | 物品尺寸 | 成交价RMB | 拍卖公司 | 拍卖日期 |
|---|---|---|---|---|
| 13.78 克拉哥伦比亚祖母绿吊坠 | | 431,200 | 北京荣宝 | 2015.03.29 |
| 15.20 克拉彩橙粉红色钻石吊坠 | | 25,712,207 | 日内瓦苏富比 | 2015.11.11 |
| 16.17 克拉天然艳彩黄色 VVS2 净度钻石及钻石吊坠 | 长 1.44cm | 5,520,000 | 北京保利 | 2015.06.06 |
| 16.24 克拉 D 色内部无瑕净度钻石吊坠项链 | | 13,812,800 | 纽约佳士得 | 2015.06.16 |
| 18K 白翡翠白兰花镶钻挂坠（玉 2 件） | 尺寸不一 | 1,150,000 | 中贸圣佳 | 2015.05.20 |
| 18K 白翡翠豆件镶钻挂坠 | 长 3.67cm | 1,840,000 | 中贸圣佳 | 2015.05.20 |
| 18K 白翡翠观音镶钻吊坠 | 长 4.83cm | 2,012,500 | 中贸圣佳 | 2015.05.20 |
| 18K 白翡翠平扣镶钻挂坠 | 长 2.98cm | 2,070,000 | 中贸圣佳 | 2015.05.20 |
| 18K 白翡翠叶件镶钻挂坠 | 长 3.21cm | 1,725,000 | 中贸圣佳 | 2015.05.20 |
| 18K 白金翡翠蛋玉、杏玉镶钻挂坠 | 尺寸不一 | 828,000 | 中贸圣佳 | 2015.05.20 |
| 18K 白金翡翠方玉件镶钻挂坠 | 长 3.60cm | 5,520,000 | 中贸圣佳 | 2015.05.20 |
| 18K 白金翡翠花件镶钻挂坠长寿果 | 长 4.0cm | 2,587,500 | 中贸圣佳 | 2015.05.20 |
| 18K 白金翡翠如意镶钻挂坠 | | 3,680,000 | 中贸圣佳 | 2015.05.20 |
| 18K 白金翡翠如意镶钻挂坠 | 长 2.99cm | 3,565,000 | 中贸圣佳 | 2015.05.20 |
| 18K 白金翡翠杏玉镶钻，红宝挂坠 | | 2,990,000 | 中贸圣佳 | 2015.05.20 |
| 18K 白金翡翠杏玉镶钻挂坠 | 长 2.29cm | 3,335,000 | 中贸圣佳 | 2015.05.20 |
| 18K 白金翡翠叶件镶钻挂坠 | 长 4.03cm | 4,370,000 | 中贸圣佳 | 2015.05.20 |
| 18K 白金金红宝石蓝宝石和钻石吊坠耳环（一对） | 尺寸不一 | 85,117 | 纽约苏富比 | 2015.04.21 |
| 18K 白金金蓝宝石和钻石吊坠 Earclips，玛格丽特波哥（一对） | 尺寸不一 | 232,136 | 纽约苏富比 | 2015.04.21 |
| 18K 白金镶钻石翡翠葫芦吊坠连项链 | | 31,647 | 香港雅盛 | 2015.10.08 |
| 18K 白金镶钻石无色冰种翡翠吊坠 | | 16,276 | 香港雅盛 | 2015.10.08 |
| 18K 白金钻石满绿翡翠凤形项坠（一件） | | 20,160 | 上海国拍 | 2015.11.29 |
| 18K 黄金绿松石和钻石吊坠耳环和戒指（一对）梵克雅宝 | 尺寸不一 | 324,991 | 纽约苏富比 | 2015.04.21 |
| 18K 黄金配珐琅“骏马”吊坠 | | 22,309 | 保利香港 | 2015.10.06 |
| 18K 黄金镶钻石古金币吊坠 | | 17,250 | 保利厦门 | 2015.08.02 |
| 18K 黄金镶钻石金南洋珠吊坠及戒指（一套） | | 40,689 | 香港雅盛 | 2015.10.08 |
| 18K 金 珊瑚吊坠 | | 35,650 | 江苏爱涛 | 2015.01.11 |
| 18K 金 天然珊瑚圆珠吊坠 | | 51,750 | 江苏爱涛 | 2015.01.11 |
| 18K 金吊坠项链 大卫·韦伯 | 长 81.28cm | 239,820 | 纽约苏富比 | 2015.09.24 |
| 18K 金翡翠钻石吊坠 亨利 | 高 2.34cm | 77,379 | 纽约苏富比 | 2015.04.21 |
| 18K 金粉红碧玺彩石钻石吊坠胸针 斯伦贝谢 | | 116,068 | 纽约苏富比 | 2015.04.21 |
| 18k 金六子箴言佛坠 | | 34,500 | 印千山·宝隆 | 2015.07.12 |
| 18k 金六字箴言佛坠 | | 34,500 | 印千山·宝隆 | 2015.07.12 |
| 18K 金日本海珠吊坠 | | 13,800 | 中国嘉德 | 2015.06.27 |
| 18K 金镶翡翠飘花平安扣钻石吊坠 | | 12,650 | 中国嘉德 | 2015.09.20 |
| 18K 金镶黑欧泊 / 钻石吊坠 | | 13,800 | 中国嘉德 | 2015.09.20 |
| 18K 金养殖珍珠和钻石吊坠梵克雅宝 | | 293,156 | 纽约苏富比 | 2015.02.05 |
| 18K 金紫水晶紫锂辉石吊坠项链托尼杜奎特 | 长 40cm | 127,904 | 纽约苏富比 | 2015.09.24 |
| 18K 玫瑰金镶钻石冰种翡翠单龙戏珠吊坠 | | 44,306 | 香港雅盛 | 2015.10.08 |
| 18K 玫瑰金镶钻石无色冰种弥勒佛吊坠 | | 31,647 | 香港雅盛 | 2015.10.08 |
| 18K 双色金粉红钻石玛瑙吊坠胸针 格拉夫 | | 799,400 | 纽约苏富比 | 2015.09.24 |
| 18K 双色金珊瑚南洋珠钻石镶'死亡象征'吊坠（一对）托尼杜奎特 | | 116,068 | 纽约苏富比 | 2015.04.21 |
| 19 世纪银镶琥珀虫珀吊坠（九件） | | 20,700 | 中国嘉德 | 2015.06.27 |
| 19 世纪紫水晶和钻石吊坠（三件套装） | | 51,971 | 伦敦苏富比 | 2015.03.18 |

| 拍品名称 | 物品尺寸 | 成交价RMB | 拍卖公司 | 拍卖日期 |
|---|---|---|---|---|
| 2.11 克拉哥伦比亚天然祖母绿镶钻石吊坠 | | 32,200 | 福建东南 | 2015.05.24 |
| 2.19 克拉蓝宝石吊坠项链 | | 13,440 | 北京荣宝 | 2015.03.29 |
| 2.25 克拉未加热蓝宝石吊坠项链 | | 50,400 | 北京荣宝 | 2015.11.29 |
| 2.75 克拉古垫形天然斯里兰卡无经加热处理蓝宝石配钻石吊坠项链及 2.82 克拉椭圆形天然无经加热处理蓝宝石配钻石戒指套装 | | 58,127 | 天成国际 | 2015.12.06 |
| 2.86、1.19 及 1.00 克拉盾形及六角形 D/VVS2-SI2 钻石吊坠项链 | | 256,563 | 佳士得 | 2015.12.01 |
| 28.02 克拉天然巴西无经处理亚历山大变色石配钻石吊坠项链 | | 1,162,536 | 天成国际 | 2015.12.06 |
| 3.05 克拉蓝宝石吊坠项链 | | 50,400 | 北京荣宝 | 2015.06.21 |
| 3.64 克拉及 1.98 克拉椭圆形坦桑尼亚红宝石钻石吊坠镶 18K 玫瑰金及白金（无处理） | | 44,215 | 香港拍得高 | 2015.01.24 |
| 3.68 克拉哥伦比亚天然祖母绿镶钻石吊坠 | | 37,950 | 福建东南 | 2015.05.24 |
| 3.75 克拉天然哥伦比亚祖母绿及钻石吊坠 | 长 3.74cm | 333,500 | 保利厦门 | 2015.08.02 |
| 3.99 克拉天然马达加斯加变色蓝宝石配钻石吊坠 未经加热 | | 32,200 | 北京保利 | 2015.12.07 |
| 3.655 克拉 F 色内部无瑕净度钻石吊坠 | | 19,197,090 | 日内瓦佳士得 | 2015.05.13 |
| 4.11 克拉椭圆形缅甸红宝石钻石吊坠镶 18K 白金 | | 115,144 | 香港拍得高 | 2015.01.24 |
| 43.88 克拉心形天然坦桑石配石榴石，磷灰石及钻石吊坠项链 | | 302,458 | 天成国际 | 2015.06.14 |
| 45.35 克拉天然火欧泊配彩色宝石及钻石吊坠 | | 11,500 | 北京保利 | 2015.12.07 |
| 5.02 克拉心形 E/SI1 钻石吊坠项链 | | 513,125 | 佳士得 | 2015.12.01 |
| 5.05 克拉蓝宝石吊坠项链 | | 72,800 | 北京荣宝 | 2015.11.29 |
| 5.09 克拉心形 F/VS1 钻石吊坠项链 | | 849,060 | 佳士得 | 2015.06.02 |
| 5.33 克拉梨形 D/IF 钻石吊坠项链 | | 769,688 | 佳士得 | 2015.12.01 |
| 5.34 克拉天然红碧玺吊坠 | | 11,500 | 保利厦门 | 2015.08.02 |
| 5.97 克拉椭圆形 D/IF 钻石吊坠项链 | | 1,018,040 | 佳士得 | 2015.12.01 |
| 50.08 克拉天然哥伦比亚祖母绿配钻石吊坠 | | 1,380,000 | 北京保利 | 2015.12.07 |
| 54.92 克拉天然黄水晶配钻石吊坠 | | 17,250 | 北京保利 | 2015.12.07 |
| 6.896 克拉天然坦桑石吊坠及 5.994 克拉天然坦桑石戒指套装 | | 40,250 | 北京保利 | 2015.06.06 |
| 7.02 克拉梯形彩黄色彩钻吊坠 | | 1,380,000 | 华艺国际 | 2015.05.24 |
| 7.08 克拉椭圆形天然斯里兰卡无经处理红色尖晶石配彩色钻石及钻石成就之神吊坠，Nisan 出品 | | 203,444 | 天成国际 | 2015.12.06 |
| 7.27 克拉 蓝色星光蓝宝石 铂金吊坠（非加热） | | 18,904 | 日本伊斯特 | 2015.05.24 |
| 73.27 克拉天然紫红色碧玺及钻石吊坠 | | 402,500 | 北京保利 | 2015.06.06 |
| 79.53 克拉梨形红色碧玺配钻石吊坠项链 | | 174,380 | 天成国际 | 2015.12.06 |
| 8.34 克拉椭圆形天然水蛋白石配钻石吊坠项链 | | 36,814 | 天成国际 | 2015.12.06 |
| 9.38 克拉红碧玺吊坠 | | 33,600 | 北京荣宝 | 2015.03.29 |
| 94.78 克拉椭圆形天然缅甸无经加热处理蓝宝石配蓝宝石及钻石吊坠项链 | | 339,073 | 天成国际 | 2015.12.06 |

| 拍品名称 | 物品尺寸 | 成交价RMB | 拍卖公司 | 拍卖日期 |
|---|---|---|---|---|
| AKA 红珊瑚镶嵌吊坠 | 链长 42cm | 40,250 | 福建东南 | 2015.05.24 |
| AKA 红珊瑚镶嵌吊坠 | | 13,800 | 福建东南 | 2015.05.24 |
| AKA 红珊瑚心形吊坠 | | 20,700 | 福建东南 | 2015.05.24 |
| AKA 牛血红珊瑚天鹅形吊坠 | | 34,500 | 福建东南 | 2015.05.24 |
| AKA 牛血红珊瑚镶嵌吊坠 | | 40,250 | 福建东南 | 2015.05.24 |
| AKA 牛血红珊瑚自然形挂坠 | | 20,700 | 福建东南 | 2015.05.24 |
| Carlo Parlati 珊瑚人头像襟针或吊坠两用镶 18K 黄金 | | 28,095 | 香港拍得高 | 2015.01.24 |
| K 白金镶钻蝠寿翡翠吊坠 | | 11,500 | 广州皇玛 | 2015.01.17 |
| 阿哥亚珍珠吊坠（兼胸针）—孔雀开屏 | | 11,200 | 北京荣宝 | 2015.03.29 |
| 爱马仕 2015 18K 黄金镶嵌钻石 BIRKIN 挂坠项链 | | 31,039 | 保利香港 | 2015.10.06 |
| 爱马仕 2010 罕有 18K 白金镶嵌钻石吊饰手链 | 长 19cm | 145,494 | 保利香港 | 2015.10.06 |
| 安力士吊坠镶 18K 玫瑰金 | | 11,514 | 香港拍得高 | 2015.01.24 |
| 白金蓝宝石钻石吊坠 哈利·温斯顿 1980 年 | | 2,364,695 | 纽约苏富比 | 2015.04.21 |
| 白金钻石吊坠项链 | | 2,141,844 | 纽约苏富比 | 2015.04.21 |
| 白色南洋珍珠配钻石吊坠约 17.27mm | | 25,300 | 北京保利 | 2015.12.07 |
| 贝壳钻石吊坠，贝壳钻石耳环及贝壳钻石戒指镶 18K 白金（4） | | 12,896 | 香港拍得高 | 2015.01.24 |
| 碧玺钻石吊坠镶 18K 玫瑰金 | | 10,209 | 香港拍得高 | 2015.03.28 |
| 冰种翠玉福钱吊坠 | | 469,640 | 帝图艺术 | 2015.04.12 |
| 冰种翡翠 观音项坠 | | 57,500 | 河南泽华 | 2015.01.11 |
| 冰种翡翠 18K 白金吊坠 | 重约 23.2g | 565,186 | 荣盛国际 | 2015.01.10 |
| 冰种翡翠啤酒绿观音吊坠 | 高 7cm | 345,000 | 中鸿信 | 2015.07.29 |
| 冰种翡翠长方形吊坠 | | 10,350 | 上海敬华 | 2015.04.26 |
| 冰种满绿翡翠福瓜吊坠 | | 436,800 | 北京荣宝 | 2015.06.21 |
| 冰种满绿翡翠观音吊坠 | | 504,000 | 北京荣宝 | 2015.06.21 |
| 玻璃种翡翠福瓜吊坠 | | 246,400 | 北京荣宝 | 2015.06.21 |
| 玻璃种翡翠福瓜吊坠 | | 66,700 | 南京经典 | 2015.01.04 |
| 玻璃种翡翠观音吊坠 | 高 7cm | 322,000 | 中鸿信 | 2015.07.29 |
| 玻璃种翡翠笑佛吊坠 | | 20,160 | 北京荣宝 | 2015.06.21 |
| 铂金蛋白石钻石吊坠胸针 1905 年 | | 63,952 | 纽约苏富比 | 2015.09.24 |
| 铂金翡翠和钻石吊坠 | | 17,147,131 | 纽约苏富比 | 2015.04.21 |
| 铂金翡翠蓝宝石青金石钻石吊坠项链 查尔斯 Jacqueau 的卡地亚巴黎设计 1924 年 | 长 73.66cm | 16,032,877 | 纽约苏富比 | 2015.04.21 |
| 铂金翡翠钻石吊坠项链 | | 324,991 | 纽约苏富比 | 2015.04.21 |
| 铂金翡翠钻石和玛瑙吊坠项链 | | 170,233 | 纽约苏富比 | 2015.04.21 |
| 铂金花式粉红钻石吊坠 | | 3,252,080 | 纽约苏富比 | 2015.02.05 |
| 铂金双色金黄钻吊坠项链 | | 1,438,920 | 纽约苏富比 | 2015.09.24 |
| 铂金镶钻石祖母绿吊坠连项链 | | 34,360 | 香港雅盛 | 2015.10.08 |
| 铂金钻石和彩石吊坠胸针 法国 1925 年 | | 271,796 | 纽约苏富比 | 2015.09.24 |
| 铂金钻石和养殖珍珠吊坠（一对） | | 77,379 | 纽约苏富比 | 2015.04.21 |
| 圆形彩黄色钻石重 45.88 克拉，VS1 净度配钻石吊坠 | | 8,351,520 | 香港苏富比 | 2015.10.07 |
| 彩色碧玺总重约 23.28 克拉挂坠 | | 85,703 | 保利香港 | 2015.04.07 |
| 彩钻钻石吊坠项链 | | 672,874 | 日内瓦佳士得 | 2015.05.13 |
| 纯银吊饰手链 | | 11,014 | 佳士得 | 2015.06.01 |
| 翠雕观音、弥勒两件 | | 17,250 | 北京保利 | 2015.11.01 |
| 蛋白石配蓝宝石及钻石吊坠及吊耳环套装 | | 67,815 | 天成国际 | 2015.12.06 |
| 蒂芙尼 钻石 黄金吊坠 | | 28,355 | 日本伊斯特 | 2015.05.24 |

| 拍品名称 | 物品尺寸 | 成交价RMB | 拍卖公司 | 拍卖日期 |
|---|---|---|---|---|
| 珐琅彩吊坠镶 18K 黄金配 18K 黄金颈链（2） | | 10,593 | 香港拍得高 | 2015.01.24 |
| 翡翠 蝴蝶项坠 | | 11,500 | 河南泽华 | 2015.01.11 |
| 翡翠 金枝玉叶项坠 | | 69,000 | 河南泽华 | 2015.01.11 |
| 翡翠 连中三元项坠 | | 57,500 | 河南泽华 | 2015.01.11 |
| 翡翠 平安扣项坠 | | 11,500 | 河南泽华 | 2015.01.11 |
| 翡翠玻璃种挂坠避邪 | 长 5.5cm | 126,500 | 北京匡时 | 2015.12.04 |
| 翡翠螭龙吊坠 | | 40,250 | 中国嘉德 | 2015.09.20 |
| 翡翠大蛋面白金镶钻底托吊坠 | | 13,800 | 北京华辰 | 2015.02.01 |
| 翡翠帝王绿小佛挂坠 | | 40,250 | 北京匡时 | 2015.12.04 |
| 翡翠吊坠 | | 340,906 | 荣盛国际 | 2015.01.10 |
| 翡翠吊坠 | | 46,000 | 南京经典 | 2015.01.04 |
| 翡翠吊坠 | | 23,583 | 翰林拍卖 | 2015.06.27 |
| 翡翠吊坠 | 翡翠 3.47cm | 461,813 | 佳士得 | 2015.12.01 |
| 翡翠吊坠 | 翡翠 2.79cm | 431,025 | 佳士得 | 2015.12.01 |
| 翡翠吊坠 | | 57,500 | 北京保利 | 2015.11.01 |
| 翡翠吊坠 | | 2,354,625 | 澳门中信 | 2015.11.08 |
| 翡翠吊坠项链 | 观音 4.89cm | 2,003,240 | 佳士得 | 2015.12.01 |
| 翡翠吊坠项链 | 翡翠 3.97cm | 636,275 | 佳士得 | 2015.12.01 |
| 翡翠吊坠项链 | 翡翠 5.18cm | 431,025 | 佳士得 | 2015.12.01 |
| 翡翠凤求凰项链坠 | | 28,750 | 江苏爱涛 | 2015.01.11 |
| 翡翠福瓜吊坠 | | 25,300 | 南京经典 | 2015.01.04 |
| 翡翠福寿坠 | 长 4cm | 572,715 | AA 中国艺海 | 2015.07.12 |
| 翡翠花叶纹吊坠 | | 14,000 | 上海天赐 | 2015.05.31 |
| 翡翠及电气石吊坠项链 | 翡翠长 4.7cm | 112,888 | 佳士得 | 2015.12.01 |
| 翡翠及玛瑙吊坠项链 | 翡翠 4.57cm | 769,688 | 佳士得 | 2015.12.01 |
| 翡翠及钻石吊坠 | 吊坠长 4.0cm | 821,000 | 佳士得 | 2015.12.01 |
| 翡翠及钻石吊坠项链 | 弥勒 3.45cm | 3,973,640 | 佳士得 | 2015.12.01 |
| 翡翠及钻石吊坠项链 | 翡翠 2.87cm | 3,185,480 | 佳士得 | 2015.12.01 |
| 翡翠及钻石吊坠项链 | 弥勒 3.02cm | 615,750 | 佳士得 | 2015.12.01 |
| 翡翠及钻石吊坠项链 | 翡翠 4.06cm | 287,350 | 佳士得 | 2015.12.01 |
| 翡翠及钻石吊坠项链 | 翡翠 5.10cm | 123,150 | 佳士得 | 2015.12.01 |
| 翡翠及钻石吊坠项链（一对） | 翡翠直径 2.13cm | 2,397,320 | 佳士得 | 2015.12.01 |
| 翡翠矩形吊坠 | 长 4.5cm | 115,000 | 北京保利 | 2015.11.01 |
| 翡翠老坑冰绿观音吊坠 | | 35,840 | 北京荣宝 | 2015.03.29 |
| 翡翠龙形坠 | | 51,750 | 江苏爱涛 | 2015.01.11 |
| 翡翠马眼吊坠 | 长 2.8cm | 230,000 | 北京匡时 | 2015.12.04 |
| 翡翠弥勒佛吊坠 | | 16,705 | 香港淳浩 | 2015.04.04 |
| 翡翠如意吊坠 | | 32,200 | 南京经典 | 2015.01.04 |
| 翡翠寿桃吊坠 | | 12,320 | 上海天赐 | 2015.05.31 |
| 翡翠随形吊坠 | | 11,500 | 南京经典 | 2015.01.04 |
| 翡翠阳绿弥勒佛吊坠 | 长 4cm | 92,000 | 中鸿信 | 2015.07.29 |
| 翡翠阳绿如意坠 | 高 5.5cm | 69,000 | 中鸿信 | 2015.07.29 |
| 翡翠玉兔吊坠 | | 11,500 | 南京经典 | 2015.01.04 |
| 翡翠鸳鸯戏荷坠 | | 14,162 | 香港淳浩 | 2015.11.27 |
| 翡翠钻石吊坠（兼戒指） | | 98,560 | 北京荣宝 | 2015.03.29 |
| 丰吉 翡翠祖母绿钻石“翠魂”吊坠 | | 242,490 | 保利香港 | 2015.10.06 |
| 高冰翡翠弥勒佛配钻石吊坠 | | 10,925 | 上海敬华 | 2015.04.26 |
| 高冰种马上封侯挂坠 | 直径 5.5cm | 812,790 | 卓艺拍卖 | 2015.11.21 |
| 哥伦比亚绿宝石吊坠 | 长 4.7cm | 415,546 | 伦敦佳士得 | 2015.06.03 |
| 辜青斯基深粉紫红色钻石黄金吊坠 | | 21,739 | 日本伊斯特 | 2015.05.24 |
| 瑰丽 42.88 克拉阶梯式切割天然哥伦比亚（穆索）祖母绿配钻石吊坠项链，Harry Winston 出品 | 链长 40.5cm | 18,903,600 | 天成国际 | 2015.06.14 |
| 和田玉吊坠、耳饰、戒指、手链套装—“若华若影” | | 33,600 | 北京荣宝 | 2015.11.29 |

**2015珠宝翡翠拍卖成交汇总**

**(成交价RMB：1万元以上)**

| 拍品名称 | 物品尺寸 | 成交价RMB | 拍卖公司 | 拍卖日期 |
|---|---|---|---|---|
| 和田玉吊坠、耳饰、戒指、手链套装—“喜上眉梢” | | 39,200 | 北京荣宝 | 2015.11.29 |
| 和田玉吊坠、耳饰、戒指套装—“馥郁凝香” | | 35,840 | 北京荣宝 | 2015.06.21 |
| 和田玉吊坠、耳饰、戒指套装—“莲开并蒂” | | 31,360 | 北京荣宝 | 2015.06.21 |
| 和田玉吊坠—“福缘常庆” | | 16,800 | 北京荣宝 | 2015.06.21 |
| 和田玉吊坠—“胸怀乾坤” | | 22,400 | 北京荣宝 | 2015.11.29 |
| 和田玉吊坠—“自在观音” | | 44,800 | 北京荣宝 | 2015.11.29 |
| 和田玉吊坠兼胸针—“凤鸣朝阳” | | 20,160 | 北京荣宝 | 2015.06.21 |
| 和田玉吊坠项链、耳饰、手链、戒指套装—“翩然韵彩” | | 20,160 | 北京荣宝 | 2015.06.21 |
| 和田玉吊坠项链—“玉福” | | 13,440 | 北京荣宝 | 2015.06.21 |
| 和田玉心经吊坠 | | 33,600 | 北京荣宝 | 2015.06.21 |
| 黑蛋白石及钻石吊坠项链 / 胸针 | 长 3.4cm | 170,213 | 佳士得 | 2015.06.02 |
| 黑色大溪地珍珠吊坠 约 12.50mm 及 白色南洋珍珠耳环 约 12.80mm 套装 御木本 Mikimoto | | 23,000 | 北京保利 | 2015.12.07 |
| 红宝石、蓝宝石、祖母绿及钻石吊坠项链 | | 32,040 | 佳士得 | 2015.06.02 |
| 红宝石吊饰 | | 26,450 | 广州皇玛 | 2015.01.17 |
| 红宝石钻石吊坠镶 18K 玫瑰金 | | 11,054 | 香港拍得高 | 2015.01.24 |
| 红宝石钻石十字架吊坠镶 18K 黄及白金 | | 16,120 | 香港拍得高 | 2015.06.27 |
| 红碧玺配翡翠寿桃雕件 | | 36,186 | 保利香港 | 2015.04.07 |
| 红珊瑚吊坠（兼胸针）—“青春之舞” | | 28,000 | 北京荣宝 | 2015.08.30 |
| 红珊瑚配钻石吊坠 | | 20,700 | 北京东正 | 2015.11.19 |
| 黄金 BRELOQUE 吊饰及钯金 BRELOQUE 吊饰 | | 18,023 | 佳士得 | 2015.06.01 |
| 黄金棒球帽吊坠 伯爵 Piaget 及黄金阿波罗吊坠 尚美 Chaumet 一对 | | 13,800 | 北京保利 | 2015.12.07 |
| 黄金拉丝及钻石花形吊坠 | | 23,000 | 保利厦门 | 2015.08.02 |
| 黄金钻石彩石吊坠项链 | 项链长 91.44cm | 131,544 | 纽约苏富比 | 2015.04.21 |
| 黄钻石钻石十字架吊坠镶 18K 黄及白金连 18K 白金颈链（2） | | 25,792 | 香港拍得高 | 2015.01.24 |
| 火欧泊配钻石挂坠 / 胸针 | | 14,549 | 保利香港 | 2015.10.06 |
| 火欧泊配钻石及石榴石吊坠 / 胸针 | 长 4.7cm | 19,399 | 保利香港 | 2015.10.06 |
| 金珍珠钻石吊坠镶 18K 玫瑰金配 18K 玫瑰金颈链 金珍珠钻石戒指镶 18K 玫瑰金及金珍珠钻石耳环镶 18K 玫瑰金（5） | 尺寸不一 | 79,219 | 香港拍得高 | 2015.01.24 |
| 近代 翡翠蝴蝶坠 | | 17,250 | 北京保利 | 2015.01.24 |
| 卡地亚设计 18K 金“猎豹”吊坠 | 长 4.0cm | 33,949 | 保利香港 | 2015.10.06 |
| 考古修复黄金“爱神”吊坠，耳环（一对）卡斯特拉尼 | | 371,418 | 纽约苏富比 | 2015.04.21 |
| 蓝宝石吊坠项链 | 总重 11.82g | 184,800 | 北京荣宝 | 2015.11.29 |
| 蓝宝石及钻石吊坠 | | 181,575 | 香港苏富比 | 2015.04.06 |
| 蓝宝石 22.70 克拉配钻石吊坠项链 | | 246,600 | 香港苏富比 | 2015.10.07 |
| 蓝宝石钻石吊坠 | | 136,521 | 巴黎佳士得 | 2015.06.01 |
| 蓝宝石钻石吊坠或襟针镶 18K 白金 | | 28,556 | 香港拍得高 | 2015.01.24 |
| 蓝碧玺灵猴献寿坠 | 高 4cm | 63,250 | 中国嘉德 | 2015.11.15 |
| 蓝色蓝宝石 钻石 吊坠 | | 47,259 | 日本伊斯特 | 2015.05.24 |
| 老坑翡翠绿叶配钻石吊坠 | 长 1.93cm | 155,250 | 上海敬华 | 2015.04.26 |
| 梨形钻石吊坠项链 | | 28,000 | 北京荣宝 | 2015.11.29 |
| 满绿翡翠 18K 白金吊坠 | | 251,194 | 荣盛国际 | 2015.01.10 |
| 满绿翡翠吊坠 | 重约 28g | 296,050 | 荣盛国际 | 2015.01.10 |

| 拍品名称 | 物品尺寸 | 成交价RMB | 拍卖公司 | 拍卖日期 |
|---|---|---|---|---|
| 玫瑰金欧泊吊坠 | 重 6.4g | 121,111 | 荣盛国际 | 2015.01.10 |
| 缅甸鸽血红宝石 2.49 克拉及钻石吊坠项链 | 链长 41cm | 242,100 | 香港苏富比 | 2015.04.06 |
| 缅甸红宝石配钻石吊坠，未经加热 | 长 4.7cm | 95,056 | 保利香港 | 2015.10.06 |
| 缅甸天然冰种翡翠“花朵”吊坠 | 尺寸不一 | 2,990,000 | 北京东正 | 2015.05.19 |
| 缅甸天然冰种翡翠佛公配钻石挂坠（一对） | | 38,090 | 保利香港 | 2015.04.07 |
| 缅甸天然冰种翡翠葫芦配钻石挂坠耳环 | | 77,597 | 保利香港 | 2015.10.06 |
| 缅甸天然冰种翡翠钻石“蛋面”吊坠 | 长 2.2cm | 690,000 | 北京东正 | 2015.05.19 |
| 缅甸天然冰种翡翠钻石吊坠 | 长 4.12cm | 2,300,000 | 北京东正 | 2015.05.19 |
| 缅甸天然冰种翡翠钻石吊坠 | 长 5.26cm | 805,000 | 北京东正 | 2015.05.19 |
| 缅甸天然冰种翡翠钻石吊坠 | | 322,000 | 北京东正 | 2015.05.19 |
| 缅甸天然冰种翡翠钻石吊坠 | 长 3cm | 322,000 | 北京东正 | 2015.05.19 |
| 缅甸天然帝王绿玻璃种翡翠“节节高”吊坠 | 长 4cm | 2,990,000 | 北京东正 | 2015.05.19 |
| 缅甸天然翡翠‘瑞兽和如意’配钻石挂坠 | | 152,362 | 保利香港 | 2015.04.07 |
| 缅甸天然翡翠“蛋面”吊坠 | 长 3.22cm | 9,200,000 | 北京东正 | 2015.05.19 |
| 缅甸天然翡翠“观音”吊坠 | 长 5.84cm | 6,900,000 | 北京东正 | 2015.05.19 |
| 缅甸天然翡翠蛋面、红宝石及钻石吊坠项链 | 项链长 63.5cm | 35,083,800 | 佳士得 | 2015.06.02 |
| 缅甸天然翡翠吊坠及钻石项链 | 长 2.8cm | 550,688 | 佳士得 | 2015.06.02 |
| 缅甸天然翡翠佛公配钻石挂坠 | | 29,099 | 保利香港 | 2015.10.06 |
| 缅甸天然翡翠观音、红宝石及黑玛瑙吊坠 | 尺寸不一 | 150,188 | 佳士得 | 2015.06.02 |
| 缅甸天然翡翠观音及钻石吊坠 | 长 7.4cm | 380,475 | 佳士得 | 2015.06.02 |
| 缅甸天然翡翠葫芦、红宝石及钻石吊坠 | 长 6.3cm | 1,377,720 | 佳士得 | 2015.06.02 |
| 缅甸天然翡翠及钻石吊坠 | 长 4.3cm | 110,138 | 佳士得 | 2015.06.02 |
| 缅甸天然翡翠及钻石灵猴献寿吊坠 | 长 3.9cm | 140,175 | 佳士得 | 2015.06.02 |
| 缅甸天然翡翠辣椒及钻石吊坠项链 | 长 5.47cm | 2,531,160 | 佳士得 | 2015.06.02 |
| 缅甸天然翡翠弥勒佛及钻石吊坠 | 长 4.7cm | 4,357,440 | 佳士得 | 2015.06.02 |
| 缅甸天然翡翠弥勒佛及钻石吊坠 | 长 3.68cm | 200,250 | 佳士得 | 2015.06.02 |
| 缅甸天然翡翠配红宝石及钻石挂坠项链 | 长 2.27cm | 1,237,938 | 保利香港 | 2015.04.07 |
| 缅甸天然翡翠配钻石佛公挂坠 | | 52,374 | 保利香港 | 2015.04.07 |
| 缅甸天然翡翠配钻石佛手挂坠（一对） | 长 7.1cm 长 5.9cm | 96,996 | 保利香港 | 2015.10.06 |
| 缅甸天然翡翠配钻石挂坠 | 长 6.97cm | 9,545,000 | 中古陶 | 2015.05.31 |
| 缅甸天然翡翠配钻石挂坠 | 长 5.5cm | 8,570,340 | 保利香港 | 2015.04.07 |
| 缅甸天然翡翠配钻石挂坠 | 长 2.64cm | 285,678 | 保利香港 | 2015.04.07 |
| 缅甸天然翡翠配钻石挂坠 | | 190,452 | 保利香港 | 2015.04.07 |
| 缅甸天然翡翠配钻石挂坠 | | 96,996 | 保利香港 | 2015.10.06 |
| 缅甸天然翡翠配钻石挂坠 | | 91,417 | 保利香港 | 2015.04.07 |
| 缅甸天然翡翠配钻石挂坠 | | 58,198 | 保利香港 | 2015.10.06 |
| 缅甸天然翡翠配钻石挂坠 | | 57,136 | 保利香港 | 2015.04.07 |
| 缅甸天然翡翠配钻石挂坠 | | 55,231 | 保利香港 | 2015.04.07 |
| 缅甸天然翡翠配钻石挂坠 | | 47,613 | 保利香港 | 2015.04.07 |
| 缅甸天然翡翠配钻石挂坠 | | 33,329 | 保利香港 | 2015.04.07 |
| 缅甸天然翡翠配钻石挂坠 / 胸针 | | 19,399 | 保利香港 | 2015.10.06 |
| 缅甸天然翡翠配钻石挂坠耳环 | 长 3.9cm | 1,406,442 | 保利香港 | 2015.10.06 |
| 缅甸天然翡翠配钻石挂坠耳环 | | 43,648 | 保利香港 | 2015.10.06 |
| 缅甸天然翡翠配钻石挂坠耳环 | | 29,099 | 保利香港 | 2015.10.06 |
| 缅甸天然翡翠配钻石挂坠耳环 | | 19,399 | 保利香港 | 2015.10.06 |
| 缅甸天然翡翠配钻石挂坠颈炼 | | 67,897 | 保利香港 | 2015.10.06 |
| 缅甸天然翡翠配钻石挂坠颈炼 | | 38,798 | 保利香港 | 2015.10.06 |
| 缅甸天然翡翠配钻石观音挂坠 | 长 5.7cm | 3,999,492 | 保利香港 | 2015.04.07 |
| 缅甸天然翡翠配钻石观音挂坠（一对） | | 53,348 | 保利香港 | 2015.10.06 |
| 缅甸天然翡翠配钻石蝴蝶挂坠 | | 24,759 | 保利香港 | 2015.04.07 |

| 拍品名称 | 物品尺寸 | 成交价RMB | 拍卖公司 | 拍卖日期 |
| --- | --- | --- | --- | --- |
| 缅甸天然翡翠配钻石及红宝石挂坠及戒指 | | 19,399 | 保利香港 | 2015.10.06 |
| 缅甸天然翡翠配钻石四叶草挂坠 | | 126,500 | 中古陶 | 2015.05.31 |
| 缅甸天然翡翠平安扣挂坠 | 长 6.5cm | 839,500 | 中古陶 | 2015.05.31 |
| 缅甸天然翡翠圈及珠及钻石吊坠(一对) | 长 3.67cm | 3,684,600 | 佳士得 | 2015.06.02 |
| 缅甸天然翡翠如意及钻石吊坠 | 长 6.2cm | 4,069,080 | 佳士得 | 2015.06.02 |
| 缅甸天然翡翠睿猴献寿配钻石挂坠项链 | | 123,794 | 保利香港 | 2015.04.07 |
| 缅甸天然翡翠双环配红宝石及钻石挂坠耳环 | | 29,099 | 保利香港 | 2015.10.06 |
| 缅甸天然翡翠双鱼挂坠 | | 45,708 | 保利香港 | 2015.04.07 |
| 缅甸天然翡翠钻石"竹报平安"吊坠 | 长 3.86cm | 460,000 | 北京东正 | 2015.05.19 |
| 缅甸天然老坑玻璃种翡翠 "观音" 吊坠 | 长 5.39cm | 4,370,000 | 北京东正 | 2015.05.19 |
| 缅甸天然老坑玻璃种翡翠钻石"金枝玉叶" 吊坠 | 长 3.1cm | 920,000 | 北京东正 | 2015.05.19 |
| 缅甸天然梨形翡翠蛋面及钻石吊坠项链 | 长 3cm | 945,180 | 佳士得 | 2015.06.02 |
| 缅甸天然墨翠观音挂坠 | 长 7.26cm | 95,226 | 保利香港 | 2015.04.07 |
| 缅甸天然墨翠配钻石挂坠及戒指 | | 24,249 | 保利香港 | 2015.10.06 |
| 缅甸天然墨翡翠配钻石佛公挂坠 | 长 1.44cm | 30,472 | 保利香港 | 2015.04.07 |
| 缅甸天然紫罗兰翡翠配红宝石及钻石挂坠耳环 | | 24,249 | 保利香港 | 2015.10.06 |
| 缅甸天然紫罗兰翡翠配钻石熊猫挂坠 | 长 2.8cm | 93,321 | 保利香港 | 2015.04.07 |
| 缅甸天然紫罗兰翡翠貔貅挂坠 | 长 6.5cm | 8,970,000 | 中古陶 | 2015.05.31 |
| 缅甸天然紫罗兰玫瑰花翡翠配钻石挂坠 | | 24,249 | 保利香港 | 2015.10.06 |
| 缅甸天然紫萝兰翡翠配钻石挂坠 | | 61,897 | 保利香港 | 2015.04.07 |
| 南红吊坠戒指（一套 ） | | 43,700 | 北京保利 | 2015.12.08 |
| 南洋白珠配钻石水滴型项坠 | | 43,700 | 上海敬华 | 2015.04.26 |
| 南洋珍珠吊坠项链 | | 13,440 | 北京荣宝 | 2015.11.29 |
| 青金石 钻石 黄金吊坠、耳夹、戒指套装 | | 15,123 | 日本伊斯特 | 2015.05.24 |
| 青金石白玉吊坠项链 | | 50,400 | 北京荣宝 | 2015.11.29 |
| 清 翠玉及碧玺吊坠（两件） | 尺寸不一 | 238,988 | 纽约苏富比 | 2015.09.15 |
| 清 翡翠螭龙坠 | 长 5.5cm | 290,988 | 中国嘉德 | 2015.10.06 |
| 清 粉碧玺竹节坠 | 高 4.5cm | 94,300 | 中国嘉德 | 2015.11.15 |
| 清 老坑翡翠葫芦吊坠 | 长 4.5cm | 103,500 | 上海敬华 | 2015.06.30 |
| 清 双色碧玺松鼠葡萄坠 | 高 5.5cm | 57,500 | 中国嘉德 | 2015.11.15 |
| 清乾隆 黄翡翠吊坠 | 长 2.4cm | 805,000 | 北京匡时 | 2015.12.04 |
| 珊瑚吊坠 | | 28,000 | 北京荣宝 | 2015.06.21 |
| 珊瑚吊坠 | | 15,680 | 北京荣宝 | 2015.03.29 |
| 珊瑚随形吊坠 | | 50,400 | 北京荣宝 | 2015.06.21 |
| 珊瑚随形吊坠 | | 42,560 | 北京荣宝 | 2015.03.29 |
| 双色碧玺福寿坠 | | 13,800 | 中国嘉德 | 2015.09.20 |
| 双色珍珠钻石吊坠镶 18K 黄金 | | 14,738 | 香港拍得高 | 2015.01.24 |
| 斯里兰卡天然星光蓝宝石及钻石吊坠 / 胸针 | 长 5.6cm | 680,850 | 佳士得 | 2015.06.02 |
| 坦桑石 钻石 铂金 黄金吊坠 | | 28,355 | 日本伊斯特 | 2015.05.24 |
| 天然 AKA 红珊瑚及钻石吊坠 | 长 7.17cm | 109,250 | 北京保利 | 2015.06.06 |
| 天然 AKA 红珊瑚孔雀吊坠 | | 20,700 | 北京保利 | 2015.06.06 |
| 天然 AKA 红珊瑚配钻石吊坠 | | 23,000 | 北京保利 | 2015.12.07 |
| 天然白玉灵犬配冰种翡翠吊坠项链（一对） | | 42,533 | 天成国际 | 2015.06.14 |
| 天然白玉喜上眉梢配红宝石吊坠；及吊耳环套装 | | 20,794 | 天成国际 | 2015.06.14 |
| 天然碧玺幸运花挂坠 | | 11,500 | 福建东南 | 2015.05.24 |
| 天然碧玺钻石吊坠镶 18K 白金 | | 27,635 | 香港拍得高 | 2015.06.27 |

| 拍品名称 | 物品尺寸 | 成交价RMB | 拍卖公司 | 拍卖日期 |
| --- | --- | --- | --- | --- |
| 天然碧玉配白玉，红宝石及人造锆石吊坠项链 | | 28,355 | 天成国际 | 2015.06.14 |
| 天然碧玉配翡翠及钻石吊坠；及天然白玉怀古配碧玉配钻石吊耳环（一对） | | 22,684 | 天成国际 | 2015.06.14 |
| 天然冰种翡翠 福豆钻石吊坠镶 18K 白金 | | 10,133 | 香港拍得高 | 2015.01.24 |
| 天然冰种翡翠布袋和尚吊坠 | | 43,700 | 北京保利 | 2015.12.07 |
| 天然冰种翡翠佛公配翡翠及钻石吊坠 | | 56,711 | 天成国际 | 2015.06.14 |
| 天然冰种翡翠福瓜配翡翠，彩色宝石及钻石吊坠 | | 35,917 | 天成国际 | 2015.06.14 |
| 天然冰种翡翠福瓜配红色碧玺吊坠 | | 38,751 | 天成国际 | 2015.12.06 |
| 天然冰种翡翠福禄寿豆荚配钻石吊坠 | 豆荚 6.01cm | 145,317 | 天成国际 | 2015.12.06 |
| 天然冰种翡翠富贵豆吊坠（一对） | | 103,500 | 江苏爱涛 | 2015.01.11 |
| 天然冰种翡翠富贵豆钻石吊坠镶 18K 白金 | | 20,265 | 香港拍得高 | 2015.06.27 |
| 天然冰种翡翠富贵花龙进宝吊坠项链，王俊懿设计 | 长 4.86cm | 330,813 | 天成国际 | 2015.06.14 |
| 天然冰种翡翠观音吊坠 | 长 6.92cm | 850,662 | 天成国际 | 2015.06.14 |
| 天然冰种翡翠观音吊坠，王朝阳出品 | 观音 5.63cm | 678,146 | 天成国际 | 2015.12.06 |
| 天然冰种翡翠观音配翡翠，彩色宝石及钻石吊坠 | | 54,820 | 天成国际 | 2015.06.14 |
| 天然冰种翡翠观音配翡翠，蓝宝石及钻石吊坠，Alessio Boschi 设计 | 长 6.4cm | 3,591,684 | 天成国际 | 2015.06.14 |
| 天然冰种翡翠观音配翡翠及钻石吊坠 | | 80,340 | 天成国际 | 2015.06.14 |
| 天然冰种翡翠观音配钻石吊坠 | 观音长 4.15cm | 96,878 | 天成国际 | 2015.12.06 |
| 天然冰种翡翠观音钻石吊坠镶 18K 白金 | | 30,626 | 香港拍得高 | 2015.03.28 |
| 天然冰种翡翠观音钻石吊坠镶 18K 白金 | | 28,556 | 香港拍得高 | 2015.06.27 |
| 天然冰种翡翠和合二仙吊坠 | | 43,595 | 天成国际 | 2015.12.06 |
| 天然冰种翡翠葫芦配翡翠及钻石吊坠项链 | | 39,698 | 天成国际 | 2015.06.14 |
| 天然冰种翡翠葫芦配钻石吊坠 | 长 3.4cm | 207,940 | 天成国际 | 2015.06.14 |
| 天然冰种翡翠葫芦钻石吊坠镶 18K 白金 | | 46,058 | 香港拍得高 | 2015.06.27 |
| 天然冰种翡翠葫芦钻石吊坠镶 18K 玫瑰金 | | 16,705 | 香港拍得高 | 2015.03.28 |
| 天然冰种翡翠怀古配钻石吊坠（一对） | 尺寸不一 | 1,039,698 | 天成国际 | 2015.06.14 |
| 天然冰种翡翠金枝玉叶钻石吊坠镶 18K 白金 | | 10,209 | 香港拍得高 | 2015.03.28 |
| 天然冰种翡翠龙凤呈祥配钻石吊坠，张炳光设计 | 长 6.68cm | 661,626 | 天成国际 | 2015.06.14 |
| 天然冰种翡翠龙凤吊坠配天然翡翠珠颈链及天然冰种翡翠葫芦摆件两件（3） | | 11,054 | 香港拍得高 | 2015.01.24 |
| 天然冰种翡翠龙马精神吊坠 | | 25,792 | 香港拍得高 | 2015.01.24 |
| 天然冰种翡翠弥勒佛配翡翠及钻石吊坠 | 蛋面长 0.81cm | 79,440 | 天成国际 | 2015.12.06 |
| 天然冰种翡翠弥勒佛配黄翡翠，彩色刚玉及钻石吊坠，ICE 出品 | | 18,904 | 天成国际 | 2015.06.14 |
| 天然冰种翡翠弥勒佛配黄色钻石及钻石吊坠项链 | | 217,391 | 天成国际 | 2015.06.14 |
| 天然冰种翡翠弥勒佛配天然翡翠及钻石吊坠 | 尺寸不一 | 226,050 | 香港苏富比 | 2015.10.07 |
| 天然冰种翡翠弥勒佛配天然翡翠及钻石吊坠；及天然翡翠配钻石耳环（一对） | | 110,963 | 香港苏富比 | 2015.04.06 |
| 天然冰种翡翠弥勒佛配钻石吊坠 | | 40,689 | 天成国际 | 2015.12.06 |

## 2015珠宝翡翠拍卖成交汇总

(成交价RMB：1万元以上)

| 拍品名称 | 物品尺寸 | 成交价RMB | 拍卖公司 | 拍卖日期 |
|---|---|---|---|---|
| 天然冰种翡翠弥勒佛配钻石吊坠；及天然黑色翡翠弥勒佛配红宝石及钻石吊坠 | 尺寸不一 | 221,925 | 香港苏富比 | 2015.04.06 |
| 天然冰种翡翠年年有余吊坠配天然冰种翡翠珠颈链 | | 11,054 | 香港拍得高 | 2015.01.24 |
| 天然冰种翡翠配彩色刚玉，棕色钻石及钻石花好月圆吊坠 | 尺寸不一 | 80,340 | 天成国际 | 2015.06.14 |
| 天然冰种翡翠配橙翡翠，翡翠及钻石大业有成吊坠 | 树叶长 4.88cm | 62,971 | 天成国际 | 2015.12.06 |
| 天然冰种翡翠配翡翠及钻石天鹅吊坠；及吊耳环（两对套装） | | 39,698 | 天成国际 | 2015.06.14 |
| 天然冰种翡翠配粉红色刚玉及钻石吊坠项链及吊耳环套装 | | 31,001 | 天成国际 | 2015.12.06 |
| 天然冰种翡翠配红宝石及钻石吊坠项链 | | 31,001 | 天成国际 | 2015.12.06 |
| 天然冰种翡翠配钻石吊坠 | 蛋面 3.30cm | 1,937,560 | 天成国际 | 2015.12.06 |
| 天然冰种翡翠配钻石吊坠项链 | 长 2.7cm | 151,229 | 天成国际 | 2015.06.14 |
| 天然冰种翡翠配钻石佛公吊坠 | | 32,200 | 北京保利 | 2015.12.07 |
| 天然冰种翡翠麒麟配翡翠及钻石吊坠 | | 43,595 | 天成国际 | 2015.12.06 |
| 天然冰种翡翠如意配蓝宝石及钻石吊坠项链 | | 39,698 | 天成国际 | 2015.06.14 |
| 天然冰种翡翠如意钻石吊坠及天然冰种翡翠飘花钻石吊坠镶 18K 玫瑰金（2） | | 11,137 | 香港拍得高 | 2015.03.28 |
| 天然冰种翡翠如意钻石吊坠镶 18K 白金 | | 70,007 | 香港拍得高 | 2015.06.27 |
| 天然冰种翡翠释迦牟尼佛吊坠 | 佛 5.19cm | 155,005 | 天成国际 | 2015.12.06 |
| 天然冰种翡翠笑佛钻石吊坠镶 18K 白金 | | 35,925 | 香港拍得高 | 2015.01.24 |
| 天然冰种翡翠笑佛钻石吊坠镶 18K 玫瑰金（2）（两个） | | 12,896 | 香港拍得高 | 2015.06.27 |
| 天然冰种翡翠钻石招财吊坠镶 18K 白金 | | 11,054 | 香港拍得高 | 2015.01.24 |
| 天然冰种黄翡翠钻石方型吊坠镶 18K 白金 | | 10,209 | 香港拍得高 | 2015.03.28 |
| 天然冰种满绿翡翠吊坠 | 长 4.8cm | 517,500 | 中古陶 | 2015.05.31 |
| 天然冰种满绿翡翠配钻石叶子吊坠 | 4.12cm × 2.14cm | 253,000 | 北京保利 | 2015.12.07 |
| 天然冰种浅绿翡翠配蓝宝石及钻石凤凰吊坠 / 胸针 | | 18,400 | 华艺国际 | 2015.05.24 |
| 天然冰种紫翡翠配钻石吊坠项链 | | 179,584 | 天成国际 | 2015.06.14 |
| 天然冰种紫翡翠桃与灵猴吊坠；及天然冰种翡翠配翡翠及钻石戒指 | | 39,698 | 天成国际 | 2015.06.14 |
| 天然冰种紫罗兰翡翠佛公吊坠 | 坠 4.23cm × 4.36cm | 78,200 | 北京保利 | 2015.12.07 |
| 天然玻璃种翡翠贝壳吊坠 | | 74,750 | 江苏爱涛 | 2015.01.11 |
| 天然玻璃种翡翠蛋面配钻石吊坠 | 长 2.7cm | 402,500 | 华艺国际 | 2015.05.24 |
| 天然玻璃种满绿翡翠吊坠 | 长 6.85cm | 1,035,000 | 中古陶 | 2015.05.31 |
| 天然玻璃种满绿翡翠及钻石观音吊坠 | 长 5.2cm | 3,105,000 | 北京保利 | 2015.06.06 |
| 天然彩色翡翠三彩宝宝佛吊坠项链，王俊懿设计（三件） | 尺寸不一 | 3,497,166 | 天成国际 | 2015.06.14 |
| 天然橙黄色翡翠吊坠 | | 57,672 | 香港利得丰 | 2015.05.25 |
| 天然橙黄色翡翠吊坠（一对） | | 67,284 | 香港利得丰 | 2015.05.25 |
| 天然翡翠“事业有成”吊坠 | | 51,750 | 江苏爱涛 | 2015.01.11 |
| 天然翡翠璧配红宝石吊坠（一对） | | 170,132 | 天成国际 | 2015.06.14 |
| 天然翡翠璧配红宝石及钻石别针吊坠 | 尺寸不一 | 756,563 | 香港苏富比 | 2015.04.06 |
| 天然翡翠步步高升钻石吊坠镶 18K 白金 | | 16,581 | 香港拍得高 | 2015.01.24 |
| 天然翡翠财神吊坠；及天然翡翠马鞍配钻石戒指 | | 32,136 | 天成国际 | 2015.06.14 |

| 拍品名称 | 物品尺寸 | 成交价RMB | 拍卖公司 | 拍卖日期 |
|---|---|---|---|---|
| 天然翡翠螭龙吊坠 | | 34,500 | 华艺国际 | 2015.05.24 |
| 天然翡翠蛋面配钻石吊坠 | | 161,000 | 华艺国际 | 2015.05.24 |
| 天然翡翠吊坠 | | 26,914 | 香港利得丰 | 2015.05.25 |
| 天然翡翠吊坠 | | 15,131 | 香港苏富比 | 2015.04.06 |
| 天然翡翠吊坠（一对） | | 34,500 | 北京保利 | 2015.06.06 |
| 天然翡翠吊坠配 18K 玫瑰金颈链（2） | | 20,265 | 香港拍得高 | 2015.06.27 |
| 天然翡翠吊坠项链 | | 57,672 | 香港利得丰 | 2015.05.25 |
| 天然翡翠豆荚配钻石吊坠 | 长 7.1cm | 2,646,504 | 天成国际 | 2015.06.14 |
| 天然翡翠佛公吊坠 | | 63,250 | 北京保利 | 2015.06.06 |
| 天然翡翠佛公吊坠 | | 11,500 | 北京保利 | 2015.06.06 |
| 天然翡翠佛公吊坠（一组共四件） | | 40,250 | 北京保利 | 2015.06.06 |
| 天然翡翠佛公配 1.01 克拉钻石吊坠 | | 230,000 | 北京保利 | 2015.06.06 |
| 天然翡翠福豆钻石吊坠镶 18K 白金 | | 18,423 | 香港拍得高 | 2015.06.27 |
| 天然翡翠福禄如意配钻石吊坠 | | 50,438 | 香港苏富比 | 2015.04.06 |
| 天然翡翠福在眼前配钻石吊坠 | 长 5.1cm | 977,500 | 华艺国际 | 2015.05.24 |
| 天然翡翠富贵瓜吊坠 | | 13,921 | 香港拍得高 | 2015.03.28 |
| 天然翡翠观音吊坠 | 长 7.4cm | 719,250 | 香港苏富比 | 2015.10.07 |
| 天然翡翠观音吊坠 | | 69,000 | 北京保利 | 2015.06.06 |
| 天然翡翠观音吊坠 | | 32,200 | 北京保利 | 2015.06.06 |
| 天然翡翠观音吊坠 | | 17,250 | 北京保利 | 2015.06.06 |
| 天然翡翠观音吊坠 | | 11,500 | 北京保利 | 2015.06.06 |
| 天然翡翠观音吊坠项链 | | 26,914 | 香港利得丰 | 2015.05.25 |
| 天然翡翠观音挂坠 | | 40,250 | 福建东南 | 2015.05.24 |
| 天然翡翠观音配钻石吊坠 | | 95,831 | 香港苏富比 | 2015.04.06 |
| 天然翡翠观音配钻石吊坠 | 观音长 6.12cm | 87,190 | 天成国际 | 2015.12.06 |
| 天然翡翠观音钻石吊坠镶 18K 白金 | 长 4.9cm | 902,727 | 香港拍得高 | 2015.01.24 |
| 天然翡翠观音钻石吊坠镶 18K 白金 | | 70,007 | 香港拍得高 | 2015.06.27 |
| 天然翡翠观音钻石吊坠镶 18K 白金 | | 64,964 | 香港拍得高 | 2015.03.28 |
| 天然翡翠观音钻石吊坠镶 18K 白金 | | 12,896 | 香港拍得高 | 2015.01.24 |
| 天然翡翠观音钻石吊坠镶 18K 玫瑰金 | | 23,201 | 香港拍得高 | 2015.03.28 |
| 天然翡翠荷花和金鱼吊坠项链 | | 51,985 | 天成国际 | 2015.06.14 |
| 天然翡翠荷花与蜻蜓吊坠 | 长 4.8cm | 411,000 | 香港苏富比 | 2015.10.07 |
| 天然翡翠荷叶吊坠 | | 20,700 | 北京保利 | 2015.12.07 |
| 天然翡翠葫芦配钻石吊坠项链；及天然翡翠配钻石吊耳环（一对） | | 56,711 | 天成国际 | 2015.06.14 |
| 天然翡翠葫芦钻石吊坠镶 18K 白金 | | 39,609 | 香港拍得高 | 2015.01.24 |
| 天然翡翠怀古吊坠项链 | | 122,873 | 天成国际 | 2015.06.14 |
| 天然翡翠怀古配钻石吊坠 | 长 3.5cm | 3,024,960 | 香港苏富比 | 2015.10.07 |
| 天然翡翠怀古钻石吊坠镶 18K 白金 | | 11,975 | 香港拍得高 | 2015.01.24 |
| 天然翡翠及钻石佛公吊坠 | | 28,750 | 保利厦门 | 2015.08.02 |
| 天然翡翠节节高钻石吊坠镶 18K 白金配 18K 白金颈炼（2） | | 24,871 | 香港拍得高 | 2015.06.27 |
| 天然翡翠辣椒钻石吊坠镶 18K 白金 | | 547,550 | 香港拍得高 | 2015.03.28 |
| 天然翡翠兰豆镶钻吊坠 | 长 4cm | 109,250 | 江苏爱涛 | 2015.01.11 |
| 天然翡翠灵猴配钻石吊坠 | | 30,246 | 天成国际 | 2015.06.14 |
| 天然翡翠龙凤呈祥吊坠镶 18K 白金 | | 19,489 | 香港拍得高 | 2015.03.28 |
| 天然翡翠弥勒佛配彩色宝石及钻石吊坠项链，Alessio Boschi 设计 | 弥勒 2.07cm | 116,254 | 天成国际 | 2015.12.06 |
| 天然翡翠弥勒佛配钻石吊坠 | | 661,626 | 天成国际 | 2015.06.14 |
| 天然翡翠弥勒佛配钻石吊坠 | | 423,675 | 香港苏富比 | 2015.04.06 |
| 天然翡翠弥勒佛配钻石吊坠 | | 359,625 | 香港苏富比 | 2015.10.07 |
| 天然翡翠弥勒佛配钻石吊坠 | | 80,500 | 江苏爱涛 | 2015.01.11 |
| 天然翡翠弥勒挂坠 | | 36,800 | 福建东南 | 2015.05.24 |
| 天然翡翠年年有余吊坠 | | 46,979 | 香港拍得高 | 2015.01.24 |
| 天然翡翠年年有余吊坠 | | 20,265 | 香港拍得高 | 2015.01.24 |
| 天然翡翠年年有余吊坠（一对） | | 38,448 | 香港利得丰 | 2015.05.25 |

| 拍品名称 | 物品尺寸 | 成交价RMB | 拍卖公司 | 拍卖日期 |
|---|---|---|---|---|
| 天然翡翠配2.64克拉椭圆形天然缅甸无经加热处理星光红宝石及钻石吊坠 | 长5.5cm | 2,362,950 | 天成国际 | 2015.06.14 |
| 天然翡翠配红色碧玺及钻石吊坠项链 | 尺寸不一 | 1,233,000 | 香港苏富比 | 2015.10.07 |
| 天然翡翠配紫翡翠及钻石吊坠 | 长1.21cm | 242,195 | 天成国际 | 2015.12.06 |
| 天然翡翠配钻石从心所愿吊坠 | | 55,481 | 香港苏富比 | 2015.04.06 |
| 天然翡翠配钻石吊坠 | 长2cm | 504,375 | 香港苏富比 | 2015.04.06 |
| 天然翡翠配钻石吊坠 | | 359,625 | 香港苏富比 | 2015.10.07 |
| 天然翡翠配钻石吊坠 | | 118,163 | 香港苏富比 | 2015.10.07 |
| 天然翡翠配钻石吊坠 | | 113,025 | 香港苏富比 | 2015.10.07 |
| 天然翡翠配钻石吊坠 | | 60,525 | 香港苏富比 | 2015.04.06 |
| 天然翡翠配钻石吊坠及吊耳环套装 | | 359,625 | 香港苏富比 | 2015.10.07 |
| 天然翡翠配钻石吊坠项链 | | 328,800 | 香港苏富比 | 2015.10.07 |
| 天然翡翠配钻石吊坠项链；及天然翡翠葫芦配钻石吊耳环(一对) | | 66,163 | 天成国际 | 2015.06.14 |
| 天然翡翠配钻石吊坠项链及吊耳环套装 | 翡翠4.63cm | 4,650,144 | 天成国际 | 2015.12.06 |
| 天然翡翠配钻石福至心宁吊坠 | | 411,000 | 香港苏富比 | 2015.10.07 |
| 天然翡翠配钻石葫芦吊坠 | 尺寸不一 | 121,050 | 香港苏富比 | 2015.04.06 |
| 天然翡翠配钻石连年有余吊坠 | | 20,700 | 北京保利 | 2015.12.07 |
| 天然翡翠配钻石祥龙吊坠 | 翡翠4.84cm | 339,073 | 天成国际 | 2015.12.06 |
| 天然翡翠配钻石叶子吊坠 | | 13,800 | 北京保利 | 2015.12.07 |
| 天然翡翠平安扣吊坠 | | 16,581 | 香港拍得高 | 2015.01.24 |
| 天然翡翠平安扣挂坠 | | 115,000 | 福建东南 | 2015.05.24 |
| 天然翡翠平安扣配钻石吊坠项链(一对) | 尺寸不一 | 1,412,250 | 香港苏富比 | 2015.04.06 |
| 天然翡翠如意吊坠 | | 172,500 | 北京保利 | 2015.06.06 |
| 天然翡翠如意配钻石吊坠 | | 61,437 | 天成国际 | 2015.06.14 |
| 天然翡翠如意钻石吊坠镶18K白金 | | 14,738 | 香港拍得高 | 2015.01.24 |
| 天然翡翠如意钻石吊坠镶18K白金(2)(两个) | | 11,514 | 香港拍得高 | 2015.06.27 |
| 天然翡翠三彩龙钩吊坠 | | 20,700 | 北京保利 | 2015.06.06 |
| 天然翡翠寿桃钻石吊坠镶18K白金 | | 50,663 | 香港拍得高 | 2015.01.24 |
| 天然翡翠双螭挂坠 | | 41,400 | 福建东南 | 2015.05.24 |
| 天然翡翠双喜寿桃钻石吊坠镶18K玫瑰金 | | 30,398 | 香港拍得高 | 2015.01.24 |
| 天然翡翠素牌镶钻石挂坠 | | 264,500 | 福建东南 | 2015.05.24 |
| 天然翡翠随形吊坠 | | 10,350 | 保利厦门 | 2015.08.02 |
| 天然翡翠豌豆挂坠 | 长4.6cm | 3,220,000 | 福建东南 | 2015.05.24 |
| 天然翡翠豌豆配钻石吊坠 | | 342,975 | 香港苏富比 | 2015.04.06 |
| 天然翡翠豌豆配钻石吊坠 | | 191,663 | 香港苏富比 | 2015.04.06 |
| 天然翡翠万事如意配钻石吊坠 | 尺寸不一 | 453,938 | 香港苏富比 | 2015.04.06 |
| 天然翡翠镶嵌吊坠 | | 437,000 | 福建东南 | 2015.05.24 |
| 天然翡翠镶嵌吊坠 | | 115,000 | 福建东南 | 2015.05.24 |
| 天然翡翠镶嵌笑佛吊坠 | | 86,250 | 福建东南 | 2015.05.24 |
| 天然翡翠镶嵌叶形吊坠 | | 207,000 | 福建东南 | 2015.05.24 |
| 天然翡翠笑佛吊坠镶18K白金 | | 48,821 | 香港拍得高 | 2015.06.27 |
| 天然翡翠笑佛吊坠镶18K白金配18K白金颈链(2) | | 446,758 | 香港拍得高 | 2015.01.24 |
| 天然翡翠笑佛挂坠 | | 26,450 | 福建东南 | 2015.05.24 |
| 天然翡翠笑佛钻石吊坠镶18K白金 | | 41,762 | 香港拍得高 | 2015.03.28 |
| 天然翡翠笑佛钻石吊坠镶18K白金配18K白金颈链(2) | | 24,871 | 香港拍得高 | 2015.01.24 |
| 天然翡翠心配钻石吊坠 | 长2.3cm | 493,200 | 香港苏富比 | 2015.10.07 |
| 天然翡翠叶子配钻石吊坠 | 长4.26cm | 706,125 | 香港苏富比 | 2015.04.06 |
| 天然翡翠玉叶钻石吊坠镶18K白金 | | 50,663 | 香港拍得高 | 2015.06.27 |
| 天然翡翠郁金香配彩色宝石吊坠项链，Alessio Boschi设计 | | 27,126 | 天成国际 | 2015.12.06 |

| 拍品名称 | 物品尺寸 | 成交价RMB | 拍卖公司 | 拍卖日期 |
|---|---|---|---|---|
| 天然翡翠珠吊坠项链 | | 57,672 | 香港利得丰 | 2015.05.25 |
| 天然翡翠珠及红宝石珠吊坠项链 | | 76,896 | 香港利得丰 | 2015.05.25 |
| 天然翡翠竹节挂坠 | | 20,700 | 福建东南 | 2015.05.24 |
| 天然翡翠竹钻石吊坠镶18K白金 | | 24,871 | 香港拍得高 | 2015.06.27 |
| 天然翡翠紫罗兰弥勒吊坠 | 长3.6cm | 92,000 | 福建东南 | 2015.05.24 |
| 天然翡翠钻石吊坠镶18K白金 | | 119,750 | 香港拍得高 | 2015.01.24 |
| 天然翡翠钻石吊坠镶18K白金 | | 27,635 | 香港拍得高 | 2015.06.27 |
| 天然翡翠钻石吊坠镶18K白金 | | 25,985 | 香港拍得高 | 2015.03.28 |
| 天然翡翠钻石吊坠镶18K白金 | | 13,817 | 香港拍得高 | 2015.06.27 |
| 天然翡翠钻石吊坠镶18K白金配18K白金颈炼(2) | | 185,610 | 香港拍得高 | 2015.03.28 |
| 天然翡翠钻石吊坠镶18K白金配18K白金颈炼(2) | | 39,906 | 香港拍得高 | 2015.03.28 |
| 天然翡翠钻石吊坠镶18K白金配18K白金颈链(2) | | 21,186 | 香港拍得高 | 2015.01.24 |
| 天然翡翠钻石吊坠镶18K白金配18K白金颈链(2) | | 18,423 | 香港拍得高 | 2015.01.24 |
| 天然粉红色海螺珠4.70克拉配天然蚌珠14.10克拉及钻石吊坠项链 | 链长45cm | 100,875 | 香港苏富比 | 2015.04.06 |
| 天然高冰翡翠镶钻石吊坠 | | 55,200 | 福建东南 | 2015.05.24 |
| 天然红宝石吊坠 | | 25,300 | 远方拍卖 | 2015.07.01 |
| 天然红宝石镶钻石吊坠 | | 14,950 | 福建东南 | 2015.05.24 |
| 天然红翡翠配钻石吊坠 | | 66,163 | 天成国际 | 2015.06.14 |
| 天然红翡翠如意配钻石吊坠 | | 35,917 | 天成国际 | 2015.06.14 |
| 天然红翡翠如意配钻石吊坠项链及吊耳环套装 | | 53,283 | 天成国际 | 2015.12.06 |
| 天然红翡翠如意钻石吊坠镶18K白金 | | 27,635 | 香港拍得高 | 2015.06.27 |
| 天然红翡翠如意钻石吊坠镶18K白金 | | 10,133 | 香港拍得高 | 2015.06.27 |
| 天然红翡翠树叶配翡翠及钻石吊坠；及戒指套装 | | 66,163 | 天成国际 | 2015.06.14 |
| 天然红翡翠笑佛钻石吊坠镶18K白金 | | 44,215 | 香港拍得高 | 2015.01.24 |
| 天然红翡翠钻石吊坠镶18K白金 | | 69,086 | 香港拍得高 | 2015.06.27 |
| 天然红色翡翠叶子配钻石吊坠 | 长3.83cm | 110,963 | 香港苏富比 | 2015.04.06 |
| 天然红珊瑚及贝母配钻石花朵吊坠及天然粉色珊瑚配钻石花朵戒指套装 | | 25,300 | 北京保利 | 2015.12.07 |
| 天然红珊瑚配彩宝及钻石吊坠/胸针 | | 63,250 | 华艺国际 | 2015.05.24 |
| 天然红珊瑚配钻石吊坠 | | 32,200 | 北京保利 | 2015.12.07 |
| 天然黄翡翠钻石吊坠镶18K白金 | | 23,029 | 香港拍得高 | 2015.06.27 |
| 天然黄色翡翠观音配天然翡翠及钻石吊坠；及天然冰种翡翠叶子配天然翡翠及钻石吊坠 | | 55,481 | 香港苏富比 | 2015.04.06 |
| 天然老坑翡翠镶嵌吊坠 | 长3.3cm | 920,000 | 福建东南 | 2015.05.24 |
| 天然绿色翡翠佛公吊坠 | | 80,500 | 北京保利 | 2015.06.06 |
| 天然满绿翡翠蛋面配钻石吊坠 | 3.66cm×2.43cm | 299,000 | 北京保利 | 2015.12.07 |
| 天然满绿翡翠吊坠 | | 138,000 | 北京保利 | 2015.06.06 |
| 天然满绿翡翠吊坠、戒指套装 | | 57,500 | 北京保利 | 2015.06.06 |
| 天然满绿翡翠佛公配钻石吊坠 | 长4cm | 2,300,000 | 华艺国际 | 2015.05.24 |
| 天然满绿翡翠福豆及天然翡翠如意吊坠(一对) | | 74,750 | 北京保利 | 2015.06.06 |
| 天然满绿翡翠荷叶吊坠 | 长6cm | 2,760,000 | 北京保利 | 2015.06.06 |
| 天然满绿翡翠及钻石吊坠 | | 57,500 | 北京保利 | 2015.06.06 |
| 天然满绿翡翠及钻石吊坠 | | 34,500 | 北京保利 | 2015.06.06 |
| 天然满绿翡翠及钻石佛公吊坠 | | 69,000 | 北京保利 | 2015.06.06 |
| 天然满绿翡翠及钻石福豆吊坠 | 长4cm | 48,300 | 北京保利 | 2015.06.06 |
| 天然满绿翡翠及钻石双寿桃吊坠 | 长3.1cm | 977,500 | 北京保利 | 2015.06.06 |
| 天然满绿翡翠及钻石叶形吊坠 | 长4cm | 109,250 | 北京保利 | 2015.06.06 |

**2015珠宝翡翠拍卖成交汇总**

**(成交价RMB：1万元以上)**

| 拍品名称 | 物品尺寸 | 成交价RMB | 拍卖公司 | 拍卖日期 |
|---|---|---|---|---|
| 天然满绿翡翠灵猴献寿吊坠 | 长 3.5cm | 690,000 | 北京保利 | 2015.06.06 |
| 天然满绿翡翠配钻石吊坠 | | 264,500 | 华艺国际 | 2015.05.24 |
| 天然满绿翡翠配钻石吊坠 | | 34,500 | 北京保利 | 2015.12.07 |
| 天然满绿翡翠配钻石佛公吊坠 | | 28,750 | 北京保利 | 2015.12.07 |
| 天然满绿翡翠叶形吊坠 | | 34,500 | 保利厦门 | 2015.08.02 |
| 天然满色翡翠葫芦吊坠 | | 92,000 | 广州皇玛 | 2015.01.17 |
| 天然墨翠观音及佛公吊坠(一对) | 尺寸不一 | 51,750 | 北京保利 | 2015.06.06 |
| 天然墨翠弥勒佛配翡翠吊坠项链 | 弥勒长 6.28cm | 77,502 | 天成国际 | 2015.12.06 |
| 天然南红玛瑙事事如意吊坠项链，王凯出品 | | 38,751 | 天成国际 | 2015.12.06 |
| 天然飘花翡翠鼻烟壶吊坠 | | 23,000 | 北京保利 | 2015.06.06 |
| 天然飘花翡翠叶形吊坠 | | 32,200 | 北京保利 | 2015.06.06 |
| 天然巧色翡翠山水吊坠 | | 14,278 | 香港拍得高 | 2015.01.24 |
| 天然俏色翡翠观音吊坠 | 长 7.5cm | 138,000 | 北京保利 | 2015.06.06 |
| 天然三色冰种翡翠福寿如意配钻石吊坠 | | 75,614 | 天成国际 | 2015.06.14 |
| 天然三色翡翠钻石吊坠镶 18K 白金配 18K 白金颈炼及天然黄翡翠钻石戒指镶 18K 白金（3） | | 10,209 | 香港拍得高 | 2015.03.28 |
| 天然山水墨翡翠吊坠 | | 28,750 | 北京保利 | 2015.06.06 |
| 天然双色翡翠观音吊坠项链 | | 29,063 | 天成国际 | 2015.12.06 |
| 天然双色翡翠如意童子吊坠项链 | | 19,376 | 天成国际 | 2015.12.06 |
| 天然双色翡翠四君子吊坠项链(一对) | 尺寸不一 | 207,940 | 天成国际 | 2015.06.14 |
| 天然叶型翡翠、天然紫罗兰翡翠叶型及天然红翡竹节吊坠(一组共三件) | | 69,000 | 北京保利 | 2015.06.06 |
| 天然珍珠及钻石吊坠项链 | 珍珠 1.40cm×1.05cm | 246,300 | 佳士得 | 2015.12.01 |
| 天然珍珠配钻石吊坠 | 链长 44cm | 474,113 | 香港苏富比 | 2015.04.06 |
| 天然紫翡翠班指配红宝石及钻石吊坠项链 | 尺寸不一 | 2,079,396 | 天成国际 | 2015.06.14 |
| 天然紫翡翠富贵豆钻石吊坠镶 18K 白金 | | 24,129 | 香港拍得高 | 2015.03.28 |
| 天然紫翡翠葫芦配宝石及钻石吊坠及戒指套装 | | 66,788 | 香港苏富比 | 2015.10.07 |
| 天然紫翡翠怀古配紫水晶及钻石吊坠及天然翡翠配橙翡翠及钻石蝴蝶胸针 | 怀古长 3.30cm | 67,815 | 天成国际 | 2015.12.06 |
| 天然紫翡翠配翡翠及钻石吊坠(一对) | | 47,259 | 天成国际 | 2015.06.14 |
| 天然紫翡翠配钻石吊坠 | | 174,380 | 天成国际 | 2015.12.06 |
| 天然紫翡翠配钻石吊坠项链 | | 43,595 | 天成国际 | 2015.12.06 |
| 天然紫翡翠双龙金钱钻石吊坠镶 18K 白金 | | 16,705 | 香港拍得高 | 2015.03.28 |
| 天然紫翡翠天鹅钻石吊坠镶 18K 白金 | | 13,457 | 香港拍得高 | 2015.03.28 |
| 天然紫罗兰翡翠蛋面吊坠 | | 36,526 | 香港利得丰 | 2015.05.25 |
| 天然紫罗兰翡翠蛋面及钻石吊坠 | | 43,700 | 北京保利 | 2015.06.06 |
| 天然紫罗兰翡翠蛋面配钻石吊坠、戒指套装 | | 36,800 | 北京保利 | 2015.12.07 |
| 天然紫罗兰翡翠福瓜吊坠 | | 20,700 | 北京保利 | 2015.06.06 |
| 天然紫罗兰翡翠寿桃吊坠 | | 63,250 | 北京保利 | 2015.06.06 |
| 天然紫色翡翠平安扣吊坠 | 长 3cm | 205,500 | 香港苏富比 | 2015.10.07 |
| 天然钻石小熊吊坠 | | 10,350 | 保利厦门 | 2015.08.02 |
| 王小哲 翡翠公鸡挂坠 | | 32,200 | 中国嘉德 | 2015.11.16 |
| 梶光夫珐琅珍珠钻石铂金黄金吊坠 | | 10,397 | 日本伊斯特 | 2015.05.24 |
| 未经镶嵌缅甸天然翡翠葫芦及寿桃吊坠(四件) | | 63,047 | 保利香港 | 2015.10.06 |
| 未经镶嵌天然翡翠葫芦及兔吊坠(两件) | | 18,904 | 天成国际 | 2015.06.14 |
| 无色玻璃种翡翠项坠 | 重 26.01g | 1,437,500 | 北京匡时 | 2015.12.04 |

| 拍品名称 | 物品尺寸 | 成交价RMB | 拍卖公司 | 拍卖日期 |
|---|---|---|---|---|
| 鲜彩黄色钻石配钻石吊坠项 蒂芙尼（Tiffan Co.）；及钻石戒 卡地亚（Cartier） | | 110,963 | 香港苏富比 | 2015.04.06 |
| 养殖珍珠、钻石及有色钻石吊坠项链 Cartier 设计 | 吊坠长 4.3cm | 194,988 | 佳士得 | 2015.12.01 |
| 约 12.12 克拉梨形哥伦比亚天然祖母绿及钻石吊坠 | 长 4.5cm | 4,069,080 | 佳士得 | 2015.06.02 |
| 约 1960 年制 约 110 克拉天然海蓝宝石及钻石吊坠项链 | 长 4cm | 115,000 | 北京保利 | 2015.06.06 |
| 约 53.88 克拉长方形浓彩黄色 VS1 钻石吊坠项链 | 链长 39cm | 10,605,240 | 佳士得 | 2015.06.02 |
| 约 9.88 克拉长方形哥伦比亚祖母绿及钻石吊坠 | 长 5.5cm | 4,069,080 | 佳士得 | 2015.06.02 |
| 珍罕天然冰种紫翡翠弥勒佛配钻石吊坠 | 弥勒 5.7cm | 7,750,240 | 天成国际 | 2015.12.06 |
| 珍罕天然翡翠弥勒佛吊坠 | 长 5.0cm | 15,016,090 | 天成国际 | 2015.12.06 |
| 珍罕天然翡翠弥勒佛配钻石吊坠 | 长 4.8cm | 14,177,700 | 天成国际 | 2015.06.14 |
| 珍罕天然翡翠胸有成竹配钻石吊坠 | 高 5.3cm | 13,078,530 | 天成国际 | 2015.12.06 |
| 珍罕天然无经染色处理橙色海螺珠配祖母绿及钻石吊坠项链 | | 775,024 | 天成国际 | 2015.12.06 |
| 珍珠钻石吊坠连 18K 白金颈链及珍珠耳环镶 18K 白金（4） | | 12,896 | 香港拍得高 | 2015.01.24 |
| 珍珠钻石吊坠镶 18K 白金 | | 11,975 | 香港拍得高 | 2015.06.27 |
| 珍珠钻石吊坠镶18K白金连意大利18K白金颈炼（2） | | 25,792 | 香港拍得高 | 2015.06.27 |
| 枕形紫水晶吊坠 | | 19,224 | 香港利得丰 | 2015.05.25 |
| 紫罗兰蛋面吊坠、戒指（一组） | | 73,600 | 南京经典 | 2015.01.04 |
| 紫水晶及钻石吊坠 | | 35,919 | 佳士得 | 2015.12.01 |
| 紫水晶配沙弗莱石榴石，红宝石及棕色钻石树蛙吊坠，ICE 出品 | 尺寸不一 | 245,747 | 天成国际 | 2015.06.14 |
| 总重 13.25 克拉彩色钻石配钻石蝴蝶结吊坠 | | 46,000 | 北京保利 | 2015.12.07 |
| 总重 2.80 克拉心形钻石吊坠、戒指、耳环套装 | | 11,500 | 北京保利 | 2015.12.07 |
| 总重 4.32 克拉黄色钻石配钻石吊坠 | | 40,250 | 北京保利 | 2015.12.07 |
| 总重 6.25 克拉天然蓝宝石花型吊坠及总重 5.43 克拉天然蓝宝石花型戒指套装 | | 28,750 | 北京保利 | 2015.06.06 |
| 祖母绿钻石吊坠镶 18K 白金 | | 35,266 | 香港拍得高 | 2015.03.28 |
| 祖母绿钻石吊坠镶铂金配铂金颈炼（2） | | 14,738 | 香港拍得高 | 2015.06.27 |
| 钻石 18K 金吊坠—“泉” | | 33,600 | 北京荣宝 | 2015.11.29 |
| 钻石 18K 金吊坠兼胸针—“蒲公英之恋” | | 13,440 | 北京荣宝 | 2015.11.29 |
| 钻石 18K 金吊坠项链 | | 11,200 | 北京荣宝 | 2015.11.29 |
| 钻石吊坠 | | 262,275 | 香港苏富比 | 2015.04.06 |
| 钻石吊坠 / 胸针 | | 75,094 | 佳士得 | 2015.06.02 |
| 钻石吊坠 / 胸针 Carnet 设计 | 坠长 10.8cm | 205,250 | 佳士得 | 2015.12.01 |
| 钻石吊坠耳夹（一对）格拉夫 | | 348,627 | 伦敦苏富比 | 2015.06.11 |
| 钻石吊坠配吊耳环套装 | | 174,675 | 香港苏富比 | 2015.10.07 |
| 钻石吊坠镶 18K 白金配 18K 白金颈链（2） | | 13,357 | 香港拍得高 | 2015.01.24 |
| 钻石吊坠镶 18K 黄及白金 | | 27,635 | 香港拍得高 | 2015.01.24 |
| 钻石吊坠镶 18K 玫瑰金配 18K 玫瑰金颈炼（2） | | 13,921 | 香港拍得高 | 2015.03.28 |
| 钻石吊坠项 格拉芙（Graff） | | 1,710,840 | 香港苏富比 | 2015.04.06 |
| 钻石吊坠项链 | | 110,138 | 佳士得 | 2015.06.02 |

| 拍品名称 | 物品尺寸 | 成交价RMB | 拍卖公司 | 拍卖日期 |
|---|---|---|---|---|
| 钻石花朵吊坠、耳环套装 Pasquale Bruni 设计 | | 48,300 | 北京保利 | 2015.12.07 |
| 钻石及有色钻石吊坠项链 | | 194,988 | 佳士得 | 2015.12.01 |
| 钻石配缟玛瑙及祖母绿豹吊坠项链及耳环套装 | 链长 45cm | 242,100 | 香港苏富比 | 2015.04.06 |
| 钻石配蓝宝石大象吊坠 Happy Diamond 系列 肖邦 Chopard | | 28,750 | 北京保利 | 2015.12.07 |
| 钻石泰迪熊挂坠 | | 13,332 | 保利香港 | 2015.04.07 |
| 钻石心形吊坠 卡地亚 Cartier、钻石雪花吊坠 宝格丽 Bulgari 及钻石心形吊坠 伯爵 Piaget 一组 共三条 | | 48,300 | 北京保利 | 2015.12.07 |
| 钻石钥匙吊坠 迪斯尼 Disney | | 11,500 | 北京保利 | 2015.12.07 |
| **戒 指** | | | | |
| 《残荷听雨》戒指 | | 25,300 | 远方拍卖 | 2015.07.01 |
| 0.40 克拉梨形浅粉棕色彩钻戒指 | | 55,200 | 华艺国际 | 2015.05.24 |
| 0.40 克拉圆形天然浓彩紫粉红色钻石配 0.40 克拉圆形天然彩紫粉红色钻石及钻石戒指 | | 174,380 | 天成国际 | 2015.12.06 |
| 0.51 克拉淡粉色钻石戒指 | | 29,120 | 北京荣宝 | 2015.03.29 |
| 0.79 克拉天然马眼形 D 色 SI1 净度钻石戒指及 0.71 克拉天然圆形彩黄色 SI1 净度钻石戒指（一对） | | 28,750 | 北京保利 | 2015.06.06 |
| 0.81 克拉天然亚历山大变石戒指 | | 13,800 | 北京保利 | 2015.06.06 |
| 0.99 克拉哥伦比亚天然祖母绿配钻石戒指 | | 23,000 | 福建东南 | 2015.05.24 |
| 1.001 克拉钻石 18K 戒指 | | 10,350 | 厦门华辰 | 2015.06.20 |
| 1.004 克拉钻石 18K 戒指 | | 17,250 | 厦门华辰 | 2015.06.20 |
| 1.007 克拉钻石 18K 戒指 | | 10,350 | 厦门华辰 | 2015.06.20 |
| 1.009 克拉钻石 18K 戒指 | | 11,500 | 厦门华辰 | 2015.06.20 |
| 1.009 克拉钻石 18K 戒指 | | 11,500 | 厦门华辰 | 2015.06.20 |
| 1.011 克拉钻石 18K 戒指 | | 11,500 | 厦门华辰 | 2015.06.20 |
| 1.012 克拉天然 K-L 色 SI 净度钻石戒指 | | 25,300 | 北京保利 | 2015.06.06 |
| 1.013 克拉钻石 18K 戒指 | | 12,650 | 厦门华辰 | 2015.06.20 |
| 1.013 克拉钻石 18K 戒指 | | 11,500 | 厦门华辰 | 2015.06.20 |
| 1.01 克拉天然彩黄色 VS1 净度钻石配钻石戒指 | | 63,250 | 北京保利 | 2015.12.07 |
| 1.01 克拉天然祖母绿形足色无瑕（IF）钻石戒指 | | 86,250 | 北京保利 | 2015.06.06 |
| 1.01 克拉钻石 18K 戒指 | | 17,250 | 厦门华辰 | 2015.06.20 |
| 1.028 克拉钻石 18K 戒指 | | 10,350 | 厦门华辰 | 2015.06.20 |
| 1.02 克拉梨形天然彩粉红棕色 SI1 净度钻石配钻石戒指；及 2.52 克拉椭圆形天然马达加斯加无经加热处理皇家蓝蓝宝石配钻石戒指 | | 80,340 | 天成国际 | 2015.06.14 |
| 1.02 克拉缅甸”鸽血红“红宝石配钻石戒指，未经加热 | | 43,648 | 保利香港 | 2015.10.06 |
| 1.02 克拉天然彩紫粉色 SI1 净度钻石及钻石戒指 | | 552,000 | 北京保利 | 2015.06.06 |
| 1.02 克拉天然心形缅甸鸽血红红宝石配钻石戒指 未经加热 | | 32,200 | 北京保利 | 2015.12.07 |
| 1.03 克拉椭圆形黄色钻石配钻石戒指镶 18K 玫瑰金 | | 25,985 | 香港拍得高 | 2015.03.28 |
| 1.04 克拉未加热鸽血红宝石戒指 | | 24,640 | 北京荣宝 | 2015.11.29 |
| 1.05 克拉彩棕橘色钻石戒指 | | 116,395 | 保利香港 | 2015.10.06 |
| 1.05 克拉钻石戒指镶铂金 | | 29,477 | 香港拍得高 | 2015.01.24 |
| 1.06 克拉钻石戒指镶 18K 白金 | | 29,698 | 香港拍得高 | 2015.03.28 |

| 拍品名称 | 物品尺寸 | 成交价RMB | 拍卖公司 | 拍卖日期 |
|---|---|---|---|---|
| 1.08 克拉天然莫桑比克红宝石及彩色蓝宝石繁花似锦戒指 | | 40,250 | 保利厦门 | 2015.08.02 |
| 1.09 克拉方形天然浅彩粉红色钻石配 1.01 克拉 F 色 VS2 净度极优打磨钻石及钻石戒指 | | 155,005 | 天成国际 | 2015.12.06 |
| 1.10 克拉钻石戒指 | | 36,800 | 江苏爱涛 | 2015.01.11 |
| 1.14 克拉天然红宝石戒指 | | 11,500 | 北京保利 | 2015.06.06 |
| 1.14 克拉钻石 18K 戒指 | | 12,650 | 厦门华辰 | 2015.06.20 |
| 1.15 克拉 钻石 铂金戒指 | | 28,355 | 日本伊斯特 | 2015.05.24 |
| 1.16 克拉圆形 F 色 VVS1 净度钻石戒指 | | 53,283 | 天成国际 | 2015.12.06 |
| 1.17 克拉圆形 H 色 VS1 净度钻石配钻石戒指及钻石十字架吊坠（两件） | | 46,501 | 天成国际 | 2015.12.06 |
| 1.21 克拉 钻石 铂金戒指 | | 35,917 | 日本伊斯特 | 2015.05.24 |
| 1.21 克拉红宝钻石铂金戒指 | | 24,640 | 北京荣宝 | 2015.06.21 |
| 1.22 克拉天然缅甸鸽血红红宝石及钻石戒指 | | 11,500 | 北京保利 | 2015.06.06 |
| 1.23 克拉变色龙钻石戒指 | | 171,407 | 保利香港 | 2015.04.07 |
| 1.23 克拉钻石戒指镶 18K 白金 | | 22,273 | 香港拍得高 | 2015.03.28 |
| 1.26 克拉彩蓝钻石戒指 | | 1,782,500 | 北京匡时 | 2015.12.04 |
| 1.29 克拉圆形天然艳彩橙黄色钻石配钻石戒指，卡地亚出品 | | 271,258 | 天成国际 | 2015.12.06 |
| 1.321 克拉钻石 18K 戒指 | | 12,650 | 厦门华辰 | 2015.06.20 |
| 1.37 克拉方形黄色钻石配钻石戒指镶 18K 白金 | | 28,770 | 香港拍得高 | 2015.03.28 |
| 1.38 克拉天然克什米尔蓝宝石配钻石戒指 未经加热 | | 46,000 | 北京保利 | 2015.12.07 |
| 1.42 克拉蓝宝石钻石戒指镶 18K 白金 | | 10,133 | 香港拍得高 | 2015.01.24 |
| 1.43 克拉黄钻 18K 戒指 | | 97,750 | 厦门华辰 | 2015.06.20 |
| 1.43 克拉阶梯式切割 E 色 VS1 净度钻石配钻石戒指及钻石手链 | | 77,502 | 天成国际 | 2015.12.06 |
| 1.46 克拉彩色钻石戒指 | | 27,159 | 保利香港 | 2015.10.06 |
| 1.50 克拉天然祖母绿形足色无瑕（D/IF）钻石配钻石戒指 | | 126,500 | 北京保利 | 2015.12.07 |
| 1.51 克拉圆形钻石戒指镶 18K 白金 | | 75,534 | 香港拍得高 | 2015.06.27 |
| 1.53 克拉钻石戒指镶 18K 白金 | | 81,668 | 香港拍得高 | 2015.03.28 |
| 1.54 克拉红宝石戒指 | | 16,800 | 北京荣宝 | 2015.11.29 |
| 1.54 克拉天然缅甸鸽血红红宝石戒指 未经加热 | | 55,200 | 北京保利 | 2015.06.06 |
| 1.59 克拉祖母绿戒指 | | 35,840 | 北京荣宝 | 2015.03.29 |
| 1.5 克拉粉钻 18K 戒指 | | 575,000 | 厦门华辰 | 2015.06.20 |
| 1.62 克拉圆形钻石戒指镶铂金 | | 47,900 | 香港拍得高 | 2015.06.27 |
| 1.62 克拉钻石戒指 Tiffany & Schlumberger 约 1980 年制 | | 28,750 | 北京保利 | 2015.12.07 |
| 1.65 克拉天然蓝宝石及钻石戒指 | | 13,800 | 北京保利 | 2015.06.06 |
| 1.68 克拉 钻石 铂金戒指 | | 45,369 | 日本伊斯特 | 2015.05.24 |
| 1.72 克拉蓝宝石戒指 | | 22,400 | 北京荣宝 | 2015.08.30 |
| 1.75 克拉圆形中彩黄色 IF（无瑕）净度彩钻戒指 | | 207,000 | 华艺国际 | 2015.05.24 |
| 1.789 克拉天然矢车菊蓝蓝宝石及钻石戒指 | | 11,500 | 保利厦门 | 2015.08.02 |
| 1.81 克拉古垫形天然缅甸抹谷无经加热处理红宝石配钻石戒指 | | 89,792 | 天成国际 | 2015.06.14 |
| 1.81 克拉心形无烧鸽血红 18K 戒指 | | 126,500 | 厦门华辰 | 2015.06.20 |
| 1.87 克拉天然祖母绿戒指 | | 28,750 | 北京保利 | 2015.06.06 |
| 1.99 克拉缅甸鸽血红红宝石配钻石戒指 | | 66,658 | 保利香港 | 2015.04.07 |
| 10.00 克拉，E 色内部无瑕（IF）净度钻石戒指 | | 3,550,800 | 香港苏富比 | 2015.04.06 |

| 拍品名称 | 物品尺寸 | 成交价RMB | 拍卖公司 | 拍卖日期 |
|---|---|---|---|---|
| 10.00克拉，G色，VVS1净度钻石戒指 | | 4,405,920 | 香港苏富比 | 2015.10.07 |
| 10.02克拉圆形H色内部无瑕极优切割及打磨钻石戒指 | | 3,100,096 | 天成国际 | 2015.12.06 |
| 10.03克拉黄色刚玉钻石戒指镶18K白金（无处理） | | 110,538 | 香港拍得高 | 2015.06.27 |
| 10.03克拉天然祖母绿形足色全美（FL）TYPE IIA钻石戒指 | | 9,775,000 | 北京保利 | 2015.06.06 |
| 10.05克拉天然糖果形蓝宝石及钻石戒指 | | 103,500 | 北京保利 | 2015.06.06 |
| 10.06克拉梨形D/IF钻石戒指 | | 5,607,000 | 佳士得 | 2015.06.02 |
| 10.07克拉枕形天然变色粉紫色蓝宝石戒指 | | 43,254 | 香港利得丰 | 2015.05.25 |
| 10.08克拉D色内部无瑕（IF）净度钻石戒指 | | 11,201,160 | 香港苏富比 | 2015.04.06 |
| 10.09克拉天然红色碧玺配钻石戒指 | | 20,700 | 北京保利 | 2015.12.07 |
| 10.10克拉椭圆形天然斯里兰卡加热处理皇家蓝蓝宝石配钻石戒指及耳环套装 | | 203,444 | 天成国际 | 2015.12.06 |
| 10.11克拉长方形阿富汗天然祖母绿戒指 | | 14,416,760 | 佳士得 | 2015.12.01 |
| 10.12克拉红碧玺配钻石戒指，未经加热 | | 29,099 | 保利香港 | 2015.10.06 |
| 10.15克拉D/IF type IIa梨形明亮式切磨钻石戒指 | | 8,536,738 | 香港利得丰 | 2015.05.25 |
| 10.15克拉天然缅甸鸽血红红宝石及钻石戒指 未经加热 | | 805,000 | 北京保利 | 2015.06.06 |
| 10.15克拉椭圆形天然斯里兰卡无经加热处理皇家蓝星光蓝宝石配红宝石及钻石兰花戒指 | | 96,878 | 天成国际 | 2015.12.06 |
| 10.25克拉斯里兰卡“皇家蓝”蓝宝石配钻石戒指，未经加热 | | 310,387 | 保利香港 | 2015.10.06 |
| 10.30克拉天然M色VS2净度钻石配钻石戒指 | | 644,000 | 北京保利 | 2015.12.07 |
| 10.45克拉椭圆形天然红色碧玺配红宝石及钻石海马戒指 | | 56,189 | 天成国际 | 2015.12.06 |
| 10.58克拉彩棕橙粉红色钻石戒指 | | 13,749,505 | 日内瓦苏富比 | 2015.11.11 |
| 10.67克拉椭圆形H色SI1净度极优打磨钻石戒指 | | 2,034,438 | 天成国际 | 2015.12.06 |
| 10.73克拉缅甸红宝石配钻石戒指，未经加热 | | 581,976 | 保利香港 | 2015.10.06 |
| 10.77克拉红宝石戒指 | | 361,859 | 保利香港 | 2015.04.07 |
| 10.82克拉椭圆形天然缅甸无经加热处理星光蓝宝石配钻石戒指及2.71及2.66克拉椭圆形天然缅甸无经加热处理星光蓝宝石配钻石耳环套装 | | 62,971 | 天成国际 | 2015.12.06 |
| 10.89克拉缅甸红宝石配钻石戒指 | | 228,542 | 保利香港 | 2015.04.07 |
| 100.20克拉祖母绿钻石戒指 | 尺寸6.5 | 136,743,727 | 纽约苏富比 | 2015.04.21 |
| 11.01克拉椭圆形天然缅甸无经加热处理皇家蓝蓝宝石配钻石戒指 | | 1,065,658 | 天成国际 | 2015.12.06 |
| 11.37克拉梨形D/VS1钻石戒指 | 尺寸5 1/4 | 4,838,040 | 佳士得 | 2015.06.02 |
| 11.38克拉长方形黄色钻石戒指 | | 1,473,840 | 佳士得 | 2015.06.02 |
| 11.40克拉D色VVS1净度钻石戒指 | | 7,704,405 | 日内瓦佳士得 | 2015.05.13 |
| 11.41克拉椭圆形天然缅甸无经加热处理星光红宝石配钻石戒指 | | 145,317 | 天成国际 | 2015.12.06 |
| 11.72克拉椭圆形天然绿色碧玺配钻石戒指 | | 72,659 | 天成国际 | 2015.12.06 |
| 11.74克拉彩色蓝宝石配钻石戒指 | | 24,249 | 保利香港 | 2015.10.06 |
| 12.03克拉蓝月鲜彩蓝色钻石戒指 | | 308,153,645 | 日内瓦苏富比 | 2015.11.11 |
| 12.07克拉椭圆形缅甸天然粉红色蓝宝石及钻石戒指 | 尺寸5 3/4 | 1,666,080 | 佳士得 | 2015.06.02 |
| 12.42克拉八角形梯式切磨斯里兰卡天然蓝宝石戒指 | | 298,933 | 香港利得丰 | 2015.05.25 |
| 12.46克拉椭圆形锰铝榴石配棕色钻石戒指 | | 58,127 | 天成国际 | 2015.12.06 |
| 12.65克拉天然斯里兰卡亚历山大变石配钻石戒指 未经加热 | 指环13 | 1,725,000 | 北京保利 | 2015.12.07 |
| 12.73克拉长方形浓彩黄色VVS2钻石戒指 | 尺寸6 | 1,954,440 | 佳士得 | 2015.06.02 |
| 12.80克拉天然斯里兰卡蜜糖色金绿宝石猫眼配钻石戒指 未经加热 | | 74,750 | 北京保利 | 2015.12.07 |
| 13.10克拉梨形天然橙色蛋白石配钻石戒指 | | 96,878 | 天成国际 | 2015.12.06 |
| 13.14克拉 变色星光蓝宝石 钻石铂金戒指（非加热） | | 31,191 | 日本伊斯特 | 2015.05.24 |
| 13.63克拉天然斯里兰卡矢车菊蓝宝石及钻石戒指 未经加热 | 大小13 | 437,000 | 北京保利 | 2015.06.06 |
| 13.75克拉钻石戒指 宝诗龙（Boucheron） | | 7,476,689 | 日内瓦苏富比 | 2015.11.11 |
| 13.79克拉正方形鲜彩黄色VVS1钻石戒指 | 指环6 | 6,732,200 | 佳士得 | 2015.12.01 |
| 14.24克拉天然浓彩黄色VVS2净度钻石配钻石戒指 | | 2,760,000 | 北京保利 | 2015.12.07 |
| 14.27克拉天然火欧泊及钻石戒指 | 大小13 | 126,500 | 北京保利 | 2015.06.06 |
| 14.39克拉红宝石配钻石戒指 | | 5,157,648 | 日内瓦苏富比 | 2015.11.11 |
| 14.68克拉榄尖形D/VS2钻石戒指 | | 7,241,040 | 佳士得 | 2015.06.02 |
| 14K白金钻石戒指 | | 324,991 | 纽约苏富比 | 2015.04.21 |
| 15.04克拉枕形缅甸天然鸽血红红宝石戒指 | 指环5 1/2 | 116,417,800 | 佳士得 | 2015.12.01 |
| 15.21克拉棕色钻石及钻石戒指 | | 1,558,592 | 纽约佳士得 | 2015.10.20 |
| 15.4克拉星光红宝石戒指 | | 280,000 | 北京荣宝 | 2015.11.29 |
| 15.67克拉祖母绿配钻石戒指 | | 266,633 | 保利香港 | 2015.04.07 |
| 15.82克拉梨形彩棕粉红色VS2钻石戒指 | 指环6 | 10,870,040 | 佳士得 | 2015.12.01 |
| 16.18克拉天然哥伦比亚祖母绿配钻石戒指 未经注油 | | 5,175,000 | 北京保利 | 2015.12.07 |
| 16.20克拉天然金绿宝石猫眼及钻石戒指 | 大小14 | 345,000 | 北京保利 | 2015.06.06 |
| 16.40克拉蓝宝石配钻石戒指 | | 17,551,211 | 日内瓦苏富比 | 2015.11.11 |
| 16.42克拉天然沙弗莱石及钻石戒指 | 大小11 | 598,000 | 北京保利 | 2015.06.06 |
| 16.66克拉星光红宝石戒指镶18K黄金 | | 41,452 | 香港拍得高 | 2015.01.24 |
| 17.11克拉缅甸蓝宝石配钻石戒指，未经加热 | | 252,190 | 保利香港 | 2015.10.06 |
| 17.27克拉天然斯里兰卡蓝宝石配钻石戒指 未经加热 梵克雅宝Van Cleef & Arpels | 指环10 | 3,105,000 | 北京保利 | 2015.12.07 |
| 17.47克拉天然橄榄石及钻石戒指 | | 32,200 | 北京保利 | 2015.06.06 |
| 18.06克拉椭圆形缅甸天然蓝宝石及钻石戒指 | | 3,396,240 | 佳士得 | 2015.06.02 |

| 拍品名称 | 物品尺寸 | 成交价RMB | 拍卖公司 | 拍卖日期 |
| --- | --- | --- | --- | --- |
| 18.26 克拉 E 色 VVS2 净度钻石戒指 宝格丽 | | 12,952,821 | 日内瓦佳士得 | 2015.05.13 |
| 18.27 克拉椭圆形蛋面天然无经处理蛋白石配沙弗莱石榴石及钻石戒指 | | 236,295 | 天成国际 | 2015.06.14 |
| 18.35 克拉 K 色微棕调 VVS1 净度 Triple Excellent（极优切割，打磨及比例）TYPE IIa 类钻石戒指 | | 4,158,792 | 天成国际 | 2015.06.14 |
| 18.84 克拉红宝石戒指 | | 53,760 | 北京荣宝 | 2015.03.29 |
| 1830 年代珐琅 18K 金眼镜王蛇戒指 | | 56,000 | 北京荣宝 | 2015.11.29 |
| 18K 白翡翠旦玉镶钻戒指 | | 3,220,000 | 中贸圣佳 | 2015.05.20 |
| 18K 白翡翠旦玉镶钻戒指 | | 920,000 | 中贸圣佳 | 2015.05.20 |
| 18K 白翡翠旦玉镶钻戒指 18K 白翡翠旦玉镶钻耳环 | | 1,035,000 | 中贸圣佳 | 2015.05.20 |
| 18K 白翡翠方玉镶钻戒指 | | 402,500 | 中贸圣佳 | 2015.05.20 |
| 18K 白金橙色蓝宝石钻石戒指 | | 309,515 | 纽约苏富比 | 2015.04.21 |
| 18K 白金蓝宝石钻石戒指 米歇尔・德拉瓦菲 | | 43,967 | 纽约苏富比 | 2015.09.24 |
| 18K 白金镶钻石变色蓝宝石戒指 | | 50,635 | 香港雅盛 | 2015.10.08 |
| 18K 白金镶钻石冰种翡翠蛋面戒指 | | 18,084 | 香港雅盛 | 2015.10.08 |
| 18K 白金镶钻石翡翠戒指 | | 18,084 | 香港雅盛 | 2015.10.08 |
| 18K 白金镶钻石翡翠戒指 | | 18,084 | 香港雅盛 | 2015.10.08 |
| 18K 白金镶钻石红宝石海蓝宝石戒指 | | 58,773 | 香港雅盛 | 2015.10.08 |
| 18K 白金镶钻石戒指 | | 16,276 | 香港雅盛 | 2015.10.08 |
| 18K 白金镶钻石戒指 | | 14,467 | 香港雅盛 | 2015.10.08 |
| 18K 白金镶钻石墨翠男装戒指 | | 27,126 | 香港雅盛 | 2015.10.08 |
| 18K 白金镶钻石南洋珠戒指连耳环（一套） | | 10,850 | 香港雅盛 | 2015.10.08 |
| 18K 白金镶钻石祖母绿宝石戒指 | | 140,151 | 香港雅盛 | 2015.10.08 |
| 18K 白金钻石翡翠玛瑙戒指卡地亚 | | 294,039 | 纽约苏富比 | 2015.04.21 |
| 18K 白金钻石戒指带 | | 193,447 | 纽约苏富比 | 2015.04.21 |
| 18K 黑金镶钻石彩色宝石坦桑石戒指 | 大小 14 | 99,462 | 香港雅盛 | 2015.10.08 |
| 18K 黄金尖晶石戒指 | | 143,892 | 纽约苏富比 | 2015.09.24 |
| 18K 黄金蓝宝石钻石戒指 | | 1,083,303 | 纽约苏富比 | 2015.04.21 |
| 18K 黄金蓝宝石钻石戒指 | | 386,894 | 纽约苏富比 | 2015.04.21 |
| 18K 黄金绿松石钻石 Earclips 和戒指（一对）宝格丽 | | 170,233 | 纽约苏富比 | 2015.04.21 |
| 18K 金铂金红宝石珠和钻石“众议院”戒指 巴黎卡地亚 | | 599,550 | 纽约苏富比 | 2015.09.24 |
| 18K 金铂金黄色钻石戒指 | | 1,279,040 | 纽约苏富比 | 2015.09.24 |
| 18K 金翡翠和钻石戒指大卫・韦伯 | | 139,282 | 纽约苏富比 | 2015.04.21 |
| 18K 金蓝宝石钻石戒指 | | 5,410,322 | 纽约苏富比 | 2015.04.21 |
| 18K 金浓彩黄钻和钻石戒指 蒂芙尼 | | 657,719 | 纽约苏富比 | 2015.04.21 |
| 18K 金浓彩黄钻戒指 C 蒂芙尼 | | 502,962 | 纽约苏富比 | 2015.04.21 |
| 18K 金镶珊瑚戒指 观音吊坠 鹤顶红观音吊坠（一组三件） | | 10,350 | 中国嘉德 | 2015.09.20 |
| 18k 金镶钻玻璃种翡翠戒指 | | 10,350 | 深圳市拍 | 2015.07.19 |
| 18k 金镶钻玻璃种翡翠如意戒指 | | 10,350 | 深圳市拍 | 2015.07.19 |
| 18K 金镶钻珊瑚戒指 | | 10,350 | 中国嘉德 | 2015.06.27 |
| 18k 金镶钻紫罗兰戒指 紫罗兰弥勒佩各一件 | | 10,350 | 中国嘉德 | 2015.04.02 |
| 18K 金艳彩黄钻和钻石戒指宝格丽 | | 371,418 | 纽约苏富比 | 2015.04.21 |
| 18K 金祖母绿钻石戒指 蒂芙尼 | | 1,621,859 | 纽约苏富比 | 2015.04.21 |
| 18K 金钻石戒指 | | 10,925 | 上海敬华 | 2015.04.26 |
| 18K 金钻石老坑冰种翡翠心意戒指 | | 20,700 | 深圳市拍 | 2015.07.19 |
| 18K 玫瑰金淡彩粉红钻石戒指 | | 11,947,279 | 纽约苏富比 | 2015.04.21 |
| 18K 三色金，彩色钻石及钻石戒指 | | 348,204 | 纽约苏富比 | 2015.04.21 |

| 拍品名称 | 物品尺寸 | 成交价RMB | 拍卖公司 | 拍卖日期 |
| --- | --- | --- | --- | --- |
| 18K 双色金浓彩黄钻戒指 | | 2,596,451 | 纽约苏富比 | 2015.09.24 |
| 19.5 克拉天然缅甸抹谷红宝石及钻石戒指 未经加热 | 大小 14 | 6,900,000 | 北京保利 | 2015.06.06 |
| 19.72 克拉磷灰石配钻石戒指 | | 43,648 | 保利香港 | 2015.10.06 |
| 1985 克拉星光蓝宝石配钻石戒指 | | 114,271 | 保利香港 | 2015.04.07 |
| 19.88 克拉古垫形天然缅甸无经处理红色尖晶石配钻石戒指 | | 174,380 | 天成国际 | 2015.12.06 |
| 1920 年代 钻石黄金酋长戒指 | | 33,600 | 北京荣宝 | 2015.11.29 |
| 1980 年代 蓝宝钻石 18K 金戒指—“日与夜” | | 22,400 | 北京荣宝 | 2015.11.29 |
| 1 克拉黄钻 18K 戒指 | | 46,000 | 厦门华辰 | 2015.06.20 |
| 2.00 克拉方形天然淡彩黄色 SI2 净度钻石配钻石戒指 | | 85,066 | 天成国际 | 2015.06.14 |
| 2.00 克拉天然缅甸鸽血红红宝石配钻石戒指 未经加热 | | 86,250 | 北京保利 | 2015.12.07 |
| 2.011 克拉天然轻淡黄色 VS2 净度钻石戒指 | | 57,500 | 北京保利 | 2015.06.06 |
| 2.01 克拉彩黄色配钻石戒指 | | 138,000 | 北京匡时 | 2015.12.04 |
| 2.01 克拉红宝石戒指 | | 56,000 | 北京荣宝 | 2015.03.29 |
| 2.01 克拉浅粉红色钻石配钻石戒指 | | 977,500 | 北京匡时 | 2015.12.04 |
| 2.01 克拉天然水滴形足色无瑕（D/IF）TYPE IIA 钻石配钻石戒指 梵克雅宝 Van Cleef & Arpels | | 287,500 | 北京保利 | 2015.12.07 |
| 2.02 克拉莫桑比克天然红宝石及钻石戒指 未经加热 | | 44,850 | 保利厦门 | 2015.08.02 |
| 2.02 克拉天然彩黄色 VS1 净度钻石戒指 | | 97,750 | 北京保利 | 2015.06.06 |
| 2.02 克拉天然缅甸鸽血红红宝石配钻石戒指 未经加热 | | 69,000 | 北京保利 | 2015.12.07 |
| 2.02 克拉天然水滴形浓彩黄色 VS2 净度钻石配钻石戒指 | | 161,000 | 北京保利 | 2015.12.07 |
| 2.02 克拉天然枕形艳彩黄色 VS1 净度钻石戒指 | 大小 13 | 368,000 | 北京保利 | 2015.06.06 |
| 2.02 克拉椭圆形天然缅甸无经加热处理鸽血红红宝石配钻石戒指 | | 65,877 | 天成国际 | 2015.12.06 |
| 2.03 克拉天然彩黄色 VS2 净度钻石配钻石戒指 | | 138,000 | 北京保利 | 2015.12.07 |
| 2.03 克拉天然缅甸鸽血红红宝石配钻石戒指、2.04 及 2.01 克拉天然缅甸鸽血红红宝石配钻石耳环套装 | 80,000–120,000 | 109,250 | 北京保利 | 2015.12.07 |
| 2.03 克拉椭圆形天然马达加斯加无经加热处理皇家蓝蓝宝石配钻石戒指，卡地亚出品 | | 75,565 | 天成国际 | 2015.12.06 |
| 2.04 克拉钻石戒指 | | 103,500 | 广州皇玛 | 2015.01.17 |
| 205 克拉红宝石戒指—“教皇遗梦” | | 13,440 | 北京荣宝 | 2015.11.29 |
| 2.05 克拉梨形天然浅粉红色 VVS1 净度钻石配钻石戒指 | | 368,620 | 天成国际 | 2015.06.14 |
| 2.05 克拉天然缅甸鸽血红红宝石及钻石戒指 未经加热 | | 115,000 | 北京保利 | 2015.06.06 |
| 2.05 克拉无烧鸽血红 18K 戒指 | | 126,500 | 厦门华辰 | 2015.06.20 |
| 2.08 克拉椭圆形天然泰国暹罗无经加热处理红宝石配钻石戒指 | | 94,518 | 天成国际 | 2015.06.14 |
| 2.08 克拉祖母绿戒指 | | 53,760 | 北京荣宝 | 2015.11.29 |
| 2.10 克拉天然蓝宝石戒指 | | 17,250 | 北京保利 | 2015.06.06 |
| 2.12 克拉天然红宝石及钻石戒指 未经加热 | | 10,350 | 保利厦门 | 2015.08.02 |

## 2015珠宝翡翠拍卖成交汇总

(成交价RMB：1万元以上)

| 拍品名称 | 物品尺寸 | 成交价RMB | 拍卖公司 | 拍卖日期 |
|---|---|---|---|---|
| 2.13 克拉浅粉红色钻配钻石戒指 | | 977,500 | 北京匡时 | 2015.12.04 |
| 2.15 克拉古垫形哥伦比亚祖母绿钻石戒指镶 18K 白金 | | 95,800 | 香港拍得高 | 2015.01.24 |
| 2.16 克拉长方形浓彩绿色 SI1 钻石戒指 | 指环 5 3/4 | 4,170,680 | 佳士得 | 2015.12.01 |
| 2.176 克拉天然淡黄色 VS1 净度钻石戒指 | | 80,500 | 北京保利 | 2015.06.06 |
| 2.19 克拉椭圆形浓彩黄钻配钻石戒指 | | 333,500 | 华艺国际 | 2015.05.24 |
| 2.23 克拉淡粉棕色钻石戒指 | 尺寸 6 | 285,678 | 保利香港 | 2015.04.07 |
| 2.28 克拉哥伦比亚祖母绿配钻石戒指 | | 47,613 | 保利香港 | 2015.04.07 |
| 2.31 克拉天然粉红色蓝宝石配钻石戒指 | | 11,500 | 华艺国际 | 2015.05.24 |
| 2.31 克拉天然泰国红宝石配钻石戒指 | | 184,000 | 华艺国际 | 2015.05.24 |
| 2.31 克拉亚历山大石配钻石戒指 | | 76,181 | 保利香港 | 2015.04.07 |
| 2.32 克拉未加热红宝石戒指 | | 72,800 | 北京荣宝 | 2015.06.21 |
| 2.34 克拉椭圆形黄色钻石配钻石及粉红钻石戒指镶 18K 白金 | | 148,488 | 香港拍得高 | 2015.03.28 |
| 2.36 克拉祖母绿戒指 | | 47,040 | 北京荣宝 | 2015.08.30 |
| 2.38 克拉圆形钻石戒指镶 18K 黄金 | | 54,348 | 香港拍得高 | 2015.06.27 |
| 2.40 克拉缅甸"鸽血红"红宝石配钻石戒指，未经加热 | 尺寸 5 3/4 | 252,190 | 保利香港 | 2015.10.06 |
| 2.43 克拉哥伦比亚祖母绿钻石戒指镶 18K 白金 | | 60,323 | 香港拍得高 | 2015.03.28 |
| 2.48 克拉深彩棕橙黄色钻石戒指 | | 83,799 | 保利香港 | 2015.04.07 |
| 2.504 克拉钻石 18K 戒指 | | 92,000 | 厦门华辰 | 2015.06.20 |
| 2.50 克拉天然蓝宝石配钻石戒指 | | 20,700 | 华艺国际 | 2015.05.24 |
| 2.51 克拉心形 J 色 VS1 净度钻石配钻石戒指 | | 106,566 | 天成国际 | 2015.12.06 |
| 2.56 克拉心形莫桑比克红宝石钻石戒指镶 18K 白金（无处理） | | 87,509 | 香港拍得高 | 2015.01.24 |
| 2.58 克拉古垫形天然缅甸无经加热处理红宝石配红宝石及钻石戒指 | | 141,777 | 天成国际 | 2015.06.14 |
| 2.62 克拉黄色刚玉钻石戒指镶 18K 黄金 | | 30,626 | 香港拍得高 | 2015.03.28 |
| 2.66 克拉未加热蓝宝石戒指 | | 29,120 | 北京荣宝 | 2015.03.29 |
| 2.67 克拉，H 色 VVS1 净度钻石戒指 蒂芙尼（Tiffan Co.） | | 282,450 | 香港苏富比 | 2015.04.06 |
| 2.67 克拉天然红宝石戒指 | | 20,700 | 北京保利 | 2015.06.06 |
| 2.69 克拉未加热蓝宝石戒指 | | 33,600 | 北京荣宝 | 2015.03.29 |
| 2.7 克拉天然斯里兰卡紫色蓝宝石配钻石戒指 未经加热 | | 55,200 | 北京保利 | 2015.12.07 |
| 2.82 克拉圆形天然淡彩灰色钻石配钻石戒指 | | 38,751 | 天成国际 | 2015.12.06 |
| 2.89 克拉圆形钻石戒指镶 18K 白金 | | 96,721 | 香港拍得高 | 2015.06.27 |
| 2.91 克拉方形棕绿黄色彩钻戒指 | | 149,500 | 华艺国际 | 2015.05.24 |
| 2.96 克拉祖母绿戒指 | | 22,400 | 北京荣宝 | 2015.08.30 |
| 20.23 克拉天然星光蓝宝石戒指 | | 74,750 | 北京保利 | 2015.06.06 |
| 20.26 克拉天然缅甸皇家蓝蓝宝石配钻石戒指 未经加热 Alessio Boschi 设计 | 指环 15 | 4,140,000 | 北京保利 | 2015.12.07 |
| 20.39 克拉椭圆形天然缅甸无经加热处理皇家蓝星光蓝宝石配钻石戒指 | | 823,463 | 天成国际 | 2015.12.06 |
| 20 世纪 50 年代珊瑚及钻石戒指 卡地亚 | | 269,151 | 日内瓦佳士得 | 2015.05.13 |
| 20 世纪 50 年代珊瑚玛瑙及钻石黑豹戒指 卡地亚 | | 504,654 | 日内瓦佳士得 | 2015.05.13 |
| 21.25 克拉天然哥伦比亚祖母绿配钻石戒指 | | 149,500 | 北京保利 | 2015.12.07 |
| 21.38 克拉椭圆形天然棕黄绿色金绿宝石配钻石戒指 | | 77,502 | 天成国际 | 2015.12.06 |
| 21.71 克拉克什米尔蓝宝石钻石戒指 卡地亚 | | 26,054,976 | 纽约佳士得 | 2015.06.16 |
| 21 克拉天然海蓝宝石配钻石戒指 | | 17,250 | 北京保利 | 2015.12.07 |
| 22.03 克拉梨形天然深彩黄棕色 SI1 净度钻石配钻石戒指，William Goldberg 出品 | | 2,421,950 | 天成国际 | 2015.12.06 |
| 22.43 克拉鲜彩黄色钻石戒指 | | 16,410,699 | 日内瓦苏富比 | 2015.11.11 |
| 24.12 克拉金绿宝石猫眼配钻石戒指 | 尺寸 6 1/2 | 904,647 | 保利香港 | 2015.04.07 |
| 24.57 克拉天然斯里兰卡矢车菊蓝蓝宝石配钻石戒指 未经加热 | | 1,380,000 | 北京保利 | 2015.12.07 |
| 25.50 克拉，I 色 VS1 净度钻石戒指 | 尺寸 5 1/2 | 6,477,360 | 香港苏富比 | 2015.10.07 |
| 25.70 克拉天然哥伦比亚祖母绿及钻石戒指 | 大小 13 | 667,000 | 北京保利 | 2015.06.06 |
| 25.72 克拉心形 D 色 VS2 净度（极优打磨及比例）钻石戒指 | 尺寸 6 | 19,848,780 | 天成国际 | 2015.06.14 |
| 26.08 克拉枕形缅甸天然蓝宝石戒指 | 指环 6 | 6,929,240 | 佳士得 | 2015.12.01 |
| 26.77 克拉天然哥伦比亚木佐矿祖母绿及钻石戒指 未经注油 海瑞·温斯顿 HARRY WINSTON | 大小 13 | 8,050,000 | 北京保利 | 2015.06.06 |
| 26mm 珊瑚 钻石 铂金戒指 | | 75,614 | 日本伊斯特 | 2015.05.24 |
| 27.22 克拉椭圆形天然缅甸无经加热处理橄榄石配钻石戒指 | 指环 6 | 184,068 | 天成国际 | 2015.12.06 |
| 27.49 克拉 D 色净度 SI1 钻石戒指 | | 14,567,715 | 日内瓦佳士得 | 2015.05.13 |
| 27.83 克拉天然海蓝宝石配钻石戒指 | | 23,000 | 北京保利 | 2015.12.07 |
| 28.02 克拉浓彩黄钻戒指 | | 5,320,256 | 纽约佳士得 | 2015.06.16 |
| 29.20 克拉斯里兰卡蓝宝石配钻石戒指 | 尺寸 8 | 952,260 | 保利香港 | 2015.04.07 |
| 2 克拉未加热鸽血红宝石戒指 | | 199,360 | 北京荣宝 | 2015.06.21 |
| 3.001 克拉 钻石 铂金戒指 | | 293,006 | 日本伊斯特 | 2015.05.24 |
| 3.01 克拉梨形浓彩黄钻配钻石戒指 | | 322,000 | 华艺国际 | 2015.05.24 |
| 3.01 克拉钻石戒指及耳环套装 | | 383,325 | 香港苏富比 | 2015.04.06 |
| 3.02 克拉 D 色 VS1 净度钻石配钻石戒指 | | 519,849 | 天成国际 | 2015.06.14 |
| 3.02 克拉梨形浓彩黄色钻石配钻石戒指镶 18K 白金 | | 257,922 | 香港拍得高 | 2015.01.24 |
| 3.02 克拉天然彩黄色 VVS1 净度钻石戒指 | | 204,700 | 北京保利 | 2015.06.06 |
| 3.02 克拉天然缅甸红宝石配钻石戒指 | | 184,000 | 华艺国际 | 2015.05.24 |
| 3.02 克拉钻石戒指 | | 161,400 | 香港苏富比 | 2015.04.06 |
| 3.03 克拉天然哥伦比亚艳绿色祖母绿配钻石戒指 未经注油 | | 253,000 | 北京保利 | 2015.12.07 |
| 3.03 克拉天然祖母绿戒指 | | 34,500 | 北京保利 | 2015.06.06 |
| 3.03 克拉未加热变色蓝宝石戒指 | | 28,000 | 北京荣宝 | 2015.08.30 |
| 3.04 克拉公主方形黄色钻石配钻石戒指镶 18K 黄及白金 | | 142,778 | 香港拍得高 | 2015.06.27 |
| 3.04 克拉天然缅甸鸽血红红宝石及 2.13 克拉天然蓝宝石戒指 蓝宝石未经加热 | | 74,750 | 北京保利 | 2015.06.06 |
| 3.07 克拉天然彩黄色无瑕（IF）钻石配钻石戒指 | | 287,500 | 北京保利 | 2015.12.07 |
| 3.07 克拉天然斯里兰卡皇家蓝蓝宝石戒指 | | 46,000 | 北京保利 | 2015.06.06 |

| 拍品名称 | 物品尺寸 | 成交价RMB | 拍卖公司 | 拍卖日期 |
|---|---|---|---|---|
| 3.09 克拉圆形 F 色 VS1 净度钻石配钻石戒指 | | 290,634 | 天成国际 | 2015.12.06 |
| 3.12 克拉椭圆形东非沙弗莱石钻石戒指镶 18K 白金（无处理） | | 44,215 | 香港拍得高 | 2015.01.24 |
| 3.14 克拉长方形钻石戒指镶 18K 白金 | | 225,682 | 香港拍得高 | 2015.06.27 |
| 3.16 克拉梨形斯里兰卡帕德玛刚玉钻石戒指镶 18K 白金 | | 44,546 | 香港拍得高 | 2015.03.28 |
| 3.16 克拉浓彩黄钻石戒指，净度无瑕 | | 407,383 | 保利香港 | 2015.10.06 |
| 3.17 克拉浓彩蓝色钻石戒指 | | 16,030,528 | 日内瓦苏富比 | 2015.11.11 |
| 3.19 克拉，F 色内部无瑕（IF）净度钻石戒指 | | 462,375 | 香港苏富比 | 2015.10.07 |
| 3.20 克拉缅甸红宝石配钻石戒指，未经加热 | | 174,593 | 保利香港 | 2015.10.06 |
| 3.21 克拉天然马眼形 F 色无瑕（IF）TYPE IIA 钻石戒指 | | 575,000 | 北京保利 | 2015.06.06 |
| 3.21 克拉未加热蓝宝石戒指 | | 47,040 | 北京荣宝 | 2015.11.29 |
| 3.22 克拉彩深棕黄色钻石戒指 | | 133,316 | 保利香港 | 2015.04.07 |
| 3.23 克拉哥伦比亚天然祖母绿镶钻石戒指 | | 18,400 | 福建东南 | 2015.05.24 |
| 3.26 克拉哥伦比亚祖母绿配钻石戒指 | | 76,181 | 保利香港 | 2015.04.07 |
| 3.27 克拉长方形 D 色 VVS2 净度钻石配钻石戒指 | | 453,686 | 天成国际 | 2015.06.14 |
| 3.31 克拉天然圆形 E 色 VVS2 净度钻石戒指 卡地亚 CARTIER | 大小 12 | 897,000 | 北京保利 | 2015.06.06 |
| 3.32 克拉，D 色 VVS2 净度钻石戒指 | | 524,550 | 香港苏富比 | 2015.04.06 |
| 3.36 克拉天然浓彩黄色 VS2 净度钻石戒指 | | 276,000 | 北京保利 | 2015.06.06 |
| 3.42 克拉天然皇家蓝蓝宝石配钻石戒指 | | 51,750 | 北京保利 | 2015.12.07 |
| 3.44 克拉椭圆形缅甸粉红刚玉钻石戒指镶 18K 白金（无处理） | | 110,538 | 香港拍得高 | 2015.01.24 |
| 3.44 克拉未加热蓝宝石戒指 | | 53,760 | 北京荣宝 | 2015.11.29 |
| 3.45 克拉，E 色 VVS2 净度钻石戒指 | | 565,125 | 香港苏富比 | 2015.10.07 |
| 3.56 克拉天然椭圆形淡粉色无瑕（IF）钻石及钻石戒指 | 大小 14 | 1,449,000 | 北京保利 | 2015.06.06 |
| 3.57 克拉天然心形彩绿黄色无瑕（IF）钻石配钻石戒指 | | 299,000 | 北京保利 | 2015.12.07 |
| 3.63 克拉天然金绿宝石猫眼配钻石戒指 | | 13,800 | 北京保利 | 2015.12.07 |
| 3.63 克拉长方形 D/IF（极优打磨及比例）Type IIa 钻石戒指 | | 1,089,360 | 佳士得 | 2015.06.02 |
| 3.64 克拉天然皇家蓝蓝宝石戒指 未经加热 | | 40,250 | 北京保利 | 2015.06.06 |
| 3.75 克拉黄钻 18K 戒指 | | 230,000 | 厦门华辰 | 2015.06.20 |
| 3.75 克拉斯里兰卡蓝宝石配钻石戒指 | | 33,949 | 保利香港 | 2015.10.06 |
| 3.78 克拉椭圆形天然泰国无经加热处理红宝石配钻石戒指 | | 96,878 | 天成国际 | 2015.12.06 |
| 3.79 克拉天然澳大利亚黑欧泊及钻石戒指 | | 28,750 | 北京保利 | 2015.06.06 |
| 3.79 克拉天然澳大利亚黑欧泊配钻石戒指 | | 17,250 | 北京保利 | 2015.12.07 |
| 3.80 克拉，D 色 VVS2 净度钻石戒指 | | 637,050 | 香港苏富比 | 2015.10.07 |
| 3.83 克拉椭圆形天然无经处理红色尖晶石配钻石戒指 | | 60,064 | 天成国际 | 2015.12.06 |
| 3.93 克拉，D 色内部无瑕（IF）净度钻石戒指，蒂芙尼（Tiffany & Co.） | | 1,644,000 | 香港苏富比 | 2015.10.07 |
| 3.96 克拉紫色蓝宝石配钻石戒指 | | 83,799 | 保利香港 | 2015.04.07 |

| 拍品名称 | 物品尺寸 | 成交价RMB | 拍卖公司 | 拍卖日期 |
|---|---|---|---|---|
| 30.03 克拉浓彩黄色内部无瑕钻石戒指 | 尺寸 6 | 7,046,724 | 保利香港 | 2015.04.07 |
| 30.20 克拉红宝石钻石戒指 | | 19,830,478 | 日内瓦佳士得 | 2015.05.13 |
| 31.69 克拉天然 M 色 VVS2 净度钻石配钻石戒指 | 指环 13 | 7,015,000 | 北京保利 | 2015.12.07 |
| 32.54 克拉椭圆形天然缅甸无经加热处理星光蓝宝石配钻石戒指 | 尺寸 8 1/4 | 1,228,734 | 天成国际 | 2015.06.14 |
| 33.49 克拉天然坦桑石配钻石戒指 | | 149,500 | 华艺国际 | 2015.05.24 |
| 34.03 克拉缅甸蓝宝石配钻石戒指，未经加热 | 尺寸 7 1/4 | 921,462 | 保利香港 | 2015.10.06 |
| 35.09 克拉蓝宝石及钻石戒指 | 尺寸 4.5 | 46,327,360 | 日内瓦佳士得 | 2015.05.13 |
| 4.00 克拉圆形 D 色 VS2 净度钻石戒指 | | 805,000 | 华艺国际 | 2015.05.24 |
| 4.01 克拉，I 色 VS2 净度钻石戒指 | | 431,550 | 香港苏富比 | 2015.10.07 |
| 4.01 克拉枕垫形中彩黄色 VS2 净度彩钻戒指 | | 575,000 | 华艺国际 | 2015.05.24 |
| 4.01 克拉钻石配红宝石戒指 | | 180,929 | 保利香港 | 2015.04.07 |
| 4.02 克拉天然心形彩棕绿黄色 SI1 净度钻石戒指 | | 345,000 | 北京保利 | 2015.06.06 |
| 4.03 克拉榄尖形钻石戒指镶 14K 白金 | | 423,729 | 香港拍得高 | 2015.06.27 |
| 4.05 克拉天然缅甸鸽血红红宝石及钻石戒指 未经加热 | | 333,500 | 北京保利 | 2015.06.06 |
| 4.06 克拉祖母绿戒指 | | 92,960 | 北京荣宝 | 2015.03.29 |
| 4.08 克拉缅甸红宝石配钻石戒指，未经加热 | 尺寸 7 | 533,478 | 保利香港 | 2015.10.06 |
| 4.08 克拉椭圆形天然红色碧玺配钻石戒指 | | 36,814 | 天成国际 | 2015.12.06 |
| 4.09 克拉古垫形天然缅甸无经加热处理红宝石配红宝石及钻石戒指 | | 125,941 | 天成国际 | 2015.12.06 |
| 4.09 克拉阶梯式切割天然无经加热处理黄绿色刚玉配钻石戒指 | | 13,563 | 天成国际 | 2015.12.06 |
| 4.10 克拉阶梯式切割 I 色 VS1 净度钻石配钻石戒指 | | 232,507 | 天成国际 | 2015.12.06 |
| 4.15 克拉圆形钻石戒指镶铂金 | | 391,489 | 香港拍得高 | 2015.06.27 |
| 4.346 克拉天然星光红宝石配钻石戒指 | | 13,800 | 华艺国际 | 2015.05.24 |
| 4.34 克拉榄尖形 D/IF 钻石戒指钻石戒指 | | 919,520 | 佳士得 | 2015.12.01 |
| 4.42 克拉天然斯里兰卡矢车菊蓝宝石戒指 未经加热 | | 92,000 | 北京保利 | 2015.06.06 |
| 4.43 克拉天然蓝宝石及钻石戒指 | | 36,800 | 北京保利 | 2015.06.06 |
| 4.49 克拉，I 色 VS1 净度钻石戒指 | | 411,000 | 香港苏富比 | 2015.10.07 |
| 4.50 克拉彩紫粉钻石配蓝钻戒指，净度无瑕 | 尺寸 6 | 18,429,240 | 保利香港 | 2015.10.06 |
| 4.53 克拉天然火欧泊配钻石 及天然欧泊戒指一对 | | 20,700 | 北京保利 | 2015.12.07 |
| 4.55 克拉椭圆形斯里兰卡蓝宝石钻石戒指镶 18K 白金（无处理） | | 105,932 | 香港拍得高 | 2015.01.24 |
| 4.56 克拉天然哥伦比亚祖母绿配钻石戒指 | | 51,750 | 北京保利 | 2015.12.07 |
| 4.56 克拉天然蓝宝石配钻石戒指 | | 25,300 | 北京保利 | 2015.12.07 |
| 4.59 克拉圆形天然彩黄色 VS1 净度钻石配红宝石及钻石蜻蜓戒指 | | 290,634 | 天成国际 | 2015.12.06 |
| 4.63 克拉古垫形天然无经处理红色尖晶石配红宝石及钻石戒指 | | 46,501 | 天成国际 | 2015.12.06 |

(成交价RMB：1万元以上)

| 拍品名称 | 物品尺寸 | 成交价RMB | 拍卖公司 | 拍卖日期 |
|---|---|---|---|---|
| 4.66 克拉天然粉红色蓝宝石及钻石戒指 未经加热 | | 59,800 | 北京保利 | 2015.06.06 |
| 4.68 克拉缅甸红宝石配钻石戒指 | | 761,808 | 保利香港 | 2015.04.07 |
| 4.76 克拉天然哥伦比亚祖母绿配钻石戒指 | | 207,000 | 华艺国际 | 2015.05.24 |
| 4.84 克拉心形明亮式 / 梯式切磨缅甸天然红宝石戒指 | | 595,944 | 香港利得丰 | 2015.05.25 |
| 4.88 克拉椭圆形天然火蛋白石配钻石戒指 | | 48,439 | 天成国际 | 2015.12.06 |
| 4.91 克拉天然金绿宝石猫眼配钻石戒指 | | 34,500 | 北京保利 | 2015.12.07 |
| 4.91 克拉椭圆形天然缅甸无经加热处理红宝石配钻石戒指 | | 141,777 | 天成国际 | 2015.06.14 |
| 4.92 克拉古垫形天然缅甸无经加热处理皇家蓝蓝宝石配钻石戒指，Mikimoto 出品 | | 302,458 | 天成国际 | 2015.06.14 |
| 4.96 克拉，J 色 VS1 净度钻石戒指，Garrard | | 616,500 | 香港苏富比 | 2015.10.07 |
| 43.83 克拉天然哥伦比亚祖母绿及钻石戒指 | 大小 15 | 1,380,000 | 北京保利 | 2015.06.06 |
| 5.00 克拉，G 色 VVS2 净度钻石戒指 | | 1,644,000 | 香港苏富比 | 2015.10.07 |
| 5.00 克拉圆形 K 色 VS2 净度钻石配钻石戒指 | | 329,385 | 天成国际 | 2015.12.06 |
| 5.01 克拉，F 色 VVS2 净度钻石戒指 | | 1,210,500 | 香港苏富比 | 2015.04.06 |
| 5.03 克拉，D 色内部无瑕（IF）净度钻石戒指 海瑞温斯顿（Harr Winston） | | 2,582,400 | 香港苏富比 | 2015.04.06 |
| 5.03 克拉天然彩黄色 VS1 净度钻石戒指 | 大小 13 | 460,000 | 北京保利 | 2015.06.06 |
| 5.03 克拉天然红色碧玺配钻石及 1.75 克拉天然红色碧玺配钻石戒指一对 | | 13,800 | 北京保利 | 2015.12.07 |
| 5.03 克拉椭圆形缅甸红宝石钻石戒指镶 18K 白金 | | 267,134 | 香港拍得高 | 2015.01.24 |
| 5.04 克拉红宝石钻石戒指镶铂金 | | 35,925 | 香港拍得高 | 2015.01.24 |
| 5.08 克拉椭圆形 D/IF 钻石戒指 | | 919,520 | 佳士得 | 2015.12.01 |
| 5.09 克拉，H 色 VS2 净度钻石戒指 | | 637,050 | 香港苏富比 | 2015.10.07 |
| 5.0 克拉祖母绿戒指 | | 246,400 | 北京荣宝 | 2015.06.21 |
| 5.10 克拉圆形天然金绿猫眼石配钻石戒指 | | 40,689 | 天成国际 | 2015.12.06 |
| 5.118 克拉天然黄色蓝宝石及钻石戒指 未经加热 | | 36,800 | 北京保利 | 2015.06.06 |
| 5.12 克拉天然斯里兰卡星光蓝宝石戒指 未经加热 | | 28,750 | 北京保利 | 2015.06.06 |
| 5.13 克拉蓝宝石戒指 | | 112,000 | 北京荣宝 | 2015.03.29 |
| 5.16 克拉古垫形天然灰蓝色尖晶石配粉红色尖晶石及钻石戒指 | | 24,575 | 天成国际 | 2015.06.14 |
| 5.17 克拉椭圆形天然莫桑比克无经加热处理鸽血红红宝石配红宝石及钻石戒指 | 尺寸 6 1/4 | 1,748,583 | 天成国际 | 2015.06.14 |
| 5.18 克拉粉红色 VS2 净度钻石戒指 | | 67,428,679 | 日内瓦佳士得 | 2015.05.13 |
| 5.1 克拉哥伦比亚祖母绿戒指 | | 358,400 | 北京荣宝 | 2015.06.21 |
| 5.21 克拉圆形天然深彩黄色塞拉利昂金虎眼钻石配钻石戒指 | | 3,875,120 | 天成国际 | 2015.12.06 |
| 5.21 克拉钻石戒指 | | 236,325 | 香港苏富比 | 2015.10.07 |
| 5.22 克拉枕形浓彩粉红色 IF Type IIa 钻石戒指 | | 28,143,880 | 佳士得 | 2015.12.01 |

| 拍品名称 | 物品尺寸 | 成交价RMB | 拍卖公司 | 拍卖日期 |
|---|---|---|---|---|
| 5.23 克拉缅甸蓝宝石配钻石戒指，未经加热 | | 358,885 | 保利香港 | 2015.10.06 |
| 5.24 克拉天然缅甸皇家蓝蓝宝石配钻石戒指 未经加热 | | 299,000 | 北京保利 | 2015.12.07 |
| 5.25 克拉椭圆形天然金绿猫眼石配钻石戒指 | | 51,985 | 天成国际 | 2015.06.14 |
| 5.28 克拉古垫形斯里兰卡变色蓝宝石钻石戒指镶 18K 白金（无处理） | | 66,323 | 香港拍得高 | 2015.06.27 |
| 5.37 克拉天然红碧玺戒指及总重 4.3 克拉隐秘式镶嵌红宝石戒指（一对） | | 48,300 | 北京保利 | 2015.06.06 |
| 5.51 克拉浅彩粉橘色钻石戒指，VVS2 至 VS1 净度 | | 465,581 | 保利香港 | 2015.10.06 |
| 5.51 克拉椭圆形红宝石戒指 | | 86,508 | 香港利得丰 | 2015.05.25 |
| 5.61 克拉天然蜜糖色金绿宝石猫眼戒指 未经加热 | | 126,500 | 北京保利 | 2015.06.06 |
| 5.63 克拉天然缅甸星光鸽血红红宝石配钻石戒指 未经加热 | | 276,000 | 北京保利 | 2015.12.07 |
| 5.68 克拉未加热蓝宝石戒指 | | 218,400 | 北京荣宝 | 2015.03.29 |
| 5.758 克拉天然粉色蓝宝石及钻石戒指 | | 43,700 | 北京保利 | 2015.06.06 |
| 5.75 克拉天然斯里兰卡皇家蓝蓝宝石配钻石戒指 未经加热 | | 172,500 | 北京保利 | 2015.12.07 |
| 5.76 克拉天然艳蓝色蓝宝石配钻石戒指 | | 34,500 | 北京保利 | 2015.12.07 |
| 5.80 克拉古垫形天然缅甸无经处理红色尖晶石配小珍珠及钻石戒指；及 4.17 及 3.94 克拉红色尖晶石配小珍珠及钻石吊耳环套装 | | 85,066 | 天成国际 | 2015.06.14 |
| 5.87 克拉天然海螺珠及钻石戒指 | 大小 12 | 109,250 | 北京保利 | 2015.06.06 |
| 5.93 克拉椭圆形天然缅甸无经加热处理嫣红星光红宝石配蓝宝石及钻石戒指，ICE 出品 | 尺寸 6 3/4 | 321,361 | 天成国际 | 2015.06.14 |
| 5.97 克拉天然粉色尖晶石及钻石戒指 未经加热 | 大小 13 | 43,700 | 北京保利 | 2015.06.06 |
| 6.01 克拉哥伦比亚祖母绿配钻石戒指 | | 609,446 | 保利香港 | 2015.04.07 |
| 6.02 克拉天然蓝宝石配钻石戒指 | | 149,500 | 华艺国际 | 2015.05.24 |
| 6.03 克拉心形天然莫桑比克无经加热处理鸽血红红宝石配红宝石及钻石戒指 | | 1,598,487 | 天成国际 | 2015.12.06 |
| 6.04 克拉天然缅甸星光红宝石戒指 未经加热 | | 40,250 | 北京保利 | 2015.06.06 |
| 6.04 克拉长方形 I/IF 钻石戒指 | | 718,375 | 佳士得 | 2015.12.01 |
| 6.06 克拉天然缅甸皇家蓝蓝宝石戒指 未经加热 | | 494,500 | 北京保利 | 2015.06.06 |
| 6.09 克拉红宝石戒指 | | 50,400 | 北京荣宝 | 2015.03.29 |
| 6.11 克拉天然缅甸鸽血红红宝石配钻石戒指 未经加热 | 指环 15 | 2,185,000 | 北京保利 | 2015.12.07 |
| 6.14 克拉长方形 D/VVS2（可成完美）钻石戒指 | | 1,762,200 | 佳士得 | 2015.06.02 |
| 6.16 克拉天然彩黄色 VS2 净度钻石配钻石戒指 | | 805,000 | 北京保利 | 2015.12.07 |
| 6.28 克拉祖母绿钻石戒指镶 18K 白金 | | 55,683 | 香港拍得高 | 2015.03.28 |
| 6.29 克拉梨形天然深彩棕黄色 SI2 净度钻石配钻石戒指 | | 614,367 | 天成国际 | 2015.06.14 |
| 6.30 克拉，J 色 VS1 净度钻石戒指 | | 605,250 | 香港苏富比 | 2015.04.06 |
| 6.35 克拉古垫形天然粉红色尖晶石配钻石戒指 | 尺寸 6 1/2 | 113,422 | 天成国际 | 2015.06.14 |

| 拍品名称 | 物品尺寸 | 成交价RMB | 拍卖公司 | 拍卖日期 |
|---|---|---|---|---|
| 6.37 克拉未加热蓝宝石戒指 | | 201,600 | 北京荣宝 | 2015.06.21 |
| 6.3 克拉祖母绿铂金戒指 | | 58,240 | 北京荣宝 | 2015.06.21 |
| 6.50 克拉钻石戒指 | | 1,432,978 | 伦敦苏富比 | 2015.06.11 |
| 6.51 克拉 祖母绿石 钻石 铂金戒指（哥伦比亚产） | | 122,873 | 日本伊斯特 | 2015.05.24 |
| 6.55 克拉椭圆形天然缅甸加热处理鸽血红红宝石配钻石戒指 | | 222,819 | 天成国际 | 2015.12.06 |
| 6.5 克拉天然海螺珠配钻石戒指 | | 109,250 | 北京保利 | 2015.12.07 |
| 6.61 克拉帕拉伊巴碧玺钻石戒指镶 18K 白金 | | 147,384 | 香港拍得高 | 2015.06.27 |
| 6.65 克拉长方形淡粉红色 VS1 钻石戒指 | | 1,116,560 | 佳士得 | 2015.12.01 |
| 6.66 克拉古垫形天然紫色石榴石配钻石戒指 | | 27,126 | 天成国际 | 2015.12.06 |
| 6.67 克拉，M 色 VS2 净度钻石戒指 | | 256,875 | 香港苏富比 | 2015.10.07 |
| 6.68 克拉圆形 D/IF Type IIa（极优切割、打磨及比例）钻石戒指 | | 4,958,840 | 佳士得 | 2015.12.01 |
| 6.72 克拉未加热蓝宝石戒指 | | 64,960 | 北京荣宝 | 2015.11.29 |
| 6.77 克拉红宝石配钻石戒指，未经加热 | | 252,190 | 保利香港 | 2015.10.06 |
| 6.82 克拉天然斯里兰卡蓝色尖晶石戒指 未经加热 | | 80,500 | 北京保利 | 2015.06.06 |
| 6.84 克拉椭圆形天然蛋面火蛋白石配钻石戒指 | | 70,889 | 天成国际 | 2015.06.14 |
| 6.89 克拉古垫形斯里兰卡蓝宝石钻石戒指镶 18K 白金 | | 90,273 | 香港拍得高 | 2015.01.24 |
| 6.91 克拉红碧玺配钻石戒指 | | 24,759 | 保利香港 | 2015.04.07 |
| 6.94 克拉 变色蓝宝石 钻石 铂金戒指（非加热） | | 89,792 | 日本伊斯特 | 2015.05.24 |
| 6.99 克拉椭圆形缅甸红宝石钻石戒指镶 18K 黄及白金 | | 285,557 | 香港拍得高 | 2015.06.27 |
| 7.03 克拉天然海螺珠及钻石戒指 | | 126,500 | 北京保利 | 2015.06.06 |
| 7.05 克拉天然红宝石戒指 | | 46,000 | 北京保利 | 2015.06.06 |
| 7.11 克拉古垫形天然缅甸无经处理红色尖晶石配钻石戒指 | | 85,066 | 天成国际 | 2015.06.14 |
| 7.11 克拉天然祖母绿形浓彩黄色 VS2 净度钻石配钻石戒指 | | 690,000 | 北京保利 | 2015.12.07 |
| 7.13 克拉椭圆形天然泰国北碧府无经加热处理蓝宝石配钻石戒指 | | 85,066 | 天成国际 | 2015.06.14 |
| 7.16 克拉枕形鲜彩黄色 VS2 钻石戒指 Cartier 设计 | 指环 5 1/4 | 5,549,960 | 佳士得 | 2015.12.01 |
| 7.24 克拉淡彩蓝色配浓彩紫粉色钻石戒指 | 尺寸 5 1/2 | 13,141,188 | 保利香港 | 2015.04.07 |
| 7.27 克拉天然缅甸皇家蓝蓝宝石戒指 未经加热 | | 460,000 | 北京保利 | 2015.06.06 |
| 7.28 克拉天然沙弗莱石及钻石戒指 宝格丽 BVLGARI | | 80,500 | 北京保利 | 2015.06.06 |
| 7.39 克拉天然火欧泊、蓝宝石及钻石戒指 | | 28,750 | 北京保利 | 2015.06.06 |
| 7.47 克拉斯里兰卡紫色星光蓝宝石配钻石戒指 | 尺寸 6 1/2 | 19,399 | 保利香港 | 2015.10.06 |
| 7.47 克拉紫粉红色内部无瑕钻石戒指 | | 16,182,615 | 日内瓦佳士得 | 2015.05.13 |
| 7.53 克拉梨形浓彩粉红色 VS2 Type IIa 钻石戒指 | 指环 5 3/4 | 39,637,880 | 佳士得 | 2015.12.01 |
| 7.555 克拉天然坦桑石及钻石戒指 | 大小 17 | 36,800 | 北京保利 | 2015.06.06 |

| 拍品名称 | 物品尺寸 | 成交价RMB | 拍卖公司 | 拍卖日期 |
|---|---|---|---|---|
| 7.58 克拉圆形 D/FL（极优切割、打磨及比例）钻石戒指 | 尺寸 5 1/4 | 6,279,840 | 佳士得 | 2015.06.02 |
| 7.63 克拉枕形哥伦比亚天然祖母绿戒指 | 指环 5 3/4 | 5,648,480 | 佳士得 | 2015.12.01 |
| 7.72 克拉天然红色石榴石配钻石戒指 | | 23,000 | 北京保利 | 2015.12.07 |
| 7.73 克拉哥伦比亚祖母绿配钻石戒指 | 尺寸 6 | 999,873 | 保利香港 | 2015.04.07 |
| 7.74 克拉天然 M-N 色 SI 净度钻石配钻石戒指 | | 460,000 | 北京保利 | 2015.12.07 |
| 7.77 克拉天然斯里兰卡紫色星光蓝宝石配钻石 及 5.12 克拉天然缅甸星光蓝宝石配钻石戒指一对未经加热 | | 25,300 | 北京保利 | 2015.12.07 |
| 7.7 克拉未加热蓝宝石戒指 | | 179,200 | 北京荣宝 | 2015.06.21 |
| 7.90 克拉方形海蓝宝钻石戒指镶 18K 白金 | | 36,846 | 香港拍得高 | 2015.06.27 |
| 75.56 克拉黄钻戒指 | | 22,959,014 | 纽约佳士得 | 2015.10.20 |
| 8.06 克拉古垫形天然缅甸抹谷无经加热处理鸽血红红宝石配钻石戒指，宝格丽出品 | | 3,681,364 | 天成国际 | 2015.12.06 |
| 8.08 克拉天然斯里兰卡皇家蓝蓝宝石配黄色钻石戒指 未经加热 | | 368,000 | 北京保利 | 2015.12.07 |
| 8.11 克拉，U 至 V 色，VVS2 净度钻石戒指 | | 513,750 | 香港苏富比 | 2015.10.07 |
| 8.17 克拉椭圆形改良明亮式 / 梯式切磨天然艳橙红色尖晶石戒指 | 尺寸 6 | 797,796 | 香港利得丰 | 2015.05.25 |
| 8.24 克拉鲜彩紫粉红色钻石戒指 | | 88,161,570 | 日内瓦苏富比 | 2015.11.11 |
| 8.31 克拉阶梯式切割天然哥伦比亚无经处理祖母绿配 2.05 及 2.00 克拉阶梯式切割 F 色 VVS1 净度钻石及钻石戒指 | | 3,681,364 | 天成国际 | 2015.12.06 |
| 8.36 克拉八角形缅甸天然蓝宝石戒指 | | 821,000 | 佳士得 | 2015.12.01 |
| 8.38 克拉巴西天然猫眼亚历山大石戒指及钻石戒指 | 指环 6 | 1,018,040 | 佳士得 | 2015.12.01 |
| 8.49 克拉绿碧玺配钻石戒指 | | 17,141 | 保利香港 | 2015.04.07 |
| 8.53 克拉椭圆形天然斯里兰卡无经加热处理皇家蓝蓝宝石配钻石戒指 | | 329,385 | 天成国际 | 2015.12.06 |
| 8.56 克拉天然摩根石配钻石及 3.66 克拉紫锂辉石配钻石戒指一对 | | 11,500 | 北京保利 | 2015.12.07 |
| 8.57 克拉天然糖果形蓝宝石及钻石戒指 未经加热 | | 345,000 | 北京保利 | 2015.06.06 |
| 8.79 克拉，H 色 VVS1 净度钻石戒指 | | 1,904,520 | 香港苏富比 | 2015.04.06 |
| 8.79 克拉天然哥伦比亚祖母绿戒指 OSCAR HEYMAN | 大小 14 | 2,070,000 | 北京保利 | 2015.06.06 |
| 8.87 克拉 E 色 VVS2 净度钻石戒指 宝格丽 | | 2,617,480 | 日内瓦佳士得 | 2015.05.13 |
| 8.88 克拉天然彩黄色 VVS1 净度钻石配钻石戒指 | | 1,035,000 | 北京保利 | 2015.12.07 |
| 8.88 克拉天然浓彩黄色 VS2 净度钻石戒指 | 大小 13 | 1,380,000 | 北京保利 | 2015.06.06 |
| 8.94 克拉哥伦比亚祖母绿配钻石戒指 | | 203,692 | 保利香港 | 2015.10.06 |
| 8.98 克拉榄尖形 D/VS1（可成 VVS）钻石戒指 | | 3,204,000 | 佳士得 | 2015.06.02 |
| 9.01 克拉钻石戒指 | | 666,582 | 保利香港 | 2015.04.07 |
| 9.03 克拉，F 色 VS2 净度钻石戒指 | | 3,260,280 | 香港苏富比 | 2015.04.06 |
| 9.08 克拉天然缅甸皇家蓝蓝宝石、总重 4.46 克拉天然缅甸鸽血红红宝石及钻石戒指 未经加热 FAIDEE | 大小 14 | 977,500 | 北京保利 | 2015.06.06 |

**2015珠宝翡翠拍卖成交汇总**

**(成交价RMB：1万元以上)**

| 拍品名称 | 物品尺寸 | 成交价RMB | 拍卖公司 | 拍卖日期 |
|---|---|---|---|---|
| 9.12 克拉缅甸蓝宝石配钻石戒指 | 尺寸 6 | 1,142,712 | 保利香港 | 2015.04.07 |
| 9.21 克拉长方形缅甸天然蓝宝石及约 8.04 克拉长方形 D/IF Type IIa 钻石戒指 | 指环 5 3/4 | 6,732,200 | 佳士得 | 2015.12.01 |
| 9.47 克拉天然海蓝宝石戒指 御木本 MIKIMOTO | | 13,800 | 北京保利 | 2015.06.06 |
| 9.65 克拉，D 色内部无瑕（IF）净度钻石戒指 | 尺寸 5 1/2 | 8,055,600 | 香港苏富比 | 2015.10.07 |
| 9.68 克拉天然哥伦比亚祖母绿戒指 未经注油 | | 575,000 | 北京保利 | 2015.06.06 |
| 9.88 克拉天然心形缅甸鸽血红红宝石戒指及总重 10.68 克拉天然心形缅甸鸽血红红宝石耳环套装 未经加热 FAIDEE | 大小 12 | 2,645,000 | 北京保利 | 2015.06.06 |
| 9.88 克拉长方形 D/IF Type IIa 钻石戒指 | | 7,914,440 | 佳士得 | 2015.12.01 |
| 9.97 克拉细蓝宝石钻石戒指 | | 7,108,160 | 纽约佳士得 | 2015.06.16 |
| 92.76 克拉天然斯里兰卡变色星光蓝宝石配钻石戒指 未经加热 | | 149,500 | 北京保利 | 2015.12.07 |
| 94.67 克拉海蓝宝石 钻石 铂金戒指 | | 103,970 | 日本伊斯特 | 2015.05.24 |
| AKA 珊瑚戒指 | | 14,950 | 上海敬华 | 2015.04.26 |
| AKA 天然红珊瑚镶嵌戒指 | | 11,500 | 福建东南 | 2015.05.24 |
| Akoya 珍珠戒指、耳环套装 香奈儿 Chanel | | 34,500 | 北京保利 | 2015.12.07 |
| Anna Hu 设计彩色蓝宝石配钻石戒指 | | 24,249 | 保利香港 | 2015.10.06 |
| CARTIER 18K 金钻石戒指 | | 20,160 | 北京荣宝 | 2015.06.21 |
| D 色 VVS1 净度重约 18.83 克拉钻石戒指 | | 8,018,645 | 日内瓦佳士得 | 2015.05.13 |
| Gimel 天然珍珠 铂金戒指 | | 28,355 | 日本伊斯特 | 2015.05.24 |
| GRAFF 设计 1.32 克拉缅甸鸽血红红宝石配钻石戒指 | | 85,703 | 保利香港 | 2015.04.07 |
| H 色 VVS2 净度 6.46 克拉钻戒 Massoni | | 756,984 | 日内瓦佳士得 | 2015.05.13 |
| L 色 VS2 净度 20.85 克拉钻戒 | | 2,294,503 | 日内瓦佳士得 | 2015.05.13 |
| PT900 翡翠蛋面配钻石戒指 | | 46,000 | 上海敬华 | 2015.04.26 |
| PT900 翡翠蛋面配钻石戒指 | | 29,900 | 上海敬华 | 2015.04.26 |
| Pt900 金绿宝石猫眼钻石戒指 | | 13,800 | 远方拍卖 | 2015.07.01 |
| PT900 蓝宝石配钻石戒指 | | 29,900 | 上海敬华 | 2015.04.26 |
| PT900 蓝宝石配钻石戒指 | | 14,375 | 上海敬华 | 2015.04.26 |
| PT900 蓝宝石配钻石戒指 | | 10,925 | 上海敬华 | 2015.04.26 |
| PT900 珊瑚戒指 | | 13,225 | 上海敬华 | 2015.04.26 |
| PT900 珊瑚戒指 | | 10,580 | 上海敬华 | 2015.04.26 |
| PT900 天然翡翠蛋面配钻石戒指 | | 34,500 | 上海敬华 | 2015.04.26 |
| PT900 珍珠戒指 | | 14,950 | 上海敬华 | 2015.04.26 |
| PT900 珍珠戒指 | | 10,350 | 上海敬华 | 2015.04.26 |
| PT900 祖母绿戒指 | | 13,225 | 上海敬华 | 2015.04.26 |
| PT900 祖母绿戒指 | | 12,650 | 上海敬华 | 2015.04.26 |
| STERLE 设计 2.55 克拉绿棕黄色钻石戒指 | | 114,271 | 保利香港 | 2015.04.07 |
| 方形天然克什米尔矢车菊蓝蓝宝石重 27.68 克拉配钻石戒指 | 尺寸 5 1/2 | 42,974,160 | 香港苏富比 | 2015.10.07 |
| THE PINK DREAM 极致精美和罕有的 38.45 克拉天然坦桑尼亚桔红色尖晶石配 27.41 克拉钻石戒指 未经加热 | 指环 14 | 2,300,000 | 北京保利 | 2015.12.07 |
| 阿卡红珊瑚镶钻戒指 | | 46,000 | 厦门华辰 | 2015.06.20 |
| 白金 padparadscha 粉色红莲花蓝宝石钻石戒指，卡地亚 | | 889,856 | 纽约苏富比 | 2015.04.21 |
| 白金红宝石和钻石戒指 | | 2,736,113 | 纽约苏富比 | 2015.04.21 |
| 白金红宝石钻石戒指 | | 3,181,814 | 纽约苏富比 | 2015.04.21 |
| 白金戒指、白金戒指 B.Zero1 系列 及 黄金项链一组 共三只 | | 20,700 | 北京保利 | 2015.12.07 |
| 白金蓝宝石和钻石戒指 | | 425,583 | 纽约苏富比 | 2015.04.21 |
| 白金蓝宝石和钻石戒指 | | 324,991 | 纽约苏富比 | 2015.04.21 |
| 白金蓝宝石和钻石戒指 | | 193,447 | 纽约苏富比 | 2015.04.21 |
| 白金蓝宝石和钻石戒指 | | 170,233 | 纽约苏富比 | 2015.04.21 |
| 白金蓝宝石和钻石戒指 1960 年 | | 5,128,950 | 纽约苏富比 | 2015.09.24 |
| 白金蓝宝石和钻石戒指 卡文 | | 2,661,829 | 纽约苏富比 | 2015.04.21 |
| 白金蓝宝石和钻石戒指衣扣套装 | | 208,923 | 纽约苏富比 | 2015.04.21 |
| 白金蓝宝石钻石戒指 哈利·温斯顿 1979 年 | | 2,067,560 | 纽约苏富比 | 2015.04.21 |
| 白金蓝宝石钻石戒指 卡地亚纽约 1915 年 | | 11,947,279 | 纽约苏富比 | 2015.04.21 |
| 白金浓彩黄色钻石戒指 | | 1,485,325 | 纽约苏富比 | 2015.02.05 |
| 白金嵌紫晶戒指 | | 13,800 | 太平洋 | 2015.07.18 |
| 白金坦桑石钻石戒指 米歇尔·德拉瓦莱 | | 270,826 | 纽约苏富比 | 2015.04.21 |
| 白金星彩蓝宝石钻石戒指 | | 133,091 | 纽约苏富比 | 2015.04.21 |
| 白金星光蓝宝石钻石戒指 | | 170,233 | 纽约苏富比 | 2015.04.21 |
| 白金绚丽黄色钻石戒指 | | 1,770,426 | 纽约苏富比 | 2015.04.21 |
| 白金紫粉红钻石蓝宝石戒指 | | 14,918,623 | 纽约苏富比 | 2015.04.21 |
| 白金钻石戒指 | | 247,612 | 纽约苏富比 | 2015.04.21 |
| 白色南洋珍珠戒指 | 大小 14 | 36,800 | 北京保利 | 2015.06.06 |
| 白色南洋珍珠戒指、耳环套装 | 大小 13 | 138,000 | 北京保利 | 2015.06.06 |
| 白色南洋珍珠戒指、耳环套装 | | 40,250 | 北京保利 | 2015.06.06 |
| 白色南洋珍珠配钻石 及 黑色珍珠配钻石戒指一对 约 12mm | | 11,500 | 北京保利 | 2015.12.07 |
| 白色南洋珍珠配钻石花朵戒指 约 14.2mm | | 25,300 | 北京保利 | 2015.12.07 |
| 宝格丽 粉红蓝宝石蓝宝石钻石戒指镶 18K 黄金 | | 13,817 | 香港拍得高 | 2015.06.27 |
| 宝格丽设计 4.54 克拉哥伦比亚祖母绿配钻石戒指 | | 213,391 | 保利香港 | 2015.10.06 |
| 宝格丽设计 8.16 克拉哥伦比亚祖母绿配钻石戒指 | 尺寸 6 3/4 | 484,980 | 保利香港 | 2015.10.06 |
| 宝诗龙设计赞比亚祖母绿配钻石戒指 | | 14,549 | 保利香港 | 2015.10.06 |
| 宝石及钻石戒指（三枚） | | 120,150 | 佳士得 | 2015.06.02 |
| 宝石及钻石戒指 Cartier 设计 | | 718,375 | 佳士得 | 2015.12.01 |
| 宝石及钻石戒指 Cartier 设计 | | 626,013 | 佳士得 | 2015.12.01 |
| 宝石及钻石戒指胸针首饰 | | 130,163 | 佳士得 | 2015.06.02 |
| 宝石及钻石首饰 Cartier 设计 | | 46,181 | 佳士得 | 2015.12.01 |
| 贝母配钻石戒指一组 共三只 | | 17,250 | 北京保利 | 2015.12.07 |
| 碧玺戒指 | | 32,200 | 河南泽华 | 2015.01.11 |
| 碧玺戒指 | | 20,700 | 上海敬华 | 2015.04.26 |
| 碧玺钻石戒指镶铂金 | | 10,593 | 香港拍得高 | 2015.01.24 |
| 变色蓝宝石配钻石戒指 | 尺寸 6 | 390,450 | 香港苏富比 | 2015.10.07 |
| 变色蓝宝石配钻石戒指 | | 246,600 | 香港苏富比 | 2015.10.07 |
| 天然变色石榴石重 12.42 克拉配红宝石及钻石戒指 | 尺寸 5 | 131,138 | 香港苏富比 | 2015.04.06 |
| 变色星光蓝宝石 24.50 克拉配钻石戒指 | | 353,063 | 香港苏富比 | 2015.04.06 |
| 变色星光蓝宝石配钻石戒指 | | 195,225 | 香港苏富比 | 2015.10.07 |
| 变形珍珠黄金镶钻石 18K 戒指 | | 21,850 | 厦门华辰 | 2015.06.20 |
| 冰种老绿男戒指 | 长 1.5cm | 57,500 | 中鸿信 | 2015.07.29 |
| 玻璃种翡翠葫芦戒指、耳饰套装 | | 11,200 | 北京荣宝 | 2015.06.21 |
| 玻璃种满色翡翠戒面 | | 7,521,000 | 中古陶 | 2015.05.31 |

| 拍品名称 | 物品尺寸 | 成交价RMB | 拍卖公司 | 拍卖日期 |
|---|---|---|---|---|
| 铂金 PT950 钻石女戒 | | 14,950 | 北京保利 | 2015.11.01 |
| 铂金碧玺和钻石戒指 | | 108,330 | 纽约苏富比 | 2015.04.21 |
| 铂金彩色钻石戒指 | | 1,160,681 | 纽约苏富比 | 2015.04.21 |
| 铂金橙色蓝宝石钻石戒指 | | 469,050 | 纽约苏富比 | 2015.02.05 |
| 铂金橙色蓝宝石钻石戒指卡文法国 | | 247,612 | 纽约苏富比 | 2015.04.21 |
| 铂金淡粉红钻石戒指 卡地亚 | | 1,250,800 | 纽约苏富比 | 2015.02.05 |
| 铂金翡翠和钻石戒指 | | 4,147,501 | 纽约苏富比 | 2015.04.21 |
| 铂金翡翠和钻石戒指 | | 294,039 | 纽约苏富比 | 2015.04.21 |
| 铂金翡翠和钻石戒指 宝格丽 | | 696,409 | 纽约苏富比 | 2015.04.21 |
| 铂金翡翠和钻石戒指 蒂芙尼 | | 541,651 | 纽约苏富比 | 2015.04.21 |
| 铂金翡翠和钻石戒指 蒂芙尼公司 1925 年 | | 541,651 | 纽约苏富比 | 2015.04.21 |
| 铂金翡翠钻石戒指 | | 1,392,818 | 纽约苏富比 | 2015.04.21 |
| 铂金翡翠钻石戒指 Dreicer | | 1,621,859 | 纽约苏富比 | 2015.04.21 |
| 铂金花式灰蓝色钻石戒指 | | 619,030 | 纽约苏富比 | 2015.04.21 |
| 铂金花式灰色钻石戒指 | | 2,810,396 | 纽约苏富比 | 2015.04.21 |
| 铂金尖晶石钻石戒指 蒂芙尼公司 | | 67,949 | 纽约苏富比 | 2015.09.24 |
| 铂金蓝宝石及钻石戒指 | | 131,544 | 纽约苏富比 | 2015.04.21 |
| 铂金蓝宝石钻石戒指 1930 年 | | 279,790 | 纽约苏富比 | 2015.09.24 |
| 铂金绿宝石钻石戒指 | | 1,083,303 | 纽约苏富比 | 2015.04.21 |
| 铂金镶钻石 / 祖母绿双子星款戒指 | | 23,000 | 中国嘉德 | 2015.09.20 |
| 铂金镶钻石翡翠戒指 | | 11,755 | 香港雅盛 | 2015.10.08 |
| 铂金镶钻斯里兰卡蓝宝石戒指 | | 13,800 | 中国嘉德 | 2015.06.27 |
| 铂金绚丽橙黄色钻石戒指 | | 1,238,060 | 纽约苏富比 | 2015.04.21 |
| 铂金绚丽黄色钻石戒指 雷蒙德堆场 | | 371,418 | 纽约苏富比 | 2015.04.21 |
| 铂金艳彩黄钻戒指 | | 1,621,859 | 纽约苏富比 | 2015.04.21 |
| 铂金紫翠玉钻石戒指 | | 4,667,486 | 纽约苏富比 | 2015.04.21 |
| 铂金紫翠玉钻石戒指 | | 519,610 | 纽约苏富比 | 2015.09.24 |
| 铂金钻石 10.29 克拉戒指 | | 4,518,919 | 纽约苏富比 | 2015.04.21 |
| 铂金钻石 12.14 克拉戒指 | | 3,404,665 | 纽约苏富比 | 2015.04.21 |
| 铂金钻石 14.33 克拉戒指 | | 7,118,845 | 纽约苏富比 | 2015.04.21 |
| 铂金钻石 22.30 克拉戒指 | | 20,118,475 | 纽约苏富比 | 2015.04.21 |
| 铂金钻石 3.70 克拉戒指 | | 216,661 | 纽约苏富比 | 2015.04.21 |
| 铂金钻石 30.15 克拉戒指 | | 16,563,568 | 纽约苏富比 | 2015.09.24 |
| 铂金钻石 5.00 克拉戒指 | | 657,719 | 纽约苏富比 | 2015.04.21 |
| 铂金钻石 5.42 克拉戒指 蒂芙尼 | | 1,238,060 | 纽约苏富比 | 2015.04.21 |
| 铂金钻石 8.05 克拉戒指 梵克雅宝 | | 201,185 | 纽约苏富比 | 2015.04.21 |
| 铂金钻石 9.10 克拉戒指 | 钻石重 9.10 克拉 | 557,127 | 纽约苏富比 | 2015.04.21 |
| 铂金钻石 9.10 克拉戒指 | | 2,476,120 | 纽约苏富比 | 2015.04.21 |
| 铂金钻石翡翠玛瑙 "Panthere" 戒指 卡地亚法国 | | 449,506 | 纽约苏富比 | 2015.02.05 |
| 铂金钻石和翡翠戒指 | | 278,564 | 纽约苏富比 | 2015.04.21 |
| 铂金钻石重 5.00 克拉戒指 | | 1,392,818 | 纽约苏富比 | 2015.04.21 |
| 彩粉红色 1.87 克拉，VS2 净度钻石配粉红色钻石及钻石戒指 | 尺寸 7 | 1,008,750 | 香港苏富比 | 2015.04.06 |
| 心形彩粉红色钻石重 3.04 克拉，内部无瑕（IF）净度配粉红色钻石戒指 | 尺寸 6 | 5,589,600 | 香港苏富比 | 2015.10.07 |
| 彩黄绿色钻石 3.10 克拉，VS2 净度配粉红色钻石及钻石戒指 | 尺寸 6 | 807,000 | 香港苏富比 | 2015.04.06 |
| 彩黄绿色钻石配粉红色钻石及钻石戒指 | | 719,250 | 香港苏富比 | 2015.10.07 |
| 彩黄绿色钻石配钻石戒指 | | 625,425 | 香港苏富比 | 2015.04.06 |
| 彩黄色 10.29 克拉钻石配钻石戒指 | 尺寸 5 | 1,939,920 | 香港苏富比 | 2015.10.07 |
| 彩黄色钻石钻石戒指 | | 504,375 | 香港苏富比 | 2015.04.06 |
| 彩色宝石钻石戒指镶 18K 黄金 | | 32,482 | 香港拍得高 | 2015.03.28 |
| 彩色钻石及钻石戒指 | | 400,500 | 佳士得 | 2015.06.02 |
| 彩色钻石配钻石戒指 | | 1,027,500 | 香港苏富比 | 2015.10.07 |
| 彩钻 17.05 克拉 VS1 净度钻石戒指 | | 9,521,166 | 日内瓦佳士得 | 2015.05.13 |
| 彩钻钻石戒指 夏蒂拉 | | 353,261 | 日内瓦佳士得 | 2015.05.13 |
| 陈世英设计缅甸天然翡翠配钻石戒指 | 尺寸 6 1/2 | 761,808 | 保利香港 | 2015.04.07 |
| 橙粉红色刚玉 4.74 克拉配钻石戒指 | 尺寸 6 | 181,575 | 香港苏富比 | 2015.04.06 |
| 翠榴石配钻石戒指；及金绿宝石配彩色钻石及钻石吊坠项链 | | 75,614 | 天成国际 | 2015.06.14 |
| 淡彩橙粉红色 3.66 克拉钻石配钻石戒指 | 尺寸 6 | 1,710,840 | 香港苏富比 | 2015.04.06 |
| 淡彩粉红色 5.06 克拉 VS2 净度钻石配钻石戒指 | 尺寸 7 | 3,024,960 | 香港苏富比 | 2015.10.07 |
| 淡彩粉红色钻石配钻石戒指 | | 907,875 | 香港苏富比 | 2015.04.06 |
| 淡彩粉红棕色钻石配钻石戒指 | | 4,131,840 | 香港苏富比 | 2015.04.06 |
| 淡彩黄色钻石戒指 | | 1,742,640 | 香港苏富比 | 2015.10.07 |
| 淡彩绿色钻石配红宝石戒指 | | 123,300 | 香港苏富比 | 2015.10.07 |
| 淡彩棕黄色钻石配钻石戒指 | | 262,275 | 香港苏富比 | 2015.04.06 |
| 淡粉红色钻石配钻石戒指 | | 585,075 | 香港苏富比 | 2015.04.06 |
| 淡黄色钻石配钻石戒指 | | 807,000 | 香港苏富比 | 2015.04.06 |
| 淡棕色钻石配钻石戒指 | | 1,059,188 | 香港苏富比 | 2015.04.06 |
| 蛋白石、电器石及钻石戒指 | | 102,625 | 佳士得 | 2015.12.01 |
| 电气石及钻石戒指 | 尺寸 6 | 70,088 | 佳士得 | 2015.06.02 |
| 电器石及钻石戒指 | 指环 6 | 431,025 | 佳士得 | 2015.12.01 |
| 珐琅配钻石花朵戒指、耳环套装 | | 46,000 | 北京保利 | 2015.12.07 |
| 梵克雅宝设计 1.99 克拉艳彩黄钻石配浓彩紫粉钻石戒指，黄钻净度 VS1 | 尺寸 6 | 717,770 | 保利香港 | 2015.10.06 |
| 梵克雅宝设计 碧玺戒指 及宝诗龙设计 玉髓戒指（一组两件） | | 27,159 | 保利香港 | 2015.10.06 |
| 梵克雅宝设计红宝石配钻石戒指 | | 67,897 | 保利香港 | 2015.10.06 |
| 梵克雅宝钻石戒指镶 18K 黄金 | | 12,896 | 香港拍得高 | 2015.01.24 |
| 方形坦桑石钻石戒指 | | 15,660 | 香港拍得高 | 2015.06.27 |
| 方形钻石 10.01 克拉，D 色内部无（IF）净度钻石戒指 | | 9,748,560 | 香港苏富比 | 2015.04.06 |
| 翡翠 钻石 铂金戒指 | | 51,985 | 日本伊斯特 | 2015.05.24 |
| 翡翠 钻石 铂金戒指 | | 40,643 | 日本伊斯特 | 2015.05.24 |
| 翡翠 钻石 铂金戒指 | | 31,191 | 日本伊斯特 | 2015.05.24 |
| 翡翠 钻石 铂金戒指 | | 10,397 | 日本伊斯特 | 2015.05.24 |
| 翡翠、钻石及有色蓝宝石戒指 | | 164,200 | 佳士得 | 2015.12.01 |
| 翡翠 18K 金戒指—"相对" | | 14,560 | 北京荣宝 | 2015.11.29 |
| 翡翠蛋面戒指 | | 32,200 | 南京经典 | 2015.01.04 |
| 翡翠蛋面戒指 | | 11,500 | 南京经典 | 2015.01.04 |
| 翡翠蛋面戒指 | | 10,350 | 上海敬华 | 2015.04.26 |
| 翡翠蛋面戒指 | | 31,050 | 北京匡时 | 2015.12.04 |
| 翡翠蛋面戒指 | | 12,320 | 上海联合 | 2015.11.01 |
| 翡翠葫芦戒指 | | 10,080 | 上海联合 | 2015.11.01 |
| 翡翠及钻石戒指 | 蛋面长 2.23cm | 4,367,720 | 佳士得 | 2015.12.01 |
| 翡翠及钻石戒指 | | 3,481,040 | 佳士得 | 2015.12.01 |
| 翡翠及钻石戒指 | | 738,900 | 佳士得 | 2015.12.01 |
| 翡翠及钻石戒指 | | 328,400 | 佳士得 | 2015.12.01 |
| 翡翠及钻石戒指 | | 307,875 | 佳士得 | 2015.12.01 |
| 翡翠及钻石戒指 | | 164,200 | 佳士得 | 2015.12.01 |
| 翡翠及钻石戒指 | | 164,200 | 佳士得 | 2015.12.01 |
| 翡翠及钻石戒指 | | 123,150 | 佳士得 | 2015.12.01 |
| 翡翠及钻石戒指 | | 92,363 | 佳士得 | 2015.12.01 |
| 翡翠及钻石戒指 | | 92,363 | 佳士得 | 2015.12.01 |
| 翡翠及钻石戒指 | | 87,231 | 佳士得 | 2015.12.01 |
| 翡翠及钻石戒指 | | 82,100 | 佳士得 | 2015.12.01 |

**2015珠宝翡翠拍卖成交汇总**

**(成交价RMB：1万元以上)**

| 拍品名称 | 物品尺寸 | 成交价RMB | 拍卖公司 | 拍卖日期 |
|---|---|---|---|---|
| 翡翠及钻石戒指 | | 82,100 | 佳士得 | 2015.12.01 |
| 翡翠及钻石戒指 | | 66,706 | 佳士得 | 2015.12.01 |
| 翡翠及钻石戒指 | | 66,706 | 佳士得 | 2015.12.01 |
| 翡翠及钻石戒指 | | 43,103 | 佳士得 | 2015.12.01 |
| 翡翠及钻石首饰 | | 2,594,360 | 佳士得 | 2015.12.01 |
| 翡翠及钻石首饰 | | 821,000 | 佳士得 | 2015.12.01 |
| 翡翠及钻石首饰 | | 718,375 | 佳士得 | 2015.12.01 |
| 翡翠及钻石首饰 | | 389,975 | 佳士得 | 2015.12.01 |
| 翡翠戒指 | | 166,750 | 江苏爱涛 | 2015.01.11 |
| 翡翠戒指 | | 66,820 | 香港淳浩 | 2015.04.04 |
| 翡翠戒指 | | 41,400 | 远方拍卖 | 2015.07.01 |
| 翡翠戒指 | | 11,200 | 北京荣宝 | 2015.06.21 |
| 翡翠戒指 | | 10,350 | 河南泽华 | 2015.01.11 |
| 翡翠戒指 | | 10,080 | 上海天赐 | 2015.05.31 |
| 翡翠戒指 | | 47,040 | 上海联合 | 2015.11.01 |
| 翡翠如意戒指 | | 2,290,860 | AA中国艺海 | 2015.02.03 |
| 翡翠首饰 | | 153,938 | 佳士得 | 2015.12.01 |
| 翡翠镶钻戒指 | | 74,750 | 厦门华辰 | 2015.06.20 |
| 翡翠心形戒指、项链 | | 15,680 | 上海联合 | 2015.11.01 |
| 翡翠阳绿冰种戒指 | 重 20.63 克 | 172,500 | 北京匡时 | 2015.12.04 |
| 翡翠阳绿冰种戒指 | | 57,500 | 北京匡时 | 2015.12.04 |
| 粉红色碧玺配沙弗莱石榴石及钻石戒指 | | 46,501 | 天成国际 | 2015.12.06 |
| 粉红色碧玺配钻石戒指 | | 75,614 | 天成国际 | 2015.06.14 |
| 粉红色刚玉配钻石戒指 | 尺寸 6 | 667,875 | 香港苏富比 | 2015.10.07 |
| 粉红色刚玉配钻石戒指 | | 262,275 | 香港苏富比 | 2015.04.06 |
| 粉红色刚玉配钻石戒指 卡地亚（Cartier） | | 282,450 | 香港苏富比 | 2015.04.06 |
| 粉红色尖晶石配沙弗莱石榴石及钻石戒指 | | 37,807 | 天成国际 | 2015.06.14 |
| 粉色蓝宝石心形戒指 柏瑞·Poiray | | 11,500 | 北京保利 | 2015.12.07 |
| 43.03 克拉橄榄石配宝石戒指 | 尺寸 5 | 171,488 | 香港苏富比 | 2015.04.06 |
| 缟玛瑙配钻石及祖母绿豹戒指 卡地亚（Cartier） | 尺寸 5 | 353,063 | 香港苏富比 | 2015.04.06 |
| 哥伦比亚 7.99 克拉祖母绿配钻石戒指 | 尺寸 6 | 5,293,680 | 香港苏富比 | 2015.10.07 |
| 哥伦比亚祖母绿及钻石戒指 Cartier 设计 | 尺寸 6 | 4,261,320 | 佳士得 | 2015.06.02 |
| 鸽血红宝石钻石铂金戒指（缅甸产） | | 132,325 | 日本伊斯特 | 2015.05.24 |
| 鸽血红宝石钻石铂金戒指（缅甸产） | | 89,792 | 日本伊斯特 | 2015.05.24 |
| 鸽血红宝石钻石铂金戒指（缅甸产） | | 40,643 | 日本伊斯特 | 2015.05.24 |
| 瑰丽 10.22 克拉古垫形天然缅甸抹谷无经加热处理鸽血红红宝石配钻石戒指 | | 17,438,040 | 天成国际 | 2015.12.06 |
| 瑰丽 12.53 克拉古垫形天然莫桑比克无经加热处理鸽血红红宝石配 1.51 及 1.50 克拉 D 色 VVS2 净度钻石戒指 | 尺寸 6 | 8,506,620 | 天成国际 | 2015.06.14 |
| 瑰丽 59.93 克拉椭圆形天然深彩橙棕色 VVS1 净度 Type IIa 类钻石金耀朝阳戒指 | 尺寸 6 | 14,177,700 | 天成国际 | 2015.06.14 |
| 海蓝宝 18K 金戒指–“罗兰之盾” | | 16,800 | 北京荣宝 | 2015.11.29 |
| 海螺珠配钻石戒指 | 尺寸 6 1/2 | 247,588 | 保利香港 | 2015.04.07 |
| 海瑞温斯顿设计 1.01 克拉缅甸“鸽血红”红宝石配钻石戒指，未经加热 | | 58,198 | 保利香港 | 2015.10.06 |
| 海瑞温斯顿设计 22.12 克拉斯里兰卡蓝宝石配钻石戒指，未经加热 | 尺寸 6 1/2 | 1,648,932 | 保利香港 | 2015.10.06 |
| 罕有的 5.02 克拉天然彩绿色 VS1 净度钻石配钻石戒指 | 指环 13 | 6,440,000 | 北京保利 | 2015.12.07 |
| 黑色蛋白石 钻石 铂金戒指 | | 75,614 | 日本伊斯特 | 2015.05.24 |
| 黑色蛋白石 钻石 铂金戒指 | | 66,163 | 日本伊斯特 | 2015.05.24 |
| 黑色蛋白石 钻石 铂金戒指 | | 66,163 | 日本伊斯特 | 2015.05.24 |
| 黑色蛋白石 钻石 铂金戒指 | | 66,163 | 日本伊斯特 | 2015.05.24 |
| 黑色蛋白石 钻石 铂金戒指 | | 13,233 | 日本伊斯特 | 2015.05.24 |
| 黑色大溪地珍珠配钻石戒指 约 16.3mm | | 11,500 | 北京保利 | 2015.12.07 |
| 黑色珍珠配钻石花朵戒指 约 14.15mm | | 13,800 | 北京保利 | 2015.12.07 |
| 黑色珍珠配钻石戒指、耳环套装 约 15.54mm、13.53mm | | 20,700 | 北京保利 | 2015.12.07 |
| 黑珍珠钻石戒指、吊坠及耳环 镶 18K 白金（4） | | 12,436 | 香港拍得高 | 2015.06.27 |
| 红宝石 钻石 铂金戒指（非加热、缅甸产） | | 14,178 | 日本伊斯特 | 2015.05.24 |
| 红宝石 钻石 黄金戒指 | | 37,807 | 日本伊斯特 | 2015.05.24 |
| 红宝石 钻石 黄金戒指 | | 12,287 | 日本伊斯特 | 2015.05.24 |
| 红宝石 10.62 克拉配钻石及缟玛瑙豹戒指，Monture Cartier（卡地亚镶嵌） | 尺寸 6 | 16,834,560 | 香港苏富比 | 2015.10.07 |
| 红宝石 2.18 克拉配钻石戒指 | | 161,400 | 香港苏富比 | 2015.04.06 |
| 红宝石 2.82 克拉配钻石戒指 | | 383,325 | 香港苏富比 | 2015.04.06 |
| 红宝石 4.16 克拉配钻石戒指 海瑞温斯顿（Harr Winston） | 尺寸 6 | 2,098,200 | 香港苏富比 | 2015.04.06 |
| 红宝石 4.53 克拉镶钻石戒指 Alexandre Reza | | 300,968 | 日内瓦苏富比 | 2015.11.11 |
| 红宝石 4.99 克拉配钻石戒指 | | 1,027,500 | 香港苏富比 | 2015.10.07 |
| 红宝石 5.16 克拉钻石戒指 梅斯特 | | 3,707,534 | 日内瓦佳士得 | 2015.05.13 |
| 红宝石 7.65 克拉配钻石戒指 | | 887,700 | 香港苏富比 | 2015.04.06 |
| 红宝石及钻石戒指 | | 65,081 | 佳士得 | 2015.06.02 |
| 红宝石及钻石戒指 | | 431,025 | 佳士得 | 2015.12.01 |
| 红宝石及钻石戒指 | | 348,925 | 佳士得 | 2015.12.01 |
| 红宝石及钻石戒指 Van Cleef & Arpels 设计 | | 56,444 | 佳士得 | 2015.12.01 |
| 红宝石戒指及袖扣套装 | | 17,302 | 香港利得丰 | 2015.05.25 |
| 椭圆形天然缅甸鸽血红红宝石重 5.95 克拉配粉红色钻石及钻石戒指 | 尺寸 5 | 2,334,480 | 香港苏富比 | 2015.10.07 |
| 红宝石配黑玛瑙及钻石戒指 | 尺寸 6 1/2 | 38,798 | 保利香港 | 2015.10.06 |
| 红宝石配钻石蝴蝶结戒指 梵克雅宝（Va Clee Arpels） | 尺寸 4 | 302,625 | 香港苏富比 | 2015.04.06 |
| 红宝石配钻石戒指 | | 184,000 | 北京东正 | 2015.11.19 |
| 红宝石配钻石戒指 伯爵 Piaget | | 17,250 | 北京保利 | 2015.12.07 |
| 红宝石配钻石戒指 玳美雅 Damiani 及红宝石配钻石耳环套装 | | 20,700 | 北京保利 | 2015.12.07 |
| 红宝石钻石戒指 莫罗尼 | | 252,330 | 日内瓦佳士得 | 2015.05.13 |
| 红宝石钻石戒指耳坠（一对）梵克雅宝 | 耳坠长 7.6cm | 1,890,773 | 日内瓦佳士得 | 2015.05.13 |
| 红宝石钻石戒指镶 18K 白金 | | 57,111 | 香港拍得高 | 2015.06.27 |
| 红宝石钻石戒指镶 18K 白金 | | 35,266 | 香港拍得高 | 2015.03.28 |
| 红宝石钻石戒指镶 18K 白金 | | 17,502 | 香港拍得高 | 2015.06.27 |
| 红宝石钻石戒指镶 18K 白金 | | 12,529 | 香港拍得高 | 2015.03.28 |
| 红宝石钻石戒指镶 18K 白金及蓝宝石钻石戒指镶 18K 白金（2） | | 12,896 | 香港拍得高 | 2015.01.24 |

| 拍品名称 | 物品尺寸 | 成交价RMB | 拍卖公司 | 拍卖日期 |
| --- | --- | --- | --- | --- |
| 红宝石钻石戒指镶铂金 | | 18,561 | 香港拍得高 | 2015.03.28 |
| 红色碧玺戒指、紫水晶戒指及黄金戒指一组共三只宝格丽 Bulgari | | 11,500 | 北京保利 | 2015.12.07 |
| 红色碧玺配彩色宝石及钻石戒指 | | 47,259 | 天成国际 | 2015.06.14 |
| 红色碧玺配翡翠及钻石珠炼及戒指套装 | 15.00 克拉 | 174,380 | 天成国际 | 2015.12.06 |
| 红色碧玺配钻石戒指 | 尺寸 6 | 49,149 | 天成国际 | 2015.06.14 |
| 红色碧玺钻石戒指镶铂金 | | 13,457 | 香港拍得高 | 2015.03.28 |
| 琥珀戒指镶 18K 黄金 | | 10,133 | 香港拍得高 | 2015.01.24 |
| 黄金及铂金戒指乔治·杰森 GEORG JENSEN 及钻石戒指(一对) | | 13,800 | 北京保利 | 2015.06.06 |
| 黄金镶蓝宝石 Pont 手链戒指 Mauboussin | | 142,564 | 日内瓦苏富比 | 2015.11.11 |
| 黄金织纹蛇形戒指 宝格丽 BVLGARI | | 20,700 | 北京保利 | 2015.06.06 |
| 黄金钻石和玛瑙戒指 | | 92,855 | 纽约苏富比 | 2015.04.21 |
| 黄色蓝宝石配钻石戒指 | | 17,141 | 保利香港 | 2015.04.07 |
| 黄色椭圆形钻石约 37.31 克拉戒指 | | 6,089,505 | 日内瓦佳士得 | 2015.05.13 |
| 黄色钻石配钻石戒指 | | 122,873 | 天成国际 | 2015.06.14 |
| 黄色钻石配钻石戒指 | | 56,189 | 天成国际 | 2015.12.06 |
| 黄水晶戒指及耳环套装、紫水晶耳环、黄水晶裸石(一枚)(一只) | | 17,302 | 香港利得丰 | 2015.05.25 |
| 黄水晶配钻石戒指 | 尺寸 14 | 13,800 | 上海敬华 | 2015.04.26 |
| 黄水晶配钻石戒指 | | 10,350 | 上海敬华 | 2015.04.26 |
| 黄钻、祖母绿及黑玛瑙 Tiger 戒指 | 尺寸 7 | 993,240 | 佳士得 | 2015.06.02 |
| 黄钻石钻石戒指 | | 346,474 | 伦敦苏富比 | 2015.03.18 |
| 浑身钻石戒指镶 18K 白金 | | 11,975 | 香港拍得高 | 2015.01.24 |
| 火欧泊钻石戒指 | | 28,000 | 北京荣宝 | 2015.06.21 |
| 尖晶石戒指 | 尺寸 3 1/2 | 500,625 | 佳士得 | 2015.06.02 |
| 金绿 27.38 克拉猫眼石配钻石戒指 | 尺寸 5 | 1,311,375 | 香港苏富比 | 2015.04.06 |
| 金绿猫眼石 钻石 铂金戒指 | | 85,066 | 日本伊斯特 | 2015.05.24 |
| 金绿猫眼石配钻石戒指 | 尺寸 9 1/4 | 411,000 | 香港苏富比 | 2015.10.07 |
| 金绿猫眼石配钻石戒指 | | 65,569 | 香港苏富比 | 2015.04.06 |
| 金色南洋变形珍珠 18K 戒指 | | 13,800 | 厦门华辰 | 2015.06.20 |
| 金色南洋珍珠、黑色大溪地珍珠配沙弗莱石及石榴石戒指 约 12.80mm | | 28,750 | 北京保利 | 2015.12.07 |
| 金色南洋珍珠及黑色大溪地珍珠配钻石花朵戒指 约 9.6mm | | 28,750 | 北京保利 | 2015.12.07 |
| 金珍珠钻石戒指镶 18K 黄金 | | 13,817 | 香港拍得高 | 2015.06.27 |
| 近代 翡翠戒指 | | 28,750 | 北京保利 | 2015.01.24 |
| 近代 翡翠戒指 | | 17,250 | 北京保利 | 2015.01.24 |
| 近代 翡翠戒指 | | 17,250 | 北京保利 | 2015.04.26 |
| 精美的 13.20 克拉天然哥伦比亚糖果形艳绿色祖母绿及钻石戒指, 9.96 及 9.20 克拉天然哥伦比亚糖果形艳绿色祖母绿及钻石耳环套装 | 大小 14 | 1,380,000 | 北京保利 | 2015.06.06 |
| 精美的 13.68 克拉天然糖果型哥伦比亚祖母绿配钻石戒指 | | 598,000 | 北京保利 | 2015.12.07 |
| 精美的总重约 10.05 克拉天然缅甸星光红宝石戒指 未经加热 | | 805,000 | 北京保利 | 2015.06.06 |
| 天然哥伦比亚祖母绿重 8.02 克拉配钻石戒指 | 尺寸 5 | 3,744,480 | 香港苏富比 | 2015.04.06 |
| 祖母绿配钻石戒指 | | 1,233,000 | 香港苏富比 | 2015.10.07 |
| 祖母绿配钻石戒指 | | 667,875 | 香港苏富比 | 2015.10.07 |
| 祖母绿配钻石戒指 | | 453,938 | 香港苏富比 | 2015.04.06 |
| 祖母绿配钻石戒指 | | 201,750 | 香港苏富比 | 2015.04.06 |

| 拍品名称 | 物品尺寸 | 成交价RMB | 拍卖公司 | 拍卖日期 |
| --- | --- | --- | --- | --- |
| 祖母绿配钻石戒指及吊耳环套装 | 尺寸不一 | 1,109,625 | 香港苏富比 | 2015.04.06 |
| 卡地亚设计"猎豹"系列蓝宝石戒指 | | 43,648 | 保利香港 | 2015.10.06 |
| 卡地亚设计 18K 金镶嵌翡翠猎豹戒指 | 尺寸 5 1/2 | 85,703 | 保利香港 | 2015.04.07 |
| 卡地亚设计 钻石"猎豹"戒指 | | 155,194 | 保利香港 | 2015.10.06 |
| 蓝宝石彩钻戒指 格拉夫 | | 1,325,564 | 日内瓦佳士得 | 2015.05.13 |
| 蓝宝石及钻石戒指 | | 2,375,242 | 日内瓦佳士得 | 2015.05.13 |
| 蓝宝石及钻石戒指 | | 2,003,240 | 佳士得 | 2015.12.01 |
| 蓝宝石及钻石戒指 | | 584,963 | 佳士得 | 2015.12.01 |
| 蓝宝石及钻石戒指 | | 400,238 | 佳士得 | 2015.12.01 |
| 蓝宝石及钻石戒指 | | 266,825 | 佳士得 | 2015.12.01 |
| 蓝宝石及钻石戒指 宝格丽 | 约 12.90 克拉 | 9,723,028 | 日内瓦佳士得 | 2015.05.13 |
| 蓝宝石及钻石戒指 梵克雅宝 | | 3,909,396 | 日内瓦佳士得 | 2015.05.13 |
| 蓝宝石及钻石戒指 Carvin French 设计 | | 3,579,560 | 佳士得 | 2015.12.01 |
| 蓝宝石戒指 | | 6,906,433 | 日内瓦苏富比 | 2015.11.11 |
| 蓝宝石戒指 | | 51,750 | 江苏爱涛 | 2015.01.11 |
| 蓝宝石戒指 | | 3,776,600 | 佳士得 | 2015.12.01 |
| 蓝宝石戒指 布契拉提 Buccellati | | 34,500 | 北京保利 | 2015.12.07 |
| 蓝宝石配黄色钻石及钻石戒指 | | 174,675 | 香港苏富比 | 2015.10.07 |
| 蓝宝石配钻石戒指 | | 20,212,405 | 日内瓦苏富比 | 2015.11.11 |
| 蓝宝石配钻石戒指 | | 13,137,960 | 香港苏富比 | 2015.04.06 |
| 蓝宝石配钻石戒指 | | 4,712,880 | 香港苏富比 | 2015.04.06 |
| 蓝宝石配钻石戒指 | | 2,235,840 | 香港苏富比 | 2015.10.07 |
| 蓝宝石配钻石戒指 | | 1,438,500 | 香港苏富比 | 2015.10.07 |
| 蓝宝石配钻石戒指 | | 1,412,250 | 香港苏富比 | 2015.04.06 |
| 蓝宝石配钻石戒指 | | 770,625 | 香港苏富比 | 2015.10.07 |
| 蓝宝石配钻石戒指 | | 719,250 | 香港苏富比 | 2015.10.07 |
| 蓝宝石配钻石戒指 | | 655,688 | 香港苏富比 | 2015.04.06 |
| 蓝宝石配钻石戒指 | | 554,813 | 香港苏富比 | 2015.04.06 |
| 蓝宝石配钻石戒指 | | 328,800 | 香港苏富比 | 2015.10.07 |
| 蓝宝石配钻石戒指 | | 282,450 | 香港苏富比 | 2015.04.06 |
| 蓝宝石配钻石戒指 | | 258,750 | 上海敬华 | 2015.04.26 |
| 蓝宝石配钻石戒指 | | 205,500 | 香港苏富比 | 2015.10.07 |
| 蓝宝石配钻石戒指，梵克雅宝(Van Cleef & Arpels) | | 431,550 | 香港苏富比 | 2015.10.07 |
| 蓝宝石镶钻石 Bracka 戒指，梵克雅宝(Van Cleef & Arpels) | | 316,809 | 日内瓦苏富比 | 2015.11.11 |
| 蓝宝石镶钻石戒指 | | 633,618 | 日内瓦苏富比 | 2015.11.11 |
| 蓝宝石紫水晶及钻石戒指 JAR1988 年 | | 4,878,335 | 日内瓦佳士得 | 2015.05.13 |
| 蓝色蓝宝石 钻石 铂金戒指 | | 40,643 | 日本伊斯特 | 2015.05.24 |
| 蓝色蓝宝石 钻石 铂金戒指 | | 37,807 | 日本伊斯特 | 2015.05.24 |
| 蓝色星光蓝宝石 钻石 铂金戒指 | | 141,777 | 日本伊斯特 | 2015.05.24 |
| 蓝色星光蓝宝石 钻石 铂金戒指 | | 10,397 | 日本伊斯特 | 2015.05.24 |
| 蓝玉髓配钻石戒指，Fam Fam 出品 | | 94,518 | 天成国际 | 2015.06.14 |
| 榄尖形钻石重 4.71 克拉，D 色 VVS1 净度钻石戒指 | 尺寸 7 | 1,008,750 | 香港苏富比 | 2015.04.06 |
| 老坑木那矿天然翡翠蛋面戒指/吊坠(双用) | | 920,000 | 福建东南 | 2015.05.24 |
| 梨形淡彩粉红色钻石重 5.06 克拉，VS2 净度钻石戒指 | 尺寸 7 | 9,929,760 | 香港苏富比 | 2015.10.07 |
| 梨形钻石及蓝宝石戒指 | | 48,060 | 香港利得丰 | 2015.05.25 |
| 绿宝石及钻石戒指 BY BOUCHERON | | 1,890,773 | 日内瓦佳士得 | 2015.05.13 |
| 绿色玻璃种翡翠戒指 | 重 13.96g | 3,450,000 | 北京匡时 | 2015.12.04 |
| 绿色玻璃种翡翠戒指 | | 3,335,000 | 北京匡时 | 2015.12.04 |

**2015珠宝翡翠拍卖成交汇总**

**(成交价RMB：1万元以上)**

| 拍品名称 | 物品尺寸 | 成交价RMB | 拍卖公司 | 拍卖日期 |
|---|---|---|---|---|
| 绿松石镶钻石项链 宝诗龙（Boucheron）耳环（一对）梵克雅宝（Van Cleef & Arpels）戒指 | | 332,649 | 日内瓦苏富比 | 2015.11.11 |
| 马鞍翡翠戒指 | | 126,500 | 北京保利 | 2015.11.01 |
| 马鞍翡翠戒指 | | 126,500 | 北京保利 | 2015.11.01 |
| 猫眼石及钻石戒指 | 尺寸6 | 110,138 | 佳士得 | 2015.06.02 |
| 猫眼石钻石戒指镶18K白金 | | 11,054 | 香港拍得高 | 2015.06.27 |
| 猫眼月光石配粉红色尖晶石及钻石戒指 | | 70,889 | 天成国际 | 2015.06.14 |
| 玫瑰金欧泊戒指 | 重3.5g | 58,313 | 荣盛国际 | 2015.01.10 |
| 缅甸红宝石2.395克拉配玛瑙戒指与耳环套装 | | 253,000 | 北京匡时 | 2015.12.04 |
| 缅甸红宝石钻石戒指，未经加热 | | 135,794 | 保利香港 | 2015.10.06 |
| 缅甸天然冰种翡翠配钻石戒指及挂坠 | | 56,258 | 保利香港 | 2015.10.06 |
| 缅甸天然冰种翡翠钻石戒指 | 尺寸16 | 2,645,000 | 北京东正 | 2015.05.19 |
| 缅甸天然冰种翡翠钻石戒指 | | 1,725,000 | 北京东正 | 2015.05.19 |
| 缅甸天然翡翠蛋面、钻石及黑玛瑙戒指 | 尺寸5 | 350,438 | 佳士得 | 2015.06.02 |
| 缅甸天然翡翠蛋面及钻石戒指 | 尺寸6 | 7,721,640 | 佳士得 | 2015.06.02 |
| 缅甸天然翡翠蛋面及钻石戒指 | | 1,473,840 | 佳士得 | 2015.06.02 |
| 缅甸天然翡翠蛋面及钻石戒指 | | 600,750 | 佳士得 | 2015.06.02 |
| 缅甸天然翡翠蛋面及钻石戒指 | | 420,525 | 佳士得 | 2015.06.02 |
| 缅甸天然翡翠蛋面及钻石戒指及吊坠项链 | | 280,350 | 佳士得 | 2015.06.02 |
| 缅甸天然翡翠蛋面及钻石戒指及耳环套装 | | 380,475 | 佳士得 | 2015.06.02 |
| 缅甸天然翡翠蛋面及钻石戒指及耳环套装 | | 380,475 | 佳士得 | 2015.06.02 |
| 缅甸天然翡翠蛋面及钻石戒指及耳坠套装 | | 380,475 | 佳士得 | 2015.06.02 |
| 缅甸天然翡翠蛋面戒指 | | 1,473,840 | 佳士得 | 2015.06.02 |
| 缅甸天然翡翠蛋面戒指 | | 1,185,480 | 佳士得 | 2015.06.02 |
| 缅甸天然翡翠戒指 | | 190,452 | 保利香港 | 2015.04.07 |
| 缅甸天然翡翠马鞍戒指 | | 820,224 | 佳士得 | 2015.06.02 |
| 缅甸天然翡翠马鞍戒指（一对） | 尺寸8及8 | 3,107,880 | 佳士得 | 2015.06.02 |
| 缅甸天然翡翠马鞍戒指（一对） | | 620,775 | 佳士得 | 2015.06.02 |
| 缅甸天然翡翠牌及钻戒指 | 尺寸5 | 1,858,320 | 佳士得 | 2015.06.02 |
| 缅甸天然翡翠牌及钻石戒指 | | 1,089,360 | 佳士得 | 2015.06.02 |
| 缅甸天然翡翠牌戒指 | 尺寸6 | 14,450,040 | 佳士得 | 2015.06.02 |
| 缅甸天然翡翠牌戒指 | 尺寸6 | 10,605,240 | 佳士得 | 2015.06.02 |
| 缅甸天然翡翠牌戒指（一对） | 尺寸6 | 8,202,240 | 佳士得 | 2015.06.02 |
| 缅甸天然翡翠配碧玺戒指 | | 36,858 | 保利香港 | 2015.10.06 |
| 缅甸天然翡翠配沉香及钻石戒指 | | 45,708 | 保利香港 | 2015.04.07 |
| 缅甸天然翡翠配黑耀石及钻石戒指 | | 28,568 | 保利香港 | 2015.04.07 |
| 缅甸天然翡翠配红宝石戒指 | | 14,549 | 保利香港 | 2015.10.06 |
| 缅甸天然翡翠配尖晶石戒指 | | 155,194 | 保利香港 | 2015.10.06 |
| 缅甸天然翡翠配钻石海豚戒指 | | 36,186 | 保利香港 | 2015.04.07 |
| 缅甸天然翡翠配钻石戒指 | | 1,237,938 | 保利香港 | 2015.04.07 |
| 缅甸天然翡翠配钻石戒指 | | 921,462 | 保利香港 | 2015.10.06 |
| 缅甸天然翡翠配钻石戒指 | | 368,585 | 保利香港 | 2015.10.06 |
| 缅甸天然翡翠配钻石戒指 | | 174,593 | 保利香港 | 2015.10.06 |
| 缅甸天然翡翠配钻石戒指 | | 142,839 | 保利香港 | 2015.04.07 |
| 缅甸天然翡翠配钻石戒指 | | 95,056 | 保利香港 | 2015.10.06 |
| 缅甸天然翡翠配钻石戒指 | | 87,296 | 保利香港 | 2015.10.06 |
| 缅甸天然翡翠配钻石戒指 | | 85,703 | 保利香港 | 2015.04.07 |
| 缅甸天然翡翠配钻石戒指 | | 85,703 | 保利香港 | 2015.04.07 |

| 拍品名称 | 物品尺寸 | 成交价RMB | 拍卖公司 | 拍卖日期 |
|---|---|---|---|---|
| 缅甸天然翡翠配钻石戒指 | | 52,374 | 保利香港 | 2015.04.07 |
| 缅甸天然翡翠配钻石戒指 | | 47,613 | 保利香港 | 2015.04.07 |
| 缅甸天然翡翠配钻石戒指 | | 29,099 | 保利香港 | 2015.10.06 |
| 缅甸天然翡翠配钻石戒指 | | 26,663 | 保利香港 | 2015.04.07 |
| 缅甸天然翡翠配钻石戒指 | | 23,807 | 保利香港 | 2015.04.07 |
| 缅甸天然翡翠配钻石戒指 | | 19,045 | 保利香港 | 2015.04.07 |
| 缅甸天然翡翠配钻石戒指 | | 10,350 | 中古陶 | 2015.05.31 |
| 缅甸天然翡翠配钻石戒指 | | 10,350 | 中古陶 | 2015.05.31 |
| 缅甸天然翡翠配钻石戒指及耳环套装 | | 80,942 | 保利香港 | 2015.04.07 |
| 缅甸天然翡翠配钻石熊猫戒指 | | 55,231 | 保利香港 | 2015.04.07 |
| 缅甸天然蓝宝石蛋面及钻石戒指 | | 720,900 | 佳士得 | 2015.06.02 |
| 缅甸天然橄尖形翡翠蛋面及钻石戒指 | | 400,500 | 佳士得 | 2015.06.02 |
| 缅甸天然紫罗兰翡翠戒指 | | 57,136 | 保利香港 | 2015.04.07 |
| 缅甸天然紫罗兰翡翠配钻石戒指 | | 14,549 | 保利香港 | 2015.10.06 |
| 缅甸艳彩鲜红6.03克拉缅甸“鸽血红”红宝石配钻石戒指 | 尺寸5 1/2 | 13,579,440 | 保利香港 | 2015.10.06 |
| 木纳种翡翠阳绿钻戒 | 长2.5cm | 57,500 | 中鸿信 | 2015.07.29 |
| 南洋珍珠戒指、耳环套装 | 大小13 | 36,800 | 北京保利 | 2015.06.06 |
| 浓彩黄绿色钻石配钻石戒指 | | 770,625 | 香港苏富比 | 2015.10.07 |
| 浓彩黄色钻石8.88克拉内部无瑕（IF）净度 极优打磨及对称钻石戒指 | 尺寸5 | 2,098,200 | 香港苏富比 | 2015.04.06 |
| 浓彩黄色钻石戒指 | | 1,544,443 | 日内瓦苏富比 | 2015.11.11 |
| 浓彩黄色钻石配钻石戒指 | | 1,513,125 | 香港苏富比 | 2015.04.06 |
| 浓彩黄色钻石配钻石戒指 | | 924,750 | 香港苏富比 | 2015.10.07 |
| 浓彩黄色钻石配钻石戒指 | | 390,450 | 香港苏富比 | 2015.10.07 |
| 浓彩黄钻戒 卡地亚 | | 841,514 | 伦敦苏富比 | 2015.06.11 |
| 浓彩蓝色钻石配粉红色钻石2.13克拉，VS1净度及钻石戒指 | 尺寸6 | 9,070,680 | 香港苏富比 | 2015.04.06 |
| 方形浓彩蓝色钻石重2.11克拉，VVS1净度配钻石戒指 | 尺寸5 1/2 | 12,099,840 | 香港苏富比 | 2015.10.07 |
| 女王珠宝2.07克拉红宝石 钻石铂金戒指（缅甸产） | | 26,465 | 日本伊斯特 | 2015.05.24 |
| 欧泊配钻石及石榴石戒指 | | 14,549 | 保利香港 | 2015.10.06 |
| 帕德玛刚玉 钻石 铂金戒指 | | 18,904 | 日本伊斯特 | 2015.05.24 |
| 帕德玛刚玉 钻石 铂金戒指（非加热） | | 13,233 | 日本伊斯特 | 2015.05.24 |
| 浅橙色蓝宝石 钻石 铂金戒指（非加热） | | 26,465 | 日本伊斯特 | 2015.05.24 |
| 沙弗来石配红宝石戒指，IVY | 尺寸6 1/2 | 904,200 | 香港苏富比 | 2015.10.07 |
| 珊瑚 钻石 铂金戒指 | | 24,575 | 日本伊斯特 | 2015.05.24 |
| 珊瑚 钻石 铂金戒指 | | 11,342 | 日本伊斯特 | 2015.05.24 |
| 珊瑚、安力士、钻石戒指及耳环套装、安力士及钻石戒指、球形珊瑚戒指 | | 22,108 | 香港利得丰 | 2015.05.25 |
| 珊瑚戒指 | | 13,440 | 北京荣宝 | 2015.03.29 |
| 珊瑚戒指 | | 13,440 | 北京荣宝 | 2015.06.21 |
| 珊瑚配黄色钻石及钻石戒指 | | 236,295 | 天成国际 | 2015.06.14 |
| 珊瑚配钻石戒指及耳环套装 | | 33,907 | 天成国际 | 2015.12.06 |
| 珊瑚珠钻石戒指及吊坠镶18K玫瑰金（2） | | 10,133 | 香港拍得高 | 2015.06.27 |
| 珊瑚钻石戒指，珊瑚钻石吊坠及珊瑚钻石耳环镶18K玫瑰金（4） | | 25,057 | 香港拍得高 | 2015.03.28 |
| 珊瑚钻石戒指及珊瑚钻石耳环镶18K玫瑰金（3） | | 16,120 | 香港拍得高 | 2015.01.24 |
| 闪山云钻石戒指镶铂金 | | 16,705 | 香港拍得高 | 2015.03.28 |

| 拍品名称 | 物品尺寸 | 成交价RMB | 拍卖公司 | 拍卖日期 |
|---|---|---|---|---|
| 深彩棕黄色钻石戒指 | | 1,660,078 | 日内瓦苏富比 | 2015.11.11 |
| 石榴石配变色石榴石及钻石戒指 | 尺寸 6 1/2 | 103,970 | 天成国际 | 2015.06.14 |
| 世哲 宝石系列（CR8001）戒指 | | 30,240 | 上海联合 | 2015.05.24 |
| 世哲 对戒系列（W8102）男戒 | | 24,416 | 上海联合 | 2015.05.24 |
| 世哲 对戒系列（W8172）男戒 | | 15,232 | 上海联合 | 2015.05.24 |
| 世哲 对戒系列（W8223）男戒 | | 24,192 | 上海联合 | 2015.05.24 |
| 世哲 对戒系列（W8223）女戒 | | 20,720 | 上海联合 | 2015.05.24 |
| 世哲 对戒系列（W8302）女戒 | | 19,936 | 上海联合 | 2015.05.24 |
| 世哲 婚戒系列（CR8001-5）戒指 | | 73,360 | 上海联合 | 2015.05.24 |
| 世哲 婚戒系列（DR1003）戒指 | | 71,568 | 上海联合 | 2015.05.24 |
| 世哲 婚戒系列（DR1005-1）戒指 | | 71,120 | 上海联合 | 2015.05.24 |
| 世哲 婚戒系列（DR1007）戒指 | | 64,960 | 上海联合 | 2015.05.24 |
| 世哲 婚戒系列（DR8201）戒指 | | 71,120 | 上海联合 | 2015.05.24 |
| 世哲 马蹄莲系列（W8513）戒指 | | 12,320 | 上海联合 | 2015.05.24 |
| 首饰套组（戒指、耳坠） | | 61,437 | 天成国际 | 2015.06.14 |
| 双色宝石钻石戒指镶 18K 白金 | | 11,054 | 香港拍得高 | 2015.01.24 |
| 坦桑石 钻石 铂金戒指 | | 10,397 | 日本伊斯特 | 2015.05.24 |
| 坦桑石戒指 | | 32,200 | 广州皇玛 | 2015.01.17 |
| 坦桑石配钻石戒指 | | 51,750 | 北京匡时 | 2015.12.04 |
| 天然斯里兰卡橙粉红色刚玉重 4.37 克拉配钻石戒指 | 尺寸 5 1/2 | 246,600 | 香港苏富比 | 2015.10.07 |
| 天然 AKA 红珊瑚蛋面戒指（一对） | 尺寸不一 | 36,800 | 北京保利 | 2015.06.06 |
| 天然 AKA 红珊瑚及钻石戒指 | | 57,500 | 北京保利 | 2015.06.06 |
| 天然AKA红珊瑚及钻石戒指（一对） | | 57,500 | 北京保利 | 2015.06.06 |
| 天然AKA红珊瑚及钻石戒指（一对） | | 46,000 | 北京保利 | 2015.06.06 |
| 天然 AKA 红珊瑚戒指 | 大小 11 | 115,000 | 北京保利 | 2015.06.06 |
| 天然 AKA 红珊瑚戒指 | | 109,250 | 北京保利 | 2015.06.06 |
| 天然 AKA 红珊瑚戒指 | | 20,700 | 北京保利 | 2015.06.06 |
| 天然 AKA 红珊瑚配钻石戒指 | | 46,000 | 北京保利 | 2015.12.07 |
| 天然 AKA 红珊瑚配钻石戒指 约 13.30mm | | 17,250 | 北京保利 | 2015.12.07 |
| 天然 AKA 牛血红红珊瑚戒指 约 17.66mm | | 78,200 | 北京保利 | 2015.12.07 |
| 天然澳大利亚黑欧泊及欧泊戒指（一对） | | 32,200 | 北京保利 | 2015.06.06 |
| 天然澳大利亚黑欧泊戒指（一对）对） | 尺寸不一 | 32,200 | 北京保利 | 2015.06.06 |
| 天然白钻戒 | | 57,500 | 广州皇玛 | 2015.01.17 |
| 天然碧玺陶瓷戒指 宝格丽 BVLGARI | | 11,500 | 北京保利 | 2015.06.06 |
| 天然冰种翡翠蛋面配粉色蓝宝石及钻石戒指一对 | | 92,000 | 北京保利 | 2015.12.07 |
| 天然冰种翡翠葫芦戒指 | | 32,200 | 福建东南 | 2015.05.24 |
| 天然冰种翡翠配翡翠及钻石戒指 | | 38,751 | 天成国际 | 2015.12.06 |
| 天然冰种翡翠配粉红色刚玉及钻石戒指 | | 151,229 | 天成国际 | 2015.06.14 |
| 天然冰种翡翠配黄色钻石及钻石戒指，Alessio Boschi 设计 | | 368,136 | 天成国际 | 2015.12.06 |
| 天然冰种翡翠配钻石戒指 | | 56,711 | 天成国际 | 2015.06.14 |
| 天然冰种翡翠配钻石戒指；及天然翡翠配钻石项链 | | 94,518 | 天成国际 | 2015.06.14 |
| 天然冰种翡翠配钻石袖扣一对及戒指套装，Alessio Boschi 设计 | | 145,317 | 天成国际 | 2015.12.06 |
| 天然冰种翡翠镶嵌戒指 | | 14,950 | 福建东南 | 2015.05.24 |
| 天然冰种粉红翡翠配粉红色钻石及钻石戒指，Alessio Boschi 设计 | | 329,385 | 天成国际 | 2015.12.06 |

| 拍品名称 | 物品尺寸 | 成交价RMB | 拍卖公司 | 拍卖日期 |
|---|---|---|---|---|
| 天然冰种满绿翡翠马鞍戒指 | | 920,000 | 北京保利 | 2015.12.07 |
| 天然冰种紫翡翠配钻石戒指 | | 396,976 | 天成国际 | 2015.06.14 |
| 天然玻璃种翡翠猫头鹰戒指 | | 10,120 | 华艺国际 | 2015.05.24 |
| 天然玻璃种翡翠配钻石戒指、耳环套装 | | 43,700 | 北京保利 | 2015.12.07 |
| 天然铂金钻石戒指 蒂芙尼 TIFFANY；天然钻石戒指 玳美雅 DAMIANI | | 25,300 | 北京保利 | 2015.06.06 |
| 天然彩色翡翠配钻石别针；及天然冰种翡翠配天然翡翠马鞍戒指 | | 35,306 | 香港苏富比 | 2015.04.06 |
| 天然彩色蓝宝石及钻石戒指 | | 11,500 | 北京保利 | 2015.06.06 |
| 天然帝王绿翡翠蛋面戒指 | | 422,928 | 香港利得丰 | 2015.05.25 |
| 天然翡翠蛋面戒指 | | 326,808 | 香港利得丰 | 2015.05.25 |
| 天然翡翠蛋面戒指 | | 211,464 | 香港利得丰 | 2015.05.25 |
| 天然翡翠蛋面戒指 | | 57,500 | 北京保利 | 2015.06.06 |
| 天然翡翠蛋面戒指 | | 32,681 | 香港利得丰 | 2015.05.25 |
| 天然翡翠蛋面戒指 | | 30,758 | 香港利得丰 | 2015.05.25 |
| 天然翡翠蛋面戒指 | 蛋面 2.60cm×2.43cm | 24,006,040 | 佳士得 | 2015.12.01 |
| 天然翡翠蛋面戒指及耳环套装 | | 124,956 | 香港利得丰 | 2015.05.25 |
| 天然翡翠蛋面配钻石戒指、耳环套装 | | 92,000 | 北京保利 | 2015.12.07 |
| 天然翡翠蛋面钻石戒指镶铂金 | | 325,166 | 香港拍得高 | 2015.06.27 |
| 天然翡翠福寿如意戒指 | | 46,000 | 北京保利 | 2015.12.07 |
| 天然翡翠葫芦钻石戒指镶 18K 白金 | | 18,423 | 香港拍得高 | 2015.01.24 |
| 天然翡翠花及钻石戒指及耳环套装 | | 322,800 | 香港苏富比 | 2015.04.06 |
| 天然翡翠浑身圈戒指及天然翡翠平安扣（2） | | 23,029 | 香港拍得高 | 2015.01.24 |
| 天然翡翠及彩色宝石蝴蝶戒指 | | 40,250 | 北京保利 | 2015.06.06 |
| 天然翡翠戒指 | | 411,000 | 香港苏富比 | 2015.10.07 |
| 天然翡翠戒指 | | 308,250 | 香港苏富比 | 2015.10.07 |
| 天然翡翠戒指、项链套件 | | 322,000 | 福建东南 | 2015.05.24 |
| 天然翡翠老坑镶嵌蛋面戒指 | | 80,500 | 福建东南 | 2015.05.24 |
| 天然翡翠配粉红色碧玺及钻石戒指 | | 145,317 | 天成国际 | 2015.12.06 |
| 天然翡翠配红宝石，黄色钻石及钻石戒指 | | 803,403 | 天成国际 | 2015.06.14 |
| 天然翡翠配红宝石及钻石戒指 | | 50,438 | 香港苏富比 | 2015.04.06 |
| 天然翡翠配红宝石及钻石戒指 | | 42,533 | 天成国际 | 2015.06.14 |
| 天然翡翠配红宝石及钻石戒指 | | 77,502 | 天成国际 | 2015.12.06 |
| 天然翡翠配红宝石及钻石戒指，ICE 出品 | | 236,295 | 天成国际 | 2015.06.14 |
| 天然翡翠配红宝石及钻石戒指，ICE 出品 | | 87,190 | 天成国际 | 2015.12.06 |
| 天然翡翠配镶钻石戒指 | | 20,700 | 江苏爱涛 | 2015.01.11 |
| 天然翡翠配钻石戒 Franci Chiu | | 252,188 | 香港苏富比 | 2015.04.06 |
| 天然翡翠配钻石戒指 | 尺寸 6 1/4 | 4,253,310 | 天成国际 | 2015.06.14 |
| 天然翡翠配钻石戒指 | 尺寸 6 1/2 | 2,235,840 | 香港苏富比 | 2015.10.07 |
| 天然翡翠配钻石戒指 | | 1,890,360 | 天成国际 | 2015.06.14 |
| 天然翡翠配钻石戒指 | | 1,412,250 | 香港苏富比 | 2015.04.06 |
| 天然翡翠配钻石戒指 | | 1,008,750 | 香港苏富比 | 2015.04.06 |
| 天然翡翠配钻石戒指 | | 992,439 | 天成国际 | 2015.06.14 |
| 天然翡翠配钻石戒指 | | 857,438 | 香港苏富比 | 2015.04.06 |
| 天然翡翠配钻石戒指 | | 685,950 | 香港苏富比 | 2015.04.06 |
| 天然翡翠配钻石戒指 | | 390,450 | 香港苏富比 | 2015.10.07 |
| 天然翡翠配钻石戒指 | | 383,325 | 香港苏富比 | 2015.04.06 |
| 天然翡翠配钻石戒指 | | 302,625 | 香港苏富比 | 2015.04.06 |
| 天然翡翠配钻石戒指 | | 255,199 | 天成国际 | 2015.06.14 |

(成交价RMB：1万元以上)

| 拍品名称 | 物品尺寸 | 成交价RMB | 拍卖公司 | 拍卖日期 |
|---|---|---|---|---|
| 天然翡翠配钻石戒指 | | 242,100 | 香港苏富比 | 2015.04.06 |
| 天然翡翠配钻石戒指 | | 242,100 | 香港苏富比 | 2015.04.06 |
| 天然翡翠配钻石戒指 | | 226,050 | 香港苏富比 | 2015.10.07 |
| 天然翡翠配钻石戒指 | | 205,500 | 香港苏富比 | 2015.10.07 |
| 天然翡翠配钻石戒指 | | 174,675 | 香港苏富比 | 2015.10.07 |
| 天然翡翠配钻石戒指 | | 174,675 | 香港苏富比 | 2015.10.07 |
| 天然翡翠配钻石戒指 | | 154,125 | 香港苏富比 | 2015.10.07 |
| 天然翡翠配钻石戒指 | | 131,138 | 香港苏富比 | 2015.04.06 |
| 天然翡翠配钻石戒指 | | 103,500 | 江苏爱涛 | 2015.01.11 |
| 天然翡翠配钻石戒指 | | 100,875 | 香港苏富比 | 2015.04.06 |
| 天然翡翠配钻石戒指 | | 82,200 | 香港苏富比 | 2015.10.07 |
| 天然翡翠配钻石戒指 | | 66,163 | 天成国际 | 2015.06.14 |
| 天然翡翠配钻石戒指 | | 45,369 | 天成国际 | 2015.06.14 |
| 天然翡翠配钻石戒指 | | 32,136 | 天成国际 | 2015.06.14 |
| 天然翡翠配钻石戒指 | | 65,877 | 天成国际 | 2015.12.06 |
| 天然翡翠配钻石戒指 | | 21,313 | 天成国际 | 2015.12.06 |
| 天然翡翠配钻石戒指(两件) | | 179,584 | 天成国际 | 2015.06.14 |
| 天然翡翠配钻石戒指；及天然翡翠如意配黄色刚玉及钻石别针 | | 100,875 | 香港苏富比 | 2015.04.06 |
| 天然翡翠配钻石戒指别针首饰 | | 154,125 | 香港苏富比 | 2015.10.07 |
| 天然翡翠配钻石戒指及吊耳环套装 | | 125,941 | 天成国际 | 2015.12.06 |
| 天然翡翠配钻石戒指及耳环套装 | | 2,001,360 | 香港苏富比 | 2015.04.06 |
| 天然翡翠配钻石戒指及耳环套装 | | 807,000 | 香港苏富比 | 2015.04.06 |
| 天然翡翠配钻石马鞍戒指 | | 13,800 | 北京保利 | 2015.12.07 |
| 天然翡翠配钻石首饰套组 | | 33,907 | 天成国际 | 2015.12.06 |
| 天然翡翠配钻石算盘戒指 | | 80,700 | 香港苏富比 | 2015.04.06 |
| 天然翡翠椭圆形镶嵌蛋面戒指 | | 138,000 | 福建东南 | 2015.05.24 |
| 天然翡翠镶嵌蛋面戒指 | | 575,000 | 福建东南 | 2015.05.24 |
| 天然翡翠镶嵌蛋面戒指 | | 575,000 | 福建东南 | 2015.05.24 |
| 天然翡翠镶嵌蛋面戒指 | | 161,000 | 福建东南 | 2015.05.24 |
| 天然翡翠镶嵌蛋面戒指 | | 126,500 | 福建东南 | 2015.05.24 |
| 天然翡翠镶嵌蛋面戒指 | | 126,500 | 福建东南 | 2015.05.24 |
| 天然翡翠镶嵌蛋面戒指 | | 97,750 | 福建东南 | 2015.05.24 |
| 天然翡翠镶嵌蛋面戒指 | | 86,250 | 福建东南 | 2015.05.24 |
| 天然翡翠镶嵌蛋面戒指 | | 86,250 | 福建东南 | 2015.05.24 |
| 天然翡翠镶嵌蛋面戒指 | | 74,750 | 福建东南 | 2015.05.24 |
| 天然翡翠镶嵌蛋面戒指 | | 63,250 | 福建东南 | 2015.05.24 |
| 天然翡翠镶嵌蛋面戒指 | | 59,800 | 福建东南 | 2015.05.24 |
| 天然翡翠镶嵌蛋面戒指 | | 55,200 | 福建东南 | 2015.05.24 |
| 天然翡翠镶嵌蛋面戒指 | | 36,800 | 福建东南 | 2015.05.24 |
| 天然翡翠镶嵌蛋面戒指 | | 36,800 | 福建东南 | 2015.05.24 |
| 天然翡翠镶嵌蛋面戒指 | | 34,500 | 福建东南 | 2015.05.24 |
| 天然翡翠镶嵌蛋面戒指 | | 29,900 | 福建东南 | 2015.05.24 |
| 天然翡翠镶嵌蛋面戒指 | | 20,700 | 福建东南 | 2015.05.24 |
| 天然翡翠镶嵌戒指 | | 74,750 | 福建东南 | 2015.05.24 |
| 天然翡翠镶嵌钻石戒指 | | 18,400 | 福建东南 | 2015.05.24 |
| 天然翡翠钻石戒指及天然翡翠吊坠镶 18K 白金（2） | | 13,921 | 香港拍得高 | 2015.03.28 |
| 天然翡翠钻石戒指镶 18K 白金 | | 115,144 | 香港拍得高 | 2015.06.27 |
| 天然翡翠钻石戒指镶 18K 白金 | | 36,846 | 香港拍得高 | 2015.01.24 |
| 天然翡翠钻石戒指镶 18K 白金(咀戒两用) | | 35,925 | 香港拍得高 | 2015.06.27 |
| 天然粉红色海螺珠配粉红色刚玉及钻石戒指 | | 252,188 | 香港苏富比 | 2015.04.06 |
| 天然粉红色海螺珠配粉红色钻石及钻石戒指 | 尺寸 5 3/4 | 493,200 | 香港苏富比 | 2015.10.07 |

| 拍品名称 | 物品尺寸 | 成交价RMB | 拍卖公司 | 拍卖日期 |
|---|---|---|---|---|
| 天然粉钻戒 | | 92,000 | 广州皇玛 | 2015.01.17 |
| 天然海螺珠戒指 | | 11,500 | 北京保利 | 2015.06.06 |
| 天然红宝石及贝母配钻石戒指及天然红宝石配钻石花形戒指一对 | | 11,500 | 北京保利 | 2015.12.07 |
| 天然红宝石及钻石隐秘式镶嵌戒指 | | 34,500 | 北京保利 | 2015.06.06 |
| 天然红宝石及钻石织纹戒指 | | 17,250 | 北京保利 | 2015.06.06 |
| 天然红宝石配钻石花型戒指 | | 23,000 | 北京保利 | 2015.06.06 |
| 天然红宝石配钻石戒指 | | 17,250 | 上海敬华 | 2015.04.26 |
| 天然红色碧玺蝴蝶戒指 | | 28,750 | 北京保利 | 2015.06.06 |
| 天然红色碧玺配钻石花朵戒指 | | 69,000 | 北京保利 | 2015.12.07 |
| 天然红珊瑚戒指 / 吊坠 | | 36,800 | 华艺国际 | 2015.05.24 |
| 天然红珊瑚镶嵌戒指 | | 17,250 | 福建东南 | 2015.05.24 |
| 天然黄翡翠配黑色钻石及钻石戒指 | | 75,614 | 天成国际 | 2015.06.14 |
| 天然黄翡翠配蓝宝石及钻石戒指 | | 47,259 | 天成国际 | 2015.06.14 |
| 天然蓝宝石戒指 | | 13,800 | 江苏爱涛 | 2015.01.11 |
| 天然蓝玉髓配钻石戒指、耳环套装 | | 20,700 | 北京保利 | 2015.12.07 |
| 天然绿色翡翠蛋面戒指(一对) | | 43,700 | 北京保利 | 2015.06.06 |
| 天然绿色翡翠及钻石戒指(一对) | | 43,700 | 北京保利 | 2015.06.06 |
| 天然绿色翡翠戒指(一组共三件) | | 48,300 | 北京保利 | 2015.06.06 |
| 天然满绿翡翠蛋面戒指 | | 138,000 | 北京保利 | 2015.06.06 |
| 天然满绿翡翠蛋面配钻石及红宝石戒指 | | 66,700 | 北京保利 | 2015.12.07 |
| 天然满绿翡翠蛋面配钻石戒指 | | 46,000 | 北京保利 | 2015.12.07 |
| 天然满绿翡翠蛋面配钻石戒指 | | 17,250 | 北京保利 | 2015.12.07 |
| 天然满绿翡翠蛋面配钻石戒指 / 吊坠 | | 299,000 | 华艺国际 | 2015.05.24 |
| 天然满绿翡翠葫芦配钻石戒指 | | 34,500 | 华艺国际 | 2015.05.24 |
| 天然满绿翡翠及钻石戒指 | | 25,300 | 北京保利 | 2015.06.06 |
| 天然满绿翡翠及钻石戒指、耳环套装 香奈儿 CHANEL | 大小 12 | 1,495,000 | 北京保利 | 2015.06.06 |
| 天然满绿翡翠及钻石马鞍戒指 | 大小 13 | 2,760,000 | 北京保利 | 2015.06.06 |
| 天然满绿翡翠戒指 | | 57,500 | 北京保利 | 2015.06.06 |
| 天然满绿翡翠戒指 | | 32,200 | 北京保利 | 2015.06.06 |
| 天然满绿翡翠马鞍戒指 | | 23,000 | 北京保利 | 2015.06.06 |
| 天然满绿翡翠马眼形及钻石戒指 | | 43,700 | 北京保利 | 2015.06.06 |
| 天然满绿翡翠配钻石佛公戒指 | | 11,500 | 北京保利 | 2015.12.07 |
| 天然山水墨翡翠配钻石怀古戒指、耳环套装 | | 36,800 | 北京保利 | 2015.12.07 |
| 天然珊瑚配黑色发晶及钻石戒指 | | 65,877 | 天成国际 | 2015.12.06 |
| 天然斯里兰卡蓝宝石镶钻石戒指 | | 138,000 | 福建东南 | 2015.05.24 |
| 天然坦桑石配钻石戒指 | | 40,250 | 福建东南 | 2015.05.24 |
| 天然坦桑石配钻石戒指 | | 32,200 | 福建东南 | 2015.05.24 |
| 天然珍珠、有色钻石及钻石戒指 | | 667,063 | 佳士得 | 2015.12.01 |
| 天然珍珠和钻石戒指 | | 504,654 | 日内瓦佳士得 | 2015.05.13 |
| 天然珍珠及钻石戒指 | | 712,820 | 日内瓦苏富比 | 2015.11.11 |
| 天然珍珠及钻石戒指 | | 550,688 | 佳士得 | 2015.06.02 |
| 天然珍珠及钻石戒指 | | 450,563 | 佳士得 | 2015.06.02 |
| 天然珍珠及钻石戒指 | | 71,838 | 佳士得 | 2015.12.01 |
| 天然珍珠配粉红色钻石及钻石戒指 | | 256,875 | 香港苏富比 | 2015.10.07 |
| 天然正阳绿翡翠镶嵌蛋面戒指 | | 264,500 | 福建东南 | 2015.05.24 |
| 天然紫翡翠配钻石戒指；及天然紫翡翠寿桃配钻石吊坠 | | 100,875 | 香港苏富比 | 2015.04.06 |
| 天然紫罗兰翡翠多子多福戒指 | | 86,508 | 香港利得丰 | 2015.05.25 |
| 天然钻石及水晶戒指 梦宝星 MAUBOUSSIN | | 32,200 | 北京保利 | 2015.06.06 |
| 天然钻石戒指 | | 12,650 | 福建东南 | 2015.05.24 |
| 天然钻石戒指(一对) | | 57,500 | 北京保利 | 2015.06.06 |

| 拍品名称 | 物品尺寸 | 成交价RMB | 拍卖公司 | 拍卖日期 |
|---|---|---|---|---|
| 椭圆形明亮式 / 梯式切磨缅甸鸽血红红宝石戒指 | | 192,240 | 香港利得丰 | 2015.05.25 |
| 椭圆形明亮式 / 梯式切磨缅甸天然红宝石戒指 | | 288,360 | 香港利得丰 | 2015.05.25 |
| 微粉红色 11.05 克拉钻石戒指 | | 8,427,116 | 日内瓦苏富比 | 2015.11.11 |
| 细绿宝石及钻石戒指 | | 7,946,636 | 日内瓦佳士得 | 2015.05.13 |
| 方形鲜彩黄色钻石重 41.65 克拉，内部无瑕（IF）净度戒指 | 尺寸 5 1/4 | 23,180,400 | 香港苏富比 | 2015.10.07 |
| 鲜彩黄色钻石配钻石戒指 | | 4,997,760 | 香港苏富比 | 2015.10.07 |
| 鲜彩黄色钻石配钻石戒指 | | 2,969,760 | 香港苏富比 | 2015.04.06 |
| 鲜彩黄色钻石配钻石戒指 | | 1,541,250 | 香港苏富比 | 2015.10.07 |
| 鲜彩黄色钻石配钻石戒指 | | 453,938 | 香港苏富比 | 2015.04.06 |
| 鲜彩黄色钻石配钻石戒指，海瑞温斯顿（Harry Winston） | | 719,250 | 香港苏富比 | 2015.10.07 |
| 鲜黄色钻石配钻石戒指 | | 1,027,500 | 香港苏富比 | 2015.10.07 |
| 现代 铂金嵌翡翠戒指 | | 55,200 | 辽宁中正 | 2015.06.13 |
| 现代 翡翠戒指 | | 84,000 | 台湾世家 | 2015.01.18 |
| 现代 红珊瑚戒指 | | 28,750 | 北京翰海 | 2015.07.19 |
| 现代 红珊瑚戒指 | | 28,750 | 北京翰海 | 2015.07.19 |
| 萧邦钻石戒指 | | 69,000 | 江苏爱涛 | 2015.01.11 |
| 星光红宝石配钻石戒指 | | 181,575 | 香港苏富比 | 2015.04.06 |
| 星光蓝宝石及钻石戒指 | | 110,138 | 佳士得 | 2015.06.02 |
| 星光蓝宝石及钻石戒指 | | 51,313 | 佳士得 | 2015.12.01 |
| 星光蓝宝石配钻石戒指 | | 13,800 | 上海敬华 | 2015.04.26 |
| 星光蓝宝石配钻石戒指 | | 11,500 | 上海敬华 | 2015.04.26 |
| 亚历山大变色猫眼石配钻石戒指 | | 359,625 | 香港苏富比 | 2015.10.07 |
| 亚历山大变色猫眼石镶钻石戒指 | | 871,224 | 日内瓦苏富比 | 2015.11.11 |
| 亚历山大变色石 5.77 克拉配钻石戒指 | 尺寸 5 1/2 | 328,800 | 香港苏富比 | 2015.10.07 |
| 亚历山大变石配钻石戒指（MIKIMOTO） | | 632,500 | 北京东正 | 2015.11.19 |
| 有色蓝宝石及钻石戒指 | | 287,350 | 佳士得 | 2015.12.01 |
| 有色蓝宝石及钻石戒指 | | 225,775 | 佳士得 | 2015.12.01 |
| 有色蓝宝石及钻石戒指 Cartier 设计 | | 92,363 | 佳士得 | 2015.12.01 |
| 有色钻石及钻石戒指 | | 2,101,760 | 佳士得 | 2015.12.01 |
| 有色钻石及钻石戒指 | | 1,215,080 | 佳士得 | 2015.12.01 |
| 有色钻石及钻石戒指 | | 800,475 | 佳士得 | 2015.12.01 |
| 有色钻石及钻石戒指 | | 123,150 | 佳士得 | 2015.12.01 |
| 有色钻石及钻石戒指 Cartier 设计 | | 3,579,560 | 佳士得 | 2015.12.01 |
| 圆形钻石 26.22 克拉，J 色 VVS2 净度钻石戒指 | | 6,068,640 | 香港苏富比 | 2015.04.06 |
| 约 1.07 克拉梨形 D/VS1 钻石及红宝石戒指 | | 140,175 | 佳士得 | 2015.06.02 |
| 约 10.30 克拉椭圆形斯里兰卡天然变色蓝宝石及钻石戒指 | | 220,275 | 佳士得 | 2015.06.02 |
| 约 10.33 克拉圆形克什米尔天然蓝宝石及钻石戒指 | 尺寸 6 1/2 | 15,347,160 | 佳士得 | 2015.06.02 |
| 约 11.46 克拉椭圆形斯里兰卡天然粉红色蓝宝石及钻石戒指 | 尺寸 5 1/2 | 1,377,720 | 佳士得 | 2015.06.02 |
| 约 12.88 克拉锥形缅甸天然蓝宝石及钻石戒指 | 尺寸 6 1/2 | 993,240 | 佳士得 | 2015.06.02 |
| 约 14.60 克拉火蛋白石及钻石戒指 | | 110,138 | 佳士得 | 2015.06.02 |
| 约 15.15 克拉长方形 D/IF Type IIa 钻石戒指 | 尺寸 8 1/2 | 22,075,560 | 佳士得 | 2015.06.02 |
| 约 15.53 克拉椭圆形缅甸天然蓝宝石及钻石戒指 | | 5,799,240 | 佳士得 | 2015.06.02 |

| 拍品名称 | 物品尺寸 | 成交价RMB | 拍卖公司 | 拍卖日期 |
|---|---|---|---|---|
| 约 16.20 克拉圆形斯里兰卡天然蓝宝石及钻石戒指 | | 1,858,320 | 佳士得 | 2015.06.02 |
| 约 19.72 克拉旧式切割 U–V/VS1 钻石戒指 | | 1,954,440 | 佳士得 | 2015.06.02 |
| 约 1920 年制 天然钻石戒指 | | 11,500 | 北京保利 | 2015.06.06 |
| 约 1930 年制 约 1 克拉天然钻石及蓝宝石戒指 | | 34,500 | 北京保利 | 2015.06.06 |
| 约 1970 年制天然钻石及红宝石戒指 | | 17,250 | 北京保利 | 2015.06.06 |
| 约 2.14 克拉缅甸天然鸽血红红宝石及钻石戒指 | | 500,625 | 佳士得 | 2015.06.02 |
| 约 23.35 克拉斯里兰卡 / 克什米尔天然蓝宝石蛋面及钻石戒指 | | 600,750 | 佳士得 | 2015.06.02 |
| 约 23.93 克拉枕形斯里兰卡天然蓝宝石及钻石戒指 | 戒指 6 1/4 | 2,146,680 | 佳士得 | 2015.06.02 |
| 约 3.00 克拉梨形浓彩蓝色 IF 钻石戒指 | 尺寸 5 1/2 | 15,795,720 | 佳士得 | 2015.06.02 |
| 约 3.01 克拉榄尖形 D/IF Type IIa（极优打磨）钻石戒指 | | 1,089,360 | 佳士得 | 2015.06.02 |
| 约 3.05 克拉椭圆形 D/VVS2 钻石戒指 | | 500,625 | 佳士得 | 2015.06.02 |
| 约 3.12 克拉圆形鲜彩黄色 VS1 钻石戒指 | | 2,050,560 | 佳士得 | 2015.06.02 |
| 约 3.23 克拉长方形哥伦比亚天然祖母绿及钻石戒指 | | 820,224 | 佳士得 | 2015.06.02 |
| 约 4.23 克拉椭圆形彩粉红紫色 SI1 钻石戒指 | 尺寸 6 | 6,183,720 | 佳士得 | 2015.06.02 |
| 约 4.62 克拉椭圆形巴西帕拉依巴及钻石戒指 | 尺寸 6 1/2 | 993,240 | 佳士得 | 2015.06.02 |
| 约 5.02 克拉椭圆形缅甸天然红宝石及钻石戒指 | 尺寸 5 1/2 | 5,991,480 | 佳士得 | 2015.06.02 |
| 约 5.02 克拉长方形浓彩绿色 SI1 钻石戒指 | 尺寸 5 3/4 | 16,692,840 | 佳士得 | 2015.06.02 |
| 约 5.10 克拉枕形缅甸天然蓝宝石及约 3.19 克拉枕形 I/VS1 钻石戒指 | | 650,813 | 佳士得 | 2015.06.02 |
| 约 5.11 克拉椭圆形缅甸天然鸽血红红宝石戒指 | 尺寸 5 | 23,869,800 | 佳士得 | 2015.06.02 |
| 约 5.26 克拉心形 E/VS1（极优打磨）钻石戒指 | | 1,569,960 | 佳士得 | 2015.06.02 |
| 约 5.40 克拉哥伦比亚天然祖母绿及钻石戒指 | | 1,762,200 | 佳士得 | 2015.06.02 |
| 约 6.05 克拉长方形 D/VVS1 钻石戒指 | | 2,146,680 | 佳士得 | 2015.06.02 |
| 约 6.53 克拉枕形鲜彩黄色 IF 钻石戒指 | | 1,954,440 | 佳士得 | 2015.06.02 |
| 约 6.60 克拉椭圆形斯里兰卡天然帕德玛刚玉及钻石戒指 | | 200,250 | 佳士得 | 2015.06.02 |
| 约 9.07 克拉长方形浓彩粉红色 IF Type IIa 钻石戒指 | 尺寸 5 1/4 | 78,145,560 | 佳士得 | 2015.06.02 |
| 约 9.13 克拉枕形克什米尔天然蓝宝石及钻石戒指 | 尺寸 6 | 6,568,200 | 佳士得 | 2015.06.02 |
| 约 9.50 克拉长方形鲜彩橙黄色 IF（极优打磨）钻石戒指 | 尺寸 5 3/4 | 11,566,440 | 佳士得 | 2015.06.02 |
| 约 9.58 克拉圆形 D/IF（极优切割、打磨及比例）钻石戒指 | 尺寸 6 | 10,413,000 | 佳士得 | 2015.06.02 |
| 长方形哥伦比亚祖母绿戒指 | | 420,525 | 佳士得 | 2015.06.02 |
| 珍罕 24.13 克拉古垫形天然哥伦比亚穆索无经处理祖母绿配钻石戒指 | 指环 5 3/4 | 9,203,410 | 天成国际 | 2015.12.06 |

**2015珠宝翡翠拍卖成交汇总**

**(成交价RMB：1万元以上)**

| 拍品名称 | 物品尺寸 | 成交价RMB | 拍卖公司 | 拍卖日期 |
|---|---|---|---|---|
| 珍罕25.79克拉椭圆形天然斯里兰卡无经处理变色钻尖晶石配钻石戒指 | | 1,453,170 | 天成国际 | 2015.12.06 |
| 珍珠戒指及珍珠配贝母戒指一对 宝格丽 Bulgari | | 17,250 | 北京保利 | 2015.12.07 |
| 珍珠戒指及珍珠耳环镶18K白金(3) | | 15,660 | 香港拍得高 | 2015.01.24 |
| 珍珠配红宝石及钻石戒指/吊坠 | | 14,549 | 保利香港 | 2015.10.06 |
| 珍珠配红宝石钻石戒指镶18K黄及白金 | | 40,531 | 香港拍得高 | 2015.06.27 |
| 珍珠配天然翡翠及钻石戒指/吊坠 | | 46,000 | 华艺国际 | 2015.05.24 |
| 珍珠配钻石戒指 | | 25,300 | 江苏爱涛 | 2015.01.11 |
| 珍珠钻石戒指镶铂金 | | 24,871 | 香港拍得高 | 2015.06.27 |
| 珍珠钻石戒指镶铂金及珍珠钻石耳环镶14K白金(3) | | 11,137 | 香港拍得高 | 2015.03.28 |
| 珍珠钻石小鸟戒指镶18K黄金 | | 20,265 | 香港拍得高 | 2015.06.27 |
| 枕形斯里兰卡天然蓝宝石戒指 | 尺寸3 1/2 | 750,938 | 佳士得 | 2015.06.02 |
| 锥形缅甸天然星光红宝石戒指 Wallace Chan设计 | | 821,000 | 佳士得 | 2015.12.01 |
| 紫罗兰蓝色蓝宝石 钻石 铂金戒指(非加热) | | 85,066 | 日本伊斯特 | 2015.05.24 |
| 紫色蓝宝石钻石铂金戒指(非加热) | | 47,259 | 日本伊斯特 | 2015.05.24 |
| 紫水晶及钻石戒指 | | 35,919 | 佳士得 | 2015.12.01 |
| 紫水晶配彩色宝石戒指 | 尺寸6 | 64,754 | 保利香港 | 2015.04.07 |
| 总重1.71克拉彩色钻石配钻石戒指 | | 23,000 | 北京保利 | 2015.12.07 |
| 总重1.74克拉天然彩色钻石及钻石戒指 | | 13,800 | 北京保利 | 2015.06.06 |
| 总重2.4克拉天然红宝石配1.45克拉钻石戒指 | | 11,500 | 北京保利 | 2015.12.07 |
| 总重3.36克拉粉色钻石及钻石戒指一组 共三只 | | 17,250 | 北京保利 | 2015.12.07 |
| 总重5.34克拉钻石戒指Jose Hess设计 | | 34,500 | 北京保利 | 2015.12.07 |
| 总重约40克拉天然紫红色碧玺及钻石戒指、耳环套装 | | 172,500 | 北京保利 | 2015.06.06 |
| 祖母绿、红宝石及钻石戒指及耳环套装、蜻蜓胸针、红宝石及钻石海螺耳环 | | 26,914 | 香港利得丰 | 2015.05.25 |
| 祖母绿蛋面及钻石戒指及耳环套装 | | 320,400 | 佳士得 | 2015.06.02 |
| 祖母绿及钻石戒指 | | 200,250 | 佳士得 | 2015.06.02 |
| 祖母绿及钻石戒指 | | 35,044 | 佳士得 | 2015.06.02 |
| 祖母绿及钻石戒指 | | 133,413 | 佳士得 | 2015.12.01 |
| 祖母绿及钻石戒指 Scavia设计 | | 133,413 | 佳士得 | 2015.12.01 |
| 祖母绿及钻石戒指 Van Cleef & Arpels设计 | | 431,025 | 佳士得 | 2015.12.01 |
| 祖母绿蓝宝石钻石戒指 蒂芙尼公司20世纪初 | | 1,154,913 | 伦敦苏富比 | 2015.03.18 |
| 祖母绿配鲜彩橙黄色钻石戒指 | | 4,011,360 | 香港苏富比 | 2015.10.07 |
| 祖母绿配钻石戒指 | | 51,750 | 上海敬华 | 2015.04.26 |
| 祖母绿配钻石戒指 | | 48,439 | 天成国际 | 2015.12.06 |
| 祖母绿配钻石灵蛇戒指, Picchiotti出品 | | 122,873 | 天成国际 | 2015.06.14 |
| 祖母绿镶钻戒指 | | 46,000 | 南京嘉信 | 2015.07.19 |
| 祖母绿钻石戒指及祖母绿钻石耳环镶18K白金(3) | | 14,849 | 香港拍得高 | 2015.03.28 |
| 祖母绿钻石戒指镶18K白金 | | 35,004 | 香港拍得高 | 2015.06.27 |
| 钻石 白金戒指 | | 16,068 | 日本伊斯特 | 2015.05.24 |
| 钻石 黄金戒指 | | 28,355 | 日本伊斯特 | 2015.05.24 |
| 钻石、祖母绿及黑玛瑙戒指 Cartier设计 | | 225,775 | 佳士得 | 2015.12.01 |
| 钻石、祖母绿及黑玛瑙戒指 Cartier设计 | | 184,725 | 佳士得 | 2015.12.01 |
| 钻石、祖母绿及黑玛瑙戒指 Cartier设计 | | 184,725 | 佳士得 | 2015.12.01 |
| 钻石蝴蝶结戒指 蒂芙尼 Tiffany 约1980年制 | | 32,200 | 北京保利 | 2015.12.07 |
| 钻石及宝石Panthère戒指 | | 600,750 | 佳士得 | 2015.06.02 |
| 钻石及宝石戒指 Cartier设计 | | 410,500 | 佳士得 | 2015.12.01 |
| 钻石及彩钻戒指 | | 1,971,519 | 日内瓦佳士得 | 2015.05.13 |
| 钻石及祖母绿戒指 | | 120,150 | 佳士得 | 2015.06.02 |
| 钻石戒指 | | 500,625 | 佳士得 | 2015.06.02 |
| 钻石戒指 | | 60,075 | 佳士得 | 2015.06.02 |
| 钻石戒指 | | 33,350 | 江苏爱涛 | 2015.01.11 |
| 钻石戒指 | | 32,040 | 佳士得 | 2015.06.02 |
| 钻石戒指 | | 4,072,160 | 佳士得 | 2015.12.01 |
| 钻石戒指 | | 1,609,160 | 佳士得 | 2015.12.01 |
| 钻石戒指 | | 958,928 | 佳士得 | 2015.12.01 |
| 钻石戒指 | | 697,850 | 佳士得 | 2015.12.01 |
| 钻石戒指 | | 667,063 | 佳士得 | 2015.12.01 |
| 钻石戒指 | | 513,125 | 佳士得 | 2015.12.01 |
| 钻石戒指 | | 431,025 | 佳士得 | 2015.12.01 |
| 钻石戒指 | | 225,775 | 佳士得 | 2015.12.01 |
| 钻石戒指(两枚) | | 120,150 | 佳士得 | 2015.06.02 |
| 钻石戒指(四枚) | | 85,106 | 佳士得 | 2015.06.02 |
| 钻石戒指及钻石戒指Recardo一对 | | 11,500 | 北京保利 | 2015.12.07 |
| 钻石戒指 梦宝星 Mauboussin 及钻石戒指 尚美 Chaumet一对 | | 17,250 | 北京保利 | 2015.12.07 |
| 钻石戒指 尚美 Chaumet、珐琅戒指 蒂芙尼 Tiffany & Co及红玛瑙戒指 宝诗龙 Boucheron一组 共三只 | | 17,250 | 北京保利 | 2015.12.07 |
| 钻石戒指；及K黄金豹戒 卡地亚(Cartier) | | 70,613 | 香港苏富比 | 2015.04.06 |
| 钻石戒指 Cartier设计 | | 1,510,640 | 佳士得 | 2015.12.01 |
| 钻石戒指 Harry Winston设计 | | 636,275 | 佳士得 | 2015.12.01 |
| 钻石戒指 Harry Winston设计 | | 389,975 | 佳士得 | 2015.12.01 |
| 钻石戒指 Jean Schlumberger, Tiffany & Co.设计 | | 256,563 | 佳士得 | 2015.12.01 |
| 钻石戒指Love系列、双C白金吊坠Logo Cartier系列及三色金戒指Trinity系列一组共三只卡地亚Cartier | | 20,700 | 北京保利 | 2015.12.07 |
| 钻石戒指 Maillon Panthère系列一对 卡地亚 Cartier | | 46,000 | 北京保利 | 2015.12.07 |
| 钻石戒指 Van Cleef & Arpels设计 | | 297,613 | 佳士得 | 2015.12.01 |
| 钻石戒指及钻石耳环镶18K黄金(3) | | 13,817 | 香港拍得高 | 2015.01.24 |
| 钻石戒指镶14K白金 | | 10,133 | 香港拍得高 | 2015.06.27 |
| 钻石戒指镶18K白金 | | 66,323 | 香港拍得高 | 2015.06.27 |
| 钻石戒指镶18K白金 | | 23,029 | 香港拍得高 | 2015.01.24 |
| 钻石戒指镶18K白金 | | 22,108 | 香港拍得高 | 2015.06.27 |
| 钻石戒指镶18K白金 | | 11,054 | 香港拍得高 | 2015.06.27 |
| 钻石戒指镶18K白金及珊瑚珠耳环镶K白金(3) | | 19,344 | 香港拍得高 | 2015.01.24 |
| 钻石戒指镶18K白金及钻石戒指镶18K玫瑰及白金及黄钻石钻石戒指镶18K黄及白金(3) | | 21,186 | 香港拍得高 | 2015.01.24 |
| 钻石戒指镶18K白金两只(2) | | 12,529 | 香港拍得高 | 2015.03.28 |

| 拍品名称 | 物品尺寸 | 成交价RMB | 拍卖公司 | 拍卖日期 |
| --- | --- | --- | --- | --- |
| 钻石戒指镶 18K 黑金及玫瑰金 | | 17,502 | 香港拍得高 | 2015.01.24 |
| 钻石戒指一对 玳美雅 Damiani | | 20,700 | 北京保利 | 2015.12.07 |
| 钻石戒指一对 梵克雅宝 Van Cleef & Arpels 约 1980 年制 | | 40,250 | 北京保利 | 2015.12.07 |
| 钻石戒指一对 卡地亚 Cartier | | 25,300 | 北京保利 | 2015.12.07 |
| 钻石戒指一组共三只宝格丽 Bulgari | | 29,900 | 北京保利 | 2015.12.07 |
| 钻石纽扣戒指，梵克雅宝出品及天然翡翠配钻石戒指 | | 40,689 | 天成国际 | 2015.12.06 |
| 钻石配彩色宝石戒指、隐密式镶嵌红宝石配黑玛瑙及钻石戒指及钻石戒指一组 共三只 | | 11,500 | 北京保利 | 2015.12.07 |
| 钻石配彩色宝石猎豹戒指伯爵 Piaget | | 78,200 | 北京保利 | 2015.12.07 |
| 钻石配缟玛瑙及祖母绿豹戒 卡地亚（Cartier） | | 242,100 | 香港苏富比 | 2015.04.06 |
| 钻石配缟玛瑙及祖母绿豹戒指，卡地亚（Cartier） | | 513,750 | 香港苏富比 | 2015.10.07 |
| 钻石配缟玛瑙及祖母绿豹戒指，卡地亚（Cartier） | | 256,875 | 香港苏富比 | 2015.10.07 |
| 钻石配红色石榴石戒指 梵克雅宝（Va Clee Arpels） | | 131,138 | 香港苏富比 | 2015.04.06 |
| 钻石配祖母绿鳄鱼戒指，卡地亚（Cartier） | | 513,750 | 香港苏富比 | 2015.10.07 |
| 钻石首饰 Harry Winston 设计 | | 1,510,640 | 佳士得 | 2015.12.01 |
| 钻石首饰 Harry Winston 设计 | | 533,650 | 佳士得 | 2015.12.01 |
| 钻石心形戒指 肖邦 Chopard | | 13,800 | 北京保利 | 2015.12.07 |
| **耳饰** | | | | |
| "扑克"钻石耳环 | | 174,593 | 保利香港 | 2015.10.06 |
| 0.90 及 0.90 克拉梨形钻石耳环镶 18K 白金（2） | | 92,115 | 香港拍得高 | 2015.06.27 |
| 1.01 及 1.01 克拉彩黄色钻石耳环镶 18K 白金（2） | | 113,222 | 香港拍得高 | 2015.03.28 |
| 1.05 及 1.02 克拉圆形 E 色 VS2 净度钻石配钻石耳环(一对) | | 101,722 | 天成国际 | 2015.12.06 |
| 1.06 及 0.82 克拉心形哥伦比亚祖母绿钻石耳环镶 18K 白金（2） | | 62,638 | 香港拍得高 | 2015.01.24 |
| 1.07 克拉及 1.00 克拉梨形 G 色 VS 净度钻石耳钉(一对) | | 69,000 | 华艺国际 | 2015.05.24 |
| 1.50 至 0.97 克拉梨形及榄尖形 D/IF 钻石耳环 | | 993,240 | 佳士得 | 2015.06.02 |
| 1.51 克拉 H/VVS2 及 1.50 克拉 H/VVS1 圆形明亮式切磨（极优切割、打磨及比例）钻石耳坠 | | 173,016 | 香港利得丰 | 2015.05.25 |
| 1.53 克拉心形 E 色 VVS2 净度配 1.50 克拉心形 F 色 VS1 净度钻石耳环(一对) | | 96,878 | 天成国际 | 2015.12.06 |
| 1.58 及 1.66 克拉圆形钻石耳环镶 18K 白金（2） | | 134,567 | 香港拍得高 | 2015.03.28 |
| 10.07 及 10.03 克拉天然浓彩黄色 VS1 及 VVS2 净度钻石及钻石耳环 | 尺寸不一 | 2,875,000 | 北京保利 | 2015.06.06 |
| 10.59 及 10.19 克拉天然赞比亚祖母绿及钻石耳环 未经注油 | 尺寸不一 | 2,760,000 | 北京保利 | 2015.06.06 |
| 11.43 克拉、10.49 克拉、2.65 克拉及 2.43 克拉枕形哥伦比亚天然祖母绿及钻石耳坠 | 耳坠长 4.6cm | 10,278,920 | 佳士得 | 2015.12.01 |
| 12.58 克拉及 12.24 克拉 J 色 VVS1 净度 Triple Excellent(极优比例，打磨及对称)钻石耳环(一对) | | 5,671,080 | 天成国际 | 2015.06.14 |
| 12.87 克拉、12.77 克拉 D 色无瑕净度钻石吊耳环(一对) | | 16,043,160 | 香港苏富比 | 2015.04.06 |
| 12.98 克拉及 12.33 克拉天然哥伦比亚祖母绿及钻石耳环 | 尺寸不一 | 2,990,000 | 北京保利 | 2015.06.06 |
| 14 毫米珍珠蓝宝石耳饰—"霓裳" | | 31,360 | 北京荣宝 | 2015.11.29 |
| 18K 白翡翠方玉镶钻耳环 | 尺寸不一 | 1,092,500 | 中贸圣佳 | 2015.05.20 |
| 18K 白翡翠怀古镶钻耳环 | 尺寸不一 | 1,092,500 | 中贸圣佳 | 2015.05.20 |
| 18K 白金碧玺钻石耳坠(一对) | | 77,379 | 纽约苏富比 | 2015.04.21 |
| 18K 白金翡翠蛋面镶钻耳环 | 尺寸不一 | 632,500 | 中贸圣佳 | 2015.05.20 |
| 18K 白金翡翠钻石耳坠 | | 3,776,083 | 纽约苏富比 | 2015.04.21 |
| 18K 白金灰色养珠钻石耳坠(一对) | | 73,510 | 纽约苏富比 | 2015.04.21 |
| 18K 白金蓝宝石钻石耳环(一对)米歇尔·德拉瓦莱 | | 154,758 | 纽约苏富比 | 2015.04.21 |
| 18K 白金绿宝石钻石耳坠(一对) | | 312,700 | 纽约苏富比 | 2015.02.05 |
| 18K 白金坦桑石彩色钻石耳环(一对) | | 193,447 | 纽约苏富比 | 2015.04.21 |
| 18K 白金镶钻石黄钻石耳环(一对) | | 30,743 | 香港雅盛 | 2015.10.08 |
| 18K 白金镶钻石紫翡翠耳环(一对) | | 18,084 | 香港雅盛 | 2015.10.08 |
| 18K 白金玉髓蓝宝石耳饰斯伦贝谢 | | 82,021 | 纽约苏富比 | 2015.04.21 |
| 18K 黄金'TUBOGAS'耳环及戒指套装 | | 23,069 | 香港利得丰 | 2015.05.25 |
| 18K 黄金白金钻石耳坠(一对)大卫·韦伯 | | 599,550 | 纽约苏富比 | 2015.09.24 |
| 18K 黄金铂金翡翠珊瑚搪瓷钻石耳环(一对)大卫·韦伯 | | 383,712 | 纽约苏富比 | 2015.09.24 |
| 18K 黄金铂金橄榄石钻石耳饰蒂芙尼 | | 111,916 | 纽约苏富比 | 2015.09.24 |
| 18k 黄金铂金花式彩色钻石耳饰 | | 519,610 | 纽约苏富比 | 2015.09.24 |
| 18K 黄金铂金绿松石养珠钻石耳饰(一对)斯伦贝谢 | | 170,233 | 纽约苏富比 | 2015.04.21 |
| 18K 黄金橄榄石辉石和钻石耳坠(一对) | | 139,282 | 纽约苏富比 | 2015.04.21 |
| 18K 黄金和钻石耳夹(一对)梵克雅宝 | | 185,709 | 纽约苏富比 | 2015.04.21 |
| 18K 黄金绿宝石钻石耳坠(一对)大卫·韦伯 | | 324,991 | 纽约苏富比 | 2015.04.21 |
| 18K 黄金玛瑙耳饰(一对) | | 69,641 | 纽约苏富比 | 2015.04.21 |
| 18K 黄金珊瑚钻石耳饰梵克雅宝法国 | | 234,525 | 纽约苏富比 | 2015.02.05 |
| 18K 黄金有色钻石耳饰 | | 1,328,975 | 纽约苏富比 | 2015.02.05 |
| 18K 黄金紫水晶绿宝石红宝石耳饰 | | 425,583 | 纽约苏富比 | 2015.04.21 |
| 18K 黄金钻石彩色钻石珐琅"猴子"耳环(一对) | | 139,282 | 纽约苏富比 | 2015.04.21 |
| 18K 金银海蓝宝石和钻石耳饰 JAR 巴黎 | | 1,172,625 | 纽约苏富比 | 2015.02.05 |
| 18K 玫瑰金彩色钻石耳饰 Earclips | | 1,238,060 | 纽约苏富比 | 2015.04.21 |
| 18K 双色金黄色蓝宝石钻石耳饰(一对) | | 193,447 | 纽约苏富比 | 2015.04.21 |
| 2.05 及 2.01 克拉椭圆形彩紫粉红色 SI2 钻石耳环 | 耳环长 2.1cm | 3,973,640 | 佳士得 | 2015.12.01 |
| 2.05 及 2.11 克拉缅甸红宝石钻石耳环镶 18K 白金（2） | | 73,692 | 香港拍得高 | 2015.01.24 |
| 2.08 克拉天然彩色钻石及 2.02 克拉天然浓彩黄色 SI1 净度钻石耳环 | | 253,000 | 北京保利 | 2015.06.06 |
| 2.13 克拉 I/SI2 及 2.03 克拉 H/SI1 椭圆形明亮式切磨钻石耳坠 | | 177,822 | 香港利得丰 | 2015.05.25 |
| 2.2 克拉未加热缅甸鸽血红宝石耳饰 | | 73,920 | 北京荣宝 | 2015.03.29 |

## 2015珠宝翡翠拍卖成交汇总

(成交价RMB：1万元以上)

| 拍品名称 | 物品尺寸 | 成交价RMB | 拍卖公司 | 拍卖日期 |
|---|---|---|---|---|
| 2.49 及 2.48 克拉心形 F-G/VVS1-VS1 钻石耳环 | | 359,188 | 佳士得 | 2015.12.01 |
| 3.05 及 3.03 克拉圆形 E/VVS1-VVS2 钻石耳坠钻石耳坠 | | 1,018,040 | 佳士得 | 2015.12.01 |
| 3.30 及 3.24 克拉梨形 D/IF（极优打磨及比例）钻石耳坠 | 耳坠长 4.1cm | 2,338,920 | 佳士得 | 2015.06.02 |
| 3.54 克拉及 3.38 克拉圆形 D/IF Type IIa（极优切割、打磨及比例）钻石耳环 | | 2,988,440 | 佳士得 | 2015.12.01 |
| 3.60 及 3.63 克拉帕拉伊巴碧玺配钻石耳环 | | 116,395 | 保利香港 | 2015.10.06 |
| 3.81 克拉和 3.41 克拉梨形切割坦桑石配钻石耳环（一对） | | 36,800 | 北京匡时 | 2015.12.04 |
| 4.78 及 4.65 克拉椭圆形彩黄色钻石耳坠 | 耳坠长 3.0cm | 461,813 | 佳士得 | 2015.12.01 |
| 46.62 克拉及 44.27 克拉梨形橄榄石配 9.66 及 8.17 克拉椭圆形天然缅甸无经处理红色尖晶石及 0.42 克拉及 0.41 克拉 E 色内部无瑕及 VVS1 净度极优打磨钻石吊耳环（一对） | | 600,644 | 天成国际 | 2015.12.06 |
| 5.04 及 5.02 克拉天然缅甸抹谷鸽血红红宝石及钻石耳环 未经加热 | 尺寸不一 | 5,175,000 | 北京保利 | 2015.06.06 |
| 5.07 及 5.03 克拉圆形 F/VVS1-VS1 钻石耳环 | | 2,723,400 | 佳士得 | 2015.06.02 |
| 5.07 及 5.05 克拉圆形 I/VVS1-VS2 钻石耳坠 | | 1,473,840 | 佳士得 | 2015.06.02 |
| 5.08 克拉、5.03 克拉、2.51 克拉及 2.49 克拉枕形缅甸天然红宝石及钻石耳坠 Faidee 设计 | 耳坠长 2.4cm | 19,868,200 | 佳士得 | 2015.12.01 |
| 5.13 及 5.03 克拉圆形 D/FL-IF（极优切割、打磨及比例）钻石耳环 | | 7,914,440 | 佳士得 | 2015.12.01 |
| 5.22 及 5.08 克拉枕形 E-F/VVS2-VS1 钻石耳环 | | 2,531,160 | 佳士得 | 2015.06.02 |
| 5.64 及 5.02 克拉天然缅甸艳红色尖晶石耳环 未经加热 | 尺寸不一 | 92,000 | 北京保利 | 2015.06.06 |
| 5.65 及 5.06 克拉椭圆形 E-F/VS1 钻石耳环 Harry Winston 设计 | | 2,889,920 | 佳士得 | 2015.12.01 |
| 5.73 及 5.35 克拉天然缅甸艳粉色蓝宝石及钻石耳环 | | 322,000 | 北京保利 | 2015.06.06 |
| 5.89 及 5.17 克拉心形天然缅甸无经处理红色尖晶石配钻石耳环（一对） | | 77,502 | 天成国际 | 2015.12.06 |
| 5.95 及 5.66 克拉天然艳绿色哥伦比亚祖母绿配钻石耳环 | | 575,000 | 北京保利 | 2015.12.07 |
| 6.09 及 5.89 克拉圆形 D/IF（极优切割、打磨及比例）Type IIa 钻石耳坠 | 耳坠长 3.1cm | 10,605,240 | 佳士得 | 2015.06.02 |
| 6.67 克拉及 6.64 克拉，D 色内部无瑕（IF）净度钻石耳环（一对） | | 9,942,240 | 香港苏富比 | 2015.04.06 |
| 7.43 及 7.30 克拉旧式切割钻石耳环 | | 1,185,480 | 佳士得 | 2015.06.02 |
| 7.94 克拉和 8.17 克拉钻石耳夹 | | 911,266 | 巴黎佳士得 | 2015.06.01 |
| 8.05 及 8.03 克拉，均拥有 D 色内部无瑕（IF）净度，极优切割、打磨及对称钻石耳环（一对） | | 13,382,160 | 香港苏富比 | 2015.10.07 |
| K 黄金蓟花别针及耳环套装，Mario Buccellati | | 55,481 | 香港苏富比 | 2015.04.06 |
| Petochi 设计 红宝石配钻石耳环 | | 87,296 | 保利香港 | 2015.10.06 |
| YICI 设计钻石耳环及戒指套装 | | 155,194 | 保利香港 | 2015.10.06 |

| 拍品名称 | 物品尺寸 | 成交价RMB | 拍卖公司 | 拍卖日期 |
|---|---|---|---|---|
| 白金彩石钻石耳坠（一对） | | 242,343 | 纽约苏富比 | 2015.02.05 |
| 白金玫瑰金银翠榴石石榴石和钻石耳饰（一对）JAR 巴黎 | | 1,407,150 | 纽约苏富比 | 2015.02.05 |
| 白金镶翠钻耳坠（一对） | | 25,300 | 广州皇玛 | 2015.01.17 |
| 白金钻石"靶心"耳坠（一对）格拉夫 | | 425,583 | 纽约苏富比 | 2015.04.21 |
| 白金钻石耳饰 | | 1,160,681 | 纽约苏富比 | 2015.04.21 |
| 白金钻石耳饰 | | 123,806 | 纽约苏富比 | 2015.04.21 |
| 白金钻石瀑布耳坠（一对）梵克雅宝 | | 185,709 | 纽约苏富比 | 2015.04.21 |
| 白色南洋珍珠耳环 | 珍珠直径 1.5cm | 63,250 | 北京保利 | 2015.06.06 |
| 宝诗龙设计"Leda"系列珍珠配红宝石耳环 | | 94,086 | 保利香港 | 2015.10.06 |
| 宝石配钻石荷花吊耳 Michele dell Valle | | 151,313 | 香港苏富比 | 2015.04.06 |
| 宝石镶钻石耳环一对，Khan Mutlu | | 47,521 | 日内瓦苏富比 | 2015.11.11 |
| 宝石镶钻石手链吊耳环（一对）Michael Youssoufian | | 269,288 | 日内瓦苏富比 | 2015.11.11 |
| 铂金 18K 黄金浓彩黄钻耳环（一对） | | 2,141,844 | 纽约苏富比 | 2015.04.21 |
| 铂金翡翠和钻石耳坠（一对） | | 309,515 | 纽约苏富比 | 2015.04.21 |
| 铂金蓝宝石钻石耳饰（一对） | | 103,922 | 纽约苏富比 | 2015.09.24 |
| 18K 金镶嵌 5.16 克拉及 5.18 克拉方形彩黄色 VVS2 净度钻石耳环 | | 952,260 | 保利香港 | 2015.04.07 |
| 彩色宝石配钻石耳坠 宝格丽（Bulgari）（一对） | | 423,675 | 香港苏富比 | 2015.04.06 |
| 彩色刚玉配钻石牡丹花耳环一对，Nisan 出品 | | 38,751 | 天成国际 | 2015.12.06 |
| 彩色钻石耳环 | | 67,897 | 保利香港 | 2015.10.06 |
| 彩色钻石耳环，净度 VS2 | | 193,992 | 保利香港 | 2015.10.06 |
| 彩色钻石耳坠 | | 561,833 | 保利香港 | 2015.04.07 |
| 梨形淡蓝色钻石重 2.01 克拉，SI1 净度配钻石吊耳环（一对） | | 1,939,920 | 香港苏富比 | 2015.10.07 |
| 彩色钻石配钻石耳环及戒指套装 | | 33,949 | 保利香港 | 2015.10.06 |
| 淡彩黄色钻石配钻石吊耳环（一对） | | 1,233,000 | 香港苏富比 | 2015.10.07 |
| 珐琅彩配红宝石及钻石耳环（一对）宝格丽（Bulgari） | | 332,649 | 日内瓦苏富比 | 2015.11.11 |
| 梵克雅宝 珍珠 钻石 黄金耳夹 | | 37,807 | 日本伊斯特 | 2015.05.24 |
| 梵克雅宝设计 珍珠耳环 | | 33,949 | 保利香港 | 2015.10.06 |
| 翡翠 18K 金耳饰—"花睿" | | 14,560 | 北京荣宝 | 2015.11.29 |
| 翡翠耳钉（一对） | | 15,525 | 南京嘉信 | 2015.07.19 |
| 翡翠耳坠（一对） | | 18,400 | 南京经典 | 2015.01.04 |
| 翡翠及钻石耳环 | | 133,413 | 佳士得 | 2015.12.01 |
| 翡翠及钻石耳环 | | 82,100 | 佳士得 | 2015.12.01 |
| 翡翠及钻石耳坠 | | 615,750 | 佳士得 | 2015.12.01 |
| 翡翠及钻石耳坠 | | 287,350 | 佳士得 | 2015.12.01 |
| 翡翠及钻石耳坠 | | 246,300 | 佳士得 | 2015.12.01 |
| 翡翠及钻石耳坠 | | 82,100 | 佳士得 | 2015.12.01 |
| 粉红及浅黄色蓝宝石钻石耳饰 | | 657,719 | 纽约苏富比 | 2015.04.21 |
| 粉红色刚玉 4.15 克拉及 4.07 克拉配粉红色钻石及钻石吊耳环（一对） | | 359,625 | 香港苏富比 | 2015.10.07 |
| 哥伦比亚祖母绿共重 17.55 克拉耳坠 | 耳坠长 6.50cm | 732,434 | 香港利得丰 | 2015.05.25 |
| 哥伦比亚祖母绿及钻石耳坠 | 耳坠长 6.0cm | 1,185,480 | 佳士得 | 2015.06.02 |
| 18K 金镶嵌 17.02 克拉及 19.24 克拉圆形切割哥伦比亚祖母绿钻石耳坠 | | 3,332,910 | 保利香港 | 2015.04.07 |
| 18K 金镶嵌两颗重约 7.33 克拉、6.29 克拉的圆形切割哥伦比亚祖母绿配钻石耳坠 | 耳坠长 5.5cm | 1,237,938 | 保利香港 | 2015.04.07 |
| 古垫形马达加斯加蓝宝石分别重 13.83 克拉及 12.79 克拉配钻石吊耳环（一对） | | 807,000 | 香港苏富比 | 2015.04.06 |

| 拍品名称 | 物品尺寸 | 成交价RMB | 拍卖公司 | 拍卖日期 |
|---|---|---|---|---|
| 古垫形天然哥伦比亚祖母绿分别重5.46克拉及4.71克拉配钻石吊耳环（一对） |  | 2,388,720 | 香港苏富比 | 2015.04.06 |
| 瑰丽11.10及10.41克拉古垫形天然缅甸抹谷无经加热处理鸽血红红宝石配红宝石及钻石吊耳环（一对） |  | 7,265,850 | 天成国际 | 2015.12.06 |
| 瑰丽17.55克拉及17.06克拉古垫形天然浓彩黄色钻石配1.61及1.55克拉圆形D色内部无瑕Triple Excellent（极优切割，打磨及比例）TYPE IIa类钻石，粉红色钻石及钻石吊耳环一对，Nirav Modi出品 |  | 8,719,020 | 天成国际 | 2015.12.06 |
| 黑珍珠彩色钻石耳环镶18K黑金（2） |  | 27,635 | 香港拍得高 | 2015.01.24 |
| 红宝石、粉红色蓝宝石及钻石耳坠 Van Cleef & Arpels 设计 |  | 153,938 | 佳士得 | 2015.12.01 |
| 红宝石及钻石耳环 |  | 164,200 | 佳士得 | 2015.12.01 |
| 红宝石及钻石耳饰（一对） |  | 4,555,357 | 日内瓦佳士得 | 2015.05.13 |
| 红宝石及钻石耳坠 |  | 307,875 | 佳士得 | 2015.12.01 |
| 红宝石配钻石耳坠 海瑞温斯顿（Harr Winston）（一对） |  | 756,563 | 香港苏富比 | 2015.04.06 |
| 红宝石镶钻石吊耳环（一对） |  | 380,171 | 日内瓦苏富比 | 2015.11.11 |
| 红宝石祖母绿配钻石耳坠（一对）Michele della Valle |  | 142,564 | 日内瓦苏富比 | 2015.11.11 |
| 红宝石钻石耳环镶18K黄金（2） |  | 25,985 | 香港拍得高 | 2015.03.28 |
| 黄金钻石耳坠 江诗丹顿 VACHERON CONSTANTIN |  | 25,300 | 北京保利 | 2015.06.06 |
| 黄色蓝宝石配石榴石耳坠 |  | 152,362 | 保利香港 | 2015.04.07 |
| 黄色钻石配钻石吊耳环（一对） |  | 685,950 | 香港苏富比 | 2015.04.06 |
| 黄色钻石配钻石耳环 |  | 48,498 | 保利香港 | 2015.10.06 |
| 黄水晶配钻石耳环（一对）卡地亚（Cartier） |  | 396,011 | 日内瓦苏富比 | 2015.11.11 |
| 黄水晶配钻石耳环一对 梵克雅宝（Van Cleef & Arpels） |  | 300,968 | 日内瓦苏富比 | 2015.11.11 |
| 尖晶石配无色蓝宝石耳环 | 耳环长约3.4cm | 67,897 | 保利香港 | 2015.10.06 |
| 尖晶石配钻石耳环 JAR |  | 1,850,164 | 日内瓦苏富比 | 2015.11.11 |
| 金珍珠耳环镶18K黄金（2） |  | 16,581 | 香港拍得高 | 2015.01.24 |
| 金珍珠钻石耳勾镶18K白金（2） |  | 11,054 | 香港拍得高 | 2015.01.24 |
| 祖母绿分别重8.20及8.07克拉配钻石吊耳环（一对） |  | 5,100,240 | 香港苏富比 | 2015.04.06 |
| 梨形钻石重7.27克拉，D色内部无瑕（IF）净度及钻石吊耳环（一对） |  | 6,477,360 | 香港苏富比 | 2015.10.07 |
| 卡地亚设计 钻石耳环 |  | 43,648 | 保利香港 | 2015.10.06 |
| 蓝宝石、石榴石及钻石首饰 Van Cleef & Arpels 设计 |  | 256,563 | 佳士得 | 2015.12.01 |
| 蓝宝石及钻石耳环 Cartier 设计 |  | 266,825 | 佳士得 | 2015.12.01 |
| 蓝宝石配钻石吊耳 梵克雅宝（Va Clee Arpels）（一对） |  | 242,100 | 香港苏富比 | 2015.04.06 |
| 蓝宝石配钻石耳环 尚美 Chaumet 及 钻石戒指 伯爵 Piaget |  | 13,800 | 北京保利 | 2015.12.07 |
| 蓝宝石配钻石耳环（一对）JAR |  | 3,713,000 | 日内瓦苏富比 | 2015.11.11 |
| 蓝宝石共重约12.00克拉配钻石花耳环，梵克雅宝（Van Cleef & Arpels）（一对） |  | 1,027,500 | 香港苏富比 | 2015.10.07 |

| 拍品名称 | 物品尺寸 | 成交价RMB | 拍卖公司 | 拍卖日期 |
|---|---|---|---|---|
| 蓝宝石镶钻石耳环一对，Michele della Valle |  | 118,803 | 日内瓦苏富比 | 2015.11.11 |
| 蓝宝石镶钻石项链 | 链长43cm | 356,410 | 日内瓦苏富比 | 2015.11.11 |
| 蓝宝石钻石“盾”耳夹（一对）法国1991年 | 长4.1cm | 1,406,304 | 日内瓦佳士得 | 2015.05.13 |
| 蓝宝石钻石耳环镶18K白金（2） |  | 29,698 | 香港拍得高 | 2015.03.28 |
| 梨形紫水晶耳坠、梨形托帕石耳坠 |  | 28,836 | 香港利得丰 | 2015.05.25 |
| 梨形钻石7.60和7.57克拉耳坠（一对）梵克雅宝 |  | 7,462,173 | 日内瓦佳士得 | 2015.05.13 |
| 绿宝石红宝石及钻石耳夹（一对）宝格丽 |  | 462,599 | 日内瓦佳士得 | 2015.05.13 |
| 绿柱石、碧玺配钻石耳环一对，JAR |  | 1,736,113 | 日内瓦苏富比 | 2015.11.11 |
| 马眼形钻石蓝宝耳饰 |  | 47,040 | 北京荣宝 | 2015.11.29 |
| 缅甸天然翡翠蛋面、红宝石及钻石耳环 |  | 600,750 | 佳士得 | 2015.06.02 |
| 缅甸天然翡翠蛋面及钻耳环 | 耳环长2.9cm | 1,666,080 | 佳士得 | 2015.06.02 |
| 缅甸天然翡翠蛋面及钻石耳环 | 耳环长2.8cm | 1,473,840 | 佳士得 | 2015.06.02 |
| 缅甸天然翡翠蛋面及钻石耳环 | 耳环长2.5cm | 1,233,540 | 佳士得 | 2015.06.02 |
| 缅甸天然翡翠蛋面及钻石耳环 |  | 380,475 | 佳士得 | 2015.06.02 |
| 缅甸天然翡翠豆荚及钻石耳坠 | 耳坠长6.9cm | 650,813 | 佳士得 | 2015.06.02 |
| 缅甸天然翡翠葫芦及钻石耳坠 |  | 480,600 | 佳士得 | 2015.06.02 |
| 缅甸天然翡翠及钻石耳环 |  | 680,850 | 佳士得 | 2015.06.02 |
| 缅甸天然翡翠配粉红色刚玉，石榴石及钻石耳环（两对） |  | 72,747 | 保利香港 | 2015.10.06 |
| 缅甸天然翡翠配钻石耳环 |  | 33,329 | 保利香港 | 2015.04.07 |
| 缅甸天然翡翠配钻石耳环 |  | 30,472 | 保利香港 | 2015.04.07 |
| 缅甸天然翡翠配钻石耳环 |  | 19,045 | 保利香港 | 2015.04.07 |
| 缅甸天然翡翠配钻石耳环及戒指套装 | 指环尺寸6 1/2 | 3,237,684 | 保利香港 | 2015.04.07 |
| 缅甸天然翡翠配钻石及蓝宝石耳环 |  | 908,500 | 中古陶 | 2015.05.31 |
| 缅甸天然翡翠配钻石枼茂枝繁耳环及挂坠套装 | 指环尺寸7 | 2,666,328 | 保利香港 | 2015.04.07 |
| 缅甸天然翡翠双环及钻石耳坠 | 耳坠长4.7cm | 2,146,680 | 佳士得 | 2015.06.02 |
| 缅甸天然翡翠叶及钻石耳坠 |  | 180,225 | 佳士得 | 2015.06.02 |
| 缅甸天然紫罗兰翡翠蛋面及钻石别针耳环 |  | 110,138 | 佳士得 | 2015.06.02 |
| 民国 翡翠耳钉（一对） |  | 19,550 | 泰和嘉成 | 2015.05.30 |
| 明代嵌绿松石金耳环（一对） |  | 26,450 | 北京诚轩 | 2015.05.20 |
| 浓彩黄色钻石耳环（一对）海瑞温斯顿（Harry Winston） |  | 8,427,116 | 日内瓦苏富比 | 2015.11.11 |
| 浓彩黄色钻石配钻石耳环（一对） |  | 1,939,920 | 香港苏富比 | 2015.10.07 |
| 浓彩黄色钻石配钻石耳环（一对） |  | 171,488 | 香港苏富比 | 2015.04.06 |
| 浓彩蓝色及彩蓝色钻石配粉红色钻石吊耳环（一对） |  | 1,130,250 | 香港苏富比 | 2015.10.07 |
| 欧泊配祖母绿耳坠 |  | 45,708 | 保利香港 | 2015.04.07 |
| 清 翡翠、玛瑙耳环各一对、青玉知了一枚 | 知了长6.8cm | 11,500 | 朵云轩 | 2015.01.26 |
| 清 金镶翠耳钳 |  | 44,800 | 天津文物 | 2015.05.22 |
| 珊瑚耳饰 |  | 11,200 | 北京荣宝 | 2015.06.21 |
| 世哲 马蹄莲系列（E8513）耳坠 |  | 20,832 | 上海联合 | 2015.05.24 |
| 世哲 天使花冠系列（E8303）耳坠 |  | 12,992 | 上海联合 | 2015.05.24 |
| 斯里兰卡天然蓝宝石蛋面及钻石耳环 | 耳环长2.3cm | 480,600 | 佳士得 | 2015.06.02 |
| 斯里兰卡天然蓝宝石及钻石耳坠 | 耳坠长7.3cm | 1,569,960 | 佳士得 | 2015.06.02 |
| 坦桑石配彩色宝石及钻石耳环一对及戒指套装 |  | 33,907 | 天成国际 | 2015.12.06 |

**2015珠宝翡翠拍卖成交汇总**

**(成交价RMB：1万元以上)**

| 拍品名称 | 物品尺寸 | 成交价RMB | 拍卖公司 | 拍卖日期 |
|---|---|---|---|---|
| 天然哥伦比亚祖母绿分别重4.50克拉及3.60克拉配钻石耳环(一对) | | 1,233,000 | 香港苏富比 | 2015.10.07 |
| 天然碧玺钻石耳环镶18K白金(2) | | 12,436 | 香港拍得高 | 2015.01.24 |
| 天然冰种翡翠豆荚配翡翠，红翡翠如意及钻石吊耳环(一对) | | 28,355 | 天成国际 | 2015.06.14 |
| 天然冰种翡翠耳环 | | 55,200 | 福建东南 | 2015.05.24 |
| 天然冰种翡翠佛手配红翡翠辣椒，彩色宝石及钻石吊耳环(两对) | | 34,026 | 天成国际 | 2015.06.14 |
| 天然冰种翡翠配宝石及钻石吊耳环；及天然翡翠配天然黄色翡翠鲤鱼及钻石耳环(一对) | | 98,858 | 香港苏富比 | 2015.04.06 |
| 天然冰种翡翠配翡翠，彩色宝石及钻石吊耳环一对，Alessio Boschi设计 | 冰种翡翠 | 532,829 | 天成国际 | 2015.12.06 |
| 天然冰种翡翠小鱼配粉红色刚玉吊耳环(一对) | | 37,807 | 天成国际 | 2015.06.14 |
| 天然冰种翡翠中国结配翡翠，红翡翠及钻石吊耳环(一对) | | 61,437 | 天成国际 | 2015.06.14 |
| 天然玻璃种满绿翡翠葫芦耳坠 | 长13.2cm | 805,000 | 中古陶 | 2015.05.31 |
| 天然彩色宝石耳环EMILIO PUCCI及珍珠钻石耳环 | | 25,300 | 北京保利 | 2015.06.06 |
| 天然翡翠蛋面耳坠 | 耳坠长3.5cm | 1,806,200 | 佳士得 | 2015.12.01 |
| 天然翡翠耳环 | | 34,500 | 北京保利 | 2015.06.06 |
| 天然翡翠耳环(一对) | 尺寸不一 | 7,759,680 | 香港苏富比 | 2015.10.07 |
| 天然翡翠耳环(一对) | 尺寸不一 | 3,222,240 | 香港苏富比 | 2015.10.07 |
| 天然翡翠耳环、戒指套件 | 指环大小13 | 805,000 | 福建东南 | 2015.05.24 |
| 天然翡翠耳环、戒指套件 | | 747,500 | 福建东南 | 2015.05.24 |
| 天然翡翠耳坠、项链套件 | | 1,725,000 | 福建东南 | 2015.05.24 |
| 天然翡翠佛手配钻石吊耳环(一对) | | 181,575 | 香港苏富比 | 2015.04.06 |
| 天然翡翠怀古配红宝石，黑色钻石及钻石熊猫吊耳环(一对) | | 96,878 | 天成国际 | 2015.12.06 |
| 天然翡翠怀古配钻石吊耳环(一对) | | 164,400 | 香港苏富比 | 2015.10.07 |
| 天然翡翠配冰种紫翡翠，彩色钻石及钻石吊耳环一对/戒指/吊坠项链，Alessio Boschi设计 | 紫色蛋面2.76cm；绿色蛋面2.66cm | 21,313,160 | 天成国际 | 2015.12.06 |
| 天然翡翠配粉红色25.00克拉碧玺及钻石耳环(一对) | 尺寸不一 | 453,938 | 香港苏富比 | 2015.04.06 |
| 天然翡翠配粉红色碧玺，粉红色刚玉及钻石吊耳环(一对) | 尺寸不一 | 103,970 | 天成国际 | 2015.06.14 |
| 天然翡翠配黑色钻石及钻石吊耳环(一对) | | 56,711 | 天成国际 | 2015.06.14 |
| 天然翡翠配红宝石及钻石吊耳环，ICE出品(一对) | | 42,533 | 天成国际 | 2015.06.14 |
| 天然翡翠配红宝石及钻石扇子别针；及天然冰种翡翠葫芦配天然翡翠及钻石耳环 | | 131,138 | 香港苏富比 | 2015.04.06 |
| 天然翡翠配红翡翠如意，红宝石，黄色钻石及钻石吊耳环，ICE出品(一对) | | 151,229 | 天成国际 | 2015.06.14 |
| 天然翡翠配黄色刚玉，黑色钻石及钻石耳环(一对) | | 56,711 | 天成国际 | 2015.06.14 |
| 天然翡翠配黄色钻石，红宝石及钻石幸运8吊耳环(一对) | | 141,777 | 天成国际 | 2015.06.14 |
| 天然翡翠配钻石吊耳环(两对) | | 45,369 | 天成国际 | 2015.06.14 |
| 天然翡翠配钻石吊耳环(一对) | | 605,250 | 香港苏富比 | 2015.04.06 |
| 天然翡翠配钻石吊耳环(一对) | | 585,075 | 香港苏富比 | 2015.04.06 |
| 天然翡翠配钻石吊耳环(一对) | | 205,500 | 香港苏富比 | 2015.10.07 |
| 天然翡翠配钻石吊耳环(一对) | | 77,502 | 天成国际 | 2015.12.06 |
| 天然翡翠配钻石吊耳环(一对) | | 53,283 | 天成国际 | 2015.12.06 |
| 天然翡翠配钻石耳环(一对) | 尺寸不一 | 756,563 | 香港苏富比 | 2015.04.06 |
| 天然翡翠配钻石耳环(一对) | | 403,500 | 香港苏富比 | 2015.04.06 |
| 天然翡翠配钻石耳环(一对) | | 403,500 | 香港苏富比 | 2015.04.06 |
| 天然翡翠配钻石耳环(一对) | | 353,063 | 香港苏富比 | 2015.04.06 |
| 天然翡翠配钻石耳环(一对) | | 201,750 | 香港苏富比 | 2015.04.06 |
| 天然翡翠配钻石耳环(一对) | | 161,400 | 香港苏富比 | 2015.04.06 |
| 天然翡翠配钻石花耳环(一对) | | 161,400 | 香港苏富比 | 2015.04.06 |
| 天然翡翠平安扣配钻石吊耳环(一对) | | 221,925 | 香港苏富比 | 2015.04.06 |
| 天然翡翠如意配钻石吊耳环(一对) | | 113,422 | 天成国际 | 2015.06.14 |
| 天然翡翠双环吊耳环(一对) | 尺寸不一 | 3,123,600 | 香港苏富比 | 2015.10.07 |
| 天然翡翠双环耳坠配以钻石镶金 | 耳坠长4.0cm | 1,510,640 | 佳士得 | 2015.12.01 |
| 天然翡翠水滴形耳环 | | 11,500 | 保利厦门 | 2015.08.02 |
| 天然翡翠豌豆配钻石吊耳环(一对) | 尺寸不一 | 7,167,840 | 香港苏富比 | 2015.10.07 |
| 天然翡翠豌豆配钻石吊耳环(一对) | 尺寸不一 | 1,130,250 | 香港苏富比 | 2015.10.07 |
| 天然翡翠喜洋洋耳坠 | | 120,150 | 香港利得丰 | 2015.05.25 |
| 天然翡翠镶嵌耳钉 | | 34,500 | 福建东南 | 2015.05.24 |
| 天然翡翠镶嵌耳坠 | | 368,000 | 福建东南 | 2015.05.24 |
| 天然翡翠钻石耳环镶18K白金(2) | | 62,638 | 香港拍得高 | 2015.06.27 |
| 天然翡翠钻石耳环镶18K白金(2) | | 46,403 | 香港拍得高 | 2015.03.28 |
| 天然粉红色海螺珠配钻石吊耳环(一对) | 尺寸不一 | 308,250 | 香港苏富比 | 2015.10.07 |
| 天然粉红色海螺珠配钻石及粉红色刚玉耳环(一对) | 尺寸不一 | 100,875 | 香港苏富比 | 2015.04.06 |
| 天然海螺珠，珍珠配钻石耳坠 | 珠直径0.7cm | 114,271 | 保利香港 | 2015.04.07 |
| 天然海螺珠配钻石耳环 | | 115,000 | 北京保利 | 2015.12.07 |
| 天然红翡翠怀古配钻石吊耳环(一对) | 尺寸不一 | 141,777 | 天成国际 | 2015.06.14 |
| 天然红翡镶嵌耳坠 | | 11,500 | 福建东南 | 2015.05.24 |
| 天然红珊瑚月牙形耳坠 | | 34,500 | 福建东南 | 2015.05.24 |
| 天然蓝宝石及钻石黄金耳坠 蒂芙尼 TIFFANY | | 11,500 | 北京保利 | 2015.06.06 |
| 天然老坑翡翠配钻石及红宝石灯笼珠链、耳环套装 | 耳环长4.1cm | 5,750,000 | 北京保利 | 2015.12.07 |
| 天然满绿翡翠配钻石如意耳环 | | 55,200 | 北京保利 | 2015.12.07 |
| 天然斯里兰卡蓝宝石5.56克拉及5.49克拉吊耳环(一对) | | 359,625 | 香港苏富比 | 2015.10.07 |
| 天然珍珠耳环 | 珠1.26cm；1.29cm | 550,688 | 佳士得 | 2015.06.02 |
| 天然珍珠耳环 | | 500,625 | 佳士得 | 2015.06.02 |
| 天然珍珠耳坠 | | 17,250 | 江苏爱涛 | 2015.01.11 |
| 天然珍珠及钻石耳坠 | 耳坠长4.3cm | 2,338,920 | 佳士得 | 2015.06.02 |
| 天然珍珠及钻石耳坠 | 耳坠长2.7cm | 897,120 | 佳士得 | 2015.06.02 |
| 天然珍珠及钻石耳坠 | 耳坠长6.2cm | 3,776,600 | 佳士得 | 2015.12.01 |
| 天然珍珠及钻石耳坠(一对) | | 11,337,922 | 日内瓦佳士得 | 2015.05.13 |
| 天然珍珠配钻石吊耳环(一对) | 尺寸不一 | 1,890,600 | 香港苏富比 | 2015.10.07 |
| 天然珍珠配钻石吊耳环(一对) | | 524,550 | 香港苏富比 | 2015.04.06 |
| 天然珍珠配钻石耳环(一对) | | 396,011 | 日内瓦苏富比 | 2015.11.11 |
| 天然珍珠配钻石耳环(一对) | | 253,447 | 日内瓦苏富比 | 2015.11.11 |
| 天然珍珠配钻石耳环一对 | | 2,040,249 | 日内瓦苏富比 | 2015.11.11 |
| 天然珍珠配钻石耳环一对 | | 411,852 | 日内瓦苏富比 | 2015.11.11 |

| 拍品名称 | 物品尺寸 | 成交价RMB | 拍卖公司 | 拍卖日期 |
|---|---|---|---|---|
| 天然珍珠钻石耳坠 | | 3,671,042 | 伦敦佳士得 | 2015.06.03 |
| 天然珍珠钻石耳坠（一对） | | 3,667,165 | 日内瓦佳士得 | 2015.05.13 |
| 天然珍珠钻石耳坠（一对）Massoni | 长 5.4cm | 6,170,251 | 日内瓦佳士得 | 2015.05.13 |
| 天然祖母绿及钻石耳环 | | 23,000 | 北京保利 | 2015.06.06 |
| 天然钻石、蓝宝石耳环御木本 MIKIMOTO 及天然钻石、红宝石耳环 | | 17,250 | 北京保利 | 2015.06.06 |
| 未加热蓝宝石耳饰 | | 51,520 | 北京荣宝 | 2015.03.29 |
| 梨形彩黄色钻石重 8.50 克拉，SI1 净度耳环（一对） | | 2,291,880 | 香港苏富比 | 2015.04.06 |
| 两颗梨形鲜彩黄色钻石分别重 2.32 克拉及 2.02 克拉配钻石吊耳环（一对） | | 2,235,840 | 香港苏富比 | 2015.10.07 |
| 星光红宝石配钻石耳环（一对） | | 221,925 | 香港苏富比 | 2015.04.06 |
| 养殖珍珠耳环 | | 24,991 | 香港利得丰 | 2015.05.25 |
| 养殖珍珠耳坠 | | 36,526 | 香港利得丰 | 2015.05.25 |
| 养殖珍珠及红宝石耳坠 | | 30,758 | 香港利得丰 | 2015.05.25 |
| 养殖珍珠及钻石耳坠及戒指套装 | | 80,100 | 佳士得 | 2015.06.02 |
| 养殖珍珠及钻石首饰 | | 123,150 | 佳士得 | 2015.12.01 |
| 养殖珍珠配钻石吊耳环，David Webb（一对） | | 205,500 | 香港苏富比 | 2015.10.07 |
| 银顶黄金天然珍珠钻石耳坠（一对） | | 255,808 | 纽约苏富比 | 2015.09.24 |
| 有色蓝宝石、祖母绿及钻石首饰 Van Cleef & Arpels 设计 | | 92,363 | 佳士得 | 2015.12.01 |
| 圆形钻石耳环镶 18K 白金（2） | | 55,269 | 香港拍得高 | 2015.01.24 |
| 约 18.09 克拉枕形及 15.08 克拉旧式切割彩棕黄色 VVS1-VS2 Type IIa 钻石耳坠 | 耳坠长 6.1cm | 4,838,040 | 佳士得 | 2015.06.02 |
| 约 1910 年制 天然钻石耳环 | | 20,700 | 北京保利 | 2015.06.06 |
| 约 1970 年制 天然欧泊及钻石耳环 梵克雅宝 VAN CLEEF&ARPELS | | 253,000 | 北京保利 | 2015.06.06 |
| 约 3.50 及 3.26 克拉长方形 E/VVS1-VVS2 钻石耳坠 | | 993,240 | 佳士得 | 2015.06.02 |
| 约 3.59 及 3.56 克拉梨形 D/IF 钻石耳坠 | | 1,954,440 | 佳士得 | 2015.06.02 |
| 约 4.57 及 3.93 克拉哥伦比亚祖母绿及钻石耳坠 | 耳坠长 3.2cm | 897,120 | 佳士得 | 2015.06.02 |
| 约 5.03 及 5.01 克拉心形 D/VVS2-VS1 钻石耳环 | | 2,915,640 | 佳士得 | 2015.06.02 |
| 约 5.51 及 5.19 克拉梨形哥伦比亚天然祖母绿及钻石耳坠 | | 2,915,640 | 佳士得 | 2015.06.02 |
| 珍珠配翡翠及黑钻石耳环 | | 14,549 | 保利香港 | 2015.10.06 |
| 珍珠配钻石耳环 | | 38,798 | 保利香港 | 2015.10.06 |
| 主石为 5.65 及 3.00 克拉天然钻石配钻石耳环 | | 172,500 | 北京保利 | 2015.12.07 |
| 紫水晶耳环 | 耳环长 2.7cm | 110,138 | 佳士得 | 2015.06.02 |
| 紫水晶及蛋白石吊耳 Goshwara（一对） | | 20,175 | 香港苏富比 | 2015.04.06 |
| 总重 11.42 克拉天然哥伦比亚祖母绿及钻石耳环 | | 207,000 | 北京保利 | 2015.06.06 |
| 总重 9.50 克拉彩色钻石配钻石耳环 | | 63,250 | 北京保利 | 2015.12.07 |
| 祖母绿及钻石耳环 | | 380,475 | 佳士得 | 2015.06.02 |
| 祖母绿及钻石耳环 | | 240,300 | 佳士得 | 2015.06.02 |
| 祖母绿蓝宝石及钻石耳坠（一对）JAHAN | 长 7.5cm | 1,002,580 | 日内瓦佳士得 | 2015.05.13 |
| 祖母绿配钻石吊耳环（一对） | | 685,950 | 香港苏富比 | 2015.04.06 |
| 祖母绿配钻石吊耳环 海瑞温斯顿（Harry Winston） | | 1,544,443 | 日内瓦苏富比 | 2015.11.11 |
| 祖母绿镶蓝宝石配钻石吊耳环（一对） | | 673,219 | 日内瓦苏富比 | 2015.11.11 |
| 祖母绿镶钻石项链耳环（一对） | | 142,564 | 日内瓦苏富比 | 2015.11.11 |
| 祖母绿钻石耳坠（一对）宝格丽 | | 420,544 | 日内瓦佳士得 | 2015.05.13 |
| 钻石、祖母绿及黑玛瑙耳环 Cartier 设计 | | 169,331 | 佳士得 | 2015.12.01 |
| 钻石吊耳环（一对） | | 3,453,960 | 香港苏富比 | 2015.04.06 |
| 钻石吊耳环（一对） | | 1,412,250 | 香港苏富比 | 2015.04.06 |
| 钻石吊耳环（一对） | | 1,412,250 | 香港苏富比 | 2015.04.06 |
| 钻石吊耳环（一对） | | 756,144 | 天成国际 | 2015.06.14 |
| 钻石吊耳环（一对） | | 56,189 | 天成国际 | 2015.12.06 |
| 钻石吊耳环（一对） | | 46,501 | 天成国际 | 2015.12.06 |
| 钻石吊耳环，宝格丽（Bulgari）（一对） | | 1,078,875 | 香港苏富比 | 2015.10.07 |
| 钻石耳 Mari Buccellati（一对） | | 201,750 | 香港苏富比 | 2015.04.06 |
| 钻石耳环 | | 2,910,000 | 佳士得（上海） | 2015.04.25 |
| 钻石耳环 | | 450,563 | 佳士得 | 2015.06.02 |
| 钻石耳环 | | 280,350 | 佳士得 | 2015.06.02 |
| 钻石耳环（一对） | | 3,222,240 | 香港苏富比 | 2015.10.07 |
| 钻石耳环（一对） | | 2,038,560 | 香港苏富比 | 2015.10.07 |
| 钻石耳环（一对） | | 1,335,750 | 香港苏富比 | 2015.10.07 |
| 钻石耳环（一对） | | 616,500 | 香港苏富比 | 2015.10.07 |
| 钻石耳环（一对） | | 493,200 | 香港苏富比 | 2015.10.07 |
| 钻石耳环（一对） | | 453,938 | 香港苏富比 | 2015.04.06 |
| 钻石耳环（一对） | | 359,625 | 香港苏富比 | 2015.10.07 |
| 钻石耳环，宝格丽（Bulgari）（一对） | | 390,450 | 香港苏富比 | 2015.10.07 |
| 梨形钻石重 3.37 克拉，G 色 VS2 净度，3.16 克拉，G 色 SI1 净度钻石耳环（一对）卡地亚（Cartier） | | 924,750 | 香港苏富比 | 2015.10.07 |
| 钻石耳环 Harry Winston 设计 | | 225,775 | 佳士得 | 2015.12.01 |
| 钻石耳环一对及钻石手链 | | 62,971 | 天成国际 | 2015.12.06 |
| 钻石耳坠 | | 76,896 | 香港利得丰 | 2015.05.25 |
| 钻石耳坠 | | 615,750 | 佳士得 | 2015.12.01 |
| 钻石耳坠 | | 143,675 | 佳士得 | 2015.12.01 |
| 钻石耳坠 | | 66,706 | 佳士得 | 2015.12.01 |
| 钻石耳坠 Forms 设计 | | 667,063 | 佳士得 | 2015.12.01 |
| 钻石耳坠 Scavia 设计 | | 287,350 | 佳士得 | 2015.12.01 |
| 钻石耳坠 Van Cleef & Arpels 设计 | | 194,988 | 佳士得 | 2015.12.01 |
| 钻石花耳环（一对） | | 1,412,250 | 香港苏富比 | 2015.04.06 |
| 钻石美洲豹项链耳环（一对）卡地亚（Cartier） | 项链长 41cm | 332,649 | 日内瓦苏富比 | 2015.11.11 |
| 钻石配祖母绿、蓝宝石及缟玛瑙豹耳夹 卡地亚（Cartier） | | 161,400 | 香港苏富比 | 2015.04.06 |
| 簪 | | | | |
| 清 翠雕福寿纹发簪 | 长 15cm | 72,800 | 天津文物 | 2015.05.22 |
| 清乾隆 白玉嵌翡翠如意纹簪 | 长 10cm | 74,750 | 泰和嘉成 | 2015.05.30 |
| 胸针 | | | | |
| 1860 年黄金“千花”胸针 卡斯特拉尼 | | 889,856 | 纽约苏富比 | 2015.04.21 |
| 1880 年黄金玛瑙浮雕胸针 卡斯特拉尼 | | 580,341 | 纽约苏富比 | 2015.04.21 |

**2015珠宝翡翠拍卖成交汇总**

**(成交价RMB：1万元以上)**

| 拍品名称 | 物品尺寸 | 成交价RMB | 拍卖公司 | 拍卖日期 |
|---|---|---|---|---|
| 1890年代钻石珍珠18K金古典胸针 | | 44,800 | 北京荣宝 | 2015.11.29 |
| 18K白翡翠杏玉镶钻别针 | | 195,500 | 中贸圣佳 | 2015.05.20 |
| 18K白翡翠杏玉镶钻太阳花别针 | | 460,000 | 中贸圣佳 | 2015.05.20 |
| 18K白金翡翠和钻石胸针 | | 185,709 | 纽约苏富比 | 2015.04.21 |
| 18K白金珊瑚钻石胸针 | | 127,904 | 纽约苏富比 | 2015.09.24 |
| 18K黑金镶黄钻石片彩色钻石蝴蝶襟针 | | 126,588 | 香港雅盛 | 2015.10.08 |
| 18K黄金白金钻石胸针 大卫·韦伯 | | 111,916 | 纽约苏富比 | 2015.09.24 |
| 18K黄金珐琅彩石鹦鹉胸针 斯伦贝谢 1965年 | | 303,772 | 纽约苏富比 | 2015.09.24 |
| 18K黄金珊瑚胸针 卡地亚 1937年 | | 116,068 | 纽约苏富比 | 2015.04.21 |
| 18K黄金钻石“阿波罗”胸针 斯伦贝谢 | | 116,068 | 纽约苏富比 | 2015.04.21 |
| 18K金铂金碧玺珍珠钻石胸针 Sterl é 巴黎 1965年 | | 223,832 | 纽约苏富比 | 2015.09.24 |
| 18K金铂金红宝石钻石胸针 法国 | | 87,934 | 纽约苏富比 | 2015.09.24 |
| 18K金铂金黄色蓝宝石紫水晶钻石独角兽胸针 斯伦贝谢 1955年 | | 399,700 | 纽约苏富比 | 2015.09.24 |
| 18K金彩色钻石珐琅胸针 大卫·韦伯 | | 151,886 | 纽约苏富比 | 2015.09.24 |
| 18K金彩石钻石胸针 梵克雅宝(法国)1965年 | | 279,790 | 纽约苏富比 | 2015.09.24 |
| 18K金彩石钻石胸针 斯伦贝谢 | | 278,564 | 纽约苏富比 | 2015.04.21 |
| 18K金珐琅红宝石钻石胸针 大卫·韦伯 | | 85,117 | 纽约苏富比 | 2015.04.21 |
| 18K金红宝石蓝宝石钻石'爱神'胸针 梵克雅宝 | | 179,803 | 纽约苏富比 | 2015.02.05 |
| 18K金蓝宝石钻石胸针 斯伦贝谢 | | 6,376,009 | 纽约苏富比 | 2015.04.21 |
| 18K金绿松石钻石“玫瑰德诺埃尔”胸针 法国梵克雅宝 | | 143,892 | 纽约苏富比 | 2015.09.24 |
| 18K金南洋珠钻石翡翠胸针 | | 61,903 | 纽约苏富比 | 2015.04.21 |
| 18K金镶嵌彩宝狮子胸针 | | 33,329 | 保利香港 | 2015.04.07 |
| 18K金养殖珍珠巴洛克彩石钻石胸针 梵克雅宝 | | 425,583 | 纽约苏富比 | 2015.04.21 |
| 18K金钻石彩石“瞪羚”胸针 斯伦贝谢 | | 123,806 | 纽约苏富比 | 2015.04.21 |
| 18K金钻石红宝石养殖珍珠珐琅胸针 | | 232,136 | 纽约苏富比 | 2015.04.21 |
| 18K双色金火欧泊钻石红宝石“格里芬”胸针 Buccellati | | 279,790 | 纽约苏富比 | 2015.09.24 |
| 1900年代珐琅珍珠18K金女神胸针 | | 44,800 | 北京荣宝 | 2015.11.29 |
| 1930年钻石双夹子胸针 | | 240,433 | 伦敦苏富比 | 2015.06.11 |
| 1940年代红宝松石18K金花形胸针 | | 16,800 | 北京荣宝 | 2015.11.29 |
| 1940年代 红宝钻石雏菊胸针 | | 56,000 | 北京荣宝 | 2015.11.29 |
| 1940年代 绿松石钻石黄金胸针、耳饰套装 | | 67,200 | 北京荣宝 | 2015.11.29 |
| 1940年代 珊瑚花瓶胸针 | | 89,600 | 北京荣宝 | 2015.11.29 |
| 1945年14K金黄水晶钻石胸针保罗 | | 139,282 | 纽约苏富比 | 2015.04.21 |
| 1950年代 黄金彩宝胸针 | | 28,000 | 北京荣宝 | 2015.11.29 |
| 1950年代祖母绿钻石18K金新月胸针 | | 50,400 | 北京荣宝 | 2015.11.29 |
| 1950年代 钻石红宝黄金玫瑰胸针 | | 67,200 | 北京荣宝 | 2015.11.29 |
| 1960年代 钻石双金睡莲胸针、吊坠套装 | | 112,000 | 北京荣宝 | 2015.11.29 |
| 1980年代 珍珠钻石黄金塞壬胸针兼吊坠 | | 33,600 | 北京荣宝 | 2015.11.29 |
| 19世纪末期海蓝宝石钻石胸针吊坠 | | 242,532 | 伦敦苏富比 | 2015.03.18 |

| 拍品名称 | 物品尺寸 | 成交价RMB | 拍卖公司 | 拍卖日期 |
|---|---|---|---|---|
| 19世纪末期蓝宝石钻石胸针 | | 831,537 | 伦敦苏富比 | 2015.03.18 |
| 19世纪末期绿宝石红宝石和钻石胸针 | | 336,606 | 伦敦苏富比 | 2015.06.11 |
| 19世纪早期蓝宝石和钻石胸针 | | 356,184 | 伦敦佳士得 | 2015.06.03 |
| 2.36克拉天然海螺珠及钻石胸针 | 长3.37cm | 25,300 | 北京保利 | 2015.06.06 |
| 20.84克拉黄色钻石别针 | | 2,952,695 | 日内瓦苏富比 | 2015.11.11 |
| 20世纪 珊瑚雕牡丹花卉胸针 | 长5cm | 34,500 | 北京保利 | 2015.06.08 |
| 20世纪30年代海蓝宝石钻石胸针 | 长4cm | 75,697 | 日内瓦佳士得 | 2015.05.13 |
| 20世纪30年代蓝宝石钻石胸针 BY MISSIAGLIA | 长7.5cm | 1,406,304 | 日内瓦佳士得 | 2015.05.13 |
| 20世纪50年代复古紫水晶珊瑚绿松石及钻石胸针 卡地亚 | 高51cm | 353,261 | 日内瓦佳士得 | 2015.05.13 |
| 20世纪60年代绿宝石红宝石钻石胸针 Marchak | | 207,884 | 伦敦苏富比 | 2015.03.18 |
| 20世纪初铂金钻石及蓝宝石胸针 法国1930年 | 长5.5cm | 34,171 | 伦敦佳士得 | 2015.04.14 |
| 20世纪初祖母绿和钻石胸针吊坠 | | 134,572 | 日内瓦佳士得 | 2015.05.13 |
| 20世纪海蓝宝石钻石胸针耳夹 卡地亚 | | 109,717 | 伦敦苏富比 | 2015.03.18 |
| 4.1克拉天然红色碧玺、珐琅配钻石及彩色宝石蜻蜓胸针 | | 74,750 | 北京保利 | 2015.12.07 |
| Art Deco天然翡翠配法琅彩、宝石及钻石别针，卡地亚(Cartier)，年份约1927 | 长3.2cm | 5,984,160 | 香港苏富比 | 2015.10.07 |
| Atelier MAILLETD’OR钻石白金胸针 | | 17,013 | 日本伊斯特 | 2015.05.24 |
| Buccellati设计18K金配珍珠胸针 | | 27,159 | 保利香港 | 2015.10.06 |
| K金镶翡翠寿字胸针 | | 11,137 | 香港淳浩 | 2015.04.04 |
| Michele Della Valle设计 玉髓配钻石”水母“胸针 | 长6.2cm；7.8cm | 116,395 | 保利香港 | 2015.10.06 |
| Wolfe设计 珍珠及翡翠鸟巢胸针 | | 28,568 | 保利香港 | 2015.04.07 |
| 白金，红宝石和钻石胸针 | | 116,068 | 纽约苏富比 | 2015.04.21 |
| 白金18K金红宝石钻石和彩色钻石胸针兰花 | | 464,273 | 纽约苏富比 | 2015.04.21 |
| 白金蓝宝石和钻石胸针 法国梵克雅宝 1937年 | | 1,039,220 | 纽约苏富比 | 2015.09.24 |
| 白金蓝宝石钻石“丝带”胸针 保罗 | | 247,612 | 纽约苏富比 | 2015.04.21 |
| 白金钻石瀑布胸针 梵克雅宝 | | 185,709 | 纽约苏富比 | 2015.04.21 |
| 白金钻石胸针 | | 100,592 | 纽约苏富比 | 2015.04.21 |
| 白金钻石胸针 卡地亚 | | 278,564 | 纽约苏富比 | 2015.04.21 |
| 白金钻石胸针耳饰 梵克雅宝 | | 383,712 | 纽约苏富比 | 2015.09.24 |
| 白水晶配钻石别针 | | 221,766 | 日内瓦苏富比 | 2015.11.11 |
| 宝石及钻石 Panth è re首饰 Cartier设计 | | 133,413 | 佳士得 | 2015.12.01 |
| 宝石及钻石胸针 | | 70,088 | 佳士得 | 2015.06.02 |
| 宝石及钻石胸针 | | 60,075 | 佳士得 | 2015.06.02 |
| 宝石及钻石胸针首饰 | 尺寸不一 | 110,138 | 佳士得 | 2015.06.02 |
| 宝石配钻石小鸟别针两枚；及钻石蜻蜓吊坠 卡地亚(Cartier) | | 121,050 | 香港苏富比 | 2015.04.06 |
| 宝石镶钻石 Botte de Radis 别针 勒内·博伊文(Ren é Boivin) | | 396,011 | 日内瓦苏富比 | 2015.11.11 |
| 贝母配钻石乌龟胸针一对 | | 11,500 | 北京保利 | 2015.12.07 |
| 碧玺石榴石祖母绿及钻石胸针 法国1993年 | 长12.4cm | 1,244,818 | 日内瓦佳士得 | 2015.05.13 |
| 铂金翡翠钻石红宝石和玛瑙夹式胸针 卡地亚 | | 247,612 | 纽约苏富比 | 2015.04.21 |
| 铂金粉红蓝宝石钻石胸针 蒂芙尼 | | 232,136 | 纽约苏富比 | 2015.04.21 |
| 铂金橄榄石钻石胸针 伦敦卡地亚 1930年前 | | 226,708 | 纽约苏富比 | 2015.02.05 |

| 拍品名称 | 物品尺寸 | 成交价RMB | 拍卖公司 | 拍卖日期 |
|---|---|---|---|---|
| 铂金黄金彩石钻石胸针 伦敦卡地亚 1930 年 |  | 109,445 | 纽约苏富比 | 2015.02.05 |
| 铂金蓝宝石钻石胸针 Verdura |  | 348,204 | 纽约苏富比 | 2015.04.21 |
| 铂金镶翡翠玉兰花胸针 |  | 16,705 | 香港淳浩 | 2015.04.04 |
| 铂金养殖珍珠白水晶钻石和 Onyx 夹胸针（一对） |  | 92,855 | 纽约苏富比 | 2015.04.21 |
| 铂金钻石珠宝镶嵌珐琅“兔子服务员”胸针 Raymond Yard 1935 年 |  | 386,894 | 纽约苏富比 | 2015.04.21 |
| 彩宝树枝形胸针 |  | 98,560 | 北京荣宝 | 2015.11.29 |
| 彩红色钻石配粉红色钻石及钻石别针 |  | 3,518,160 | 香港苏富比 | 2015.10.07 |
| 彩色半宝石钻石襟针及耳夹镶 18K 白及黄金（3） |  | 16,581 | 香港拍得高 | 2015.06.27 |
| 彩色宝石配钻石别针 |  | 38,333 | 香港苏富比 | 2015.04.06 |
| 彩色宝石配钻石大象胸针 及 钻石大象胸针一对 |  | 11,500 | 北京保利 | 2015.12.07 |
| 彩色宝石钻石梅花鹿襟针镶 18K 黄金 |  | 13,457 | 香港拍得高 | 2015.03.28 |
| 彩色宝石钻石胸针 |  | 98,168 | 伦敦苏富比 | 2015.03.18 |
| 彩色宝石钻石胸针，大约 1920 年 |  | 230,983 | 伦敦苏富比 | 2015.03.18 |
| 彩色刚玉配沙弗莱石榴石兰花胸针 |  | 23,630 | 天成国际 | 2015.06.14 |
| 彩钻配钻石胸针 |  | 138,000 | 北京匡时 | 2015.12.04 |
| 彩钻钻石及珊瑚鸟胸针 |  | 403,723 | 日内瓦佳士得 | 2015.05.13 |
| 蔡孟翰设计 缅甸天然翡翠配钻石蝴蝶胸针 |  | 193,992 | 保利香港 | 2015.10.06 |
| 茶水晶配黄色刚玉及黄水晶别针 Suzanne Belperron |  | 594,017 | 日内瓦苏富比 | 2015.11.11 |
| 丹泉石及钻石胸针 | 长 3.4cm | 95,119 | 佳士得 | 2015.06.02 |
| 蛋白石及钻石胸针 AK Collection 设计 |  | 46,181 | 佳士得 | 2015.12.01 |
| 蛋白石配月光石，蓝宝石及钻石蒲公英胸针，Farn Farn 出品 |  | 122,873 | 天成国际 | 2015.06.14 |
| 电气石玛瑙及钻石山茶花胸针（一对）法国 1985 年 | 长 6.5cm | 3,263,435 | 日内瓦佳士得 | 2015.05.13 |
| 蝶．叶．花天然红色碧玺及彩色碧玺配钻石胸针 任进设计 |  | 80,500 | 北京保利 | 2015.12.07 |
| 多宝石与钻石胸针唐纳德·克拉夫林 |  | 1,482,253 | 纽约佳士得 | 2015.10.20 |
| 珐琅配红宝石及钻石蜻蜓 胸针 Garland 设计 约 1920 年法国制 |  | 57,500 | 北京保利 | 2015.12.07 |
| 梵克雅宝设计 18K 金配粉色蓝宝石胸针 |  | 50,438 | 保利香港 | 2015.10.06 |
| 翡翠 18K 金胸针—“花颂” |  | 17,920 | 北京荣宝 | 2015.11.29 |
| 翡翠彩宝火烈鸟胸针兼吊坠 |  | 39,200 | 北京荣宝 | 2015.11.29 |
| 翡翠及钻石胸针 | 长 6.5cm | 246,300 | 佳士得 | 2015.12.01 |
| 翡翠及钻石胸针 |  | 87,231 | 佳士得 | 2015.12.01 |
| 翡翠胸针耳夹（一对）宝格丽 |  | 420,544 | 日内瓦佳士得 | 2015.05.13 |
| 翡翠胸针兼吊坠—“忠仆” |  | 42,560 | 北京荣宝 | 2015.11.29 |
| 粉红色刚玉配沙弗莱石榴石及钻石蝴蝶胸针（一对） |  | 30,246 | 天成国际 | 2015.06.14 |
| 粉红钻及钻石胸针及耳环套装 |  | 190,238 | 佳士得 | 2015.06.02 |
| 粉色蓝宝石配钻石花朵胸针 |  | 36,800 | 北京保利 | 2015.12.07 |
| 福寿延年富贵蝶藏件 |  | 63,250 | 北京匡时 | 2015.12.04 |
| 富甲天下异形珍珠配红宝石及黄色蓝宝石胸针 任进设计 |  | 86,250 | 北京保利 | 2015.12.07 |
| 橄榄石配宝石及钻石小鸟别针 |  | 171,488 | 香港苏富比 | 2015.04.06 |
| 橄榄石配绿色石榴石、黑色钻石及钻石熊猫别针 |  | 308,250 | 香港苏富比 | 2015.10.07 |
| 缟玛瑙配黄色钻石及祖母绿老虎别针 卡地亚（Cartier） |  | 383,325 | 香港苏富比 | 2015.04.06 |
| 古董“双蛇及翅膀手杖”吊坠/胸针 |  | 48,060 | 香港利得丰 | 2015.05.25 |
| 海蓝宝石配钻石海豚胸针伯爵 Piaget |  | 32,200 | 北京保利 | 2015.12.07 |
| 海蓝宝石胸针 |  | 230,688 | 香港利得丰 | 2015.05.25 |
| 海螺珍珠及钻石 Margaret 胸针 Boucheron 设计 |  | 133,413 | 佳士得 | 2015.12.01 |
| 和合·钰美瑄　平安喜乐胸针吊坠、耳饰、戒指套装 |  | 25,760 | 北京荣宝 | 2015.11.29 |
| 和田玉 18K 金胸针—“梦” |  | 56,000 | 北京荣宝 | 2015.11.29 |
| 黑色大溪地珍珠配钻石胸针 及 黑色大溪地珍珠配钻石戒指套装 |  | 23,000 | 北京保利 | 2015.12.07 |
| 红宝石、蓝宝石、祖母绿及钻石胸针、手镯及戒指套装 |  | 240,300 | 佳士得 | 2015.06.02 |
| 红宝石及蓝宝石配钻石别针 monture Van Cleef & Arpels | 红宝石重 6.02 克拉；蓝宝石重 10.44 克拉，13.44 克拉 | 16,030,528 | 日内瓦苏富比 | 2015.11.11 |
| 红宝石及钻石胸针 | 胸针长 4.9cm | 520,650 | 佳士得 | 2015.06.02 |
| 红宝石及钻石胸针 | 胸针长 6.5cm | 400,500 | 佳士得 | 2015.06.02 |
| 红宝石及钻石胸针 Graff 设计 | 长 6.7cm | 513,125 | 佳士得 | 2015.12.01 |
| 12 颗梨形红宝石共重约 7.00 克拉配钻石别针，海瑞温斯顿（Harry Winston） |  | 359,625 | 香港苏富比 | 2015.10.07 |
| 红宝石配钻石花别针 梵克雅宝（Va Clee Arpels） |  | 353,063 | 香港苏富比 | 2015.04.06 |
| 红宝石配钻石花朵胸针？约 1940 年制 |  | 28,750 | 北京保利 | 2015.12.07 |
| 红宝石配钻石及缟玛瑙鸟别针，卡地亚（Cartier） |  | 513,750 | 香港苏富比 | 2015.10.07 |
| 红宝石配钻石老虎胸针 |  | 25,300 | 北京保利 | 2015.12.07 |
| 红宝石配钻石胸针及吊耳环套装 |  | 31,001 | 天成国际 | 2015.12.06 |
| 红宝石镶钻石别针，卡地亚（Cartier） |  | 380,171 | 日内瓦苏富比 | 2015.11.11 |
| 红宝石祖母绿和钻石胸针 |  | 51,193 | 巴黎佳士得 | 2015.06.01 |
| 红宝石钻石襟针镶 18K 白金 |  | 24,871 | 香港拍得高 | 2015.06.27 |
| 红宝石钻石胸针 宝格丽 |  | 126,165 | 日内瓦佳士得 | 2015.05.13 |
| 黄金铂金碧玺蛋白石和钻石胸针 蒂芙尼 1910 年 |  | 143,892 | 纽约苏富比 | 2015.09.24 |
| 黄金及白金镶贝母乌龟胸针（一对） |  | 23,000 | 北京保利 | 2015.06.06 |
| 黄金配红宝石及钻石胸针 蒂芙尼 Tiffany & Co |  | 43,700 | 北京保利 | 2015.12.07 |
| 黄金镶钻石双扣别针，monture Cartiera |  | 182,165 | 日内瓦苏富比 | 2015.11.11 |
| 黄金胸针、耳环套装 蒂芙尼 Tiffany & Co |  | 20,700 | 北京保利 | 2015.12.07 |
| 黄水晶别针，勒内·博伊文（René Boivin） |  | 253,447 | 日内瓦苏富比 | 2015.11.11 |
| 黄水晶及钻石胸针 Bielka 设计黄水晶及钻石耳坠 Kurt Wayne 设计 |  | 82,100 | 佳士得 | 2015.12.01 |
| 黄水晶配钻石别针，卡地亚（Cartier） |  | 475,213 | 日内瓦苏富比 | 2015.11.11 |
| 黄水晶钻石胸针戒指 卡地亚 1930 年 |  | 228,411 | 伦敦苏富比 | 2015.06.11 |
| 火欧珀胸针 吊坠两用 | 石长 2.5cm | 31,050 | 上海敬华 | 2015.04.26 |
| 金色南洋珍珠配钻石花朵胸针 约 13.8mm |  | 20,700 | 北京保利 | 2015.12.07 |
| 金银蓝色绿色珐琅蜻蜓钻石胸针 法国 1900 年 |  | 239,820 | 纽约苏富比 | 2015.09.24 |
| 九颗榄尖形及八颗梨形钻石共重 31.34 克拉钻石别针 |  | 2,969,760 | 香港苏富比 | 2015.04.06 |
| 卡地亚设计 18K 金双狮胸针 |  | 90,465 | 保利香港 | 2015.04.07 |

| 拍品名称 | 物品尺寸 | 成交价RMB | 拍卖公司 | 拍卖日期 |
|---|---|---|---|---|
| 卡地亚设计 18K 金镶嵌钻石及彩宝“狮子”胸针 | | 29,099 | 保利香港 | 2015.10.06 |
| 卡地亚设计 蓝宝石配钻石乌龟胸针 a | | 19,045 | 保利香港 | 2015.04.07 |
| 卡地亚设计 祖母绿配钻石胸针 | | 48,498 | 保利香港 | 2015.10.06 |
| 卡地亚设计 钻石胸针 | | 72,747 | 保利香港 | 2015.10.06 |
| 蓝宝石、红宝石及海水蓝宝镶钻石别针，Sterl é | | 71,282 | 日内瓦苏富比 | 2015.11.11 |
| 蓝宝石、红宝石及钻石首饰 | | 24,630 | 佳士得 | 2015.12.01 |
| 蓝宝石和钻石胸针 | | 144,260 | 伦敦苏富比 | 2015.06.11 |
| 蓝宝石和钻石胸针 | | 120,216 | 伦敦苏富比 | 2015.06.11 |
| 蓝宝石及钻石胸针 | 胸针长 5.6cm | 540,675 | 佳士得 | 2015.06.02 |
| 蓝宝石配钻石花胸针；及红宝石配钻石花手炼 | | 47,259 | 天成国际 | 2015.06.14 |
| 蓝宝石配钻石胸针 | | 66,163 | 天成国际 | 2015.06.14 |
| 蓝宝石配钻石胸针及手炼套装 | | 87,190 | 天成国际 | 2015.12.06 |
| 蓝宝石镶钻石双扣别针 | | 142,564 | 日内瓦苏富比 | 2015.11.11 |
| 蓝宝石钻石胸针 | | 2,294,391 | 日内瓦佳士得 | 2015.05.13 |
| 蓝宝石钻石胸针 | | 103,942 | 伦敦苏富比 | 2015.03.18 |
| 猎豹胸针 卡地亚 CARTIER | 长 4.51cm | 23,000 | 北京保利 | 2015.06.06 |
| 绿宝石钻石和黄金花蕾胸针 | | 356,960 | 纽约佳士得 | 2015.06.16 |
| 绿宝石钻石胸针 梅斯特 | | 921,834 | 日内瓦佳士得 | 2015.05.13 |
| 绿松石蓝宝石和钻石胸针 | | 75,697 | 日内瓦佳士得 | 2015.05.13 |
| 绿松石配钻石鸟别针 Ruser | | 55,481 | 香港苏富比 | 2015.04.06 |
| 绿松石钻石胸针 卡地亚 1960 年前 | | 264,476 | 伦敦苏富比 | 2015.06.11 |
| 马瑞 18K 金镶新疆和田羊脂籽玉、钻石、红碧玺及红宝石“希望”胸针 | | 150,344 | 保利香港 | 2015.10.06 |
| 玛瑙和钻石胸针 纳迪 | | 92,393 | 伦敦苏富比 | 2015.03.18 |
| 玛瑙和钻石祖母绿“豹”胸针 梵克雅宝 | | 337,886 | 巴黎佳士得 | 2015.06.01 |
| 猫眼亚历山大变色石配钻石蜻蜓胸针，吊坠项链及戒指套装 | | 35,917 | 天成国际 | 2015.06.14 |
| 美洲豹型 祖母绿 蓝宝石 红宝石 钻石 黄金胸针 | | 17,958 | 日本伊斯特 | 2015.05.24 |
| 蜜蜡镶金胸针 | | 115,000 | 八益拍卖 | 2015.04.26 |
| 缅甸天然翡翠蛋面及钻石胸针 | | 260,325 | 佳士得 | 2015.06.02 |
| 缅甸天然翡翠及钻石富甲天下胸针 | 胸针长 6.0cm | 1,858,320 | 佳士得 | 2015.06.02 |
| 缅甸天然翡翠及钻石胸针 | 胸针长 7.4cm | 720,900 | 佳士得 | 2015.06.02 |
| 缅甸天然翡翠及钻石胸针 | | 420,525 | 佳士得 | 2015.06.02 |
| 缅甸天然翡翠及钻石胸针 | 胸针长 8.0cm | 420,525 | 佳士得 | 2015.06.02 |
| 缅甸天然翡翠及钻石胸针 | 胸针长 5.8cm | 380,475 | 佳士得 | 2015.06.02 |
| 缅甸天然翡翠牌、红宝石及钻石胸针 | 胸针长 6.3cm | 450,563 | 佳士得 | 2015.06.02 |
| 缅甸天然翡翠牌及钻石吊坠 / 胸针 | 吊坠长 5.6cm | 1,666,080 | 佳士得 | 2015.06.02 |
| 缅甸天然翡翠配碧玺及钻石瑚蝶胸针 | | 90,465 | 保利香港 | 2015.04.07 |
| 缅甸天然翡翠配钻石凤凰胸针 | | 33,949 | 保利香港 | 2015.10.06 |
| 缅甸天然翡翠配钻石蝴蝶胸针 | | 164,893 | 保利香港 | 2015.10.06 |
| 缅甸天然翡翠配钻石及红宝石天鹅胸针 | 长 5.45cm | 1,322,500 | 中古陶 | 2015.05.31 |
| 缅甸天然翡翠配钻石龙虾胸针 | | 38,798 | 保利香港 | 2015.10.06 |
| 缅甸天然翡翠配钻石天鹅胸针套装 | | 19,399 | 保利香港 | 2015.10.06 |
| 缅甸天然翡翠配钻石胸针 | | 38,090 | 保利香港 | 2015.04.07 |
| 缅甸天然翡翠配钻石胸针 | | 10,475 | 保利香港 | 2015.04.07 |
| 缅甸天然翡翠配钻石胸针 / 挂坠 | | 29,099 | 保利香港 | 2015.10.06 |
| 缅甸天然翡翠天鹅配钻石胸针 / 挂坠 | | 57,136 | 保利香港 | 2015.04.07 |
| 缅甸天然翡翠胸针 | 胸针长 7.2cm | 3,300,120 | 佳士得 | 2015.06.02 |
| 缅甸天然翡翠胸针 / 吊坠 | 胸针长 8.5cm | 300,375 | 佳士得 | 2015.06.02 |
| 缅甸天然墨翠配钻石及蓝宝石胸针 | | 20,950 | 保利香港 | 2015.04.07 |
| 南洋金珠凤凰挂件、胸针 | | 23,000 | 江苏爱涛 | 2015.01.11 |
| 浓彩黄色钻石别针 | | 12,228,822 | 日内瓦苏富比 | 2015.11.11 |
| 清 玉及翠玉别子（九件） | 长 7.3cm × 9 | 85,106 | 佳士得 | 2015.06.03 |
| 三色金珊瑚绿玉髓珍珠钻石胸针 卡地亚 | | 77,379 | 纽约苏富比 | 2015.04.21 |
| 珊瑚 黄金胸针 | | 47,259 | 日本伊斯特 | 2015.05.24 |
| 珊瑚珐琅钻石胸针 卡地亚 1930 年 | | 121,266 | 伦敦苏富比 | 2015.03.18 |
| 珊瑚翡翠随形胸针（兼吊坠） | | 24,640 | 北京荣宝 | 2015.03.29 |
| 珊瑚和钻石胸针 宝格丽 | | 71,239 | 伦敦佳士得 | 2015.06.03 |
| 珊瑚玛瑙及钻石“Panthere”胸针 卡地亚 1978 年 | 长 7cm | 1,961,373 | 伦敦佳士得 | 2015.06.03 |
| 珊瑚配宝石及钻石猫头鹰别针 Nardi | | 65,569 | 香港苏富比 | 2015.04.06 |
| 珊瑚配翡翠及钻石花卉胸针 / 吊坠，王进玲设计 | | 72,659 | 天成国际 | 2015.12.06 |
| 珊瑚配钻石菊花别针 梵克雅宝（Va Clee Arpels） | | 70,613 | 香港苏富比 | 2015.04.06 |
| 珊瑚胸针 | | 22,400 | 北京荣宝 | 2015.06.21 |
| 珊瑚胸针 | | 10,350 | 上海敬华 | 2015.04.26 |
| 珊瑚钻石襟针镶 18K 白金 | | 41,452 | 香港拍得高 | 2015.01.24 |
| 珊瑚钻石襟针镶 18K 黄金 | | 18,561 | 香港拍得高 | 2015.03.28 |
| 双色金蓝宝石钻石胸针 保罗 | | 502,962 | 纽约苏富比 | 2015.04.21 |
| 水晶配钻石别针 | | 332,649 | 日内瓦苏富比 | 2015.11.11 |
| 天然 AKA 红珊瑚花型胸针 | | 20,700 | 北京保利 | 2015.06.06 |
| 天然冰种翡翠配黑色钻石及钻石羊别针 | | 123,300 | 香港苏富比 | 2015.10.07 |
| 天然冰种绿色翡翠配钻石花朵胸针 | | 126,500 | 北京保利 | 2015.12.07 |
| 天然彩色翡翠配黄色钻石及钻石花别针 | | 70,613 | 香港苏富比 | 2015.04.06 |
| 天然橙翡翠配紫翡翠，翡翠，彩色宝石及钻石幸运鸟胸针及戒指套装 | | 38,751 | 天成国际 | 2015.12.06 |
| 天然翡翠蝴蝶钻石襟针镶 18K 白金 | | 12,436 | 香港拍得高 | 2015.06.27 |
| 天然翡翠及钻石孔雀胸针 | | 46,000 | 北京保利 | 2015.06.06 |
| 天然翡翠及钻石蜻蜓胸针 | | 20,700 | 北京保利 | 2015.06.06 |
| 天然翡翠孔雀开屏胸针 | | 63,250 | 福建东南 | 2015.05.24 |
| 天然翡翠配宝石及钻石孔雀别针 | | 60,525 | 香港苏富比 | 2015.04.06 |
| 天然翡翠配彩色翡翠及钻石花篮胸针，王进玲设计 | | 68,053 | 天成国际 | 2015.06.14 |
| 天然翡翠配粉红色璧玺及钻石蝴蝶别针 | | 123,300 | 香港苏富比 | 2015.10.07 |
| 天然翡翠配红宝石，黑色钻石及钻石腊肠狗胸针，ICE 出品 | | 18,904 | 天成国际 | 2015.06.14 |
| 天然翡翠配红宝石，黄色钻石及钻石蝴蝶胸针 | | 425,331 | 天成国际 | 2015.06.14 |
| 天然翡翠配红宝石及钻石兰花别针 | | 55,481 | 香港苏富比 | 2015.04.06 |

| 拍品名称 | 物品尺寸 | 成交价RMB | 拍卖公司 | 拍卖日期 |
|---|---|---|---|---|
| 天然翡翠配红翡翠，冰种翡翠，彩色宝石，黑色钻石及钻石胸针，ICE 出品 | | 77,502 | 天成国际 | 2015.12.06 |
| 天然翡翠配黄色翡翠，黄色钻石及钻石别针，王进玲设计 | | 53,283 | 天成国际 | 2015.12.06 |
| 天然翡翠配黄色钻石及钻石蜻蜓胸针 | | 61,437 | 天成国际 | 2015.06.14 |
| 天然翡翠配天然冰种翡翠、彩色宝石及钻石蝴蝶别针 蔡孟翰 | | 252,188 | 香港苏富比 | 2015.04.06 |
| 天然翡翠配棕色钻石及钻石福在眼前胸针，Nisan 出品 | | 151,229 | 天成国际 | 2015.06.14 |
| 天然翡翠配钻石、彩色钻石及红宝石花别针 Franci Chiu | | 242,100 | 香港苏富比 | 2015.04.06 |
| 天然翡翠配钻石海龟别针 吊坠 | | 131,138 | 香港苏富比 | 2015.04.06 |
| 天然翡翠配钻石蝴蝶胸针；及天然冰种翡翠配翡翠及钻石蜻蜓戒指 | | 28,355 | 天成国际 | 2015.06.14 |
| 天然翡翠配钻石花胸针 | | 50,377 | 天成国际 | 2015.12.06 |
| 天然翡翠配钻石胸针 | 翡翠 3.34cm × 1.52cm | 213,132 | 天成国际 | 2015.12.06 |
| 天然翡翠胸针 / 吊坠 | | 33,642 | 香港利得丰 | 2015.05.25 |
| 天然翡翠胸针 / 吊坠及钻石胸针 / 吊坠 | | 30,758 | 香港利得丰 | 2015.05.25 |
| 天然翡翠一帆风顺配钻石别针 | | 201,750 | 香港苏富比 | 2015.04.06 |
| 天然翡翠钻石襟针镶 18K 黄金 | | 51,584 | 香港拍得高 | 2015.01.24 |
| 天然海螺珠贝配彩色宝石花朵胸针 | 9.0cm × 8.5cm | 97,750 | 北京保利 | 2015.12.07 |
| 天然红宝石、沙弗莱石及钻石花型胸针 | | 36,800 | 北京保利 | 2015.06.06 |
| 天然红宝石、钻石及沙弗莱石花型胸针 | | 17,250 | 北京保利 | 2015.06.06 |
| 天然红宝石花形胸针 | | 13,800 | 保利厦门 | 2015.08.02 |
| 天然红宝石及钻石狮子胸针 | | 25,300 | 北京保利 | 2015.06.06 |
| 天然红珊瑚、异形珍珠配钻石及翡翠鹦鹉胸针 | | 34,500 | 北京保利 | 2015.12.07 |
| 天然红珊瑚胸针、戒指套装 | | 13,800 | 北京保利 | 2015.06.06 |
| 天然满绿翡翠、墨翠及钻石蜻蜓胸针 | | 41,400 | 北京保利 | 2015.06.06 |
| 天然满绿翡翠配钻石小鸟胸针 | | 17,250 | 北京保利 | 2015.12.07 |
| 天然珊瑚胸针 / 吊坠 | | 11,500 | 江苏爱涛 | 2015.01.11 |
| 天然玉髓、紫水晶及玛瑙鹦鹉胸针 | | 13,800 | 北京保利 | 2015.06.06 |
| 天然珍珠配黄色钻石及钻石别针，卡地亚（Cartier） | 珍珠直径 0.98cm | 226,050 | 香港苏富比 | 2015.10.07 |
| 天然珍珠配祖母绿及钻石别针 卡地亚（Cartier） | | 2,724,556 | 日内瓦苏富比 | 2015.11.11 |
| 天然珍珠配钻石花别针 | | 63,705 | 香港苏富比 | 2015.10.07 |
| 天然珍珠配钻石胸针 梵克雅宝（Va Clee Arpels） | | 857,438 | 香港苏富比 | 2015.04.06 |
| 天然紫翡翠佛手瓜配养殖珍珠，彩色宝石及钻石胸针 | | 82,346 | 天成国际 | 2015.12.06 |
| 天然祖母绿、沙弗莱石、粉色蓝宝石及钻石花朵胸针 | 胸针长 10.2cm | 92,000 | 北京保利 | 2015.06.06 |
| 天然钻石蝴蝶结胸针 御木本 MIKIMOTO | | 25,300 | 北京保利 | 2015.06.06 |
| 维多利亚时代祖母绿钻石胸针 | | 218,682 | 日内瓦佳士得 | 2015.05.13 |
| 现代 红珊瑚钻石胸针 | | 23,000 | 北京翰海 | 2015.07.19 |
| 镶翡翠胸针 | | 41,762 | 香港淳浩 | 2015.04.04 |

| 拍品名称 | 物品尺寸 | 成交价RMB | 拍卖公司 | 拍卖日期 |
|---|---|---|---|---|
| 小提琴胸针（两支） | | 92,855 | 纽约苏富比 | 2015.04.21 |
| 亚历山大变色石共重约 15.35 克拉配钻石蝴蝶别针 | | 90,788 | 香港苏富比 | 2015.04.06 |
| 养殖珍珠及钻石蝴蝶胸针 | | 403,704 | 香港利得丰 | 2015.05.25 |
| 养殖珍珠及钻石胸针 | | 75,094 | 佳士得 | 2015.06.02 |
| 养殖珍珠及钻石胸针 | | 45,056 | 佳士得 | 2015.06.02 |
| 养殖珍珠配彩色宝石及钻石蝴蝶别针，Buccellati | | 50,438 | 香港苏富比 | 2015.04.06 |
| 养殖珍珠配钻石花别针，梵克雅宝（Van Cleef & Arpels） | | 328,800 | 香港苏富比 | 2015.10.07 |
| 有色宝石钻石胸针 卡地亚 1940 年 | | 415,769 | 伦敦苏富比 | 2015.03.18 |
| 有色蓝宝石及钻石胸针 Van Cleef & Arpels 设计 | | 30,788 | 佳士得 | 2015.12.01 |
| 有色钻石首饰 Harry Winston 设计 | 胸针长度 3.7cm | 194,988 | 佳士得 | 2015.12.01 |
| 御木本 庆大典记念 珍珠 钻石胸针白凤飞翔（二件） | | 28,355 | 日本伊斯特 | 2015.05.24 |
| 约 1920 年制 天然钻石胸针 | | 25,300 | 北京保利 | 2015.06.06 |
| 约 1930 年制 天然翡翠灵猴献寿胸针 | | 13,800 | 北京保利 | 2015.06.06 |
| 约 1950 年制 天然海蓝宝石及钻石胸针 梵克雅宝 VAN CLEEF&ARPELS | 胸针长 7.3cm | 241,500 | 北京保利 | 2015.06.06 |
| 约 1960 年制 黄金钻石蝴蝶结胸针、耳环套装 | | 78,200 | 北京保利 | 2015.06.06 |
| 约 1960 年制 钻石胸针 | | 69,000 | 北京保利 | 2015.06.06 |
| 约 1965 年制 天然祖母绿及钻石蜥蜴胸针 卡地亚 CARTIER | 胸针长 7.0cm | 549,700 | 北京保利 | 2015.06.06 |
| 约 1970 年制 天然红宝石及蓝宝石胸针 | | 17,250 | 北京保利 | 2015.06.06 |
| 约 1970 年制 天然红宝石及钻石花束胸针 | | 23,000 | 北京保利 | 2015.06.06 |
| 约 2.09 至 0.27 克拉浓彩、鲜彩及深彩紫粉红色、粉红色、橙黄色、黄色及绿色 VVS1–I2 钻石胸针 | 胸针长 11.1cm | 8,682,840 | 佳士得 | 2015.06.02 |
| 约 8.48 克拉缅甸天然星光红宝石及钻石胸针 | 胸针长 6.7cm | 380,475 | 佳士得 | 2015.06.02 |
| 月亮石配蓝玉髓及钻石树胸针及星光粉红色石英石配粉红色刚玉及钻石小女孩戒指，凡凡出品 | | 46,501 | 天成国际 | 2015.12.06 |
| 珍珠及钻石领带夹、胸针套装 御木本 MIKIMOTO | | 17,250 | 北京保利 | 2015.06.06 |
| 珍珠母贝蝴蝶胸针 | | 52,866 | 香港利得丰 | 2015.05.25 |
| 枕形缅甸天然蓝宝石及钻石胸针 | 胸针长 9.2cm | 4,069,080 | 佳士得 | 2015.06.02 |
| 珠宝别针 梵克雅宝（Va Clee Arpels） | | 60,525 | 香港苏富比 | 2015.04.06 |
| 紫水晶、钻石及有色蓝宝石胸针 Jean Schlumberger，Tiffany & Co. 设计 | 长 6.1cm | 461,813 | 佳士得 | 2015.12.01 |
| 总重 6.18 克拉钻石玫瑰花胸针一对 | | 63,250 | 北京保利 | 2015.12.07 |
| 祖母绿、蓝宝石、红宝石及钻石胸针 | | 160,200 | 佳士得 | 2015.06.02 |
| 祖母绿、钻石及黑玛瑙胸针 Graff 设计 | 长 10.6cm | 4,860,320 | 佳士得 | 2015.12.01 |
| 祖母绿和钻石胸针（一对）1900 年 | 长 3.5cm，长 3.7cm | 1,890,773 | 日内瓦佳士得 | 2015.05.13 |
| 祖母绿及钻石胸针 | 胸针长 7.4cm | 650,813 | 佳士得 | 2015.06.02 |
| 祖母绿及钻石胸针 | | 22,028 | 佳士得 | 2015.06.02 |
| 祖母绿配红宝石、珠母贝及钻石 New Khandy 别针 卡地亚（Cartier） | | 3,865,068 | 日内瓦苏富比 | 2015.11.11 |

**2015珠宝翡翠拍卖成交汇总**

**(成交价RMB：1万元以上)**

| 拍品名称 | 物品尺寸 | 成交价RMB | 拍卖公司 | 拍卖日期 |
|---|---|---|---|---|
| 祖母绿配钻石别针，尚美（Chaumet） | | 174,245 | 日内瓦苏富比 | 2015.11.11 |
| 祖母绿钻石豹襟针镶18K黄金 | | 35,266 | 香港拍得高 | 2015.03.28 |
| 祖母绿钻石呔针镶铂金 | | 12,896 | 香港拍得高 | 2015.01.24 |
| 钻石、黑玛瑙、水晶及珊瑚镶铂金胸针 Cartier 设计 | 长 8.4cm | 287,350 | 佳士得 | 2015.12.01 |
| 钻石、黑玛瑙及祖母绿胸针 | | 375,000 | 佳士得（上海） | 2015.04.25 |
| 钻石、蓝宝石及红宝石胸针 | | 220,275 | 佳士得 | 2015.06.02 |
| 钻石别针 | | 277,208 | 日内瓦苏富比 | 2015.11.11 |
| 钻石别针 Suzanne Belperron | | 491,054 | 日内瓦苏富比 | 2015.11.11 |
| 钻石别针，卡地亚（Cartier） | | 205,500 | 香港苏富比 | 2015.10.07 |
| 钻石别针，尚美（Chaumet） | | 308,250 | 香港苏富比 | 2015.10.07 |
| 钻石别针 / 吊坠 | | 475,213 | 日内瓦苏富比 | 2015.11.11 |
| 钻石和彩色钻石胸针（两颗）大卫韦伯 | | 572,544 | 纽约佳士得 | 2015.10.20 |
| 钻石蝴蝶结胸针 梵克雅宝 Van Cleef & Arpels | | 69,000 | 北京保利 | 2015.12.07 |
| 钻石花朵胸针 ?? 约 1970 年制 | | 13,800 | 北京保利 | 2015.12.07 |
| 钻石花束别针 Sterl 年份约 1960 | | 161,400 | 香港苏富比 | 2015.04.06 |
| 钻石及宝石胸针 Cartier 设计 | | 1,018,040 | 佳士得 | 2015.12.01 |
| 钻石及彩钻花蕾胸针 | | 125,293 | 伦敦佳士得 | 2015.04.14 |
| 钻石及红宝石胸针及耳环套装 | 胸针长 7.3cm，耳环长 4.0cm | 260,325 | 佳士得 | 2015.06.02 |
| 钻石及珍珠胸针 天然珍珠胸针 钻石及珍珠胸针 | | 170,213 | 佳士得 | 2015.06.02 |
| 钻石襟针镶 14K 白金 | | 31,319 | 香港拍得高 | 2015.06.27 |
| 钻石配缟玛瑙及祖母绿别针，梵克雅宝（Van Cleef & Arpels） | | 752,421 | 日内瓦苏富比 | 2015.11.11 |
| 钻石配红宝石胸针 1910-1920 年制 | | 149,500 | 北京保利 | 2015.12.07 |
| 钻石蛇胸针 宝诗龙 Boucheron | | 13,800 | 北京保利 | 2015.12.07 |
| 钻石首饰 Buccellati 设计 | | 123,150 | 佳士得 | 2015.12.01 |
| 钻石双扣别针，宝诗龙（Boucheron）1930 年代 | | 285,128 | 日内瓦苏富比 | 2015.11.11 |
| 钻石胸针 | | 1,569,960 | 佳士得 | 2015.06.02 |
| 钻石胸针 | | 600,750 | 佳士得 | 2015.06.02 |
| 钻石胸针 | | 380,475 | 佳士得 | 2015.06.02 |
| 钻石胸针 | | 350,438 | 佳士得 | 2015.06.02 |
| 钻石胸针 | | 55,069 | 佳士得 | 2015.06.02 |
| 钻石胸针 | | 33,949 | 保利香港 | 2015.10.06 |
| 钻石胸针 | | 61,575 | 佳士得 | 2015.12.01 |
| 钻石胸针 | | 32,200 | 北京保利 | 2015.12.07 |
| 钻石胸针 TIFFANY & CO. 设计 钻石胸针，镶 18k 黄金 | | 100,000 | 佳士得（上海） | 2015.04.25 |
| 钻石胸针、钻石耳环两对及戒指、黄金戒指 | | 40,370 | 香港利得丰 | 2015.05.25 |
| 钻石胸针 Cartier 设计 | 长 5.0cm | 246,300 | 佳士得 | 2015.12.01 |
| 钻石胸针 Cartier 设计 | | 123,150 | 佳士得 | 2015.12.01 |
| 钻石胸针 Chaumet 设计（一对） | | 164,200 | 佳士得 | 2015.12.01 |
| 钻石胸针 Harry Winston 设计 | | 123,150 | 佳士得 | 2015.12.01 |
| 钻石胸针 Harry Winston 设计 | | 76,969 | 佳士得 | 2015.12.01 |
| 钻石胸针 Van Cleef & Arpels 设计 | | 143,675 | 佳士得 | 2015.12.01 |
| 钻石胸针及耳环套装 | | 140,175 | 佳士得 | 2015.06.02 |
| 钻石胸针及耳环套装 | | 120,150 | 佳士得 | 2015.06.02 |
| 钻石胸针一对 约 1920 年制 | | 32,200 | 北京保利 | 2015.12.07 |
| 钻石羽毛胸针，御木本出品 | | 222,819 | 天成国际 | 2015.12.06 |
| 钻石珍珠黄金胸针兼吊坠 | | 50,400 | 北京荣宝 | 2015.11.29 |
| 钻石紫锂辉石蜘蛛胸针 大卫韦伯 | | 493,024 | 纽约佳士得 | 2015.10.20 |
| 手串 手链 | | | | |
| 碧玺手串 | | 28,750 | 河南泽华 | 2015.01.11 |
| 翡翠朝珠 | | 11,500 | 中国嘉德 | 2015.06.27 |
| 翡翠念珠 | 直径 0.8cm | 23,000 | 北京保利 | 2015.06.06 |
| 花碧玺佛珠 | | 184,000 | 印千山·宝隆 | 2015.07.12 |
| 花碧玺佛珠 | | 103,500 | 印千山·宝隆 | 2015.07.12 |
| 花碧玺佛珠 | | 66,700 | 印千山·宝隆 | 2015.07.12 |
| 花碧玺佛珠 | | 57,500 | 印千山·宝隆 | 2015.07.12 |
| 清 碧玺手串 | 直径 1.0cm | 13,440 | 北京荣宝 | 2015.06.21 |
| 清 翡翠 南红节珠（各 4 颗） | | 17,250 | 远方拍卖 | 2015.07.01 |
| 清 翡翠 18 子提珠 | | 34,500 | 翰风国际 | 2015.06.19 |
| 清 翡翠雕灵芝纹手串 | | 20,700 | 西泠拍卖 | 2015.07.05 |
| 清 翡翠佛头紫檀多宝佛珠 | | 34,500 | 华艺国际 | 2015.05.24 |
| 清 翡翠飘阳绿珊瑚隔珠手钏 | D:1.8cm | 20,700 | 中鸿信 | 2015.07.29 |
| 清 翡翠十八籽手串 | | 13,800 | 北京保利 | 2015.01.24 |
| 清 翡翠手钏 | 尺寸不一 | 149,500 | 东正南京 | 2015.07.02 |
| 清 伽楠镶金粟十八子手串 | 直径 1.7cm | 667,000 | 中国嘉德 | 2015.05.19 |
| 清 蓝色碧玺十八子挂珠（一串） | | 10,209 | 香港淳浩 | 2015.04.04 |
| 清 绿玉石念珠（珊瑚结珠、翡翠背云） | | 23,000 | 古天一 | 2015.06.06 |
| 清 蜜蜡 108 颗佛珠 | 直径 2.3cm | 172,500 | 中鸿信 | 2015.07.29 |
| 清 珊瑚梅竹双青十八子手串（翡翠结珠背云） | | 931,500 | 古天一 | 2015.06.06 |
| 清 珊瑚十八子手串（青金石结珠、翡翠背云） | | 89,700 | 古天一 | 2015.06.06 |
| 清 桃红碧玺十八子手串（翡翠结珠背云） | | 207,000 | 古天一 | 2015.06.06 |
| 清晚期 碧玺手串 | 长26cm | 220,275 | 佳士得 | 2015.06.03 |
| 珍珠朝珠 | | 44,546 | 香港淳浩 | 2015.04.04 |
| 珍珠朝珠 | | 11,500 | 中国嘉德 | 2015.04.02 |
| 18K 白金白水晶玛瑙钻石手链 | | 193,447 | 纽约苏富比 | 2015.04.21 |
| 18K 白金翠榴石钻石手链 法国 | | 139,282 | 纽约苏富比 | 2015.04.21 |
| 18K 白金蓝宝石钻石手链 | | 123,806 | 纽约苏富比 | 2015.04.21 |
| 18K 白金绿宝石红宝石玛瑙及钻石手链 | | 383,712 | 纽约苏富比 | 2015.09.24 |
| 18K 白金镶钻石手链 | | 64,198 | 香港雅盛 | 2015.10.08 |
| 18K 白金镶钻石手链 | | 28,934 | 香港雅盛 | 2015.10.08 |
| 18K 白金钻石手链 | 长 17.78cm | 657,719 | 纽约苏富比 | 2015.04.21 |
| 18K 铂金钻石手链 梵克雅宝 | 长 19.7cm | 464,273 | 纽约苏富比 | 2015.04.21 |
| 18K 黄金彩石手链（一对）宝诗龙 | | 270,826 | 纽约苏富比 | 2015.04.21 |
| 18K 黄金绿松石珊瑚和钻石手链 | 长 19.05cm | 147,020 | 纽约苏富比 | 2015.04.21 |
| 18K 黄金玛瑙和青金石手链卡地亚 | | 191,856 | 纽约苏富比 | 2015.09.24 |
| 18K 黄金青金石手链卡地亚 1940 年 | 长 16.51cm | 154,758 | 纽约苏富比 | 2015.04.21 |
| 18K 黄金镶翡翠手链 | | 28,750 | 上海敬华 | 2015.04.26 |
| 18K 金翡翠手链 法国 | | 61,903 | 纽约苏富比 | 2015.04.21 |
| 18K 金红宝石钻石及珐琅“摩羯座”手链 大卫·韦伯 | | 309,515 | 纽约苏富比 | 2015.04.21 |

| 拍品名称 | 物品尺寸 | 成交价RMB | 拍卖公司 | 拍卖日期 |
|---|---|---|---|---|
| 18K 金蓝宝石钻石手链 宝诗龙 | | 425,583 | 纽约苏富比 | 2015.04.21 |
| 18K 金配钻石手链 | | 104,756 | 保利香港 | 2015.10.06 |
| 18K双色金红宝石钻石手链Buccellati | 长 17.78cm | 773,788 | 纽约苏富比 | 2015.04.21 |
| 1940 年代 钻石 18K 金编织手链 | | 89,600 | 北京荣宝 | 2015.11.29 |
| 20 世纪 30 年代祖母绿钻石手链 | 长 19.5cm | 2,294,503 | 日内瓦佳士得 | 2015.05.13 |
| 20 世纪 30 年代钻石手链 | 长约 18.5cm | 196,335 | 伦敦苏富比 | 2015.03.18 |
| 20 世纪 70 年代红宝石钻石手链 | | 276,497 | 伦敦苏富比 | 2015.06.11 |
| 71.74 克拉圆形 H 至 J 色内部无瑕至 VS2 净度 Triple Excellent(极优切割,打磨及比例)钻石手链,Golkonda 出品 | | 6,006,436 | 天成国际 | 2015.12.06 |
| GL 品牌 祖母绿手链 | | 11,000 | 上海驰翰 | 2015.06.29 |
| J 色内部无瑕至 VVS2 净度 Triple Excellent(极优切割,打磨及比例)钻石手链 | | 1,039,698 | 天成国际 | 2015.06.14 |
| 白金和钻石手链 | | 139,282 | 纽约苏富比 | 2015.04.21 |
| 白金和钻石手链 梵克雅宝 | | 263,088 | 纽约苏富比 | 2015.04.21 |
| 白金蓝宝石钻石“丝带”手链 保罗 | | 502,962 | 纽约苏富比 | 2015.04.21 |
| 白金钻石手链 | 长 17.15cm | 239,820 | 纽约苏富比 | 2015.09.24 |
| 宝格丽设计 彩色宝石手链 | | 271,589 | 保利香港 | 2015.10.06 |
| 宝石配钻石手链 卡地亚(Cartier) | | 75,656 | 香港苏富比 | 2015.04.06 |
| 碧玺手链 | | 13,800 | 河南泽华 | 2015.01.11 |
| 碧玺手链 | | 11,500 | 上海敬华 | 2015.04.26 |
| 碧玺钻石手炼镶 18K 玫瑰金 | | 17,633 | 香港拍得高 | 2015.03.28 |
| 冰种翡翠手链、戒指(一组) | | 23,000 | 南京经典 | 2015.01.04 |
| 玻璃种翡翠手链 | 长 19.3cm | 28,750 | 河南泽华 | 2015.01.11 |
| 铂金白水晶钻石手链 大卫·韦伯 | | 340,467 | 纽约苏富比 | 2015.04.21 |
| 铂金彩石珍珠彩色钻石手链1955 年 | 长 17.15cm | 938,100 | 纽约苏富比 | 2015.02.05 |
| 铂金翡翠白水晶钻石手链 卡地亚 | 长 17.78cm | 348,204 | 纽约苏富比 | 2015.04.21 |
| 铂金翡翠红宝石钻石及珐琅“合奏Frutti 酒店”手链 卡地亚纽约 1928 年 | 长 18.42cm | 10,090,189 | 纽约苏富比 | 2015.04.21 |
| 铂金翡翠及钻石手链 | 长 19.05cm | 108,330 | 纽约苏富比 | 2015.04.21 |
| 铂金蓝宝石及钻石手链 哈利·温斯顿 1982 年 | | 1,160,681 | 纽约苏富比 | 2015.04.21 |
| 铂金蓝宝石钻石手链 | 长 17.5cm | 348,204 | 纽约苏富比 | 2015.04.21 |
| 铂金蓝宝石钻石手链 1960 年 | 长 19.05cm | 211,073 | 纽约苏富比 | 2015.02.05 |
| 铂金蓝宝石钻石手链 卡地亚 | 长 17.78cm | 1,392,818 | 纽约苏富比 | 2015.04.21 |
| 铂金钻石翡翠手链 1925 年 | 长 17.78cm | 270,826 | 纽约苏富比 | 2015.04.21 |
| 铂金钻石和蓝宝石手链 | 长 18.1cm | 147,020 | 纽约苏富比 | 2015.04.21 |
| 铂金钻石蓝宝石和翡翠手链 | 长 17.78cm | 216,661 | 纽约苏富比 | 2015.04.21 |
| 彩黄色钻石配淡彩黄色钻石及钻石手链 | | 411,000 | 香港苏富比 | 2015.10.07 |
| 彩色蓝宝石 18K 手链 | | 11,500 | 厦门华辰 | 2015.06.20 |
| 彩色蓝宝石 18K 手链 | | 11,500 | 厦门华辰 | 2015.06.20 |
| 彩色钻石配钻石手链 | | 232,790 | 保利香港 | 2015.10.06 |
| 彩色钻石手链 | 长 18cm | 1,904,520 | 保利香港 | 2015.04.07 |
| 淡黄色钻石手链 | | 361,859 | 保利香港 | 2015.04.07 |
| 珐琅红宝石及钻石 'TWIN 青蛙手链 由大卫韦伯 | | 185,041 | 日内瓦佳士得 | 2015.05.13 |
| 翡翠手链 | | 19,040 | 上海联合 | 2015.11.01 |
| 翡翠手链 | | 15,456 | 上海联合 | 2015.11.01 |
| 粉红色刚玉配钻石手炼 | | 141,777 | 天成国际 | 2015.06.14 |
| 瑰丽 26.77 克拉椭圆及古垫形天然缅甸蒙苏无经加热处理红宝石配钻石手炼 | 手炼长 17.0cm | 3,390,730 | 天成国际 | 2015.12.06 |
| 海蓝宝及钻石手炼 Tiffany & Co. 设计 | | 410,500 | 佳士得 | 2015.12.01 |

| 拍品名称 | 物品尺寸 | 成交价RMB | 拍卖公司 | 拍卖日期 |
|---|---|---|---|---|
| 红宝石、祖母绿、天然珍珠、养殖珍珠及钻石手炼 | 长 16.7cm | 450,563 | 佳士得 | 2015.06.02 |
| 红宝石及钻石手炼(两条) | | 220,275 | 佳士得 | 2015.06.02 |
| 红宝石及钻石手炼 Van Cleef & Arpels 设计 | 手炼长 16.6cm | 5,549,960 | 佳士得 | 2015.12.01 |
| 古垫形天然缅甸抹谷红宝石重 27.91 克拉配钻石及天然珍珠手链 | 长 17cm | 24,561,360 | 香港苏富比 | 2015.10.07 |
| 红宝石配钻石手链 | 长 16.5cm | 2,291,880 | 香港苏富比 | 2015.04.06 |
| 红宝石配钻石手链 | | 151,313 | 香港苏富比 | 2015.04.06 |
| 红宝石配钻石手链 约 1930 年制 | | 43,700 | 北京保利 | 2015.12.07 |
| 红宝石手炼镶 18K 黄金 | | 13,357 | 香港拍得高 | 2015.06.27 |
| 红宝石手链 | | 100,800 | 北京荣宝 | 2015.06.21 |
| 红宝石钻石手炼镶 18K 白金 | | 175,019 | 香港拍得高 | 2015.06.27 |
| 红宝石钻石手链 哈里温斯顿 | 长 18cm | 799,040 | 日内瓦佳士得 | 2015.05.13 |
| 黄金贝壳珊瑚绿松石手链 西曼 | | 123,806 | 纽约苏富比 | 2015.04.21 |
| 黄金翡翠和钻石手链 斯伦贝谢为蒂芙尼公司 | | 123,806 | 纽约苏富比 | 2015.04.21 |
| 黄金手链 及 钻石及彩色宝石戒指套装 卡地亚 Cartier | | 11,500 | 北京保利 | 2015.12.07 |
| 黄金钻石红宝石手链 | | 65,772 | 纽约苏富比 | 2015.04.21 |
| 蓝宝石和钻石手链 梅斯特 | 长 18.3cm | 185,041 | 日内瓦佳士得 | 2015.05.13 |
| 蓝宝石配钻石手链 | 长 18cm | 667,875 | 香港苏富比 | 2015.10.07 |
| 蓝宝石配钻石手链 蒂芙尼(Tiffan Co. 年份约 1910 | | 151,313 | 香港苏富比 | 2015.04.06 |
| 蓝宝石手链 | | 89,600 | 北京荣宝 | 2015.06.21 |
| 镂空翡翠珠手链 | | 18,561 | 香港淳浩 | 2015.04.04 |
| 绿宝石蓝宝石及钻石手链 JAHAN | 长 21.9cm | 962,210 | 日内瓦佳士得 | 2015.05.13 |
| 绿碧玺手链 | 长 16cm | 39,200 | 北京荣宝 | 2015.06.21 |
| 绿松石镶红宝石配钻石手链耳夹套装 梵克雅宝(Van Cleef & Arpels) | | 332,649 | 日内瓦苏富比 | 2015.11.11 |
| 缅甸天然翡翠蛋面及钻石手炼 | 长 16.5cm | 2,531,160 | 佳士得 | 2015.06.02 |
| 缅甸天然翡翠配钻石手炼及戒指套装 | | 33,329 | 保利香港 | 2015.04.07 |
| 缅甸天然鸽血红红宝石及钻石手炼 | 长 16.8cm | 801,000 | 佳士得 | 2015.06.02 |
| 缅甸天然红宝石及钻石手炼 | 长 18.3cm | 400,500 | 佳士得 | 2015.06.02 |
| 清 翡翠、玛瑙、碧玺手链 | | 25,300 | 上海敬华 | 2015.04.26 |
| 珊瑚翡翠珍珠手链、耳饰、戒指套装 | | 33,600 | 北京荣宝 | 2015.08.30 |
| 珊瑚手链 卡地亚 | | 213,311 | 巴黎佳士得 | 2015.06.01 |
| 珊瑚钻石手炼及耳环镶 18K 玫瑰金(3) | | 11,975 | 香港拍得高 | 2015.06.27 |
| 珊瑚钻石手链及珊瑚钻石耳环镶 18K 玫瑰金(3) | | 10,593 | 香港拍得高 | 2015.01.24 |
| 双色钻石 18K 金手链 | | 78,400 | 北京荣宝 | 2015.03.29 |
| 斯里兰卡天然蓝宝石及钻石手炼 Harry Winston 设计 | 手炼长 18.6cm | 3,185,480 | 佳士得 | 2015.12.01 |
| 天然冰种翡翠葫芦配钻石手炼 | | 61,437 | 天成国际 | 2015.06.14 |
| 天然彩色蓝宝石配钻石手链一对 | | 17,250 | 北京保利 | 2015.12.07 |
| 天然翡翠配红宝石及钻石手炼 | | 75,614 | 天成国际 | 2015.06.14 |
| 天然翡翠配钻石手炼 | | 26,465 | 天成国际 | 2015.06.14 |
| 天然翡翠手鍊 | | 76,896 | 香港利得丰 | 2015.05.25 |
| 天然翡翠镶嵌手链 | | 80,500 | 福建东南 | 2015.05.24 |
| 天然翡翠钻石手炼镶 18K 白金 | | 138,173 | 香港拍得高 | 2015.06.27 |

**2015珠宝翡翠拍卖成交汇总**

**（成交价RMB：1万元以上）**

| 拍品名称 | 物品尺寸 | 成交价RMB | 拍卖公司 | 拍卖日期 |
|---|---|---|---|---|
| 天然珍珠、红宝石及人造红宝石手炼（一对） | 长 18.2cm | 380,475 | 佳士得 | 2015.06.02 |
| 星光红宝石、红宝石及钻石手炼 | 手炼长 17.8cm | 410,500 | 佳士得 | 2015.12.01 |
| 星光蓝宝石及钻石手炼 | 长 18.2cm | 460,575 | 佳士得 | 2015.06.02 |
| 珍罕 7.04 克拉椭圆形天然克什米尔无经加热处理蓝宝石配钻石手炼，Cartier 出品 | 长 16cm | 7,561,440 | 天成国际 | 2015.06.14 |
| 总重 1.55 克拉天然钻石手链 | | 13,800 | 保利厦门 | 2015.08.02 |
| 总重 13.756 克拉天然尖晶石糖果手链 | | 11,500 | 保利厦门 | 2015.08.02 |
| 总重 5.13 克拉钻石手链 | | 28,750 | 北京保利 | 2015.12.07 |
| 祖母绿手链 | | 89,600 | 北京荣宝 | 2015.06.21 |
| 钻石 白金手链 | | 35,917 | 日本伊斯特 | 2015.05.24 |
| 钻石、祖母绿及黑玛瑙手炼 Cartier 设计 | | 225,775 | 佳士得 | 2015.12.01 |
| 钻石 Trika 手炼 | | 130,163 | 佳士得 | 2015.06.02 |
| 钻石花手链 | | 242,100 | 香港苏富比 | 2015.04.06 |
| 钻石及有色钻石手炼 Boucheron 设计 | | 143,675 | 佳士得 | 2015.12.01 |
| 钻石配红宝石大象手链，卡地亚（Cartier） | | 411,000 | 香港苏富比 | 2015.10.07 |
| 钻石配祖母绿 Panth è re 手链 卡地亚（Cartier） | | 776,182 | 日内瓦苏富比 | 2015.11.11 |
| 钻石手炼 | | 700,875 | 佳士得 | 2015.06.02 |
| 钻石手炼 | | 280,350 | 佳士得 | 2015.06.02 |
| 钻石手炼 | | 220,275 | 佳士得 | 2015.06.02 |
| 钻石手炼 | | 120,150 | 佳士得 | 2015.06.02 |
| 钻石手炼 | | 143,675 | 佳士得 | 2015.12.01 |
| 钻石手炼 Boucheron 设计 | | 492,600 | 佳士得 | 2015.12.01 |
| 钻石手炼 Cartier 设计 | | 1,806,200 | 佳士得 | 2015.12.01 |
| 钻石手炼 Cartier 设计 | | 102,625 | 佳士得 | 2015.12.01 |
| 钻石手炼及别针 | | 140,175 | 佳士得 | 2015.06.02 |
| 钻石手炼及耳环 | | 380,475 | 佳士得 | 2015.06.02 |
| 钻石手炼镶 18K 白金 | | 44,546 | 香港拍得高 | 2015.03.28 |
| 钻石手炼镶 18K 白金 | | 15,015 | 香港拍得高 | 2015.06.27 |
| 钻石手炼镶铂金 | | 13,457 | 香港拍得高 | 2015.03.28 |
| 钻石手链 | 长 16.5cm | 1,644,000 | 香港苏富比 | 2015.10.07 |
| 钻石手链 | | 322,800 | 香港苏富比 | 2015.04.06 |
| 钻石手链 | | 302,625 | 香港苏富比 | 2015.04.06 |
| 钻石手链 | | 164,400 | 香港苏富比 | 2015.10.07 |
| 钻石手链 | | 80,500 | 北京保利 | 2015.06.06 |
| 钻石手链海瑞温斯顿（Harr Winston） | | 1,008,750 | 香港苏富比 | 2015.04.06 |
| 钻石手链，Oscar Heyman | | 1,027,500 | 香港苏富比 | 2015.10.07 |
| 钻石手鍊 | | 43,254 | 香港利得丰 | 2015.05.25 |
| 钻石首饰 Bulgari 设计 | | 32,840 | 佳士得 | 2015.12.01 |
| 钻石首饰 Tiffany & Co. 设计 | | 431,025 | 佳士得 | 2015.12.01 |
| 钻石玉髓石榴石“FERIALE”手链 梵克雅宝 | | 271,600 | 纽约佳士得 | 2015.06.16 |
| **手 镯** | | | | |
| 14K 金彩石钻石手镯 | | 269,278 | 纽约苏富比 | 2015.04.21 |
| 18K 金手镯 | | 92,000 | 北京匡时 | 2015.12.04 |
| 18K 白金粉红碧玺堇青石钻石手镯 | | 232,136 | 纽约苏富比 | 2015.04.21 |
| 18K 白金绿石榴石钻石手镯（一对） | | 143,892 | 纽约苏富比 | 2015.09.24 |
| 18K 白金钻石手镯（一对） | | 294,039 | 纽约苏富比 | 2015.04.21 |
| 18K 黄金珐琅手镯 斯伦贝谢 | | 117,263 | 纽约苏富比 | 2015.02.05 |
| 18K 黄金钻石手镯 | | 324,991 | 纽约苏富比 | 2015.04.21 |
| 18K 金珐琅钻石“滚动鞋带”袖口手镯 大卫·韦伯 | | 348,204 | 纽约苏富比 | 2015.04.21 |

| 拍品名称 | 物品尺寸 | 成交价RMB | 拍卖公司 | 拍卖日期 |
|---|---|---|---|---|
| 18K 金翡翠及钻石手镯 卡地亚 | | 321,896 | 纽约苏富比 | 2015.04.21 |
| 18K 金翡翠钻石手镯 大卫·韦伯 | | 199,850 | 纽约苏富比 | 2015.09.24 |
| 18K 金红宝石钻石珐琅手镯 大卫·韦伯 | | 348,204 | 纽约苏富比 | 2015.04.21 |
| 18K 金手镯 Buccellati | | 279,790 | 纽约苏富比 | 2015.09.24 |
| 18K 金紫水晶钻石珊瑚珐琅手镯大卫·韦伯 | | 309,515 | 纽约苏富比 | 2015.04.21 |
| 18K 金钻石翡翠和珐琅手镯 大卫·韦伯 | | 390,875 | 纽约苏富比 | 2015.02.05 |
| 18K 金钻石手镯 | | 502,962 | 纽约苏富比 | 2015.04.21 |
| 19 世纪 翡翠手镯 | | 57,500 | 泰和嘉成 | 2015.05.30 |
| 20 世纪白玉手镯两件及翠玉手镯 | 5 及 8cm | 20,025 | 香港苏富比 | 2015.06.01 |
| 20 世纪 翡翠手镯（两对） | | 10,013 | 香港苏富比 | 2015.06.01 |
| 20 世纪 30 年代 Hardstone 珐琅和钻石手镯 | | 721,298 | 伦敦苏富比 | 2015.06.11 |
| Alchimie 粉红色黄金配钻石手镯，爱马仕（Herm è s） | | 565,125 | 香港苏富比 | 2015.10.07 |
| David Webb 设计 18K 金配彩宝羊首手镯 | 内径 15cm | 47,613 | 保利香港 | 2015.04.07 |
| LOVE 系列钻石手镯 卡地亚 CARTIER | | 36,800 | 北京保利 | 2015.06.06 |
| 爱马仕 2014 18K 黄金 KELLY 手镯 | 直径 53.5cm | 23,279 | 保利香港 | 2015.10.06 |
| 白金钻石手镯 尚美 CHAUMET | | 20,700 | 北京保利 | 2015.06.06 |
| 宝石及钻石首饰 Cartier 设计 | | 56,444 | 佳士得 | 2015.12.01 |
| 宝石首饰 Cartier 设计 | | 92,363 | 佳士得 | 2015.12.01 |
| 碧玺手镯 | | 11,500 | 上海敬华 | 2015.04.26 |
| 冰种翡翠菠菜绿手镯 | D:5.8cm | 138,000 | 中鸿信 | 2015.07.29 |
| 冰种翡翠淡绿手镯 | D:5.8cm | 69,000 | 中鸿信 | 2015.07.29 |
| 冰种翡翠苹果绿圆条手镯一对 | D:5.8cm | 92,000 | 中鸿信 | 2015.07.29 |
| 冰种翡翠手镯 | 直径 6.5cm | 903,100 | 卓艺拍卖 | 2015.11.21 |
| 冰种翡翠手镯 | | 57,500 | 南京经典 | 2015.01.04 |
| 冰种兰花翡翠手镯 | | 690,000 | 河南泽华 | 2015.01.11 |
| 冰种飘花翡翠手镯 | | 100,800 | 北京荣宝 | 2015.06.21 |
| 冰种手镯 | | 38,688 | 香港雅盛 | 2015.07.31 |
| 冰种阳绿 翡翠手镯 | 外径 7cm | 1,495,000 | 河南泽华 | 2015.01.11 |
| 冰种阳绿 翡翠手镯 | | 1,380,000 | 河南泽华 | 2015.01.11 |
| 冰种阳绿翡翠手镯 | | 526,400 | 北京荣宝 | 2015.06.21 |
| 铂金玛瑙蓝宝石和钻石手镯 | | 123,806 | 纽约苏富比 | 2015.04.21 |
| 铂金钻石玛瑙和翡翠手镯 法国 | 长 16.51cm | 799,400 | 纽约苏富比 | 2015.09.24 |
| 翠手镯 | 内径 5.5cm | 1,585,980 | AA 中国艺海 | 2015.07.12 |
| 翠手镯 | 内径 6cm | 422,928 | AA 中国艺海 | 2015.07.19 |
| 珐琅彩配乳白色琉璃及钻石手链一对，Ren é Lalique | 总长 34.5cm | 1,888,181 | 日内瓦苏富比 | 2015.11.11 |
| 非常稀有的天然满绿翡翠手镯及天然紫罗兰翡翠手镯（一对） | 直径 5.03cm；5.07cm | 11,500,000 | 北京保利 | 2015.06.06 |
| 翡翠 手镯 | | 31,191 | 日本伊斯特 | 2015.05.24 |
| 翡翠冰种飘花手镯 | | 39,200 | 北京荣宝 | 2015.03.29 |
| 翡翠冰种手镯 | 内径 5.6cm | 308,385 | AA 中国艺海 | 2015.06.20 |
| 翡翠苹果绿手镯 | | 57,500 | 南京经典 | 2015.01.04 |
| 翡翠手镯 | 重 61.45g | 5,750,000 | 北京匡时 | 2015.12.04 |
| 翡翠手镯 | | 1,986,820 | 卓艺拍卖 | 2015.11.21 |
| 翡翠手镯 | | 513,125 | 佳士得 | 2015.12.01 |
| 翡翠手镯 | | 513,125 | 佳士得 | 2015.12.01 |
| 翡翠手镯 | 内径：5.9cm 重：83g | 252,868 | AA 中国艺海 | 2015.12.02 |
| 翡翠手镯 | | 34,500 | 北京匡时 | 2015.12.04 |
| 翡翠手镯 | | 16,800 | 上海联合 | 2015.11.01 |

| 拍品名称 | 物品尺寸 | 成交价RMB | 拍卖公司 | 拍卖日期 |
|---|---|---|---|---|
| 翡翠手镯 | 内径：5.9cm 重：79.4g | 881,100 | AA 中国艺海 | 2015.08.20 |
| 翡翠手镯 | 外径 8.5cm | 837,045 | AA 中国艺海 | 2015.07.12 |
| 翡翠手镯 | 内径 5.6cm | 308,385 | AA 中国艺海 | 2015.06.20 |
| 翡翠手镯 | | 280,000 | 上海联合 | 2015.05.24 |
| 翡翠手镯 | 圈口 5.9cm | 112,000 | 山东图腾 | 2015.05.10 |
| 翡翠手镯 | | 105,800 | 广州皇玛 | 2015.01.17 |
| 翡翠手镯 | | 50,663 | 香港淳浩 | 2015.07.30 |
| 翡翠手镯 | | 40,339 | 翰林拍卖 | 2015.06.27 |
| 翡翠手镯 | | 24,640 | 上海联合 | 2015.05.24 |
| 翡翠手镯 | | 18,561 | 香港淳浩 | 2015.04.04 |
| 翡翠手镯 | | 14,849 | 香港淳浩 | 2015.04.04 |
| 翡翠手镯 | | 10,080 | 上海联合 | 2015.05.24 |
| 翡翠手镯（一对） | | 195,500 | 北京保利 | 2015.11.01 |
| 翡翠手镯（一对） | | 115,000 | 北京保利 | 2015.11.01 |
| 翡翠手镯（一对） | | 17,250 | 北京保利 | 2015.11.01 |
| 翡翠手镯（一对） | | 12,650 | 泰和嘉成 | 2015.11.21 |
| 翡翠手镯（一对） | | 41,762 | 香港淳浩 | 2015.04.04 |
| 翡翠手镯（一对）（配 18K 白镶钻石厄套） | 尺寸不一 | 3,680,000 | 中贸圣佳 | 2015.05.20 |
| 翡翠阳绿手镯 | D:6.0cm | 92,000 | 中鸿信 | 2015.07.29 |
| 翡翠玉镯 | | 1,354,650 | 卓艺拍卖 | 2015.11.21 |
| 粉红钻及钻石手镯 | | 170,213 | 佳士得 | 2015.06.02 |
| 凤凰涅盘天然红色碧玺配钻石及彩色宝石手镯 任进设计 | | 552,000 | 北京保利 | 2015.12.07 |
| 高冰飘花对镯 | 直径 5.2cm | 805,000 | 北京匡时 | 2015.12.04 |
| 和田玉手镯—“暗得疏影” | | 20,160 | 北京荣宝 | 2015.06.21 |
| 红宝石 1.20 克拉配钻石手镯 | 长 15.5cm | 282,450 | 香港苏富比 | 2015.04.06 |
| 红宝石配钻石手镯 | | 126,724 | 日内瓦苏富比 | 2015.11.11 |
| 红宝石配钻石手镯，布契拉提 | | 435,612 | 日内瓦苏富比 | 2015.11.11 |
| 红玛瑙和钻石“Panthere”手镯 卡地亚 | | 2,417,285 | 伦敦佳士得 | 2015.06.03 |
| 红玛瑙钻石及黄金狮子手镯梵克雅宝 | | 437,365 | 日内瓦佳士得 | 2015.05.13 |
| 黄金珐琅镶宝石手镯（一对） | | 123,806 | 纽约苏富比 | 2015.04.21 |
| 黄金玛瑙珊瑚钻石手镯 Verdura | | 116,068 | 纽约苏富比 | 2015.04.21 |
| 黄金镶蓝宝石配钻石项链手链 宝诗龙（Boucheron） | | 285,128 | 日内瓦苏富比 | 2015.11.11 |
| 黄色钻石配缟玛瑙、祖母绿及钻石 Sherkhan 首饰套装，卡地亚（Cartier） | | 9,189,457 | 日内瓦苏富比 | 2015.11.11 |
| 黄水晶 'Tranche' 手镯 勒内 · 博伊文（Ren é Boivin） | | 1,188,033 | 日内瓦苏富比 | 2015.11.11 |
| 黄水晶配钻石手链，卡地亚（Cartier） | 长 16cm | 910,825 | 日内瓦苏富比 | 2015.11.11 |
| 黄钻及钻石手镯 | | 200,250 | 佳士得 | 2015.06.02 |
| 尖晶石及黄钻手镯 / 胸针 | 尺寸不一 | 250,313 | 佳士得 | 2015.06.02 |
| 铰链式手镯 1959 年阿纳尔多·波莫多罗 | | 115,491 | 伦敦苏富比 | 2015.03.18 |
| 近代 玻璃种翡翠手镯（一对） | | 322,000 | 北京保利 | 2015.01.24 |
| 近代 翠手镯 | | 33,350 | 北京保利 | 2015.01.24 |
| 近代 翠手镯 | | 11,500 | 北京保利 | 2015.01.24 |
| 卡地亚设计“LOVE”系列手镯及戒指 | | 19,399 | 保利香港 | 2015.10.06 |
| 蓝宝石彩钻及翡翠虎手镯 | | 294,385 | 日内瓦佳士得 | 2015.05.13 |

| 拍品名称 | 物品尺寸 | 成交价RMB | 拍卖公司 | 拍卖日期 |
|---|---|---|---|---|
| 蓝宝石配钻石及珐琅彩黄金手镯 Jacques Lacloche | | 1,267,235 | 日内瓦苏富比 | 2015.11.11 |
| 绿松石镶钻石手链 | 链长 40.5cm | 174,245 | 日内瓦苏富比 | 2015.11.11 |
| 绿松石祖母绿及钻石 'SERPENTI“手镯腕表 宝格丽 | | 3,424,927 | 日内瓦佳士得 | 2015.05.13 |
| 满绿翡翠手镯 | 重约 75g | 28,035,000 | 荣盛国际 | 2015.07.31 |
| 满色翡翠葫芦手镯 | | 67,200 | 北京荣宝 | 2015.06.21 |
| 美洲豹型 祖母绿石 红宝石 钻石 黄金手镯，戒指 | | 10,397 | 日本伊斯特 | 2015.05.24 |
| 美洲豹型 祖母绿石 蓝宝石 红宝石 钻石 白金手镯 | | 34,972 | 日本伊斯特 | 2015.05.24 |
| 美洲豹型 祖母绿石 蓝宝石 红宝石 钻石 黄金手镯 | | 14,178 | 日本伊斯特 | 2015.05.24 |
| 缅甸天然冰种翡翠配钻石手镯 | | 38,090 | 保利香港 | 2015.04.07 |
| 缅甸天然冰种翡翠手镯 | | 287,500 | 北京东正 | 2015.05.19 |
| 缅甸天然翡翠满绿手镯 | 内径 5.55cm | 21,339,120 | 保利香港 | 2015.10.06 |
| 缅甸天然翡翠手镯 | 直径 5.7cm | 13,800,000 | 中古陶 | 2015.05.31 |
| 缅甸天然翡翠手镯 | 内径 5.6cm | 13,008,240 | 佳士得 | 2015.06.02 |
| 缅甸天然翡翠手镯 | 内径 5.34cm | 3,107,880 | 佳士得 | 2015.06.02 |
| 缅甸天然翡翠手镯 | 内径 5.7cm | 1,333,164 | 保利香港 | 2015.04.07 |
| 缅甸天然翡翠手镯 | | 1,089,360 | 佳士得 | 2015.06.02 |
| 缅甸天然翡翠手镯 | | 945,180 | 佳士得 | 2015.06.02 |
| 缅甸天然翡翠手镯 | | 750,938 | 佳士得 | 2015.06.02 |
| 缅甸天然翡翠手镯 | | 571,356 | 保利香港 | 2015.04.07 |
| 缅甸天然翡翠手镯 | | 523,743 | 保利香港 | 2015.04.07 |
| 缅甸天然翡翠手镯 | | 457,085 | 保利香港 | 2015.04.07 |
| 缅甸天然翡翠手镯 | | 190,238 | 佳士得 | 2015.06.02 |
| 缅甸天然翡翠手镯 | | 57,136 | 保利香港 | 2015.04.07 |
| 缅甸天然翡翠手镯 | | 47,613 | 保利香港 | 2015.04.07 |
| 缅甸天然翡翠手镯及戒指 | | 58,198 | 保利香港 | 2015.10.06 |
| 缅甸天然紫罗兰翡翠手镯 | 内径 5.4cm | 775,968 | 保利香港 | 2015.10.06 |
| 清 18K 金镶花翡翠手镯 | | 11,500 | 北京翰海 | 2015.03.15 |
| 清沉香镶银鎏金粟寿字手镯(一对) | | 115,000 | 中国嘉德 | 2015.05.19 |
| 清 翠雕绞丝纹手镯 | 内径 5.7cm | 44,800 | 天津文物 | 2015.05.22 |
| 清 翠手镯 | | 218,500 | 北京匡时 | 2015.06.06 |
| 清 翠手镯 | | 76,160 | 天津文物 | 2015.05.22 |
| 清 翠玉绞丝手镯 | 直径 8cm | 80,500 | 北京保利 | 2015.06.07 |
| 清 翡翠福禄寿镯 | | 115,000 | 北京诚轩 | 2015.05.17 |
| 清 翡翠手镯 | | 149,500 | 北京匡时 | 2015.12.05 |
| 清 翡翠手镯 | | 92,000 | 华艺国际 | 2015.05.24 |
| 清 翡翠手镯 | | 86,250 | 深圳市拍 | 2015.07.19 |
| 清 翡翠手镯 | | 69,000 | 八益拍卖 | 2015.04.26 |
| 清 翡翠手镯 | | 32,200 | 北京匡时 | 2015.06.07 |
| 清 翡翠镯 | | 40,250 | 北京保利 | 2015.12.09 |
| 清 翡翠镯 | | 11,500 | 中国嘉德 | 2015.09.20 |
| 清 紫罗兰手镯 | | 55,200 | 深圳市拍 | 2015.07.19 |
| 清末 翠玉镯 | | 123,500 | 景熏楼 | 2015.06.21 |
| 世哲 传世系列（B8003）手镯 | | 57,792 | 上海联合 | 2015.05.24 |
| 世哲 传世系列（B8003）手镯 | | 56,672 | 上海联合 | 2015.05.24 |
| 世哲 传世系列（B8344）手镯 | | 10,752 | 上海联合 | 2015.05.24 |
| 世哲 马蹄莲系列（B8513）手镯 | | 28,896 | 上海联合 | 2015.05.24 |
| 世哲 萦绕系列（B8413）手镯 | | 10,640 | 上海联合 | 2015.05.24 |
| 世哲 萦绕系列（B8413–1）手镯 | | 28,672 | 上海联合 | 2015.05.24 |
| 天然 A 玉翡翠手镯 | | 110,538 | 书画艺拍 | 2015.05.30 |
| 天然冰黄翡翠手镯 | | 115,000 | 华艺国际 | 2015.05.24 |

**2015珠宝翡翠拍卖成交汇总**

**(成交价RMB：1万元以上)**

| 拍品名称 | 物品尺寸 | 成交价RMB | 拍卖公司 | 拍卖日期 |
|---|---|---|---|---|
| 天然冰种蛋形翡翠手镯 | | 97,642 | 香港拍得高 | 2015.01.24 |
| 天然冰种翡翠手镯 | | 368,136 | 天成国际 | 2015.12.06 |
| 天然冰种翡翠手镯 | | 77,502 | 天成国际 | 2015.12.06 |
| 天然冰种翡翠手镯 | | 19,376 | 天成国际 | 2015.12.06 |
| 天然冰种翡翠手镯 | 直径 8.2cm | 1,890,360 | 天成国际 | 2015.06.14 |
| 天然冰种翡翠手镯 | | 661,626 | 天成国际 | 2015.06.14 |
| 天然冰种翡翠手镯 | | 226,050 | 香港苏富比 | 2015.10.07 |
| 天然冰种翡翠手镯 | | 184,000 | 北京保利 | 2015.06.06 |
| 天然冰种翡翠手镯 | | 126,500 | 福建东南 | 2015.05.24 |
| 天然冰种翡翠手镯(一对) | | 127,599 | 天成国际 | 2015.06.14 |
| 天然彩色翡翠手镯 | | 383,325 | 香港苏富比 | 2015.04.06 |
| 天然翡翠对镯 | | 195,500 | 福建东南 | 2015.05.24 |
| 天然翡翠福寿如意手镯 | | 48,300 | 北京保利 | 2015.06.06 |
| 天然翡翠贵妃手镯 | | 138,000 | 北京保利 | 2015.06.06 |
| 天然翡翠贵妃镯 | | 23,000 | 北京保利 | 2015.12.07 |
| 天然翡翠配红宝石，祖母绿，黄色钻石及钻石手镯(一对) | 内周长 16.2cm | 920,341 | 天成国际 | 2015.12.06 |
| 天然翡翠配红宝石及钻石蛇手镯 | | 181,575 | 香港苏富比 | 2015.04.06 |
| 天然翡翠手镯 | | 155,005 | 天成国际 | 2015.12.06 |
| 天然翡翠手镯 | | 43,700 | 北京保利 | 2015.12.07 |
| 天然翡翠手镯 | | 34,500 | 北京保利 | 2015.12.07 |
| 天然翡翠手镯 | | 493,200 | 香港苏富比 | 2015.10.07 |
| 天然翡翠手镯 | | 310,500 | 江苏爱涛 | 2015.01.11 |
| 天然翡翠手镯 | | 261,607 | 香港拍得高 | 2015.01.24 |
| 天然翡翠手镯 | | 253,000 | 福建东南 | 2015.05.24 |
| 天然翡翠手镯 | | 172,500 | 福建东南 | 2015.05.24 |
| 天然翡翠手镯 | | 161,000 | 北京保利 | 2015.06.06 |
| 天然翡翠手镯 | | 147,384 | 香港拍得高 | 2015.01.24 |
| 天然翡翠手镯 | | 141,777 | 天成国际 | 2015.06.14 |
| 天然翡翠手镯 | | 115,000 | 福建东南 | 2015.05.24 |
| 天然翡翠手镯 | | 97,750 | 福建东南 | 2015.05.24 |
| 天然翡翠手镯 | | 69,000 | 华艺国际 | 2015.05.24 |
| 天然翡翠手镯 | | 55,200 | 福建东南 | 2015.05.24 |
| 天然翡翠手镯 | | 55,200 | 福建东南 | 2015.05.24 |
| 天然翡翠手镯 | | 39,409 | 万昌斯 | 2015.06.01 |
| 天然翡翠手镯 | | 36,846 | 香港拍得高 | 2015.06.27 |
| 天然翡翠手镯 | | 32,200 | 福建东南 | 2015.05.24 |
| 天然翡翠手镯 | | 24,871 | 香港拍得高 | 2015.01.24 |
| 天然翡翠手镯 | | 24,129 | 香港拍得高 | 2015.03.28 |
| 天然翡翠手镯 | | 23,000 | 福建东南 | 2015.05.24 |
| 天然翡翠手镯 | | 14,778 | 万昌斯 | 2015.06.01 |
| 天然翡翠手镯 | | 13,817 | 香港拍得高 | 2015.01.24 |
| 天然翡翠手镯 | | 11,500 | 福建东南 | 2015.05.24 |
| 天然翡翠手镯(三只) | | 113,422 | 天成国际 | 2015.06.14 |
| 天然翡翠手镯(一对) | 内径 5.34cm | 13,622,160 | 香港苏富比 | 2015.04.06 |
| 天然翡翠手镯（2)(两只) | | 13,817 | 香港拍得高 | 2015.01.24 |
| 天然翡翠手镯 2 件 | | 49,262 | 万昌斯 | 2015.06.01 |
| 天然翡翠手镯及天然翡翠戒指两枚 | | 31,001 | 天成国际 | 2015.12.06 |
| 天然翡翠手镯及天然紫翡翠手镯 | | 48,439 | 天成国际 | 2015.12.06 |
| 天然翡翠手镯镶 18K 玫瑰金 | | 11,137 | 香港拍得高 | 2015.03.28 |
| 天然翡翠首饰套组 | | 290,634 | 天成国际 | 2015.12.06 |
| 天然翡翠玉镯 | | 124,956 | 香港利得丰 | 2015.05.25 |
| 天然翡翠紫罗兰手镯 | | 57,500 | 福建东南 | 2015.05.24 |
| 天然翡翠钻石手镯镶 18K 白金 | | 35,004 | 香港拍得高 | 2015.01.24 |
| 天然福禄寿翡翠手镯 | | 161,000 | 北京保利 | 2015.12.07 |
| 天然红宝石手镯 | | 34,500 | 远方拍卖 | 2015.07.01 |

| 拍品名称 | 物品尺寸 | 成交价RMB | 拍卖公司 | 拍卖日期 |
|---|---|---|---|---|
| 天然红宝石手镯 | | 25,300 | 江苏爱涛 | 2015.01.11 |
| 天然红翡翠及翡翠手镯(一对) | 内径 6.77cm | 145,317 | 天成国际 | 2015.12.06 |
| 天然黄翡翠手镯 | | 151,229 | 天成国际 | 2015.06.14 |
| 天然黄翡贵妃手镯 | | 20,700 | 北京保利 | 2015.06.06 |
| 天然黄色翡翠手镯 | | 23,000 | 北京保利 | 2015.12.07 |
| 天然绿色翡翠手镯 | | 184,000 | 北京保利 | 2015.06.06 |
| 天然满绿翡翠手镯及天然紫罗兰翡翠手镯（一对) | 内径 5.4cm | 4,370,000 | 北京保利 | 2015.12.07 |
| 天然糯冰种绿色翡翠手镯一对 | 内径 5.68cm | 287,500 | 北京保利 | 2015.12.07 |
| 天然象牙手镯 | | 20,700 | 北京保利 | 2015.12.07 |
| 天然阳绿翡翠手镯 | | 310,500 | 华艺国际 | 2015.05.24 |
| 天然紫翡翠手镯 | | 141,777 | 天成国际 | 2015.06.14 |
| 天然紫翡翠手镯 | | 44,546 | 香港拍得高 | 2015.03.28 |
| 天然紫翡翠手镯(一对) | 外径 7.27cm | 2,906,340 | 天成国际 | 2015.12.06 |
| 天然紫翡翠手镯（2)(两只) | | 36,846 | 香港拍得高 | 2015.01.24 |
| 天然紫罗兰翡翠手镯 | 内径 5.39cm | 1,437,500 | 保利厦门 | 2015.08.02 |
| 天然紫罗兰翡翠手镯 | | 230,000 | 华艺国际 | 2015.05.24 |
| 天然紫罗兰翡翠手镯 | | 57,500 | 北京保利 | 2015.06.06 |
| 天然紫罗兰翡翠手镯 | | 28,750 | 北京保利 | 2015.06.06 |
| 天然紫罗兰翡翠手镯(一对) | | 241,500 | 北京保利 | 2015.06.06 |
| 托帕石手镯，Suzanne Belperron，约 1935 年 | | 1,346,438 | 日内瓦苏富比 | 2015.11.11 |
| 现代 翡翠手镯 | | 60,000 | 台湾世家 | 2015.01.18 |
| 镶 18K 白金钻石共重 36.53 克拉，D 至 G 色，足色全美至 VVS2 净度钻石手镯 | 内径 15.5cm | 1,795,842 | 天成国际 | 2015.06.14 |
| 小珍珠配黑色钻石及钻石手镯 | | 29,063 | 天成国际 | 2015.12.06 |
| 约 17.51 克拉枕形缅甸天然尖晶石、钻石及珍珠手镯 | 长 15.2cm | 1,089,360 | 佳士得 | 2015.06.02 |
| 约 1960 年制 天然祖母绿黄金手镯 | | 34,500 | 保利厦门 | 2015.08.02 |
| 约 38.51 克拉八角形哥伦比亚天然祖母绿手镯 | 长 14.6cm | 14,450,040 | 佳士得 | 2015.06.02 |
| 珍罕天然冰种翡翠手镯(一对) | 直径 8.44cm | 17,438,040 | 天成国际 | 2015.12.06 |
| 珍罕天然满色翡翠贵妃手镯 | 外径 6.88cm | 6,616,260 | 天成国际 | 2015.06.14 |
| 珍罕天然满色紫翡翠手镯 | 外径 7.2cm | 8,506,620 | 天成国际 | 2015.06.14 |
| 紫翡翠蝠手镯 | 内径 5.8cm | 1,265,000 | 中贸圣佳 | 2015.05.20 |
| 紫罗兰翡翠手镯 | 内径 5.5cm | 3,300,000 | 皇家国际 | 2015.06.29 |
| 紫罗兰翡翠手镯 | | 18,423 | 香港淳浩 | 2015.07.30 |
| 紫罗兰手镯 | | 10,350 | 北京保利 | 2015.11.01 |
| 祖母绿及黑玛瑙首饰 Cartier 设计 | | 51,313 | 佳士得 | 2015.12.01 |
| 祖母绿手镯 印度 1900 年 | 内径 16.2cm | 10,934,198 | 日内瓦佳士得 | 2015.05.13 |
| 钻石 白金手镯 | | 14,178 | 日本伊斯特 | 2015.05.24 |
| 钻石、祖母绿及黑玛瑙 Panth è re 手镯 | 内周长 6.4cm | 1,281,600 | 佳士得 | 2015.06.02 |
| 钻石、祖母绿及黑玛瑙手镯 Cartier 设计 | 内周长 15.5cm | 667,063 | 佳士得 | 2015.12.01 |
| 钻石 Love 手镯，卡地亚（Cartier） | | 328,800 | 香港苏富比 | 2015.10.07 |
| 钻石红宝石及黄金 "SERPENTI" 手镯腕表 宝格丽 | | 5,282,058 | 日内瓦佳士得 | 2015.05.13 |
| 钻石及 18K 玫瑰金小号 KELLY 手镯（两只) | | 123,150 | 佳士得 | 2015.12.02 |
| 钻石及18K玫瑰金小号手镯(两只) | | 87,231 | 佳士得 | 2015.12.02 |
| 钻石及宝石 Panth è re 手镯 Cartier 设计 | 内周长 18.0cm | 1,559,900 | 佳士得 | 2015.12.01 |
| 钻石及黑玛瑙 Love Cuff 手镯 Cartier 设计 | 内周长 16.3cm | 2,397,320 | 佳士得 | 2015.12.01 |
| 钻石及祖母绿手镯（五只) | | 56,189 | 天成国际 | 2015.12.06 |

| 拍品名称 | 物品尺寸 | 成交价RMB | 拍卖公司 | 拍卖日期 |
|---|---|---|---|---|
| 钻石手链，monture Boucheron | | 166,325 | 日内瓦苏富比 | 2015.11.11 |
| 钻石手链，卡地亚（Cartier） | 长 18cm | 1,029,629 | 日内瓦苏富比 | 2015.11.11 |
| 钻石手镯 | | 46,501 | 天成国际 | 2015.12.06 |
| 钻石手镯 | | 31,001 | 天成国际 | 2015.12.06 |
| 钻石手镯；及彩色宝石配钻石耳环（一对） | | 28,355 | 天成国际 | 2015.06.14 |
| 钻石手镯；及钻石配祖母绿及缟玛瑙狮子别 梵克雅宝（Va Clee Arpels） | | 75,656 | 香港苏富比 | 2015.04.06 |
| 钻石手镯 Cartier 设计 | | 143,675 | 佳士得 | 2015.12.01 |
| 钻石手镯镶 18K 白金 | | 55,269 | 香港拍得高 | 2015.06.27 |
| 钻石手镯镶 18K 白金 | | 40,834 | 香港拍得高 | 2015.03.28 |
| 钻石手镯镶 18K 白金 | | 30,398 | 香港拍得高 | 2015.01.24 |
| 钻石手镯镶 18K 黄金 | | 31,319 | 香港拍得高 | 2015.06.27 |
| 钻石手镯镶 18K 黄金 | | 24,129 | 香港拍得高 | 2015.03.28 |
| **扳指** | | | | |
| 清中期 翡翠扳指 | 直径 2.5cm | 92,000 | 华艺国际 | 2015.05.24 |
| 20 世纪 翠玉扳指（两件） | | 20,348 | 纽约苏富比 | 2015.03.21 |
| 清 翡翠扳指（一对） | 直径 3cm | 138,000 | 古天一 | 2015.06.06 |
| **项链** | | | | |
| 《飞翔的梦想》系列之二（项链） | | 14,950 | 远方拍卖 | 2015.07.01 |
| 《无界》创意首饰套款 | | 51,750 | 远方拍卖 | 2015.07.01 |
| 1.71 克拉深彩灰黄绿钻石项链 | | 43,648 | 保利香港 | 2015.10.06 |
| 10.02 克拉梨形 D/IF Type IIa（极优打磨及比例）钻石及 1.03 克拉六角形彩紫红色 I2 钻石吊坠项链 | 链长 41.6cm | 12,623,760 | 佳士得 | 2015.06.02 |
| 10.25 及 3.06 克拉梨形 D/FL Type IIa 钻石吊坠项链 | | 11,855,240 | 佳士得 | 2015.12.01 |
| 12.1 毫米南洋珍珠钻石项链—“维纳斯的眼泪” | | 78,400 | 北京荣宝 | 2015.11.29 |
| 12K 白金钻石项链 | | 348,204 | 纽约苏富比 | 2015.04.21 |
| 14K 双色黄金蓝宝石项链 1945 年 | | 87,934 | 纽约苏富比 | 2015.09.24 |
| 15.18 克拉梨形彩棕黄色 I1 钻石吊坠项链 | 链长 61.5cm | 500,625 | 佳士得 | 2015.06.02 |
| 17.89 克拉 祖母绿 钻石 铂金项链（哥伦比亚产） | | 113,422 | 日本伊斯特 | 2015.05.24 |
| 1870 年黄金珐琅珠宝镶嵌项链 | 长 38.74cm | 131,544 | 纽约苏富比 | 2015.04.21 |
| 18k 白金、粉红金及黄金项链及手炼套装 | | 28,035 | 佳士得 | 2015.06.02 |
| 18K 白金翡翠和钻石长链 | | 386,894 | 纽约苏富比 | 2015.04.21 |
| 18K 白金红宝石钻石长链 | 长 129.5cm | 232,136 | 纽约苏富比 | 2015.04.21 |
| 18K 白金镶钻石红宝石项链 | | 610,335 | 香港雅盛 | 2015.10.08 |
| 18K 白金镶钻石项链 | | 45,210 | 香港雅盛 | 2015.10.08 |
| 18K 白金镶钻石项链 | | 43,402 | 香港雅盛 | 2015.10.08 |
| 18K 白金镶钻石紫翡翠项链 | | 49,731 | 香港雅盛 | 2015.10.08 |
| 18K 白金养殖珍珠和钻石项链和吊坠耳环 | | 216,661 | 纽约苏富比 | 2015.04.21 |
| 18K 白金钻石长链 | 长 175.26cm | 309,515 | 纽约苏富比 | 2015.04.21 |
| 18k 黄金、粉红金及白金项链、手炼、耳坠及戒指套装 | | 55,069 | 佳士得 | 2015.06.02 |
| 18k 黄金 Alhambra 项链 | | 70,088 | 佳士得 | 2015.06.02 |
| 18K 黄金白金钻石项链 梵克雅宝 | | 247,612 | 纽约苏富比 | 2015.04.21 |
| 18K 黄金珐琅项链 大卫·韦伯 | 长 76.2cm | 154,758 | 纽约苏富比 | 2015.04.21 |
| 18K 黄金颈炼 | | 12,896 | 香港拍得高 | 2015.06.27 |
| 18K 黄金蓝宝石绿宝石和钻石项链手链戒指耳坠 梵克雅宝 1960 年 | | 1,358,980 | 纽约苏富比 | 2015.09.24 |
| 18K 黄金绿松石“阿罕布拉”项链及手链 梵克雅宝 | 链长 40.64cm | 147,020 | 纽约苏富比 | 2015.04.21 |

| 拍品名称 | 物品尺寸 | 成交价RMB | 拍卖公司 | 拍卖日期 |
|---|---|---|---|---|
| 18K 黄金玛瑙和钻石项链 蒂芙尼公司 | | 108,330 | 纽约苏富比 | 2015.04.21 |
| 18k 黄金项链（三条） | | 30,038 | 佳士得 | 2015.06.02 |
| 18k 黄金项链四条及手炼一条 | | 50,063 | 佳士得 | 2015.06.02 |
| 18K 黄金心形项链、耳环套装 蒂芙尼 TIFFANY.CO | | 25,300 | 北京保利 | 2015.06.06 |
| 18K 黄金钻石项链 法国 | | 100,592 | 纽约苏富比 | 2015.04.21 |
| 18K 金 红宝石花型项链 | | 10,350 | 江苏爱涛 | 2015.01.11 |
| 18K 金白金蓝宝石钻石项链 | | 154,758 | 纽约苏富比 | 2015.04.21 |
| 18K 金铂金粉红蓝宝石钻石项链 | | 625,400 | 纽约苏富比 | 2015.02.05 |
| 18K 金翡翠和巴洛克养殖珍珠项链耳坠（一对）大卫·韦伯 | | 175,868 | 纽约苏富比 | 2015.09.24 |
| 18K 金粉红碧玺黄色蓝宝石钻石项链 大卫·韦伯 | | 541,651 | 纽约苏富比 | 2015.04.21 |
| 18K 金红玉髓和玛瑙项链 A.Cipullo 卡地亚 | 长 54.61cm | 207,844 | 纽约苏富比 | 2015.09.24 |
| 18K 金母珍珠玛瑙项链 宝格丽 1975 年 | 长 38.1cm | 140,715 | 纽约苏富比 | 2015.02.05 |
| 18K 金镶异形珍珠钻石项链（胸针 项链两用款） | | 23,000 | 中国嘉德 | 2015.09.20 |
| 18K 金镶钻翡翠珊瑚花式项链 | | 80,500 | 中国嘉德 | 2015.04.02 |
| 18K 金项链（二条）梵克雅宝 | | 170,233 | 纽约苏富比 | 2015.04.21 |
| 18K 金项链 宝格丽 | 长 96.52cm | 154,758 | 纽约苏富比 | 2015.04.21 |
| 18K 金养殖珍珠和钻石项链和耳环 | 长 44.45cm | 324,991 | 纽约苏富比 | 2015.04.21 |
| 18K 金养殖珍珠灰色钻石项链 | 长 41.28cm | 234,525 | 纽约苏富比 | 2015.02.05 |
| 18K 金养殖珍珠玛瑙和钻石项链和耳坠 | 尺寸不一 | 170,233 | 纽约苏富比 | 2015.04.21 |
| 18K 金紫水晶珐琅项链大卫·韦伯 | 长 45.72cm | 232,136 | 纽约苏富比 | 2015.04.21 |
| 18K 金祖母绿项链 | | 10,925 | 上海敬华 | 2015.04.26 |
| 18K 双色金多种颜色的蓝宝石和钻石项链 | 长 42.55cm | 187,620 | 纽约苏富比 | 2015.02.05 |
| 18K 王翡翠蝠猎托件镶钻珠扣连养珠炼 | | 299,000 | 中贸圣佳 | 2015.05.20 |
| 19 世纪 90 年代天然珍珠钻石项链 | 长 44cm | 22,616,321 | 日内瓦佳士得 | 2015.05.13 |
| 19 世纪后期天然珍珠钻石头饰项链耳环（一对） | | 127,040 | 伦敦苏富比 | 2015.03.18 |
| 2.04 克拉梨形缅甸红宝石钻石颈链镶 18K 白金 | | 82,904 | 香港拍得高 | 2015.01.24 |
| 2.134 克拉天然 O–P 色 VS1 净度钻石配钻石项链 | | 51,750 | 北京保利 | 2015.12.07 |
| 20 世纪 20 年代祖母绿及钻石项链 宝格丽 | | 4,878,335 | 日内瓦佳士得 | 2015.05.13 |
| 20 世纪 50 年代钻石项链 Jean 斯伦贝谢 | 长 41.2cm | 841,095 | 日内瓦佳士得 | 2015.05.13 |
| 20 世纪 60 年代钻石“冬青花环”项链 由哈里·温斯顿 | 长 41.6cm | 11,337,922 | 日内瓦佳士得 | 2015.05.13 |
| 20 世纪初红宝石和钻石项链 | 长 43cm | 230,983 | 伦敦苏富比 | 2015.03.18 |
| 20 世纪初黄金珐琅项链 拉利克 | | 420,757 | 伦敦苏富比 | 2015.06.11 |
| 20 世纪早期 银镶珊瑚 绿松石项链各一串 | | 28,750 | 中国嘉德 | 2015.06.27 |
| 23.27 克拉缅甸天然红宝石蛋面、钻石、天然珍珠及珍珠项链 | | 1,954,440 | 佳士得 | 2015.06.02 |
| 31.01 克拉方形彩黄色 VS1 净度彩钻配钻石项链 / 戒指 | | 9,315,000 | 华艺国际 | 2015.05.24 |
| 4.07 克拉 帕德玛刚玉 钻石 铂金项链（非加热） | | 31,191 | 日本伊斯特 | 2015.05.24 |

**2015珠宝翡翠拍卖成交汇总**

**(成交价RMB：1万元以上)**

| 拍品名称 | 物品尺寸 | 成交价RMB | 拍卖公司 | 拍卖日期 |
|---|---|---|---|---|
| 40.86 克拉天然缅甸皇家蓝蓝宝石配 51.84 克拉钻石项链 未经加热 | | 7,130,000 | 北京保利 | 2015.12.07 |
| 45.65 克拉祖母绿钻石项链 | 长 42cm | 6,089,505 | 日内瓦佳士得 | 2015.05.13 |
| 5.05 克拉至 1.04 克拉枕形缅甸天然红宝石项链，配以枕形 D–F/VVS1–VS1 钻石项链 Faidee 设计 | | 45,614,760 | 佳士得 | 2015.12.01 |
| 52.22 克拉天然莫桑比克无经加热处理鸽血红红宝石配钻石项链 | | 19,848,780 | 天成国际 | 2015.06.14 |
| 6.27 克拉 蓝色蓝宝石 钻石 铂金项链（非加热） | | 40,643 | 日本伊斯特 | 2015.05.24 |
| 7.11 至 1.70 克拉圆形 F–J/VVS1–I1 钻石项链、手炼及耳坠套装 | | 5,318,640 | 佳士得 | 2015.06.02 |
| 7.65 克拉天然沙弗莱石配钻石项链 蒂芙尼 Tiffany & Co | | 414,000 | 北京保利 | 2015.12.07 |
| 79.58 克拉天然哥伦比亚祖母绿配 71.4 克拉钻石项链 | | 6,762,000 | 北京保利 | 2015.06.06 |
| 79.7 克拉天然紫锂辉石配 3.32 克拉钻石及 41.66 克拉黑色钻石项链 | | 51,750 | 北京保利 | 2015.12.07 |
| 8.33 克拉哥伦比亚无油祖母绿 18K 项链 | | 230,000 | 厦门华辰 | 2015.06.20 |
| AKOYA 日本天女花珠项链 | | 92,000 | 北京保利 | 2015.06.06 |
| Akoya 日本天女花珠项链 | | 36,800 | 北京保利 | 2015.12.07 |
| Art Deco 钻石项链及手链套装，年份约 1925 | | 328,800 | 香港苏富比 | 2015.10.07 |
| Harry Winston 蓝宝石配钻石项链与耳环套装 | | 9,200,000 | 北京匡时 | 2015.12.04 |
| J 色内部无瑕至 VVS2 净度 Triple Excellent（极优切割，打磨及比例）钻石项链 | | 3,402,648 | 天成国际 | 2015.06.14 |
| KOESIS 蓝色蓝宝石 钻石 白金项链 | | 16,068 | 日本伊斯特 | 2015.05.24 |
| K 白金珍珠蓝宝石钻石项链 | 长 36.83cm | 232,136 | 纽约苏富比 | 2015.04.21 |
| K 黄金配钻石、祖母绿及缟玛瑙豹项链 卡地亚（Cartier） | | 403,500 | 香港苏富比 | 2015.04.06 |
| K 黄金配钻石项链、耳环及戒指套装 爱马仕（Herm è s） | | 201,750 | 香港苏富比 | 2015.04.06 |
| PT900 翡翠蛋面项链 | | 17,940 | 上海敬华 | 2015.04.26 |
| PT900 翡翠蛋面项链 | | 15,525 | 上海敬华 | 2015.04.26 |
| PT900 蓝宝石项链 | | 10,925 | 上海敬华 | 2015.04.26 |
| PT900 蓝宝石项链 | | 10,925 | 上海敬华 | 2015.04.26 |
| PT900 钻石项链 | | 10,925 | 上海敬华 | 2015.04.26 |
| Sukhothai 金镶嵌彩色碧玺珠，珐琅及珍珠项链 | | 1,047,557 | 保利香港 | 2015.10.06 |
| Sukhothai 金镶嵌翡翠珠，软玉及珍珠项链 | | 2,909,880 | 保利香港 | 2015.10.06 |
| Sukhothai 金镶嵌金色珍珠项链 | | 1,047,557 | 保利香港 | 2015.10.06 |
| 哥伦比亚祖母绿配 Ashoka 钻石项链，耳环及戒指套装 William Goldberg 设计 | 链长 44.8cm | 18,914,220 | 保利香港 | 2015.10.06 |
| 傲雪红梅 BLOSSOMS IN SNOW 总重 52.75 克拉天然缅甸鸽血红红宝石配共总重 76.43 克拉钻石项链、耳环套装 未经加热 | | 21,850,000 | 北京保利 | 2015.12.07 |
| 白蝶珍珠配钻石项链与耳坠及戒指 | | 11,500 | 北京东正 | 2015.11.19 |
| 白金，红宝石和钻石项链及手链组合 西曼 | | 147,020 | 纽约苏富比 | 2015.04.21 |
| 白金红宝石钻石项链 | 长 40.64cm | 239,820 | 纽约苏富比 | 2015.09.24 |
| 白金红宝石钻石项链 大卫·韦伯 | 长 41.28cm | 719,460 | 纽约苏富比 | 2015.09.24 |
| 白金蓝宝石和钻石项链 | | 1,005,924 | 纽约苏富比 | 2015.04.21 |
| 白金蓝宝石和钻石项链 哈利·温斯顿 | 长 28.74cm | 2,661,829 | 纽约苏富比 | 2015.04.21 |
| 白金钻石"靶心"项链 格拉夫 | | 270,826 | 纽约苏富比 | 2015.04.21 |
| 白金钻石项链 | 长 39.37cm | 1,863,692 | 纽约苏富比 | 2015.02.05 |
| 白金钻石项链 | 长 36.83cm | 386,894 | 纽约苏富比 | 2015.04.21 |
| 白金钻石项链 | | 270,826 | 纽约苏富比 | 2015.04.21 |
| 白色南洋珍珠项链 | | 94,300 | 北京保利 | 2015.06.06 |
| 白色南洋珍珠项链 | | 92,000 | 北京保利 | 2015.06.06 |
| 白色南洋珍珠项链 | | 55,200 | 北京保利 | 2015.06.06 |
| 白色南洋珍珠项链 | | 28,568 | 保利香港 | 2015.04.07 |
| 白色南洋珍珠项链 田崎珍珠TASAKI | 链长 47.2cm | 143,750 | 北京保利 | 2015.06.06 |
| 白色南洋珍珠项链 约 12–15mm | | 32,200 | 北京保利 | 2015.12.07 |
| 白色南洋珍珠项链 约 13.20–17.00mm | | 82,800 | 北京保利 | 2015.12.07 |
| 宝格丽镶嵌 缅甸天然翡翠珠配钻石颈链 | 链长 56.0cm | 6,983,712 | 保利香港 | 2015.10.06 |
| 宝诗龙设计"CUCA INDIA"系列 4.56 克拉哥伦比亚祖母绿配 4.70 克拉彩棕黄钻石项链 | | 1,018,458 | 保利香港 | 2015.10.06 |
| 91.95 克拉缅甸皇家蓝蓝宝石配钻石项链 宝诗龙设计 | 链长 45cm | 23,806,500 | 保利香港 | 2015.04.07 |
| 宝诗龙设计 黄金编织项链 | | 67,897 | 保利香港 | 2015.10.06 |
| 宝石配钻石项链，宝格丽（Bulgari） | | 431,550 | 香港苏富比 | 2015.10.07 |
| 宝石配钻石项链及耳环套装 | | 431,550 | 香港苏富比 | 2015.10.07 |
| 宝石配钻石蜘蛛网项链吊 尚美（Chaumet） | | 171,488 | 香港苏富比 | 2015.04.06 |
| 宝石首饰 Van Cleef & Arpels 设计 | | 112,888 | 佳士得 | 2015.12.01 |
| 碧玺项链 | | 46,000 | 河南泽华 | 2015.01.11 |
| 冰种翡翠阳绿套装 | 尺寸不一 | 138,000 | 中鸿信 | 2015.07.29 |
| 铂金 红宝石项链 | | 20,700 | 江苏爱涛 | 2015.01.11 |
| 铂金及 18k 黄金项链 | | 45,056 | 佳士得 | 2015.06.02 |
| 铂金天然珍珠和钻石项链 | 长 43.18cm | 661,434 | 纽约苏富比 | 2015.04.21 |
| 铂金天然珍珠和钻石项链 | 长 49.53cm | 216,661 | 纽约苏富比 | 2015.04.21 |
| 彩色宝石项链耳夹 | 链长 42cm | 92,393 | 伦敦苏富比 | 2015.03.18 |
| 彩色宝石钻石项链 宝格丽 | | 161,688 | 伦敦苏富比 | 2015.03.18 |
| 彩色蓝宝石配钻石项链及耳环套装 | | 171,407 | 保利香港 | 2015.04.07 |
| 彩色蓝宝石项链、耳坠及戒指套装 | | 173,016 | 香港利得丰 | 2015.05.25 |
| 彩色钻石配钻石项链 | | 38,798 | 保利香港 | 2015.10.06 |
| 彩色钻石项链 | | 2,294,503 | 日内瓦佳士得 | 2015.05.13 |
| 彩钻钻石项链 法国 1991 年 | 长 41.3cm | 1,002,580 | 日内瓦佳士得 | 2015.05.13 |
| 绰美 钻石 黄金项链 | | 16,068 | 日本伊斯特 | 2015.05.24 |
| 翠钻石项链 19 世纪末期 | 长 43cm | 360,649 | 伦敦苏富比 | 2015.06.11 |
| 蒂芙尼 红碧玺 钻石 铂金项链 | | 16,068 | 日本伊斯特 | 2015.05.24 |
| 蒂芙尼设计 18K 金配钻石项链 | | 53,348 | 保利香港 | 2015.10.06 |
| 多色南洋珍珠项链 | | 66,658 | 保利香港 | 2015.04.07 |
| 多种颜色的蓝宝石项链 J.E. 考德威尔 | | 148,533 | 纽约苏富比 | 2015.02.05 |
| 珐琅彩配天然珍珠及黄金 Iris 吊坠项链 年份约 1900 配链带 Ren é Lalique | | 570,256 | 日内瓦苏富比 | 2015.11.11 |
| 珐琅配钻石花朵项链 A | | 46,000 | 北京保利 | 2015.12.07 |
| 梵克雅宝 珍珠 钻石 黄金项链 | | 103,970 | 日本伊斯特 | 2015.05.24 |
| 21.12 克拉净度 VS1 深彩棕黄钻石项链 梵克雅宝设计 | 链长 44.9cm | 4,073,832 | 保利香港 | 2015.10.06 |
| 翡翠 钻石 铂金 白金项链 | | 28,355 | 日本伊斯特 | 2015.05.24 |
| 翡翠 钻石 铂金项链 | | 17,958 | 日本伊斯特 | 2015.05.24 |
| 翡翠 钻石 铂金项链 | | 14,178 | 日本伊斯特 | 2015.05.24 |
| 翡翠葫芦套链 | | 11,200 | 上海联合 | 2015.05.24 |
| 翡翠及钻石首饰 | | 153,938 | 佳士得 | 2015.12.01 |
| 翡翠及钻石项链 | 项链长 40.5cm，胸针长 3.4cm | 47,913,560 | 佳士得 | 2015.12.01 |

| 拍品名称 | 物品尺寸 | 成交价RMB | 拍卖公司 | 拍卖日期 |
|---|---|---|---|---|
| 翡翠及钻石项链 | 长 43.0cm | 9,884,840 | 佳士得 | 2015.12.01 |
| 翡翠及钻石项链 | | 1,904,720 | 佳士得 | 2015.12.01 |
| 翡翠项链 | | 2,257,750 | 卓艺拍卖 | 2015.11.21 |
| 翡翠珠项链 | | 1,313,600 | 佳士得 | 2015.12.01 |
| 翡翠珠项链 | | 697,850 | 佳士得 | 2015.12.01 |
| 粉色碧玺粉色蓝宝石钻石白金项链 | | 33,081 | 日本伊斯特 | 2015.05.24 |
| 粉色蓝宝石 钻石 白金项链 | | 15,123 | 日本伊斯特 | 2015.05.24 |
| 粉色珊瑚配黑玛瑙及钻石项圈 | | 63,250 | 北京保利 | 2015.12.07 |
| 18K 金镶嵌 3.52 克拉梨形钻石挂坠项链，戒指，耳坠套装 | 尺寸不一 | 3,809,040 | 保利香港 | 2015.04.07 |
| 哥伦比亚祖母绿、天然珍珠及钻石项链 | 尺寸不一 | 3,588,480 | 佳士得 | 2015.06.02 |
| 哥伦比亚祖母绿及钻石项链、耳坠及戒指套装 | 尺寸不一 | 3,684,600 | 佳士得 | 2015.06.02 |
| 共重 93.45 克拉哥伦比亚祖母绿项链及耳坠套装 Chopard 设计 | 项链长 40.0cm，耳坠长 4.8cm | 7,520,360 | 佳士得 | 2015.12.01 |
| 海蓝宝、养殖珍珠及钻石项链、戒指及耳环套装 | | 100,125 | 佳士得 | 2015.06.02 |
| 海蓝宝及钻石首饰 Jean Schlumberger，Tiffany & Co. 设计 | | 543,913 | 佳士得 | 2015.12.01 |
| 海蓝宝石项链 | | 37,487 | 香港利得丰 | 2015.05.25 |
| 海蓝宝石项链 | | 35,917 | 天成国际 | 2015.06.14 |
| 海蓝宝石钻石项链耳坠 | 链长 43cm | 184,786 | 伦敦苏富比 | 2015.03.18 |
| 海蓝宝石钻石项链戒指耳坠 | 链长 46.7cm | 284,945 | 伦敦佳士得 | 2015.06.03 |
| 海螺珠配钻石项链，御木本出品 | | 213,132 | 天成国际 | 2015.12.06 |
| 海瑞温斯顿设计 钻石项链 / 手链 | | 1,842,924 | 保利香港 | 2015.10.06 |
| 和合·钰美瑄　碧玺珍珠白玉项链–"福在眼前" | | 28,000 | 北京荣宝 | 2015.11.29 |
| 和田白玉 18K 金红宝石玫瑰花套装 | | 51,750 | 深圳市拍 | 2015.07.19 |
| 黑色、金色及白色珍珠配钻石项圈 约 10.00–12.50mm | | 34,500 | 北京保利 | 2015.12.07 |
| 黑色大溪地珍珠及钻石项链 | 链长 46cm | 92,000 | 北京保利 | 2015.06.06 |
| 黑色大溪地珍珠项链 | | 32,200 | 北京保利 | 2015.06.06 |
| 黑色大溪地珍珠项链 | | 23,000 | 北京保利 | 2015.06.06 |
| 黑色大溪地珍珠项链约 11.9–15.3mm | | 51,750 | 北京保利 | 2015.12.07 |
| 黑色大溪地珍珠项链 约 12–14.9mm | | 36,800 | 北京保利 | 2015.12.07 |
| 黑色及白色珍珠配钻石项链约 11mm | | 13,800 | 北京保利 | 2015.12.07 |
| 黑珍珠颈炼及耳环镶 14K 白金（3） | | 24,871 | 香港拍得高 | 2015.06.27 |
| 红宝石 钻石 铂金项链（非加热、缅甸产） | | 17,958 | 日本伊斯特 | 2015.05.24 |
| 红宝石 18K 金项链耳饰套装 | | 16,800 | 北京荣宝 | 2015.08.30 |
| 红宝石彩钻钻石项链 | | 1,164,072 | 日内瓦佳士得 | 2015.05.13 |
| 红宝石和钻石项链耳坠（一对） | 项链 46.1cm，耳坠 3.5cm | 11,337,922 | 日内瓦佳士得 | 2015.05.13 |
| 红宝石及钻石首饰 | | 564,438 | 佳士得 | 2015.12.01 |
| 红宝石及钻石项链 卡地亚 1933 年 | | 2,294,503 | 日内瓦佳士得 | 2015.05.13 |
| 红宝石配蓝宝石领带流苏项链 约 1960 年制 | | 82,800 | 北京保利 | 2015.12.07 |
| 红宝石配钻石项链 | | 2,827,680 | 香港苏富比 | 2015.10.07 |
| 红宝石配钻石项链 卡地亚（Cartier） | | 342,975 | 香港苏富比 | 2015.04.06 |
| 红宝石配钻石项链，Buccellati | | 616,500 | 香港苏富比 | 2015.10.07 |
| 20 颗椭圆形天然缅甸红宝石共重约 65.00 克拉配钻石项链 宝格丽（Bulgari） | 链长 42cm | 6,871,920 | 香港苏富比 | 2015.10.07 |
| 红宝石配钻石项链，手炼及吊耳环套装 | | 77,502 | 天成国际 | 2015.12.06 |

| 拍品名称 | 物品尺寸 | 成交价RMB | 拍卖公司 | 拍卖日期 |
|---|---|---|---|---|
| 红宝石配钻石项链及吊耳环套装 | | 1,210,500 | 香港苏富比 | 2015.04.06 |
| 红宝石配钻石项链及吊耳环套装 | | 801,450 | 香港苏富比 | 2015.10.07 |
| 红宝石配钻石项链及吊耳环套装 | | 445,639 | 天成国际 | 2015.12.06 |
| 红宝石镶钻石项链耳夹套装 | 链长 42cm | 356,410 | 日内瓦苏富比 | 2015.11.11 |
| 红宝石项链 | | 403,500 | 香港苏富比 | 2015.04.06 |
| 红宝石项链 | | 14,950 | 江苏爱涛 | 2015.01.11 |
| 红宝石珍珠钻石项链 | | 296,929 | 巴黎佳士得 | 2015.06.01 |
| 红宝石钻石颈炼镶 18K 黄及白金 | | 386,883 | 香港拍得高 | 2015.06.27 |
| 红宝石钻石项链 | | 5,245,760 | 纽约佳士得 | 2015.06.16 |
| 红宝石钻石项链 由哈里·温斯顿 | 长 36cm | 3,424,927 | 日内瓦佳士得 | 2015.05.13 |
| 红宝石钻石项链 由哈里·温斯顿 | 长 40.5cm | 2,375,242 | 日内瓦佳士得 | 2015.05.13 |
| 红宝石钻石项链耳坠 梵克雅宝 | | 706,487 | 巴黎佳士得 | 2015.06.01 |
| 红碧玺嵌蓝松石项链 | | 345,000 | 河南泽华 | 2015.01.11 |
| 皇家蓝色蓝宝石 钻石 铂金项链 | | 75,614 | 日本伊斯特 | 2015.05.24 |
| 黄金碧玺海蓝宝石橄榄石锰铝榴石和钻石项链 签署 C & AG；1895 年至 1914 年 | 长 38.1cm | 239,820 | 纽约苏富比 | 2015.09.24 |
| 黄金编织配钻石项链？约 1980 年法国制 | | 32,200 | 北京保利 | 2015.12.07 |
| 黄金配钻石项链，梵克雅宝（Van Cleef & Arpels） | 链长 40cm | 712,820 | 日内瓦苏富比 | 2015.11.11 |
| 黄金配钻石项圈 | | 34,500 | 北京保利 | 2015.12.07 |
| 黄金珊瑚和钱币项链 宝格丽 1980 年 | | 271,796 | 纽约苏富比 | 2015.09.24 |
| 黄金珊瑚钻石项链 | 长 40.64cm | 101,628 | 纽约苏富比 | 2015.02.05 |
| 黄金镶宝石项链 Buccellati | 链长 42cm | 253,447 | 日内瓦苏富比 | 2015.11.11 |
| 黄金镶钻石首饰套装 梵克雅宝（Van Cleef & Arpels）20 世纪 70 年代 | 链长 72cm | 491,052 | 日内瓦苏富比 | 2015.11.11 |
| 黄金珍珠项链 宝格丽 BVLGARI | | 23,000 | 北京保利 | 2015.06.06 |
| 黄金钻石项链及耳饰 梵克雅宝 | | 247,612 | 纽约苏富比 | 2015.04.21 |
| 黄水晶配钻石项链，卡地亚（Cartier） | | 1,736,113 | 日内瓦苏富比 | 2015.11.11 |
| 灰色养殖日本 Akoya 花珠珍珠配钻石项链 | | 62,971 | 天成国际 | 2015.12.06 |
| 灰珍珠颈炼及灰珍珠钻石吊坠镶 18K 白金（2） | | 12,993 | 香港拍得高 | 2015.03.28 |
| 金青金石绿宝石和珐琅项链 蒂芙尼 1915 年 | 长 39.37cm | 234,525 | 纽约苏富比 | 2015.02.05 |
| 金青金石珍珠项链 斯特拉尼 | | 131,544 | 纽约苏富比 | 2015.04.21 |
| 金色南洋珍珠项链 | | 74,750 | 北京保利 | 2015.06.06 |
| 金色南洋珍珠项链 | | 22,854 | 保利香港 | 2015.04.07 |
| 金色南洋珍珠项链、耳环套装 | | 92,000 | 北京保利 | 2015.06.06 |
| 金色养殖珍珠配钻石项链 | | 161,400 | 香港苏富比 | 2015.04.06 |
| 金珍珠颈链 | | 32,240 | 香港拍得高 | 2015.01.24 |
| 金珍珠颈链连 18K 白金钻石扣 | | 82,904 | 香港拍得高 | 2015.01.24 |
| 精美的天然老坑玻璃种帝王绿翡翠及钻石项链、戒指及耳环套装 | 尺寸不一 | 8,050,000 | 北京保利 | 2015.06.06 |
| 11 颗古垫形哥伦比亚祖母绿共重约 35.65 克拉配黑色钻石及钻石项链 | 链长 41cm | 390,450 | 香港苏富比 | 2015.10.07 |
| 72 颗梨形哥伦比亚祖母绿共重约 325.00 克拉配钻石项链 | 链长 39.5cm | 4,800,480 | 香港苏富比 | 2015.10.07 |
| 祖母绿配钻石项链 宝诗龙（Boucheron 年份约 1930 | | 2,969,760 | 香港苏富比 | 2015.04.06 |
| 祖母绿配钻石项链及吊耳环套装，House of Taylor Jewelry；及祖母绿配钻石戒指 | 尺寸不一 | 3,715,440 | 香港苏富比 | 2015.10.07 |
| 卡地亚 钻石 白金项链"C DE CARTIER" | | 519,849 | 日本伊斯特 | 2015.05.24 |
| 卡地亚设计 18K 金配钻石项链 | | 63,047 | 保利香港 | 2015.10.06 |

## 2015珠宝翡翠拍卖成交汇总

**(成交价RMB：1万元以上)**

| 拍品名称 | 物品尺寸 | 成交价RMB | 拍卖公司 | 拍卖日期 |
| --- | --- | --- | --- | --- |
| 卡地亚心形与象征附号 18K 金钻石项链 | | 17,250 | 中国嘉德 | 2015.09.20 |
| 孔雀绿色无经处理养殖海水黑珍珠项链 | | 77,502 | 天成国际 | 2015.12.06 |
| 蓝宝石红宝石和钻石项链耳夹 | | 284,945 | 伦敦佳士得 | 2015.06.03 |
| 蓝宝石及钻石首饰 | | 102,625 | 佳士得 | 2015.12.01 |
| 蓝宝石及钻石项链 | | 150,188 | 佳士得 | 2015.06.02 |
| 蓝宝石及钻石项链 Boucheron 设计 | | 738,900 | 佳士得 | 2015.12.01 |
| 蓝宝石及钻石项链及耳坠套装 | | 350,438 | 佳士得 | 2015.06.02 |
| 蓝宝石配钻石 Navire 项链，Alexandre Reza | | 2,724,556 | 日内瓦苏富比 | 2015.11.11 |
| 蓝宝石配钻石项链 | 长 40cm | 2,388,720 | 香港苏富比 | 2015.04.06 |
| 蓝宝石配钻石项链 | 长 42cm | 2,344,386 | 日内瓦苏富比 | 2015.11.11 |
| 蓝宝石配钻石项链 | | 383,325 | 香港苏富比 | 2015.04.06 |
| 蓝宝石配钻石项链，梵克雅宝（Van Cleef & Arpels） | | 2,038,560 | 香港苏富比 | 2015.10.07 |
| 蓝宝石配钻石项链，手链，耳环套装 | | 361,859 | 保利香港 | 2015.04.07 |
| 蓝宝石配钻石项链及耳环套装，梵克雅宝（Van Cleef & Arpels） | | 3,912,720 | 香港苏富比 | 2015.10.07 |
| 蓝宝石镶钻石项链 | 项链长 40cm | 380,171 | 日内瓦苏富比 | 2015.11.11 |
| 蓝宝石项链 | | 180,706 | 香港利得丰 | 2015.05.25 |
| 蓝宝石珠链 | | 123,794 | 保利香港 | 2015.04.07 |
| 蓝宝石珠子项链 | | 62,080 | 纽约佳士得 | 2015.06.16 |
| 蓝宝石钻石项链 | 链长 40.5cm | 1,971,519 | 日内瓦佳士得 | 2015.05.13 |
| 蓝宝石钻石项链 | 链长 41.5cm | 230,983 | 伦敦苏富比 | 2015.03.18 |
| 蓝宝石钻石项链 由哈里·温斯顿 | 长 41cm | 1,325,564 | 日内瓦佳士得 | 2015.05.13 |
| 两股 STRAND 天然珍珠钻石项链 | 长 48.5cm | 2,294,503 | 日内瓦佳士得 | 2015.05.13 |
| 龙梓嘉 巴洛克精灵人鱼项链 | | 14,549 | 保利香港 | 2015.10.06 |
| 镂空翡翠珠颈链 | | 46,058 | 香港淳浩 | 2015.07.30 |
| 绿宝石及天然珍珠项链 | | 70,689 | 伦敦佳士得 | 2015.01.21 |
| 绿宝石蓝宝石及钻石项链 JAHAN | 长 42.2cm | 9,319,305 | 日内瓦佳士得 | 2015.05.13 |
| 绿松石配钻石首饰套装 梵克雅宝（Van Cleef & Arpels） | | 2,496,454 | 日内瓦苏富比 | 2015.11.11 |
| 绿松石首饰 Van Cleef & Arpels 设计 | | 164,200 | 佳士得 | 2015.12.01 |
| 绿玉髓项链 宝诗龙 Boucheron | | 34,500 | 北京保利 | 2015.12.07 |
| 美洲豹型 祖母绿石 蓝宝石 红宝石 钻石 黄金项链 | | 33,081 | 日本伊斯特 | 2015.05.24 |
| 缅甸红宝石配钻石项链，未经加热（一组三件） | | 116,395 | 保利香港 | 2015.10.06 |
| 缅甸及泰国红宝石项链、手炼及耳坠套装 | 尺寸不一 | 4,838,040 | 佳士得 | 2015.06.02 |
| 缅甸天然冰种翡翠配钻石及珊瑚珠宝套装 | | 38,090 | 保利香港 | 2015.04.07 |
| 缅甸天然冰种翡翠珠炼（两条） | | 76,181 | 保利香港 | 2015.04.07 |
| 缅甸天然翡翠蛋面及钻石套装 | | 2,670,000 | 佳士得(上海) | 2015.04.25 |
| 缅甸天然翡翠孔雀挂坠配珍珠项链 | | 57,136 | 保利香港 | 2015.04.07 |
| 缅甸天然翡翠牌及钻石吊坠项链 | | 85,106 | 佳士得 | 2015.06.02 |
| 缅甸天然翡翠配红宝石及钻石挂坠颈链 | 链长 63.5cm | 145,494 | 保利香港 | 2015.10.06 |
| 缅甸天然翡翠配珊瑚及钻石珠宝套装 | | 28,568 | 保利香港 | 2015.04.07 |
| 缅甸天然翡翠配钻石挂坠颈炼 | | 47,613 | 保利香港 | 2015.04.07 |
| 缅甸天然翡翠配钻石戒指及挂坠颈炼套装 | | 95,226 | 保利香港 | 2015.04.07 |
| 缅甸天然翡翠配钻石颈炼及挂坠套装 | | 142,839 | 保利香港 | 2015.04.07 |
| 缅甸天然翡翠配钻石项链 | | 85,703 | 保利香港 | 2015.04.07 |
| 缅甸天然翡翠配钻石珠宝套装 | | 72,747 | 保利香港 | 2015.10.06 |
| 缅甸天然翡翠珠及钻石项链 | 链长 45.5cm | 13,488,840 | 佳士得 | 2015.06.02 |
| 缅甸天然翡翠珠及钻石项链 | | 2,723,400 | 佳士得 | 2015.06.02 |
| 缅甸天然翡翠珠及钻石项链 | | 380,475 | 佳士得 | 2015.06.02 |
| 缅甸天然翡翠珠及钻石项链 | | 300,375 | 佳士得 | 2015.06.02 |
| 缅甸天然翡翠珠及钻石项链及耳坠套装 | | 4,069,080 | 佳士得 | 2015.06.02 |
| 缅甸天然翡翠珠颈链 | | 1,142,712 | 保利香港 | 2015.04.07 |
| 缅甸天然翡翠珠配钻石颈链 | 链长 52cm | 33,329,100 | 保利香港 | 2015.04.07 |
| 缅甸天然翡翠珠项链 | 链长 48.0cm | 4,838,040 | 佳士得 | 2015.06.02 |
| 缅甸天然红宝石及泰国红宝石及钻石项链 | 链长 40.3cm | 11,566,440 | 佳士得 | 2015.06.02 |
| 缅甸天然红宝石项链 | | 480,600 | 香港利得丰 | 2015.05.25 |
| 缅甸天然榄尖形翡翠蛋面及钻石吊坠项链 | | 500,625 | 佳士得 | 2015.06.02 |
| 缅甸天然紫罗兰翡翠蛋面、榄尖形翡翠蛋面、钻石及黄钻吊坠项链 | 链长 45.5cm | 110,138 | 佳士得 | 2015.06.02 |
| 南红琥珀色套装 | | 34,500 | 北京保利 | 2015.12.08 |
| 南洋珍珠项链 | | 218,500 | 北京匡时 | 2015.12.04 |
| 南洋珍珠项链（一组两件） | | 58,198 | 保利香港 | 2015.10.06 |
| 清 金质累丝松鼠葡萄纹粉红碧玺项链 | | 59,800 | 中国嘉德 | 2015.11.17 |
| 日本花珠项链 | | 23,000 | 北京保利 | 2015.06.06 |
| 三股天然珍珠养殖珍珠及钻石项链 | | 14,567,715 | 日内瓦佳士得 | 2015.05.13 |
| 珊瑚 黄金 绳结项链 | | 26,465 | 日本伊斯特 | 2015.05.24 |
| 珊瑚 钻石 白金项链 | | 17,013 | 日本伊斯特 | 2015.05.24 |
| 珊瑚 钻石 铂金项链 | | 33,081 | 日本伊斯特 | 2015.05.24 |
| 珊瑚点翠项链 | | 11,500 | 江苏爱涛 | 2015.01.11 |
| 珊瑚和紫水晶项链 卡地亚 1970 年 | | 501,720 | 巴黎佳士得 | 2015.06.01 |
| 珊瑚配贝母及钻石星期三的巴黎项链，梵克雅宝 2009 年限量出品 | | 62,971 | 天成国际 | 2015.12.06 |
| 珊瑚配养殖珍珠，彩色宝石及钻石项链 | | 62,971 | 天成国际 | 2015.12.06 |
| 珊瑚配钻石项链 Picchiotti | | 23,000 | 北京保利 | 2015.12.07 |
| 珊瑚珠颈炼连 18K 黄金扣 | | 19,489 | 香港拍得高 | 2015.03.28 |
| 珊瑚珠颈炼配 18K 黄金扣 | | 33,410 | 香港拍得高 | 2015.03.28 |
| 珊瑚珠配足金珠颈链 | | 23,029 | 香港拍得高 | 2015.01.24 |
| 珊瑚珠项链（两串） | | 134,568 | 香港利得丰 | 2015.05.25 |
| 尚美 蓝宝石钻石颈炼镶 18K 黄金 | | 46,058 | 香港拍得高 | 2015.06.27 |
| 世哲 马蹄莲系列（N8513）项链 | | 36,512 | 上海联合 | 2015.05.24 |
| 世哲 天使花冠系列（N8103）项链 | | 14,672 | 上海联合 | 2015.05.24 |
| 世哲 天使花冠系列（N8263）项链 | | 19,712 | 上海联合 | 2015.05.24 |
| 首饰套组（项链、戒指、耳坠、别针等） | | 70,889 | 天成国际 | 2015.06.14 |
| 双流天然珍珠钻石项链 | 长 43.6cm | 5,282,058 | 日内瓦佳士得 | 2015.05.13 |
| 双色黄金孔雀石青金石钻石项链手镯戒指 绰美 | | 239,820 | 纽约苏富比 | 2015.09.24 |
| 硕大的天然满绿翡翠珠链 | 链长 52cm | 7,992,500 | 北京保利 | 2015.06.06 |
| 塔糖形天然哥伦比亚祖母绿配钻石项链；及耳环套装 | 链长 41.9cm | 642,722 | 天成国际 | 2015.06.14 |
| 坦桑石配钻石项链；及坦桑石配蓝宝石及钻石吊耳环套装（两条） | 尺寸不一 | 189,036 | 天成国际 | 2015.06.14 |
| 陶瓷项圈 宝格丽 Bulgari | | 25,300 | 北京保利 | 2015.12.07 |
| 天然 AKA 红珊瑚配珐琅及珍珠点翠项圈 | | 17,250 | 北京保利 | 2015.12.07 |

| 拍品名称 | 物品尺寸 | 成交价RMB | 拍卖公司 | 拍卖日期 |
|---|---|---|---|---|
| 天然冰种翡翠黑金镶嵌项链 | | 23,000 | 福建东南 | 2015.05.24 |
| 天然冰种翡翠配翡翠及钻石项链 | | 77,502 | 天成国际 | 2015.12.06 |
| 天然冰种翡翠配红宝石及钻石项链 | | 58,601 | 天成国际 | 2015.06.14 |
| 天然冰种翡翠配黄色刚玉，黄色钻石及钻石项链，戒指及吊耳环套装，Alessio Boschi设计 | 尺寸不一 | 7,088,850 | 天成国际 | 2015.06.14 |
| 天然冰种翡翠配蓝宝石及钻石吊坠项链，耳环及戒指套装 | | 203,444 | 天成国际 | 2015.12.06 |
| 天然冰种翡翠配蓝宝石及钻石项链，吊耳环及戒指套装，Alessio Boschi设计 | 尺寸不一 | 2,457,468 | 天成国际 | 2015.06.14 |
| 天然冰种翡翠珠颈炼 | | 12,993 | 香港拍得高 | 2015.03.28 |
| 天然冰种翡翠珠颈链 | | 11,054 | 香港拍得高 | 2015.01.24 |
| 天然冰种满绿翡翠及钻石项链、耳环套装 | 尺寸不一 | 6,210,000 | 北京保利 | 2015.06.06 |
| 天然彩色蓝宝石配钻石项链、耳环套装 | | 126,500 | 北京保利 | 2015.12.07 |
| 天然多色碧玺项链 | | 63,250 | 北京保利 | 2015.06.06 |
| 天然翡翠冰种项链 | | 23,000 | 福建东南 | 2015.05.24 |
| 天然翡翠冰种项链 | | 20,700 | 福建东南 | 2015.05.24 |
| 天然翡翠怀古配钻石项链；及天然翡翠怀古配钻石戒指 | | 97,613 | 香港苏富比 | 2015.10.07 |
| 天然翡翠怀古配钻石项链及吊耳环套装 | | 242,195 | 天成国际 | 2015.12.06 |
| 天然翡翠间碧玺颈链连钻石扣可转手链 | | 30,398 | 香港拍得高 | 2015.01.24 |
| 天然翡翠配珊瑚项链 | | 58,127 | 天成国际 | 2015.12.06 |
| 天然翡翠配钻石福气平安吊坠项链 | 链长62cm | 191,663 | 香港苏富比 | 2015.04.06 |
| 天然翡翠配钻石项链 | 链长43.5cm | 2,001,360 | 香港苏富比 | 2015.04.06 |
| 天然翡翠配钻石项链 | | 616,500 | 香港苏富比 | 2015.10.07 |
| 天然翡翠配钻石项链 | | 453,938 | 香港苏富比 | 2015.04.06 |
| 天然翡翠配钻石项链 | | 58,127 | 天成国际 | 2015.12.06 |
| 天然翡翠飘花玉珠颈链连18K白金扣及天然翡翠飘花玉珠耳勾镶18K白金（3） | | 23,950 | 香港拍得高 | 2015.01.24 |
| 天然翡翠平安扣配钻石吊坠项链 | 链长41cm | 242,100 | 香港苏富比 | 2015.04.06 |
| 天然翡翠首饰套组 | | 48,439 | 天成国际 | 2015.12.06 |
| 天然翡翠松鼠伴如意钻石颈炼镶18K玫瑰金 | | 10,133 | 香港拍得高 | 2015.06.27 |
| 天然翡翠塔珠项链 | | 149,500 | 福建东南 | 2015.05.24 |
| 天然翡翠镶嵌项链 | | 34,500 | 福建东南 | 2015.05.24 |
| 天然翡翠镶嵌项链 | | 26,450 | 福建东南 | 2015.05.24 |
| 天然翡翠项链 | | 92,000 | 福建东南 | 2015.05.24 |
| 天然翡翠珠颈炼及天然翡翠吊坠镶18K白金（2） | | 27,635 | 香港拍得高 | 2015.06.27 |
| 天然翡翠珠颈链及天然翡翠辣椒钻石吊坠镶18K白金（2） | | 202,653 | 香港拍得高 | 2015.01.24 |
| 天然翡翠珠链 | | 391,000 | 北京保利 | 2015.06.06 |
| 天然翡翠珠链 | | 172,500 | 华艺国际 | 2015.05.24 |
| 天然翡翠珠链 | | 115,000 | 华艺国际 | 2015.05.24 |
| 天然翡翠珠链 | | 43,700 | 华艺国际 | 2015.05.24 |
| 天然翡翠珠配钻石及红宝石项链 | | 605,250 | 香港苏富比 | 2015.04.06 |
| 天然翡翠珠项链 | | 359,625 | 香港苏富比 | 2015.10.07 |
| 天然翡翠珠项链 | | 52,866 | 香港利得丰 | 2015.05.25 |
| 天然翡翠珠项链 | | 46,138 | 香港利得丰 | 2015.05.25 |
| 天然翡翠珠钻石颈炼连18K白金钻石扣 | | 1,280,709 | 香港拍得高 | 2015.03.28 |
| 天然翡翠紫罗兰项链 | | 138,000 | 福建东南 | 2015.05.24 |
| 天然海螺珠，珍珠配钻石项链 | 链长48cm | 1,237,938 | 保利香港 | 2015.04.07 |
| 天然海螺珠配钻石长项链 | 链长92.5cm | 655,688 | 香港苏富比 | 2015.04.06 |
| 天然海水珍珠配蓝宝石及钻石项链 | | 378,072 | 天成国际 | 2015.06.14 |
| 天然红宝石配钻石项链/胸针(两用) | | 13,800 | 福建东南 | 2015.05.24 |
| 天然红色碧玺珠链 | | 46,000 | 北京保利 | 2015.06.06 |
| 天然黄色翡翠珠链 约13.2mm | | 92,000 | 北京保利 | 2015.12.07 |
| 天然刻面祖母绿珠链 约1930年制 | | 17,250 | 北京保利 | 2015.06.06 |
| 天然蓝宝石及钻石项链 | | 25,300 | 北京保利 | 2015.06.06 |
| 天然梨形祖母绿项链 | | 52,900 | 江苏爱涛 | 2015.01.11 |
| 天然满绿翡翠及钻石如意项链 | | 115,000 | 北京保利 | 2015.06.06 |
| 天然满绿翡翠及钻石项链 | | 460,000 | 北京保利 | 2015.06.06 |
| 天然满绿翡翠及钻石项链 | | 172,500 | 北京保利 | 2015.06.06 |
| 天然满绿翡翠及钻石项链 | | 115,000 | 北京保利 | 2015.06.06 |
| 天然满绿翡翠及钻石项链、耳环套装 | | 218,500 | 北京保利 | 2015.06.06 |
| 天然满绿翡翠配钻石项链 | 项链长40.5cm | 2,645,000 | 北京保利 | 2015.12.07 |
| 天然满绿翡翠配钻石珠链 | | 322,000 | 华艺国际 | 2015.05.24 |
| 天然满绿翡翠珠链 | | 1,150,000 | 北京保利 | 2015.06.06 |
| 天然缅甸红宝石项链 均未经加热（一组共七件） | | 195,500 | 北京保利 | 2015.06.06 |
| 天然南红玛瑙念珠项链 | | 33,907 | 天成国际 | 2015.12.06 |
| 天然石榴石、碧玺及钻石项链 宝格丽BVLGARI约1980年制 | 链长41cm | 862,500 | 北京保利 | 2015.06.06 |
| 天然无色翡翠配天然白玉，彩色宝石及钻石项链吊坠首饰套组 | | 61,437 | 天成国际 | 2015.06.14 |
| 天然心形钻石项链 | | 17,250 | 福建东南 | 2015.05.24 |
| 天然珍珠、祖母绿及钻石项链 | 链长44.5cm | 1,569,960 | 佳士得 | 2015.06.02 |
| 天然珍珠及钻石项链 | 链长56cm | 4,261,320 | 佳士得 | 2015.06.02 |
| 天然珍珠及钻石项链 | | 1,313,600 | 佳士得 | 2015.12.01 |
| 天然珍珠及钻石项链 Etcetera为Paspaley设计 | 项链长46.0cm | 5,747,000 | 佳士得 | 2015.12.01 |
| 天然珍珠配缟玛瑙及钻石长项链 | | 950,427 | 日内瓦苏富比 | 2015.11.11 |
| 天然珍珠配红宝石及钻石项链 | 链长40.5cm | 3,865,068 | 日内瓦苏富比 | 2015.11.11 |
| 天然珍珠配祖母绿及钻石项链 | 链长45cm | 2,420,420 | 日内瓦苏富比 | 2015.11.11 |
| 天然珍珠配钻石项链 尚美(Chaumet) | 长42.5cm | 10,708,140 | 日内瓦苏富比 | 2015.11.11 |
| 42颗天然海水珍珠配钻石项链及天然珍珠配钻石耳环一对 由卡地亚伦敦镶嵌 | 链长43.5cm | 33,767,760 | 香港苏富比 | 2015.10.07 |
| 天然珍珠养殖珍珠及钻石项链 | 长42cm | 630,819 | 日内瓦佳士得 | 2015.05.13 |
| 天然紫翡翠配翡翠及钻石项链 | | 245,747 | 天成国际 | 2015.06.14 |
| 天然紫罗兰翡翠葫芦项链、戒指套装 | | 402,500 | 中古陶 | 2015.05.31 |
| 天然紫罗兰翡翠珠链 | | 25,300 | 北京保利 | 2015.06.06 |
| 天然紫罗兰翡翠珠项链 | | 48,060 | 香港利得丰 | 2015.05.25 |
| 天然紫色翡翠珠配天然翡翠及钻石项链 | | 201,750 | 香港苏富比 | 2015.04.06 |
| 天然紫色翡翠珠配天然翡翠珠、红宝石及钻石长项链 | | 195,225 | 香港苏富比 | 2015.10.07 |
| 天然祖母绿、红宝石、蓝宝石及钻石项链、耳环套装ALESSIO BOSCHI设计制作 | | 230,000 | 北京保利 | 2015.06.06 |
| 天然祖母绿及缟玛瑙项链 | | 32,200 | 北京保利 | 2015.06.06 |
| 天然祖母绿配钻石项链 | | 1,725,000 | 华艺国际 | 2015.05.24 |
| 天然祖母绿钻石项链 | | 25,300 | 江苏爱涛 | 2015.01.11 |
| 夏悫子爵夫人钻石项链（由1887年法国皇室珠宝拍卖所出售的28颗石组成，年份约1900） | 链长48cm | 9,929,760 | 香港苏富比 | 2015.10.07 |
| 现代 铂金嵌翡翠项链 手链 戒指（共三件） | | 920,000 | 辽宁中正 | 2015.06.13 |
| 现代 铂金项链嵌翡翠挂坠 | | 92,000 | 辽宁中正 | 2015.06.13 |

**2015珠宝翡翠拍卖成交汇总**

**(成交价RMB：1万元以上)**

| 拍品名称 | 物品尺寸 | 成交价RMB | 拍卖公司 | 拍卖日期 |
|---|---|---|---|---|
| 现代 翡翠项链 | | 76,800 | 台湾世家 | 2015.01.18 |
| 现代 翡翠项链 | | 36,000 | 台湾世家 | 2015.01.18 |
| 小珍珠配蓝宝石及钻石项链 Mikimoto | | 90,788 | 香港苏富比 | 2015.04.06 |
| 星光红宝石及钻石首饰 Verdura 设计 | | 1,067,300 | 佳士得 | 2015.12.01 |
| 养殖淡水珍珠配钻石项链及耳环套装 | | 201,750 | 香港苏富比 | 2015.04.06 |
| 养殖珍珠及钻石首饰 | | 102,625 | 佳士得 | 2015.12.01 |
| 养殖珍珠及钻石首饰 Buccellati 设计 | | 205,250 | 佳士得 | 2015.12.01 |
| 养殖珍珠及钻石首饰 Bulgari 设计 | | 112,888 | 佳士得 | 2015.12.01 |
| 养殖珍珠及钻石项链 | | 100,125 | 佳士得 | 2015.06.02 |
| 养殖珍珠及钻石项链 Etcetera 为 Paspaley 设计 | | 697,850 | 佳士得 | 2015.12.01 |
| 养殖珍珠蓝宝石红宝石钻石项链 | | 103,942 | 伦敦苏富比 | 2015.03.18 |
| 养殖珍珠配彩色宝石及钻石项链及戒指套装，御木本出品 | | 251,883 | 天成国际 | 2015.12.06 |
| 养殖珍珠配彩色钻石及钻石项链 | | 75,614 | 天成国际 | 2015.06.14 |
| 养殖珍珠配蓝宝石、钻石及缟玛瑙项链，梵克雅宝（Van Cleef & Arpels） | | 2,827,680 | 香港苏富比 | 2015.10.07 |
| 养殖珍珠配珊瑚，缟玛瑙及钻石项链，御木本出品 | | 53,283 | 天成国际 | 2015.12.06 |
| 养殖珍珠配祖母绿及钻石吊坠项链；及吊耳环套装 | 尺寸不一 | 85,066 | 天成国际 | 2015.06.14 |
| 养殖珍珠配钻石项链 | | 246,600 | 香港苏富比 | 2015.10.07 |
| 养殖珍珠配钻石项链 | | 164,400 | 香港苏富比 | 2015.10.07 |
| 养殖珍珠配钻石项链 | | 28,355 | 天成国际 | 2015.06.14 |
| 养殖珍珠配钻石项链；及耳环套装 | | 35,917 | 天成国际 | 2015.06.14 |
| 养殖珍珠配钻石项链及耳环套装 | | 328,800 | 香港苏富比 | 2015.10.07 |
| 养殖珍珠配钻石项链及耳环套装 | | 10,657 | 天成国际 | 2015.12.06 |
| 养殖珍珠钻石项链耳坠（一对） | 链长 39cm | 115,491 | 伦敦苏富比 | 2015.03.18 |
| 野性之美翡翠项链 | | 1,092,500 | 河南泽华 | 2015.01.11 |
| 一世鹦鹉红宝石色碧玺项链 | | 264,500 | 河南泽华 | 2015.01.11 |
| 意大利围巾项链、手链套装 | | 10,080 | 北京荣宝 | 2015.06.21 |
| 银色大溪地珍珠项链 | | 32,200 | 北京保利 | 2015.06.06 |
| 银色珍珠项链 约 9.5-11.5mm | | 17,250 | 北京保利 | 2015.12.07 |
| 有色宝石钻石项链耳坠 阿斯普雷 | 链长 44cm | 346,474 | 伦敦苏富比 | 2015.03.18 |
| 有色钻石及钻石项链 Bulgari 设计 | 项链长 34.0cm | 4,564,760 | 佳士得 | 2015.12.01 |
| 约 7.02 至 1.10 克拉椭圆形及枕形缅甸天然鸽血红红宝石及 5.14 至 1.00 克拉梨形 D-G/IF-SI1 钻石项链 | 链长 43.9cm | 80,388,360 | 佳士得 | 2015.06.02 |
| 珍罕双串天然翡翠配钻石项链 | 项链长度 68.4cm 及 63.7cm | 14,531,700 | 天成国际 | 2015.12.06 |
| 珍罕天然翡翠配钻石项链 | 链长 63cm | 7,561,440 | 天成国际 | 2015.06.14 |
| 珍罕天然翡翠配钻石项链，戒指及耳环套装 | 链长 44cm | 23,629,500 | 天成国际 | 2015.06.14 |
| 珍珠及钻石项链 | | 55,069 | 佳士得 | 2015.06.02 |
| 珍珠颈炼配 18K 白金钻石扣 | | 73,692 | 香港拍得高 | 2015.06.27 |
| 珍珠颈炼配 18K 白金钻石扣 | | 22,108 | 香港拍得高 | 2015.06.27 |
| 珍珠颈链连 18K 白金钻石扣 | | 70,007 | 香港拍得高 | 2015.01.24 |
| 珍珠项链 蒂芙尼 TIFFANY | | 11,500 | 北京保利 | 2015.06.06 |
| 珍珠项链、耳钉（一套） | | 36,800 | 江苏爱涛 | 2015.01.11 |
| 主石为 9.43 克拉天然浓彩黄色无瑕（IF）钻石配钻石项链 梵克雅宝 Van Cleef & Arpels | | 2,702,500 | 北京保利 | 2015.12.07 |
| 主石总重 7.85 克拉天然彩黄色 IF-SI 净度钻石配钻石项链 | | 345,000 | 北京保利 | 2015.12.07 |
| 紫晶钻石颈炼镶 18K 白金 | | 50,663 | 香港拍得高 | 2015.06.27 |
| 紫水晶配黄水晶，绿色石英石及玉髓项链 | | 39,698 | 天成国际 | 2015.06.14 |

| 拍品名称 | 物品尺寸 | 成交价RMB | 拍卖公司 | 拍卖日期 |
|---|---|---|---|---|
| 棕色钻石配钻石项链 卡地亚（Cartier） | 链长 43cm | 786,825 | 香港苏富比 | 2015.04.06 |
| 总重 194.94 克拉天然红珊瑚配 8.67 克拉钻石项链、耳环套装 | | 184,000 | 北京保利 | 2015.12.07 |
| 总重 23.57 克拉钻石项链 | | 172,500 | 北京保利 | 2015.12.07 |
| 总重 240.7 克拉天然海螺珠配钻石项链 | | 1,840,000 | 北京保利 | 2015.12.07 |
| 总重 25.56 克拉天然钻石项链 | | 195,500 | 北京保利 | 2015.12.07 |
| 总重 26.45 克拉钻石项链 | | 299,000 | 北京保利 | 2015.12.07 |
| 总重 6.90 克拉钻石蝴蝶项链 | | 94,300 | 北京保利 | 2015.12.07 |
| 总重 7.03 克拉天然红碧玺配钻石及珍珠项链 | | 43,700 | 北京保利 | 2015.06.06 |
| 祖母绿、红宝石及钻石项链 | | 849,060 | 佳士得 | 2015.06.02 |
| 祖母绿、红宝石及钻石项链 | | 520,650 | 佳士得 | 2015.06.02 |
| 祖母绿、养殖珍珠及钻石项链 | | 1,185,480 | 佳士得 | 2015.06.02 |
| 祖母绿及天然珍珠配钻石项链，Alexandre Reza | 链长 37.5cm | 990,028 | 日内瓦苏富比 | 2015.11.11 |
| 祖母绿配钻石项链 | 链长 41.5cm | 2,306,369 | 日内瓦苏富比 | 2015.11.11 |
| 祖母绿配钻石项链 卡地亚（Cartier） | 长 36cm | 792,022 | 日内瓦苏富比 | 2015.11.11 |
| 祖母绿配钻石项链 尚美（Chaumet） | 链长 58cm | 142,564 | 日内瓦苏富比 | 2015.11.11 |
| 祖母绿配钻石项链，海瑞温斯顿（Harry Winston） | | 24,292,904 | 日内瓦苏富比 | 2015.11.11 |
| 祖母绿钻石颈炼镶 18K 白金 | | 116,006 | 香港拍得高 | 2015.03.28 |
| 祖母绿钻石项链耳坠（一对）宝格丽 | | 5,494,689 | 伦敦佳士得 | 2015.06.03 |
| 钻石 白金项链 | | 17,958 | 日本伊斯特 | 2015.05.24 |
| 钻石 黄金项链 | | 10,397 | 日本伊斯特 | 2015.05.24 |
| 钻石、有色蓝宝石及红宝石 CLÉO 首饰 Boucheron 设计 | | 431,025 | 佳士得 | 2015.12.01 |
| 钻石吊坠项链 Tiffany & Co. 设计 | 项链长 37.0cm | 389,975 | 佳士得 | 2015.12.01 |
| 钻石及彩色宝石首饰套组 | | 38,751 | 天成国际 | 2015.12.06 |
| 钻石及黑玛瑙项链 Cartier 设计 | | 246,300 | 佳士得 | 2015.12.01 |
| 钻石及黑色钻石项链 LAN 珠宝设计 钻石及黑色钻石项链，镶 18k 黑金 | | 325,000 | 佳士得（上海） | 2015.04.25 |
| 钻石颈炼镶 18K 白金 | | 32,240 | 香港拍得高 | 2015.06.27 |
| 钻石颈炼镶 18K 黄及白金 | | 18,423 | 香港拍得高 | 2015.06.27 |
| 钻石颈链镶 18K 黄金及钻石戒指镶 18K 黄金（2） | | 17,041 | 香港拍得高 | 2015.01.24 |
| 钻石配粉红色刚玉 Serpente 项链、手链及戒指套装，Scavia | | 667,875 | 香港苏富比 | 2015.10.07 |
| 钻石葡萄项链及耳环套装，Mario Buccellati | | 85,744 | 香港苏富比 | 2015.04.06 |
| 钻石首饰 | | 328,400 | 佳士得 | 2015.12.01 |
| 钻石首饰 | | 307,875 | 佳士得 | 2015.12.01 |
| 钻石首饰 | | 87,231 | 佳士得 | 2015.12.01 |
| 钻石首饰 Cartier 设计 | | 389,975 | 佳士得 | 2015.12.01 |
| 钻石首饰 Cartier 设计 | | 205,250 | 佳士得 | 2015.12.01 |
| 钻石首饰 Cartier 设计 | | 174,463 | 佳士得 | 2015.12.01 |
| 钻石首饰 Paloma Picasso，Tiffany & Co. 设计 | | 246,300 | 佳士得 | 2015.12.01 |
| 钻石首饰 Scavia 设计 | | 461,813 | 佳士得 | 2015.12.01 |
| 钻石首饰 Tiffany & Co. 设计 | | 899,816 | 佳士得 | 2015.12.01 |
| 钻石首饰 Tiffany & Co. 设计 | | 821,000 | 佳士得 | 2015.12.01 |
| 钻石首饰 Van Cleef & Arpels 设计 | | 246,300 | 佳士得 | 2015.12.01 |
| 钻石首饰套组 | | 92,034 | 天成国际 | 2015.12.06 |
| 钻石项链 | | 5,237,430 | 保利香港 | 2015.04.07 |
| 钻石项链 | | 4,645,800 | 佳士得 | 2015.06.02 |

| 拍品名称 | 物品尺寸 | 成交价RMB | 拍卖公司 | 拍卖日期 |
|---|---|---|---|---|
| 钻石项链 | | 1,614,000 | 香港苏富比 | 2015.04.06 |
| 钻石项链 | | 1,569,960 | 佳士得 | 2015.06.02 |
| 钻石项链 | | 1,473,840 | 佳士得 | 2015.06.02 |
| 钻石项链 | | 1,185,480 | 佳士得 | 2015.06.02 |
| 钻石项链 | 长 36.6cm | 1,083,326 | 日内瓦佳士得 | 2015.05.13 |
| 钻石项链 | | 826,632 | 香港利得丰 | 2015.05.25 |
| 钻石项链 | | 661,626 | 天成国际 | 2015.06.14 |
| 钻石项链 | | 600,750 | 佳士得 | 2015.06.02 |
| 钻石项链 | | 350,438 | 佳士得 | 2015.06.02 |
| 钻石项链 | | 308,250 | 香港苏富比 | 2015.10.07 |
| 钻石项链 | 链长 37cm | 205,926 | 日内瓦苏富比 | 2015.11.11 |
| 钻石项链 | | 100,125 | 佳士得 | 2015.06.02 |
| 钻石项链 | | 871,902 | 天成国际 | 2015.12.06 |
| 钻石项链 | | 769,688 | 佳士得 | 2015.12.01 |
| 钻石项链 | | 533,650 | 佳士得 | 2015.12.01 |
| 钻石项链 | | 205,250 | 佳士得 | 2015.12.01 |
| 钻石项链 Gianmari Buccellati | | 262,275 | 香港苏富比 | 2015.04.06 |
| 钻石项链 宝格丽 | 长 44cm | 1,325,564 | 日内瓦佳士得 | 2015.05.13 |
| 钻石项链 宝格丽（Bulgari） | | 10,523,280 | 香港苏富比 | 2015.04.06 |
| 钻石项链 宝诗龙 Boucheron | | 46,000 | 北京保利 | 2015.12.07 |
| 钻石项链 钻石项链共重 9.25 克拉，18K 白金镶嵌 | | 25,300 | 北京东正 | 2015.11.19 |
| 钻石项链、手炼及耳坠套装 | | 993,240 | 佳士得 | 2015.06.02 |
| 钻石项链、手炼及耳坠套装 | | 75,094 | 佳士得 | 2015.06.02 |
| 钻石项链、手链及耳环套装 | | 226,050 | 香港苏富比 | 2015.10.07 |
| 钻石项链、钻石戒指及红宝石耳环 | | 340,425 | 佳士得 | 2015.06.02 |
| 钻石项链；及吊耳环套装 | | 207,940 | 天成国际 | 2015.06.14 |
| 钻石项链；及黄色钻石配钻石花耳环（一对） | | 154,125 | 香港苏富比 | 2015.10.07 |
| 钻石项链 Boucheron 设计 | | 307,875 | 佳士得 | 2015.12.01 |
| 钻石项链 Buccellati 设计 | | 123,150 | 佳士得 | 2015.12.01 |
| 钻石项链 Bulgari 设计 | | 1,707,680 | 佳士得 | 2015.12.01 |
| 钻石项链 Bulgari 设计 | | 492,600 | 佳士得 | 2015.12.01 |
| 钻石项链 Chopard 设计 | | 328,400 | 佳士得 | 2015.12.01 |
| 钻石项链 Harry Winston 设计 | | 2,298,800 | 佳士得 | 2015.12.01 |
| 钻石项链 Suwa 设计 | | 451,550 | 佳士得 | 2015.12.01 |
| 钻石项链 Suwa 设计 | | 246,300 | 佳士得 | 2015.12.01 |
| 钻石项链 Tiffany & Co. 设计 | | 123,150 | 佳士得 | 2015.12.01 |
| 钻石项链吊坠首饰 | | 220,275 | 佳士得 | 2015.06.02 |
| 钻石项链耳夹首饰套装 卡地亚（Cartier） | | 269,288 | 日内瓦苏富比 | 2015.11.11 |
| 钻石项链耳坠 梵克雅宝 | | 962,378 | 日内瓦佳士得 | 2015.05.13 |
| 钻石项链耳坠（一对）宝格丽 1955 年 | 链长 36.5cm，坠长 2.9cm | 799,040 | 日内瓦佳士得 | 2015.05.13 |
| 钻石项链及耳环套装 | | 213,391 | 保利香港 | 2015.10.06 |
| 钻石项链及手炼套 卡地亚（Cartier） | , | 262,275 | 香港苏富比 | 2015.04.06 |
| 钻石项链及手链套装 | | 164,400 | 香港苏富比 | 2015.10.07 |
| 钻石项链及钻石星辰胸针 | | 92,034 | 天成国际 | 2015.12.06 |
| 钻石项链手链胸针戒指首饰 | | 130,163 | 佳士得 | 2015.06.02 |
| 钻石项链组合，卡地亚（Cartier，Paris），约 1930 年代 | | 1,841,280 | 香港苏富比 | 2015.10.07 |
| 钻石项圈 玳美雅 Damiani | | 20,700 | 北京保利 | 2015.12.07 |
| 钻石项圈，尚美（Chaumet） | 链长 31.5cm | 1,964,215 | 日内瓦苏富比 | 2015.11.11 |
| 钻石珠项链及耳环套卡地亚（Cartier） | | 121,050 | 香港苏富比 | 2015.04.06 |

| 拍品名称 | 物品尺寸 | 成交价RMB | 拍卖公司 | 拍卖日期 |
|---|---|---|---|---|
| 袖 扣 | | | | |
| 18K 白金月光石和钻石礼服衣扣套装 | 长 17.78cm | 170,233 | 纽约苏富比 | 2015.04.21 |
| 18K 铂金钻石和珐琅袖扣手镯 大卫・韦伯 | | 123,806 | 纽约苏富比 | 2015.04.21 |
| 18K 黄金白金和钻石袖扣手镯，大卫・韦伯 | | 147,020 | 纽约苏富比 | 2015.04.21 |
| 18K 黄金钻石和珐琅袖扣（一对）保罗 | | 73,479 | 纽约苏富比 | 2015.04.21 |
| 18K 金翡翠绿宝石和钻石袖扣手镯 Demner | | 154,758 | 纽约苏富比 | 2015.04.21 |
| 18K 双色黄金钻石袖扣手链 Buccellati | | 619,030 | 纽约苏富比 | 2015.04.21 |
| 20 世纪初海蓝宝石钻石扣 | | 75,531 | 伦敦苏富比 | 2015.03.18 |
| 白金蓝宝石和钻石袖扣（一对）卡地亚 | | 123,806 | 纽约苏富比 | 2015.04.21 |
| 白金蓝宝石与钻石礼服衣扣套装 | | 131,544 | 纽约苏富比 | 2015.04.21 |
| 宝石及钻石袖扣戒指首饰 | | 55,069 | 佳士得 | 2015.06.02 |
| 宝石配钻石青蛙袖扣套装 | | 50,438 | 香港苏富比 | 2015.04.06 |
| 翡翠和服扣 | | 56,444 | 佳士得 | 2015.12.01 |
| 翡翠袖扣 | | 133,413 | 佳士得 | 2015.12.01 |
| 粉红色刚玉配钻石小猪及小牛袖扣（一对） | | 28,355 | 天成国际 | 2015.06.14 |
| 红宝石、祖母绿及钻石钮扣（七枚） | 宽 1.9cm | 95,119 | 佳士得 | 2015.06.02 |
| 红宝石配钻石袖扣一对及衣扣套装 | | 43,595 | 天成国际 | 2015.12.06 |
| 黄金铂金青金石和钻石礼服衣扣套装 卡地亚 | | 154,758 | 纽约苏富比 | 2015.04.21 |
| 缅甸红宝石配钻石袖扣 | | 28,568 | 保利香港 | 2015.04.07 |
| 缅甸天然翡翠牌及钻石和服扣 | | 38,048 | 佳士得 | 2015.06.02 |
| 缅甸天然翡翠配钻石袖扣 | | 33,949 | 保利香港 | 2015.10.06 |
| 年份约 2009 蒂芙尼铂金袖扣（一对） | | 14,385 | 香港苏富比 | 2015.10.06 |
| 年份约 2010 卡地亚白金袖扣（一对） | | 15,413 | 香港苏富比 | 2015.10.06 |
| 年份约 2011 百达翡丽白金 CALATRAVA 十字袖扣（一对） | | 13,358 | 香港苏富比 | 2015.10.06 |
| 天然翡翠怀古配钻石袖扣（一对） | | 287,700 | 香港苏富比 | 2015.10.07 |
| 天然翡翠圆形包珠袖扣 | | 69,206 | 香港利得丰 | 2015.05.25 |
| 天然珍珠养殖珍珠钻石袖扣 | | 51,971 | 伦敦苏富比 | 2015.03.18 |
| 袖扣两 梵克雅宝（Va Clee Arpels 百达翡丽（Pate Philippe） | | 55,481 | 香港苏富比 | 2015.04.06 |
| 袖扣三 爱马 蒂芙 宝格丽 | | 42,368 | 香港苏富比 | 2015.04.06 |
| 亚历山大变色石 7.30 克拉配钻石 1.35 克拉袖扣（一对） | | 116,254 | 天成国际 | 2015.12.06 |
| 釉质蓝宝石礼服袖扣一套 大卫・韦伯 1980 年 | | 34,647 | 伦敦苏富比 | 2015.03.18 |
| 钻石袖扣 伯爵 Piaget | | 13,800 | 北京保利 | 2015.12.07 |
| 钻石袖扣（一对）Verdura | | 63,520 | 伦敦苏富比 | 2015.03.18 |
| 裸 石 | | | | |
| 1.00 克拉圆形钻石 | | 32,240 | 香港拍得高 | 2015.01.24 |
| 1.01 克拉梨形钻石及 0.47 克拉三角形钻石（2） | | 20,265 | 香港拍得高 | 2015.06.27 |
| 1.02 克拉梨形钻石 | | 18,423 | 香港拍得高 | 2015.06.27 |
| 1.08 克拉圆形钻石 | | 27,635 | 香港拍得高 | 2015.06.27 |
| 1.10 克拉心形钻石 | | 24,871 | 香港拍得高 | 2015.06.27 |
| 1.14 克拉圆形钻石 | | 18,423 | 香港拍得高 | 2015.01.24 |
| 1.21 克拉钻石形钻石及 0.49 克拉圆形钻石各一粒（2） | | 21,186 | 香港拍得高 | 2015.01.24 |

**2015珠宝翡翠拍卖成交汇总**

**(成交价RMB：1万元以上)**

| 拍品名称 | 物品尺寸 | 成交价RMB | 拍卖公司 | 拍卖日期 |
|---|---|---|---|---|
| 10.37 克拉黄色钻石 | | 1,470,196 | 纽约苏富比 | 2015.04.21 |
| 13.17 克拉天然翡翠椭圆形蛋面 | | 91,314 | 香港利得丰 | 2015.05.25 |
| 13.40 克拉天然翡翠椭圆形蛋面 | | 91,314 | 香港利得丰 | 2015.05.25 |
| 154.763 克拉 海蓝宝石裸石 | | 45,369 | 日本伊斯特 | 2015.05.24 |
| 17.24 克拉天然翡翠椭圆形蛋面 | | 91,314 | 香港利得丰 | 2015.05.25 |
| 20 枚彩色钻石裸石及 2 枚祖母绿裸石 | | 192,240 | 香港利得丰 | 2015.05.25 |
| 21.35 克拉粉红色海螺珠 | | 605,556 | 香港利得丰 | 2015.05.25 |
| 3.00 克拉圆形 E 色 VVS2 净度钻石 | | 828,000 | 华艺国际 | 2015.05.24 |
| 3.51 克拉心形黄钻石 | | 43,618 | 香港拍得高 | 2015.03.28 |
| 40.10 克拉椭圆形缅甸天然星光蓝宝石裸石 | | 120,150 | 香港利得丰 | 2015.05.25 |
| 47.17 克拉蓝宝石裸石 | | 2,375,242 | 日内瓦佳士得 | 2015.05.13 |
| 5.03 克拉圆形钻石 | | 487,226 | 香港拍得高 | 2015.03.28 |
| 5.30 克拉天然方形淡黄色 VS1 净度钻石 | | 241,500 | 北京保利 | 2015.06.06 |
| 5.50 克拉天然淡彩棕绿黄色 VS2 净度钻石 | | 230,000 | 北京保利 | 2015.06.06 |
| 55.52 克拉 D 色澄澈无瑕裸钻 | | 56,878,020 | 日内瓦佳士得 | 2015.05.13 |
| 6.06 克拉天然足色全美（FL）TYPE IIa 钻石 | 长 1.6cm | 5,347,500 | 北京保利 | 2015.06.06 |
| 7.50 克拉天然圆形明亮式足色无瑕（D/IF）钻石 极优打磨、切割及比例钻石 | | 6,670,000 | 北京保利 | 2015.12.07 |
| 8.038 克拉 J 色 VS1 净度钻石 | | 920,000 | 华艺国际 | 2015.05.24 |
| 彩色钻石（64 粒） | | 71,850 | 香港拍得高 | 2015.01.24 |
| 戴比尔斯 1.02 克拉 钻石裸石 | | 51,985 | 日本伊斯特 | 2015.05.24 |
| 翡翠原石 | 重：11kg | 1,080,000 | 杭州如愿 | 2015.11.29 |
| 翡翠原石 | | 2,257,750 | 卓艺拍卖 | 2015.11.21 |
| 红宝石原石 | | 2,528,680 | 卓艺拍卖 | 2015.11.18 |
| 精美的 18.03 克拉天然粉红色海螺珠 | 长 1.58cm | 391,000 | 北京保利 | 2015.06.06 |
| 蓝钻 | 5 克拉 | 1,321,650 | AA 中国艺海 | 2015.07.11 |
| 裸钻 | | 1,029,629 | 日内瓦苏富比 | 2015.11.11 |
| 天然翡翠件（23 粒） | | 15,777 | 香港拍得高 | 2015.03.28 |
| 未经镶嵌天然翡翠满色双环（一对） | | 5,671,080 | 天成国际 | 2015.06.14 |
| 未镶嵌蛋白石 | | | | |
| 未镶嵌蛋白石 | | 752,421 | 日内瓦苏富比 | 2015.11.11 |
| 未镶嵌红宝石一百五十颗 | | 633,618 | 日内瓦苏富比 | 2015.11.11 |
| 未镶嵌蓝宝石 | | 1,160,681 | 纽约苏富比 | 2015.04.21 |
| 稀有的 5.78 克拉天然彩棕橘粉色 VS2 净度钻石 | 长 1.15cm | 4,830,000 | 北京保利 | 2015.06.06 |
| 显赫的 10.03 克拉天然心形足色全美无瑕（D/FL）TYPE IIA 钻石 极优打磨及比例 | | 9,775,000 | 北京保利 | 2015.12.07 |
| 圆形钻石 | | 2,001,360 | 香港苏富比 | 2015.04.06 |
| 圆形钻石重 5.02 克拉，D 色无瑕净度，极优切割 | | 4,307,280 | 香港苏富比 | 2015.10.07 |
| 祖母绿夜明珠 | | 2,889,920 | 卓艺拍卖 | 2015.11.21 |
| 钻石裸石 | | 149,500 | 北京东正 | 2015.11.19 |
| 钻石裸石 | | 103,500 | 北京东正 | 2015.11.19 |
| 钻石裸石 | | 55,200 | 北京东正 | 2015.11.19 |
| 钻石裸石 | | 40,250 | 北京东正 | 2015.11.19 |
| **带钩** | | | | |
| 清 白带黄翠玉镂雕螭龙纹带钩 | 长 10.2cm | 32,870 | 纽约苏富比 | 2015.03.21 |
| 清 翠玉雕教子升天带钩 | | 27,200 | 景熏楼 | 2015.06.21 |
| 清 翡翠苍龙教子带扣 | | 287,500 | 博美拍卖 | 2015.07.19 |

| 拍品名称 | 物品尺寸 | 成交价RMB | 拍卖公司 | 拍卖日期 |
|---|---|---|---|---|
| 清 翡翠凤首带钩 | | 74,750 | 中国嘉德 | 2015.04.02 |
| 清 翡翠龙钩 | | 15,764 | 万昌斯 | 2015.06.01 |
| 清 翡翠龙钩（两件） | | 17,734 | 万昌斯 | 2015.06.01 |
| 清 翡翠龙首带钩 | | 57,500 | 中国嘉德 | 2015.04.02 |
| 清 翡翠龙首带钩 | | 11,500 | 中国嘉德 | 2015.09.20 |
| 清 三彩翠玉雕苍龙教子带钩 | | 37,000 | 景熏楼 | 2015.06.21 |
| 清 翡翠带钩 | | 80,500 | 北京保利 | 2015.12.09 |
| 冰种龙钩手把件 | | 541,860 | 卓艺拍卖 | 2015.11.21 |
| 翡翠 钻石 铂金带扣 | | 20,794 | 日本伊斯特 | 2015.05.24 |
| 翡翠 钻石 铂金带扣 | | 17,013 | 日本伊斯特 | 2015.05.24 |
| 翡翠带钩 | 长：12cm | 132,165 | AA 中国艺海 | 2015.06.20 |
| 钻石皮带扣镶 18K 白金 | | 51,971 | 香港拍得高 | 2015.03.28 |
| **其他佩玩件** | | | | |
| 明/清 百宝嵌头面首饰（三十五件） | 尺寸不一 | 517,500 | 中国嘉德 | 2015.05.19 |
| 清乾隆 翡翠翎管及一等侯三眼花翎 | 长 36cm | 35,840 | 中鸿信 | 2015.07.29 |
| 清乾隆 纯金累丝斋戒香囊 | 长 9.5cm | 138,000 | 太平洋 | 2015.11.21 |
| 清 翡翠福寿璧 | 直径 5.4cm | 13,800 | 深圳市拍 | 2015.07.19 |
| 清 旧玉、翠一组（三件） | 尺寸不一 | 63,250 | 中鸿信 | 2015.07.29 |
| 清 翡翠双獾 | | 10,925 | 北京翰海 | 2015.03.15 |
| 清 翡翠福在眼前镂空雕锁片 | | 28,750 | 上海泓盛 | 2015.06.20 |
| 清 翠璧 | 直径 5cm | 1,127,808 | AA 中国艺海 | 2015.08.05 |
| 清 百宝嵌头面首饰（十六件） | | 207,000 | 中国嘉德 | 2015.05.19 |
| 清 白玉翡翠翎管（一对） | 尺寸不一 | 207,000 | 江苏爱涛 | 2015.01.11 |
| 清 翡翠雕螭龙纹带饰 | | 677,325 | 卓艺拍卖 | 2015.11.21 |
| 清 翠捻珠 | | 34,500 | 北京保利 | 2015.11.01 |
| 清 翠捻珠 | | 34,500 | 北京保利 | 2015.11.01 |
| 清 翠玉雕太平有象纹磬 | | 133,046 | 纽约苏富比 | 2015.03.21 |
| 清 翡翠朝官翎管 | | 23,000 | 北京隆琛 | 2015.11.22 |
| 清 翡翠翎管 | | 57,500 | 北京匡时 | 2015.12.05 |
| 清 粉碧玺朝珠 | | 92,000 | 北京保利 | 2015.12.09 |
| 清 琥珀配翡翠朝珠 | | 92,000 | 北京翰海 | 2015.11.28 |
| 清银质鎏金累丝点翠钿子（一套） | 高 20cm；总重 460g | 517,500 | 中国嘉德 | 2015.11.17 |
| 年代各一 翡翠多宝玛瑙蝉串 | 尺寸各一 | 28,750 | 翰风国际 | 2015.06.19 |
| 1.39 克拉 钻石 铂金 白金领带夹 | | 42,533 | 日本伊斯特 | 2015.05.24 |
| 1890 年代 祖母绿黄金编织手袋 | | 134,400 | 北京荣宝 | 2015.11.29 |
| 18K 黄金骰子（一对） | | 13,457 | 香港利得丰 | 2015.05.25 |
| 18K 金珐琅葫芦宝囊 | | 28,568 | 保利香港 | 2015.04.07 |
| 18K 金钻石顶环 | | 170,233 | 纽约苏富比 | 2015.04.21 |
| 19 世纪 银镶琥珀 蜜蜡首饰（一组二十六件） | | 17,250 | 中国嘉德 | 2015.09.20 |
| 20 世纪 翡翠佩饰 | 长 3.1cm | 166,750 | 北京保利 | 2015.06.08 |
| K 白金配钻石晚装手袋 | | 242,100 | 香港苏富比 | 2015.04.06 |
| K 黄金配缟玛瑙及祖母绿豹手表，卡地亚（Cartier） | | 287,700 | 香港苏富比 | 2015.10.07 |
| 爱彼 竹节 钻石 黄金腕表 | | 113,422 | 日本伊斯特 | 2015.05.24 |
| 白金蓝宝石与钻石领带夹 蒂芙尼 | | 224,398 | 纽约苏富比 | 2015.04.21 |
| 冰种翡翠 佛祖保佑（四件套） | | 230,000 | 河南泽华 | 2015.01.11 |
| 冰种紫罗兰胡瓜 | | 281,784 | 帝图艺术 | 2015.04.12 |
| 翠马蹬 | 内径 2cm | 528,660 | AA 中国艺海 | 2015.07.11 |
| 翡翠 风雨翩翩（四件套） | | 1,610,000 | 河南泽华 | 2015.01.11 |
| 翡翠 福寿（四件套） | | 138,000 | 河南泽华 | 2015.01.11 |
| 翡翠 平安如意（三件套） | | 57,500 | 河南泽华 | 2015.01.11 |
| 翡翠 团圆花（三件套） | | 97,750 | 河南泽华 | 2015.01.11 |
| 翡翠观音 | | 230,000 | 广州皇玛 | 2015.01.17 |
| 翡翠花蝶纹平安扣 | | 28,000 | 上海联合 | 2015.05.24 |

| 拍品名称 | 物品尺寸 | 成交价RMB | 拍卖公司 | 拍卖日期 |
|---|---|---|---|---|
| 翡翠开信刀 | | 92,363 | 佳士得 | 2015.12.01 |
| 翡翠龙纹环 | | 13,218 | 香港淳浩 | 2015.11.27 |
| 翡翠钮扣十七粒、青金钮扣十粒 | | 11,054 | 香港淳浩 | 2015.07.30 |
| 翡翠平安扣 | | 11,500 | 中国嘉德 | 2015.09.20 |
| 翡翠如意扣 | | 92,000 | 广州皇玛 | 2015.01.17 |
| 翡翠同心环 | | 20,700 | 中国嘉德 | 2015.09.20 |
| 翡翠同心环 | | 13,800 | 中国嘉德 | 2015.06.27 |
| 翡翠烟嘴 | | 23,000 | 河南泽华 | 2015.01.11 |
| 粉红色刚玉配钻石晚装手袋 | | 719,250 | 香港苏富比 | 2015.10.07 |
| 红宝石配钻石腕表，1940年代 | | 154,125 | 香港苏富比 | 2015.10.07 |
| 黄金、纯银及皮革吊饰及配饰(一组十件) | | 43,103 | 佳士得 | 2015.12.02 |
| 黄色钻石配钻石发夹，御木本出品 | | 58,127 | 天成国际 | 2015.12.06 |
| 精致铜镀金配浮动钻石沙漏 戴比尔斯 DE BEERS | | 207,000 | 北京保利 | 2015.06.06 |
| 旧翡翠烟咀(两件) | 长2.9cm；长3.2cm | 27,635 | 香港淳浩 | 2015.07.30 |
| 鎏金凤冠 | | 115,000 | 北京匡时 | 2015.12.04 |
| 民国 满绿翡翠福禄翎管 | | 40,250 | 北京保利 | 2015.12.09 |
| 南红金桶珠 | | 17,250 | 北京保利 | 2015.12.08 |
| 南红玛瑙砗磲翡翠 佛珠挂件 | | 1,130,220 | 澳门中信 | 2015.11.08 |
| 苏洁锋“从头开始”AHEAD系列黑檀木梳 | | 14,549 | 保利香港 | 2015.10.06 |
| 天然冰种满绿翡翠配钻石龙凤呈祥发簪 | | 138,000 | 北京保利 | 2015.12.07 |
| 天然多色碧玺珠链 约6.51-15.17mm | | 20,700 | 北京保利 | 2015.12.07 |
| 天然翡翠把玩件 | | 28,750 | 福建东南 | 2015.10.24 |
| 天然翡翠心经 | | 12,436 | 香港拍得高 | 2015.01.24 |
| 天然翡翠烟嘴 | 12.59×2.17×1.222cm | 14,278 | 香港拍得高 | 2015.01.24 |
| 天然翡翠钻石袖口钮镶18K白金(2) | | 41,452 | 香港拍得高 | 2015.06.27 |
| 天然南红玛瑙小猪手把件，王凯出品 | | 58,127 | 天成国际 | 2015.12.06 |
| 天然珍珠配钻石皇冠 Lombard 约1920年制 | | 460,000 | 北京保利 | 2015.12.07 |
| 天然紫罗兰翡翠怀古手把件 | 长5.8cm | 112,700 | 北京保利 | 2015.06.06 |
| 珍珠配钻石皇冠 卡地亚(Cartier) | | 5,081,614 | 日内瓦苏富比 | 2015.11.11 |
| 钻石发夹 | | 184,950 | 香港苏富比 | 2015.10.07 |
| 钻石皇冠 约19世纪制 | | 25,300 | 北京保利 | 2015.12.07 |
| 钻石及宝石发夹(四枚) | | 19,499 | 佳士得 | 2015.12.01 |
| 钻石脚炼 Tiffany & Co. 设计 | | 61,575 | 佳士得 | 2015.12.01 |
| 钻石首饰 Buccellati 设计 | | 143,675 | 佳士得 | 2015.12.01 |
| **陈设件** | | | | |
| 清中期 翡翠观音立像 | 高25cm | 1,495,000 | 北京保利 | 2015.06.06 |
| 清 翠雕观音立像 | | 43,700 | 北京保利 | 2015.04.25 |
| 清 翡翠雕龙凤纹插屏 | | 43,700 | 西泠拍卖 | 2015.04.23 |
| 清 翡翠雕麻姑献寿(一对) | | 109,250 | 北京保利 | 2015.04.26 |
| 清 翡翠雕瑞兽摆件 | 长6.2cm | 253,000 | 北京匡时 | 2015.06.07 |
| 清 翡翠雕太狮少狮摆件 | | 86,250 | 西泠拍卖 | 2015.07.05 |
| 清 翡翠观音 | | 2,817,500 | 江苏爱涛 | 2015.01.11 |
| 清 翡翠人物摆件 | | 25,300 | 北京翰海 | 2015.03.15 |
| 清 翡翠雕麻姑献寿摆件 | | 43,700 | 西泠拍卖 | 2015.07.05 |
| 清末期 满绿翡翠白菜摆件 | 长12cm | 10,580,000 | 广州皇玛 | 2015.07.25 |
| 民国 紫罗兰翡翠麒麟纹插屏(一件) | | 33,600 | 上海国拍 | 2015.05.31 |
| 20世纪 翡翠镂雕观音仙鹤山子 | | 58,697 | 纽约苏富比 | 2015.03.21 |
| 豹子银制摆件 卡地亚 CARTIER(一组共三件) | | 28,750 | 北京保利 | 2015.06.06 |
| 翠白菜 | 长17cm | 1,189,485 | AA中国艺海 | 2015.07.19 |
| 翠玉雕龙纹插屏 | | 313,050 | 纽约佳士得 | 2015.03.15 |
| 翠玉雕仙人像(一组八件) | | 398,313 | 纽约佳士得 | 2015.09.17 |
| 翠玉描金仕女图插屏 | | 93,915 | 纽约佳士得 | 2015.03.15 |
| 翠玉仕女立像 | 高19.4cm | 302,625 | 佳士得 | 2015.04.06 |
| 翠玉仙女立像 | | 65,569 | 佳士得 | 2015.04.06 |
| 当代 唐建波制禅心翡翠摆件 | 高9.5cm 宽 | 190,000 | 杭州如愿 | 2015.11.29 |
| 当代 唐建波制岁寒三友翡翠摆件 | 高12.8cm | 80,000 | 杭州如愿 | 2015.11.29 |
| 当代 唐建波制问佛翡翠摆件 | 高13.5cm | 170,000 | 杭州如愿 | 2015.11.29 |
| 当代 唐建波制鸳鸯戏水翡翠摆件 | 高8cm 宽 | 150,000 | 杭州如愿 | 2015.11.29 |
| 翡翠雕白菜摆件 | 长49cm | 2,302,875 | 澳门中道 | 2015.01.30 |
| 翡翠雕草虫白菜 | 高35cm | 3,700,620 | AA中国艺海 | 2015.07.11 |
| 翡翠雕持如意观音坐像 | | 112,000 | 上海联合 | 2015.11.01 |
| 翡翠访友图摆件 | 高12.5cm | 23,000 | 中鸿信 | 2015.07.29 |
| 翡翠佛手 | | 56,000 | 上海天赐 | 2015.05.31 |
| 翡翠观音 | | 35,004 | 香港淳浩 | 2015.07.30 |
| 翡翠和合二仙 | | 41,762 | 香港淳浩 | 2015.04.04 |
| 翡翠如意 | | 69,000 | 广州皇玛 | 2015.01.17 |
| 翡翠三色巧雕花卉摆件 | | 253,000 | 江苏爱涛 | 2015.01.11 |
| 翡翠深山访友诗文山子 | | 13,800 | 中国嘉德 | 2015.06.27 |
| 翡翠随形山水山子摆件 | | 23,000 | 雍和嘉诚 | 2015.05.22 |
| 翡翠五子闹佛摆件 | | 345,000 | 山东恒昌 | 2015.06.10 |
| 翡翠鱼摆件 | | 13,440 | 上海联合 | 2015.11.01 |
| 近代 翡翠佛 | | 10,350 | 北京保利 | 2015.04.26 |
| 近代 翡翠观音摆件 | | 12,650 | 北京保利 | 2015.11.01 |
| 罗志光雕刻作品天然翡翠年年有余，花开富贵摆件 | | 266,633 | 保利香港 | 2015.04.07 |
| 缅甸天然翡翠摆件年年有余、连生贵子 | 宽14.4cm | 849,060 | 佳士得 | 2015.06.02 |
| 缅甸天然翡翠摆件三羊开泰 | 高13.5cm | 300,375 | 佳士得 | 2015.06.02 |
| 缅甸天然翡翠春带彩山水摆件 | | 12,190,000 | 中古陶 | 2015.05.31 |
| 缅甸天然翡翠黄包车摆件 | | 152,362 | 保利香港 | 2015.04.07 |
| 缅甸天然紫罗兰翡翠摆件年年有余 | 高12.8cm | 1,089,360 | 佳士得 | 2015.06.02 |
| 清 翡翠雕麻姑献寿摆件 | 翡翠20cm | 1,725,000 | 东方大观 | 2015.11.17 |
| 清 翡翠雕云龙纹兽耳衔环盖瓶 | 高18.3cm | 172,500 | 北京翰海 | 2015.11.28 |
| 清 翡翠仙女摆件 | | 13,800 | 太平洋 | 2015.11.21 |
| 清晚期 翡翠雕渔家乐摆件 | | 14,950 | 北京保利 | 2015.11.01 |
| 三彩翡翠天光山子 | 23×6.3×14.6cm | 50,400 | 山东图腾 | 2015.05.24 |
| 三色翡翠玉兰花开摆件 | 高22cm | 34,500 | 中鸿信 | 2015.07.29 |
| 天然白翡翠观音摆件 | | 61,437 | 天成国际 | 2015.06.14 |
| 天然冰种翡翠水月观音摆件 | 高10.6cm | 1,092,500 | 中古陶 | 2015.05.31 |
| 天然彩色翡翠金盏银台彩蝶飞摆件 | | 161,400 | 香港苏富比 | 2015.04.06 |
| 天然翡翠步步高升摆件连木座(3) | | 23,029 | 香港拍得高 | 2015.01.24 |
| 天然翡翠雕十八罗汉摆件 | 尺寸不一 | 554,813 | 香港苏富比 | 2015.04.06 |
| 天然翡翠观音及金童玉女摆件 | 高11.2cm | 201,750 | 香港苏富比 | 2015.04.06 |
| 天然翡翠观音座像 | | 119,750 | 香港拍得高 | 2015.01.24 |
| 天然翡翠和谐摆件 | | 17,250 | 北京保利 | 2015.12.07 |
| 天然翡翠及墨翠小狗摆件 | | 36,814 | 天成国际 | 2015.12.06 |
| 天然翡翠及紫翡翠生意兴隆摆件 | | 116,254 | 天成国际 | 2015.12.06 |
| 天然翡翠简般若波罗蜜多心经摆件 | | 25,188 | 天成国际 | 2015.12.06 |
| 天然翡翠寿星公摆件连木座(2) | | 20,265 | 香港拍得高 | 2015.06.27 |
| 天然翡翠喜公喜婆摆件 | | 64,400 | 北京保利 | 2015.12.07 |
| 天然翡翠竹节摆件 | | 11,342 | 天成国际 | 2015.06.14 |

## 2015珠宝翡翠拍卖成交汇总

(成交价RMB：1万元以上)

| 拍品名称 | 物品尺寸 | 成交价RMB | 拍卖公司 | 拍卖日期 |
|---|---|---|---|---|
| 天然黑翡翠如意算盘摆件连木座（2） | | 14,738 | 香港拍得高 | 2015.01.24 |
| 天然红翡翠配翡翠苦尽甘来喜洋洋摆件 | | 49,149 | 天成国际 | 2015.06.14 |
| 天然红翡翠双龙戏珠摆件 | | 35,917 | 天成国际 | 2015.06.14 |
| 天然墨翠鳄鱼摆件 | | 61,437 | 天成国际 | 2015.06.14 |
| 天然墨翠鳄鱼摆件 | | 72,659 | 天成国际 | 2015.12.06 |
| 天然墨翠瑞兽摆件配养殖珍珠及钻石耳环（一对） | | 19,376 | 天成国际 | 2015.12.06 |
| 天然墨翠释迦牟尼及十八罗汉摆件 | | 138,000 | 北京保利 | 2015.12.07 |
| 天然三色翡翠十二生肖摆件 | 尺寸不一 | 359,168 | 天成国际 | 2015.06.14 |
| 天然双色翡翠观音摆件 | 翡翠 25cm | 174,380 | 天成国际 | 2015.12.06 |
| 天然双色翡翠狮子印章摆件 | | 53,283 | 天成国际 | 2015.12.06 |
| 天然双色翡翠祥羊及莲花檀香座 | | 20,794 | 天成国际 | 2015.06.14 |
| 王小哲 翡翠幽兰摆件 | 高 18.5cm | 402,500 | 中国嘉德 | 2015.11.16 |
| 王小哲 红木镶翡翠如意 | 长 41.5cm | 230,000 | 中国嘉德 | 2015.11.16 |
| 闫晓艳 翡翠笑口常开摆件 | | 115,000 | 天琅文晖 | 2015.01.10 |
| 朱宁芳 春塘水暖 翡翠摆件 | | 92,000 | 西泠拍卖 | 2015.07.04 |
| 紫罗兰翡翠多子多福摆件 | 长 18cm | 45,360,000 | 皇家国际 | 2015.01.19 |
| **生活用品** | | | | |
| 18k 白金及黄金、蓝宝石及钻石盒 | | 320,400 | 佳士得 | 2015.06.02 |
| 18K 玫瑰金镶钻石冰种翡翠碗荳吊坠 | | 10,850 | 香港雅盛 | 2015.10.08 |
| 19 世纪晚期 /20 世纪早期 宝石雕螭龙纹盖瓶 | | 39,131 | 纽约苏富比 | 2015.03.21 |
| 翠玉雕花卉纹海棠式盖炉 | | 31,305 | 纽约佳士得 | 2015.03.15 |
| 翠玉拐子龙纹方鼎式炉及方觚式瓶（一组三件） | | 358,481 | 纽约佳士得 | 2015.09.17 |
| 镀金青铜配红纹大理石壁炉钟，LEDURE，巴黎，年份 1815 | | 29,063 | 天成国际 | 2015.12.06 |
| 翡翠茶具 | | 89,600 | 上海联合 | 2015.11.01 |
| 翡翠蓝宝石和珐琅香水瓶 卡地亚 | | 287,550 | 伦敦佳士得 | 2015.07.08 |
| 光绪 翡翠西番莲纹香筒 | | 1,625,580 | 卓艺拍卖 | 2015.11.21 |
| 红宝石化妆盒及钻石胸针 | | 60,075 | 佳士得 | 2015.06.02 |
| 蒋大雄 翡翠仿古香炉 | | 78,400 | 上海联合 | 2015.11.01 |
| 蒋大雄 翡翠描金竹节壶 | | 201,600 | 上海联合 | 2015.05.24 |
| 蒋大雄 翡翠提梁壶 | | 39,200 | 上海联合 | 2015.11.01 |
| 蒋大雄 翡翠瓦当壶 | | 61,600 | 上海联合 | 2015.11.01 |
| 蒋大雄 翡翠象耳尊 | | 112,000 | 上海联合 | 2015.11.01 |
| 卡地亚设计 14K 金配软玉镜盒 | | 53,348 | 保利香港 | 2015.10.06 |
| 蓝宝石祖母绿及钻石台式钟 宝格丽 | | 588,764 | 日内瓦佳士得 | 2015.05.13 |
| 民国“婉蓉赠哈同夫人”金质香盒 | | 71,300 | 中国嘉德 | 2015.05.19 |
| 民国 翡翠雕狮钮盘螭双耳炉 | | 92,000 | 北京保利 | 2015.11.01 |
| 清 翠玉雕西番莲纹盖瓶 | 高 21cm | 195,500 | 北京匡时 | 2015.06.06 |
| 清 翠玉雕兽面纹提梁方瓶 | 高 24cm | 740,700 | 景熏楼 | 2015.06.21 |
| 清 翡翠螭龙纹双兽耳衔环盖瓶 | | 184,000 | 北京匡时 | 2015.06.07 |
| 清 翡翠雕仿青铜方罍 | | 2,530,000 | 北京保利 | 2015.12.08 |
| 清 翡翠雕兰蝶图香盒 | | 57,500 | 古天一 | 2015.06.06 |
| 清 翡翠雕平安挂瓶 | | 264,500 | 江苏爱涛 | 2015.01.11 |
| 清 翡翠雕群仙祝寿赏瓶 | | 264,500 | 西泠拍卖 | 2015.07.05 |
| 清 翡翠雕狮钮盘螭双耳炉 | | 34,500 | 北京保利 | 2015.06.08 |
| 清 翡翠雕兽面纹鸠耳活环三足炉 | 高 20cm | 345,000 | 中国嘉德 | 2015.05.16 |
| 清 翡翠雕香炉 | 口径 11.4cm | 920,000 | 东正南京 | 2015.07.02 |

| 拍品名称 | 物品尺寸 | 成交价RMB | 拍卖公司 | 拍卖日期 |
|---|---|---|---|---|
| 清 翡翠对碗 | | 89,700 | 西泠拍卖 | 2015.07.05 |
| 清 翡翠福寿四方香盒 | | 132,250 | 江苏爱涛 | 2015.01.11 |
| 清 翡翠瓜形盒 | | 28,750 | 江苏爱涛 | 2015.01.11 |
| 清 翡翠活环耳双链盖瓶（一件） | | 106,400 | 上海国拍 | 2015.05.31 |
| 清 翡翠活环连盖兽纹瓶 | 高 12cm | 195,500 | 中贸圣佳 | 2015.05.20 |
| 清 翡翠菊瓣形双耳杯 | | 39,725 | 博美拍卖 | 2015.07.19 |
| 清 翡翠碗（一对） | | 92,000 | 北京匡时 | 2015.12.05 |
| 清 翡翠香炉 | | 172,500 | 北京匡时 | 2015.12.05 |
| 清 翡翠香筒 | | 46,000 | 北京翰海 | 2015.06.27 |
| 清 翡翠一鹭连科盖瓶 | | 23,000 | 北京匡时 | 2015.12.05 |
| 清 嘉庆年制款翡翠雕素碗 | | 51,750 | 西泠拍卖 | 2015.07.05 |
| 清 19 世纪 翠玉浮雕螭龙活环耳盖瓶 | 高 23.3cm | 1,710,840 | 香港苏富比 | 2015.04.07 |
| 清乾隆 白玉嵌红宝石翡翠碧玺香筒 | 长 13.6cm | 92,000 | 中鸿信 | 2015.07.29 |
| 清乾隆 御制翡翠盖碗 | 直径 11.5cm | 1,495,000 | 北京保利 | 2015.06.06 |
| 清同治 透明料碗及珍珠 | | 23,000 | 北京保利 | 2015.12.08 |
| 清晚期及 20 世纪 翡翠镂雕虫蝶纹瓜式盖盒、翠玉五福捧寿纹盖盒及翠玉钱纹螭龙活环耳货布式洗 | | 420,525 | 香港苏富比 | 2015.06.01 |
| 清中期 翡翠香盒 | | 172,500 | 北京保利 | 2015.06.08 |
| 三色翡翠甪端香熏一对 | 高 13cm × 2 | 36,800 | 中鸿信 | 2015.07.29 |
| 天然翡翠（可拆式）香炉摆件 | | 75,614 | 天成国际 | 2015.06.14 |
| 天然翡翠、黑翡翠棋子连两个木棋子碗及木盒一套 | | 10,133 | 香港拍得高 | 2015.01.24 |
| 天然翡翠餐具（六组） | | 94,518 | 天成国际 | 2015.06.14 |
| 紫色锂辉石配粉红色刚玉及钻石小猪香水盒吊坠 | | 19,376 | 天成国际 | 2015.12.06 |
| **文房用品** | | | | |
| 清乾隆 翡翠瑞兽钮“御赏”印 | 宽 4.8cm | 690,000 | 北京保利 | 2015.06.06 |
| 清中期 翡翠葫芦洗 | 宽 13cm | 157,769 | 中国嘉德 | 2015.04.06 |
| 清中期 翡翠螭龙笔架 | 长 9cm | 13,800 | 八益拍卖 | 2015.11.01 |
| 清中期 翡翠雕莲蓬荷叶形水洗 | 长 21cm | 46,000 | 北京翰海 | 2015.11.28 |
| 清中期 翡翠如意洗 | 宽 15.5cm | 3,450,000 | 北京保利 | 2015.12.08 |
| 清 翡翠雕草虫纹笔舔 | 宽 9.7cm | 437,000 | 北京匡时 | 2015.06.07 |
| 清 翡翠雕龙纹洗 | 长 25cm | 1,127,000 | 中国嘉德 | 2015.05.16 |
| 清 翡翠翡翠雕薄意荷叶章 | 高 9cm | 18,400 | 西泠拍卖 | 2015.04.23 |
| 清 翡翠龙纹砚 | 11.8 × 8 × 1.3cm | 78,200 | 中国嘉德 | 2015.05.16 |
| 清 翡翠巧雕荷塘秋趣笔洗 | 长 10cm | 92,000 | 古天一 | 2015.06.06 |
| 清 翡翠狮钮福寿对章 | 高 8cm | 253,000 | 中鸿信 | 2015.07.29 |
| 清 翡翠雕螭龙水盂 | 高 5.5cm | 69,000 | 西泠拍卖 | 2015.07.05 |
| 清 翡翠雕兽钮闲章 | 高 3.3cm | 48,300 | 西泠拍卖 | 2015.07.05 |
| 清 19 世纪 翡翠龙纹带钩式臂搁 | 10cm | 65,863 | 伦敦苏富比 | 2015.05.13 |
| 18 世纪 /19 世纪 翠玉浮雕螭凤纹海棠式洗 | 高 23.3cm | 500,625 | 香港苏富比 | 2015.06.01 |
| 翡翠印章料（一组） | | 115,000 | 南京经典 | 2015.01.04 |
| 李詹璟萱 18K 白金镀黑镶嵌蓝宝石配尖晶石“霜月清辉”书签 / 信刀 | | 46,558 | 保利香港 | 2015.10.06 |
| 民国 翠玉花口双耳活环洗 | 宽 25.5cm | 282,450 | 佳士得 | 2015.04.06 |
| 民国 翡翠雕岁寒三友笔筒 | | 10,350 | 北京保利 | 2015.04.25 |
| 天然冰种翡翠太狮滚球印章 | | 76,100 | 香港拍得高 | 2015.03.28 |
| 天然紫翡翠狮子滚球印章 | 8.702 × 3.343 × 2.157cm | 15,660 | 香港拍得高 | 2015.01.24 |
| 溪玉阁玉雕工作室 翠竹生姿 白玉水洗 | 8.2 × 8.2 × 3cm | 11,500 | 西泠拍卖 | 2015.07.04 |
| 翡翠印章 | 6.42 × 2.10 × 1.69cm | 359,188 | 佳士得 | 2015.12.01 |
| 天然墨翠印章 | | 13,800 | 北京保利 | 2015.12.07 |